METHODS AND TECHNOLOGIES OF CROSS DOMAIN INFORMATION EXCHANGE

跨领域信息交换方法与技术（第二版）

SECOND EDITION

戴剑伟　张海粟　王　强　徐　飞
朱明东　陈　俊　张　胜　王　龙　编著

電子工業出版社
Publishing House of Electronics Industry
北京 · BEIJING

内 容 简 介

在大数据时代，数据信息在机器之间自动、高效、准确地交换共享是社会协作的重要形式和技术实现手段。面向跨层级、跨地域、跨系统、跨部门、跨业务的信息交换共享是世界各国信息化建设进程中面临的难点。

本书针对跨领域信息交换语义互操作问题，系统剖析了美国国家信息交换模型、日本多层互操作框架通用词汇表、欧盟电子政务核心词汇表等信息交换统一语义模型的组成、基本原理及应用方法，研究了跨领域信息交换体系架构，以及信息交换模型描述和校验、信息交换建模等方法及关键技术，并结合美国海事信息共享环境介绍了跨领域信息交换实现方法。

本书着重理论、技术与实践的结合，内容实用、案例丰富、操作性强，可作为相关专业高年级本科生和研究生的教材，也可作为工程技术人员的参考书。

图书在版编目（CIP）数据

跨领域信息交换方法与技术/戴剑伟等编著. —2 版. —北京：电子工业出版社，2021.1

ISBN 978-7-121-40116-9

Ⅰ. ①跨… Ⅱ. ①戴… Ⅲ. ①信息交换－研究 Ⅳ. ①G202

中国版本图书馆 CIP 数据核字（2020）第 245202 号

责任编辑：李　敏
印　　刷：北京天宇星印刷厂
装　　订：北京天宇星印刷厂
出版发行：电子工业出版社
　　　　　北京市海淀区万寿路 173 信箱　　邮编：100036
开　　本：720×1 000　1/16　印张：28.5　字数：601 千字
版　　次：2014 年 10 月第 1 版
　　　　　2021 年 1 月第 2 版
印　　次：2021 年 1 月第 1 次印刷
定　　价：99.00 元

凡所购买电子工业出版社图书有缺损问题，请向购买书店调换。若书店售缺，请与本社发行部联系，联系及邮购电话：（010）88254888，88258888。

质量投诉请发邮件至 zlts@phei.com.cn，盗版侵权举报请发邮件至 dbqq@phei.com.cn。

本书咨询联系方式：limin@phei.com.cn 或（010）88254753。

第一版序言

当今时代是利用信息和信息技术精确调控物质和能量的时代。云计算、物联网、移动互联网把越来越多的人和物接入网络，智慧交通、智慧医疗、智慧社区、智慧城市都慢慢向我们走来。然而，受信息技术发展阶段限制和需求多样性影响，现有诸多信息系统都独自构建、独立运维，数据重复采集、内容一致性差，系统之间难以互联互通，“信息烟囱”或“数据孤岛”现象依然存在。

智慧化最基本的特征是信息系统之间不仅能互联互通，还要互操作。实现信息系统互操作的一种基本方法是构建普遍的、通用的信息交换模型，用这个信息交换模型确定信息的结构和它在语义级别上代表的含义。学术界试图采用语义网来解决信息系统之间的互操作问题。但世界之大，各种概念及概念之间的关系难以穷尽，很难构建一个完备的语义本体。另一种基本方法是建立信息系统相互理解和认知的标准交换语言。美国为解决政府部门间信息交换而构建的国家信息交换模型（NIEM），就是建立标准交换语言的成功实践，取得了较好成效。该模型通过把各业务领域普遍应用的时间（When）、地点（Where）、人物（Who）、事件（What）等进行语义和语法统一，各业务领域在此基础上按需扩展，并以开放性、扩展性的语言来表示，形成信息系统相互理解和认识的“五线谱”。在实施信息交换时，各业务领域参照这个“五线谱”，建立双方都能理解的、描述所交换数据格式的交换模型，以更加简洁的方式实现了信息交换中的语义表征。这种方法的最大优点就是不必整合数据库，也不需要修改已有信息系统。

戴剑伟、冯勤群、张海粟等同志长期从事信息交换方面的研究。本书对跨领域信息交换的原理、NIEM 的技术方法进行了深入浅出的剖析，体现了作者对 NIEM 的理解和应用经验。我相信，本书的出版对我国跨领域信息交换理论研究和工程建设具有有益的推动作用。

中国工程院院士

2014 年 10 月于北京

序　言

人类自从有分工协作以来，就离不开信息交换。在农业时代和工业时代，人类通过语言或文字的形式交换生产活动中分工协作所需的信息。随着信息时代的来临，信息系统成为人类生产活动必不可少的工具，渗透到各领域。但信息系统之间的分工协作无法通过自然语言或文字交换的形式实现，而需要高效、准确的互操作作为支撑。

跨领域信息交换是目前最复杂的信息交换。它支持分布在广域网络中的大量信息系统互换数据、互相操作，以完成复杂的协同任务。跨领域信息交换可以采用点对点的方式，但是存在扩展困难、灵活性不够的问题，面对日益繁杂的信息交换需求，在实践中存在诸多困难。与之相对，可以采用统一的信息交换模型标准，实现“一次转换，处处交换”。美国国家信息交换模型（NIEM）是这类信息交换模型的典型代表。

2014 年出版的《跨领域信息交换方法与技术（第一版）》是国内首部跨领域信息交换研究著作。戴剑伟教授团队在书中详尽地阐述了跨领域信息交换的原理，分享了对 NIEM 全面和深入的研究成果。过去 6 年，戴教授团队坚持跨领域信息交换研究，并将最新研究成果整理再版，以飨读者。

跨领域信息交换是一个复杂的系统工程，戴教授团队钻研多年，其成果对中国国家信息交换模型建设具有重要的指导意义。值此专著再版之际，我向戴教授及其团队在信息交换领域做出的贡献致以由衷的感谢，并向信息交换领域的研究者与实践者隆重推荐此书。

中国电科云总经理

2020 年 6 月于北京

前　言

信息可以在时间和空间上实现最大限度的共享，是其区别于物质和能量的重要特征，信息共享范围越大，其利用率越高，它的价值和作用体现得越明显。

随着信息技术渗透到人类社会活动的各领域，各行各业广泛应用信息系统来提高生产、管理和服务效率。但由于社会分工和组织管理等因素，不可避免地存在“数据孤岛”现象。从经济、社会领域看，“数据孤岛”难以适应经济、社会发展对跨部门、跨地区、跨层级信息联动的深层次需求，难以适应宏观调控、社会管理和公共服务对政府业务协同的现实需求；从军事领域看，“数据孤岛”难以适应联合作战对军兵种信息共享、获取信息优势的基本需求，难以适应联合作战对军兵种协同、军地协同的客观需求。从国家总体安全看，“数据孤岛”难以满足国家应对生物安全、经济安全、生态安全、信息安全等非传统安全威胁对一体化大情报信息体系的迫切需要，难以适应预防和应对重大安全事件联防、联控、联动机制建设的现实需要。

近年来，我国就加快信息系统整合、数据共享作出了一系列部署，明确要求破除“数据孤岛”，实施“互联网+政务服务”，大力推进信息共享，推动跨部门业务流、数据流的整合再造，在电子商务、征信体系、并联审批、城市应急指挥、社会保障等业务应用中，进行了跨领域信息交换应用实践，对促进政府科学决策、提升监管能力、优化政务服务水平等发挥了重要作用。但受管理体系条块分割、法律法规相对滞后、标准规范不够完善等客观因素的影响，我国信息化建设特别是数据体系建设，仍然存在信息资源孤立、业务协同困难、系统重复建设等问题。信息共享内容有限，信息共享覆盖面窄，信息交换实施困难，成为制约我国信息化建设的主要瓶颈。打通“数据孤岛”，实现信息按需共享，将是我国今后一段时期内信息化建设的重要内容。

美国政府在“9·11”事件之后，深切体会到有效的信息共享对国家安全的重要性。为解决不同政府部门之间的信息共享问题，美国国土安全部和司法部共同发起，并联合其他政府部门提出了国家信息交换模型（National Information Exchange Model，NIEM），从国家层面提出了一个能被各级政府部门理解的数据模型标准，并建立了技术、运用和管理的完整体系，能有效促进跨领域信息共享的实施，为解决“数据孤岛”问题提供了可行的思路。经不断完善和推广应用，NIEM 目前已成为美国司法、公共安全、应急和灾难管理、情报和国土安全等领域之间，以及领域内不同层次之间共享关键信息的有效手段。日本、欧盟、北约等国家和国际组织为了提高信息系统的互操作性、促进数据的交换共享、充分发挥数据的价值，也开展了相应的信息交换模型建设及应用。世界发达国家和国际组织信息交换模型建设对解决我国跨领域信息交换难题，具有重要的参考和借鉴价值。

在疫情期间，笔者深刻体会到高效、可靠的信息共享对政府机构应急决策和管理的重要性，联系到国家治理体系和治理能力现代化建设对跨领域信息交换共享体系建设的迫切需求，我们再次系统、深入地研究了跨领域信息交换理论和技术，对 2014 年 10 月出版的《跨领域信息交换方法与技术（第一版）》进行了修订完善。一是对跨领域信息交换面临的问题及解决办法进行了更加深入的剖析，深化了对跨领域信息交换基本原理的研究；二是对 NIEM 的发展历程、应用情况、体系架构、工作原理进行了更加详细的阐述；三是增加了信息交换数据模型描述及校验方法的解读，补充了大量示例；四是增加了对日本多层互操作框架通用词汇表和欧盟电子政务核心词汇表的介绍，较详细地阐述了它们的组成、描述方法及应用方法。

全书共 11 章。第 1 章概述，阐述跨领域信息交换的相关概念，分析跨领域信息交换存在的问题及解决思路，研究跨领域信息交换体系的组成。第 2 章跨领域信息交换技术体系，主要从数据描述方法、面向服务的软件架构、跨领域信息交换安全技术 3 个方面，研究跨领域信息交换相关技术的原理及应用。第 3 章美国国家信息交换模型简介，介绍 NIEM 的发展、作用、主要组成和应用，总结 NIEM 的主要特点。第 4 章美国国家信息交换模型体系架构，分析 NIEM 运用的基本原理，介绍 NIEM 数据模型组成、管理体系和技术支持体系。第 5 章信息交换数据模型描述及其校验方法，重点介绍基本数据类型、扩展数据类型、术语与命名空间等的形式化描述方法，以及数据模型的校验方法。第 6 章信息交换建模方法，重点介绍信息交换包文档组成及元数据、信息交换建模过程，并以 NoMagic 公司的 MagicDraw、Sparx Systems 公司的 Sparx EA 建模工具为例，介绍基于 NIEM 的信息交换建模的方法。第 7 章信息交换实现框架，介绍 LEXS 消息框架的主要功能，以海事态势报告为例，运用 LEXS 消息框架实现海事态势报告的发布、检索、显示和处理。第 8 章日本多层互操作框架通用词汇表及其应用，详细介绍日本多层互操作框架通用词汇表的组成、描述方法，以及基于 IMI 通用词汇表的信息交换实现方法。第 9 章欧盟电子政务核心词汇表及其应用，详细介绍欧盟电子政务数据模型描述及构建方法、电子政务核心词汇表的组成、应用情况及应用方法。第 10 章案例剖析，以海事信息共享环境为例，详细介绍海事信息共享环境的体系结构、工作原理和服务调用方法。第 11 章附录，列举了 NIEM 4.2 核心数据模型的主要数据类型及关系，并举例说明了可信结构文档和 SAML 断言的内容和格式。

在本书编写过程中，我们借鉴和采用了 NIEM、美国海事信息共享环境、美国信息共享环境、日本多层互操作框架通用词汇表和欧盟电子政务核心词汇表等项目的研究成果，还得到了 CIO 时代学院姚乐院长、中国航空综合技术研究所潘华研究员、中国电子科技集团公司第二十八研究所严红研究员、电科云科技有限公司王鹏达总经理及创新实验室副主任戴永恒博士、中电太极（集团）有限公司贾宏研究员、中国电子科技集团公司电子科学研究院张岱高级工程师、广东数字政府研究院赵大航高级研究员、东北石油大学袁满教授等专家的大力支持和帮助，在此一并表示诚挚的谢意。特别感谢冯勤群副教授在《跨领域信息交换方法与技术（第一版）》中所做的大量工作，以及硕士研究生丁麒麟、付清涛在第 8 章、第 9 章撰写中所做的工作。

由于作者水平有限，书中难免存在错误与不妥之处，敬请读者不吝批评指正。欢迎读者通过电子邮件 djw@sohu.com 或者 zhanghaisu@nudt.edu.cn，随时与我们交流。

作　者

2020 年 3 月

目　录

第 1 章

Chapter 1

概　　述

随着信息化建设的深入发展，信息系统的分立和信息孤岛现象日趋明显，成为制约国家信息化建设效益发挥的主要瓶颈。信息化建设的重点正逐步向信息共享和系统集成转变，而信息共享和系统集成的难点是跨行业、跨业务、跨组织机构、跨层级的信息交换。本章主要阐述跨领域信息交换的相关概念，分析跨领域信息交换存在的问题及解决的方法，研究跨领域信息交换体系构成，并给出跨领域信息交换平台的参考架构。

1.1 跨领域信息交换的内涵

在大数据时代，社会分工越来越细、专业化程度越来越高的同时，相互间协作也越来越紧密，跨行业、跨业务、跨组织机构、跨层级之间的信息共享、业务协同需求日益增长。

在维护国家安全方面。当前世界正处于大发展、大变革、大调整之中，传染性疾病、环境污染、恐怖主义等非传统安全威胁凸显，安全问题的突发性、系统性、关联性、复杂性增强，维护安全的难度显著增大[1]，需要整合来自各个领域的情报信息，建立信息共享的大情报信息体系，打破情报资源在领域之间的封闭状态，使情报信息冲破时空的界限，最大限度地实现共享，支撑国家各相关部门形成整体合力，及时预防、应对、处置危及国家安全的事件。

在建设服务型政府方面。政府部门为履行宏观调控、市场监管、社会治理和公共服务职能，涉及大量跨部门业务，如财政综合管理业务、税收业务、进出口业务、涉农业务、食品药品监管业务、社会信用业务、社会保障业务、环境保护业务等，以及实现“互联网+政务服务”的“一网通办”，都需要由多个部门共同参与完成，需要跨部门的信息交换共享支撑。

在推进智慧城市建设方面。智慧城市是当前城市发展的新理念和新模式，是信息时代的新型城市化发展模式[2]。智慧城市要求全面汇聚、有效利用政务、交通、医疗、商业、个人生活等城市运行的各类信息，实现更全面、更灵活的物与物、物与人、人与人的互连互通和感知，促进城市信息空间、物理世界和人际社会的融合，实现技术融合、业务融合、数据融合，从而推进城市治理制度创新、模式创新、手段创新，提高城市科学化、精细化、智能化管理水平。

由此可知，随着全社会的信息化程度不断提高，信息交换共享已成为支撑社会分工与协作，维护国家安全，建设服务型政府和智慧城市，推进国家治理体系和治理能力现代化的重要技术手段[3]。打通信息孤岛，实现跨层级、跨地域、跨系统、跨部门、跨业务的协同管理与服务，是大数据时代信息化建设的必然要求。

跨领域信息交换（Cross Domain Information Exchanging）是指为了共同完成某个特定任务或达到某个共同的目标，不同行业、不同业务、不同组织机构、不同层级的信息系统之间，实现基于统一语义和语法标准的数据映射、传输和解析。在本书中，我们将不同行业、不同业务、不同组织机构、不同层级的信息系统简称跨领域，将参与跨领域信息交换的成员集合称为利益共同体（Community of Interest，COI）。

由于各类业务对信息的需求千变万化，难以通过一次信息交换解决所有信息共享问题，因此美国国防部在《国防部网络中心数据策略》中提出了基于利益共同体的信息共享概念。利益共同体从本质上来说是一个相互协作的用户集合，针对某个特定的任务需求，在特定的范围内，着力解决信息共享问题，并对解决方法和措施不断进行论证和完善，最终实现信息的无缝流动。基于利益共同体的信息共享只要求能完成某个确定的任务，满足利益共同体内成员对信息共享的需求即可，由于信息共享目标明确，信息共享范围有限，因此跨行业、跨业务、跨组织机构的信息共享实施难度相对减小[4]。跨领域信息交换示意如图 1-1 所示。

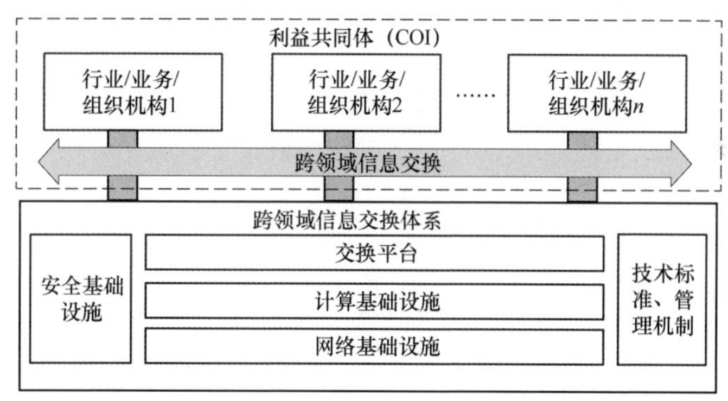

图 1-1　跨领域信息交换示意

我国的“金保工程”是一个典型的跨领域信息交换案例。“金保工程”以覆盖全国、连通城乡的信息网络为依托，支持人力资源和社会保障业务经办、公共服务、基金监管、宏观决策等核心应用，为实现社会保障一卡通提供了安全、高效的一体化支撑环境，充分体现了“让数据多跑路，让群众少跑腿”的为民服务理念。“金保工程”横向信息交换是指劳动保障部门和其他相关部门相互交换工作所需的信息，包括与公安、财政、税务、金融、民政、卫生、教育等部门进行的信息交换，以及与国家人口基础信息库等进行的衔接与交换，具体如下。

（1）与公安部门的信息交换。公安部门是个人基本信息的重要维护者。因此，劳动保障信息系统与以公安部门为主承建的国家人口基础信息库存在信息交换。

劳动保障信息系统与国家人口基础信息库交换的共享信息包括人口基础信息（姓名、性别、民族、出生地、出生日期和公民身份证号码）、职业信息（所在单位名称、职业类别、职业名称等）。

（2）与财政部门的信息交换。财政部门作为社保基金监管部门之一，主要负责社保基金的财务监督，确保社保基金的财务收支按规定有序进行。社保基金设立财政专户，实行收支两条线管理。劳动保障部门代表政府对社保基金行使管理职责。社会保险经办机构受委托具体负责社保基金的管理业务，包括预算和决算的编制、征缴和发放、会计核算等工作。因此，劳动保障部门与财政部门交换的信息主要是社保基金财政专户信息。

（3）与税务、金融等部门的信息交换。社保经办机构在征缴社会保险费时，大多通过银行采用委托收款的方式收费，部分地区通过税务部门代收。同时，在发放社会保险待遇时，利用银行网点多、邮局的异地投递业务等优势，委托银行、邮局向社会保险待遇享受人员发放各项待遇。因此，劳动保障部门与税务、金融等部门主要通过交换参保单位、人员基本情况、缴费情况、待遇情况及对账情况等信息，达到业务协同的目的。

（4）与民政部门的信息交换。民政部门作为城镇最低生活保障金的管理和发放部门，需要了解低保对象的家庭收入状况，因此需要从劳动保障系统获取家庭成员领取养老金、失业金等社会保险待遇信息。

（5）与卫生部门的信息交换。卫生部门一般指定点医疗机构和定点药店。劳动保障部门与定点医疗机构的业务协同主要包括医疗待遇享受资格审查、个人医疗费用结算、特殊医疗审批、转院审批、医疗费用审核等，信息交换主要包括传递医疗保险费用审核结果、参保人员档案、医疗保险个人账户数据、缴费数据、政策参数及就诊记录等。

（6）与教育部门的信息交换。作为就业工作的主要管理部门，劳动保障部门向教育部门提供本市就业形势分析信息和用人单位招聘计划，包括招聘单位基本情况信息、招聘岗位信息、招聘反馈信息等；教育部门向劳动保障部门提供生源信息，包括毕业生人员情况、毕业生求职信息，以及毕业生就业、派遣情况等。

综上所述，跨领域信息交换区别于组织机构内部的数据整合和系统集成。在同一个组织机构里使用了多个不同系统，但由于系统、标准、开发商的数量及业务量有限，再加上强有力的统一行政领导力的驱使，在不考虑本组织机构之外应用的情况下，一般可以通过数据整合或组织内的系统接口和数据映射，实现组织内各个不同信息系统之间的信息共享。但是，要实现不同行业、不同业务领域、不同组织机构、不同层级之间的信息共享，采用这种基于数据库层面整合的办法就行不通了。例如，在“金保工程”中，人力资源和社会保障部门与卫生、保险、民政、财政等多个业务机构交换数据，在这种“一对多”或“多对多”

的情况下，若仍然采用组织内的数据整合或系统集成的方法，会导致开发接口数量多、关系复杂、维护困难。

因此，跨领域信息交换与传统的组织内的数据整合或系统集成有根本不同。共同点是为了实现信息共享和业务协同，但数据整合或系统集成侧重于用统一的手段以紧耦合方式实现，跨领域信息交换则强调通过标准和技术规范的手段，以松耦合方式实现系统互操作。

1.2　跨领域信息交换面临的问题及解决方法

1.2.1　跨领域信息交换面临的问题

跨领域信息交换的实现并不是简单地将信息从甲传到乙，还会涉及平台异构、分布性、自治性、安全性等很多方面的问题，具体如下。①平台异构问题。平台异构表现为各业务信息系统所采用的数据库管理系统、操作系统、网络环境等不同，因此要求信息交换格式、交换协议具有跨平台性。②分布性问题。业务领域信息系统往往分散地存在于不同的地理位置，需要利用网络环境来传输数据，因此跨领域信息交换的性能易受到网络的传输机制、性能、网络安全等因素的影响。③自治性问题。跨领域信息交换不能妨碍原来各业务领域信息系统的运行，需要保持原信息系统的自治性，信息交换要能适应原信息系统的变化，这对信息交换的鲁棒性提出了挑战。④安全问题。由于信息系统可能归属于不同的组织机构，每个信息系统都具有不同的安全保障手段，在跨领域信息交换时要保证不破坏原信息系统的安全机制，实现对数据源访问权限的隔离和控制。另外，各个业务领域数据的安全等级可能不同，数据访问控制的粒度也不一致，各个系统用户的权限也不同，因此需要采用灵活的安全访问控制策略。

除上述问题以外，不同的信息系统和不同的实现人员对客观对象的认识差异和应用需求差异，导致信息系统对处理对象的理解、描述、记录、运用等方面的差异，不可避免地造成数据异构，主要表现为数据的语义不统一、格式不一致、编码方式不同、数据模式也不同。

1. 模式异构

模式异构主要是由于业务信息系统数据库逻辑结构不同或者数据元的不一致造成的。①名称异构。不同的概念采用同样的名称，同样的概念采用不同的名称，即同名异义、同义异名。例如，电子邮箱地址，可能用“E-mail”，也可能用“邮箱地址”为名称。②实体标识异构。同样的对象不同的标识。例如，同一个人在不同的系统中采用不同的方式标识，一个系统用“身份证号码”标识，另一个系统用“工作证号”标识。③概念描述结构异构。同样的概念采用不同数量的属性来描述。例如，“人员”在不同的系统采用不同数量的属性描述。④概念范围异构。同样的概念具有不同的外延范围。例如，一个法律机构在一个数据模型中可以描述为一般的“组织机构”，而在另一个数据模型中描述为“注册的组织机构”。⑤聚合程度异构。一个系统的数据模型采用多个属性描述，另一个系统的数据模型聚合为一个属性描述。例如，“单位地址”在一个数据模型中用“省份”“城市”“区”“街道”等多个属性共同描述，而在另一个数据模型中将这几个属性组合为一个词汇“详细地址”。⑥结构异构。一个数据模型中某个实体的一系列属性在另一个数据模型中用不同的结构组织。

2. 数据表示异构

数据表示异构是指对同样语义的数据采用多种不同的表示和描述方法。①数据值异构。同样的值表示不同的含义，或者同样的含义用不同的值表示。比如，“性别”可能有不同的代码列表。②数据格式异构。同样的数据采用不同的格式表示。比如，时间可能用“DMY”“MDY”“YMD”等不同方式，日期中的符号可能用空格、逗号、句点、撇号表示。③数据度量单位异构。数据用不同的度量单位表示。数据可能用米制计量单位度量，也可能用英制或其他计量单位度量。④数据精度异构。数据使用不同的精度表示。比如，成绩等级可能用“A”“B”“C”3 个等级表示，也可能用“很好”“好”“中等”“差”“很差”5 个等级表示。

1.2.2 跨领域信息交换实现的基本思路

根据跨领域信息交换面临的问题分析可知，针对跨领域信息交换中的平台异构、分布性、自治性和安全等问题，可以采用面向服务的软件架构、XML 和安全技术解决，但是数据异构性一直是困扰人们解决信息共享的难题。

针对数据异构性问题，实现信息交换的基本方法是采用协议转换，即将数据源协议数据包转换为目标协议数据包。由于信息系统的业务复杂性和业务需求发展变化等因素，我们难以完全统一定义每个业务系统的信息语义，难以用固定的映射模式来完成数据的转换。为了解决跨领域信息交换中数据异构性问题，人们提出了语义互操作方法。

语义互操作是在统一的语义环境下，利用语义技术建立不同信息系统间对数据的一致语义理解，实现自治和异构系统的互操作。语义互操作就是要解决信息系统交互过程中语义异构性的问题，也就是解决信息共享时信息的语义冲突问题，保证信息系统交互过程中信息的准确性、语义的完整性。通用的语义异构性消除策略是，建立公共的数据参考模型作为异构信息源的语义形式化模型的中间模型，完成异构信息源语义形式化模型的转换，从而避免异构信息源点对点信息交换模式的冗余转换，将语义异构性消除问题的解决方案复杂度从 N^2 级转到 N 级[5]，如图 1-2 所示。

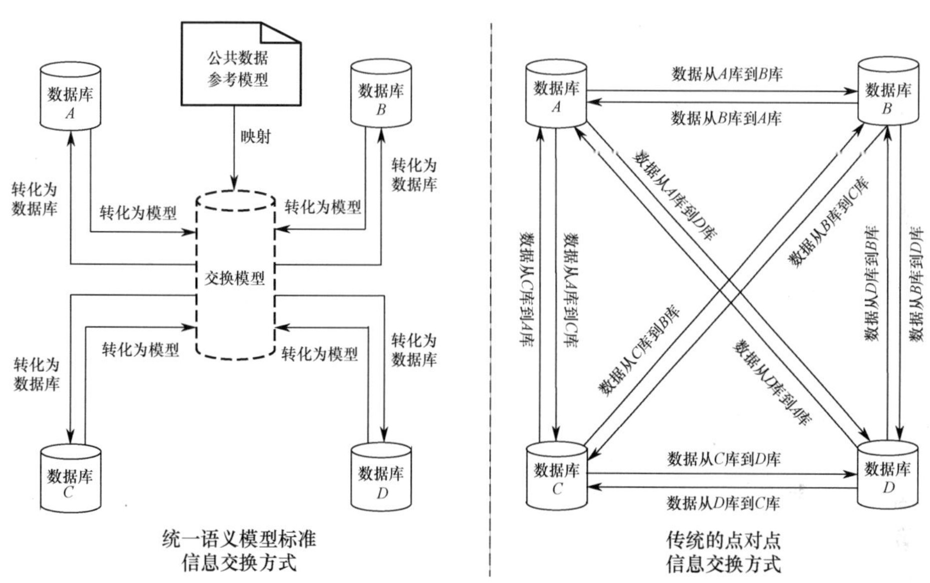

图 1-2　基于语义互操作的跨领域信息交换和传统的点对点信息交换模式对比

1.2.3　跨领域信息交换实现方法

跨领域信息交换是信息化时代各个国家和地区面临的普遍问题。为了实现跨领域信息交换与共享，美国、欧盟、北约、日本、中国等国家和组织都提出并实施了基于语义互操作的跨领域信息交换与共享解决方案。

1. 美国国家信息交换模型

美国国土安全部和司法部共同实施的国家信息交换模型（National Information Exchange Model，NIEM）[1]是实现跨领域信息交换语义互操作的典型方法。基于 NIEM 实现跨领域信息交换的基本思路如图 1-3 所示[6]，包括以下几个主要环节。

[1] NIEM 网址：www.niem.gov。

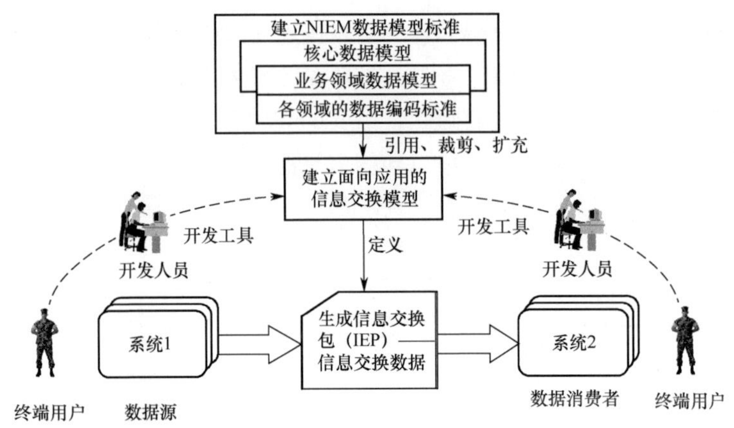

图 1-3　基于 NIEM 实现跨领域信息交换的基本思路

（1）建立 NIEM 数据模型标准。

首先，对各个业务领域和部门的信息交换与共享需求进行分析，提炼出通用的数据类型［如时间（When）、地点（Where）、人物（Who）、事件（What）］，形成核心数据模型；然后，各个业务领域对核心数据模型进行引用、裁剪、扩充，形成反映自身业务特点和业务领域信息共享需求的业务领域数据模型；最后，将核心数据模型、业务领域数据模型、各领域的数据编码标准，采用开放、可扩展的 XML Schema 或 JSON 进行结构化表示，建立 NIEM 数据模型标准，形成信息系统相互理解和认识的“五线谱”。目前，NIEM 5.0[1]定义了 3979 个数据类型、12182 个数据元素和 90297 个代码值。

（2）建立面向应用的信息交换模型。

信息交换双方的开发人员和终端用户对信息交换需求进行分析，通过引用、映射 NIEM 数据模型，建立满足应用需求的、交换双方一致认可的、面向应用的信息交换模型。

（3）生成信息交换包（IEP）。

信息交换包是信息交换双方交换的实际消息，携带交换的数据。信息提供者将待交换的数据根据信息交换模型生成信息交换包（Information Exchange Package，IEP），并封装为消息，传递给信息接收方（信息使用者）；信息接收方在接收到信息交换包后，根据信息交换规范对信息交换包中的数据进行解析，实现对数据的理解，达到信息交换的目的。

综上所述，运用 NIEM 实施信息交换，每个参与系统只需要将自己的数据遵循 NIEM 数据模型和信息交换规范发布出来即可，这样每个参与系统仅需要与信

[1] 由于 NIEM 5.0 尚未正式发布，本书中 NIEM 5.0 指的是 NIEM 5.0 正式发布版的第一个候选版（NIEM Release Candidate 1，RC1）。

息交换平台建立一个连接点，当新的参与者加入信息交换平台时，也不需要对已有系统进行修改。另外，数据转换接口不会像传统的点对点信息交换模式随着系统数量的增加而显著增加，不需要整合各组织机构的数据库，也不需要重构或修改已有的信息系统。

2. 欧盟电子政务核心词汇表

根据《欧盟共同条约》规定，欧盟的内部市场要保证 28 个成员国之间的 4 项自由，即商品、资本、服务和人员的自由流动。例如，各国分支机构的注册、在另一个国家申请业务许可、得到出生证明等。随着现代科学技术的不断进步和世界经济全球化的发展，在欧盟，公民、企业、政府机构跨国界的生活、工作和业务往来日益增多，各成员国之间的信息交互与联系更加密切，欧盟 4 项自由的实现更加依赖于能相互自由连接、互操作的网络技术。

日益增多的跨国界的业务活动需要跨国界的公共服务支持，要求欧盟行政机构、商业企业、公民（**A**dministrations, **B**usiness and **C**itizens）之间具有高效的互交互能力，即欧盟行政机构与成员国政府行政机构之间（A2A）、各成员国政府行政机构之间（A2A），以及政府行政机构与商业企业之间（A2B）、政府行政机构与公民之间（A2C）具有高效、可靠的互操作能力，以实现高效的跨边界无缝数据交换与共享，从而节省公共服务时间、降低公共服务成本，提高公共服务透明度和服务质量，如图 1-4 所示。

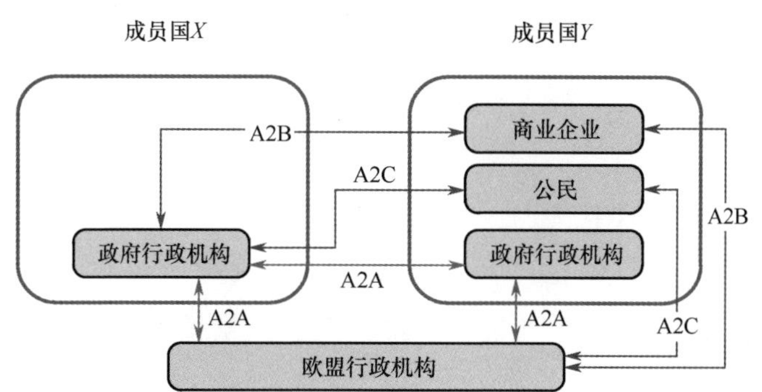

图 1-4　欧盟互操作的类型

但是，由于各成员国行政管理过程和法律方面的不一致，以及缺乏统一的数据模型和通用参考数据等，欧盟在执行公共服务时会产生许多语义互操作冲突问题。为了解决这些冲突问题，确保欧盟行政机构、商业企业和公民之间的互操作性，欧盟委员会于 2010 年 1 月至 2015 年 12 月实施了《欧洲公共管理、企业和公民互操作方案》（*Interoperability Solutions for European Public Administrations, Businesses and Citizens*，ISA），于 2016 年 1 月至 2020 年 12 月实施 ISA^2 计划，投入 1.31 亿欧元推进欧洲电子政务发展，重点支持电子政务领域的通用工具、通用服务和通用框架的开发，电子政务核心词汇表是ISA和ISA^2 计划的重要内容之一。

ISA^2 数据模型包括 3 个层次：核心数据模型、业务领域数据模型和信息交换模型。核心数据模型和业务领域数据模型与 NIEM 核心域和业务域相对应，信息交换模型类似于 NIEM 中的信息交换包文档 IEPD，如图 1-5 所示。其中，核心数据模型即电子政务核心词汇表（e-Government Core Vocabularies），由 6 类通用的、可重复和扩展的、独立于具体业务领域的数据模型标准组成，如表 1-1 所示，目前 2.0.1 版定义了 219 个词汇和 18 个数据类型。核心词汇表采用基于 UML 的概念模型、RDFS 等方法进行描述。

核心词汇表的主要应用包括信息交换、数据交换、开放数据发布和新系统开发，其组成及应用详见本书第 9 章。

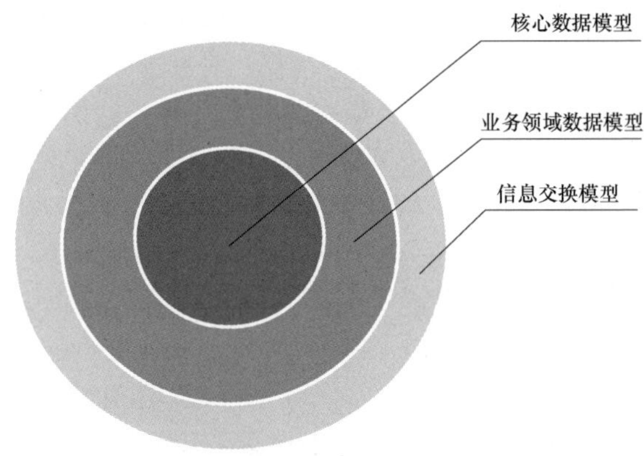

图 1-5　核心数据模型、业务领域数据模型和信息交换模型的关系

表 1-1　欧盟电子政务核心词汇表

词汇表分类	说　明
核心业务词汇表（Core Business Vocabulary）	核心业务词汇表是描述法人实体特性的一个简化的、可重用的、可扩展的数据模型，如法人名称、活动、地址、标识符、类型及其活动。2013 年 1 月 8 日，基于 RDF 表示的核心业务词汇表标准草案已被 W3C 标准组织发布
核心位置词汇表（Core Location Vocabulary）	核心位置词汇表是描述地址、地理名称、地理空间等位置基本特征的一个简化的、可重用的、可扩展的数据模型，该词汇遵循 INSPIRE 数据规范
核心人员词汇表（Core Person Vocabulary）	核心人员词汇表是描述人员的姓名、性别、出生日期等基本特征的一个简化的、可重用的、可扩展的数据模型
核心准则和证据词汇表（Core Criterion & Evidence Vocabulary）	核心准则和证据词汇表是描述获得公共服务资格的机构需要具备的准则和条件的一个简化的、可重用的、可扩展的数据模型。准则是用于判断、评估或测试事物的规则或原则，证据是可以证明准则的手段

（续表）

词汇表分类	说　明
核心公共机构词汇表（Core Public Organization Vocabulary）	核心公共机构词汇表是描述提供公共服务的机构的名称、联系方式、地点等的一个简化的、可重用的、可扩展的数据模型
核心公共服务词汇表及应用规范（Core Public Service Vocabulary & Application Profile）	核心公共服务词汇表及应用规范是描述公共行政机构提供服务的基本特征的一个简化的、可重用的、可扩展的数据模型，如公共服务名称、描述、主管公共机构、输出等

3. 北约联合作战信息交换模型

北约（NATO）多边协作项目组（Multilateral Interoperability Program，MIP）是由 24 个成员国自发组织的军事标准化机构。MIP 所开发的信息模型（MIP Information Model，MIM）是指挥控制领域的一个通用的语义模型，是指挥控制领域信息交换建模的语义基础，目标是提高北约指挥和控制信息系统（Command and Control Information Systems，C2IS）的国际互操作性。

MIM 是在联合指挥控制信息交换数据模型 JC3IEDM 3.1（Joint C3 Information Exchange Data Model，JC3IEDM）基础上发展而来的。MIM 对"Object""Action""Metadata"等基本概念，提供了丰富的军事语义定义和分类，包括 310 个业务规则、326 个实体（类）、873 个属性、394 个关联关系和 400 个数据编码，具有可读性、模块化、可扩展性、语义严格性和模型一致性等特点，主要实体之间的关系如图 1-6 所示。

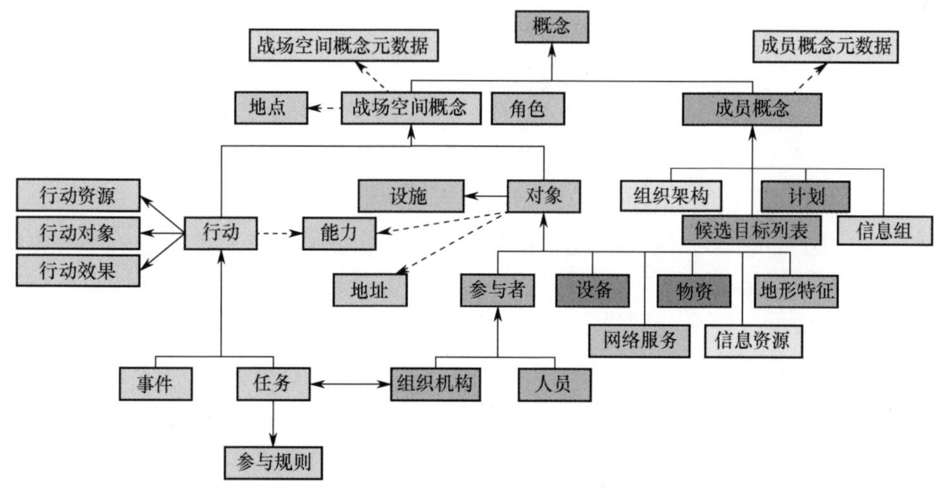

图 1-6　MIM 主要实体之间的关系

MIM 描述的内容包括战场空间所存在的物体，包括物体的特征、状态、位置，它们之间的相互关系、地址及其他特征，以及这些物体在战场上的活动。经过不断发展完善，MIM 已应用于北约成员国指挥控制领域的信息交换共享中。基于 MIM 的信息交换原理如图 1-7 所示，北约成员国指挥控制信息系统依据 MIM 数据模型标准将对外交换的数据映射为统一规范语义的交换数据，形成统一理解的通用作战态势图，从而实现不同成员国指挥控制信息系统之间的数据交换与共享。

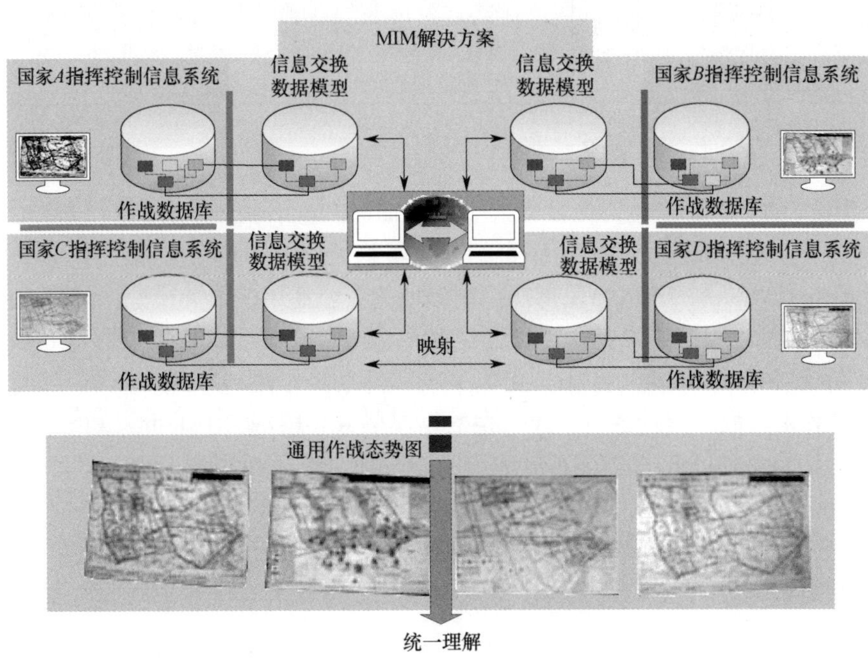

图 1-7　基于 MIM 的指挥控制信息系统之间的信息交换示意

4. 日本多层互操作通用词汇表

2017 年 5 月，日本政府发布了“推动公共和私营部门数据利用的先进信息技术国家基本计划”——日本新 IT 战略。这个计划的目的是促进数据在数据所有者之外无缝流动，以推动基于数据的新服务、创新和改革。在此之前，日本地方政府机构发布数据是任意的，按照日本新 IT 战略要求，日本政府机构和地方政府必须公开发布数据以便充分利用。

多层互操作框架（Infrastructure for Multilayer Interoperability，IMI）是日本新 IT 战略的一部分，作为一个面向数字政府和政府数据开放的互操作框架，为数字政府实现基于标准的术语词汇表的信息共享和利用提供支撑环境。IMI 通用词汇表是 IMI 的一部分，旨在提供一种统一共享术语含义和术语之间关系的机制，提高开放数据、电子政务数据及私有数据的互操作性。IMI 通用词汇框架以美国 NIEM 为参考模型开发，包括核心词汇表、领域词汇表和应用词汇表，如图 1-8 所示。核心词汇表主要描述基本的概念。目前，在 IMI 通用词汇框架 2.4.2 版本中，还没有构建领域词汇表，主要是因为在政府内部建立一个标准化流程构建业务领域词汇表有一定难度，将来可以在同一个业务中应用词汇形成业务领域词汇表。应用词汇表是核心词汇表和业务领域词汇表不能涵盖的词汇集合。IMI 通用词汇框架（2.4.2 版本）包括大约 60 个类词汇、250 个属性词汇，采用 RDF、XML Schema、JSON 描述语言表示。IMI 通用词汇框架的主要词汇如表 1-2 所示，IMI 通用词汇组成及应用详见本书第 8 章。

图 1-8　IMI 通用词汇框架

表 1-2　IMI 通用词汇框架的主要词汇[1]

分　类	说　明
概念型（Concept）	所有类的基类
事物型（Thing）	描述具有标识和文字表述等属性的具体事物
标识型（Identifier）	描述事物的唯一标识类型
约束型（Restriction）	表示一个限制条件的类，是范围等约束条件的基类
场所型（Location）	描述名称、地理标志、地址、地理坐标等属性的地点类
地址型（Address）	描述邮政编码、州县和城市等地址属性的类
实体类（Entity）	描述机构或人员的抽象类
机构类（Organization）	描述法人代表、成立日期、联系方式等机构属性的类
人员类（Person）	描述姓名、出生时间、年龄等人员属性的类
……	……

5. 中国国家信息交换模型

中国电子科技集团有限公司（简称中国电科）承担了大量国家电子政务、智慧城市和新型基础设施建设任务，深刻认识到跨领域信息交换是国家信息化工程

[1] IMI 核心词汇框架网址为 https://imi.go.jp/ns/core/Core242.html?lang=en。

的普遍需求和核心内容。为提高各领域信息系统之间的互操作能力，推动相关国家标准研究和制定，助力国家信息化建设，2019 年 1 月中国电科启动了中国国家信息交换模型（China Information Exchange Model，CIEM）项目[1]，致力于研制符合中国国情的信息交换模型。

CIEM 采用 XML Schema 表示，模型架构包括逻辑模型层和概念模型层，如图 1-9 所示。逻辑模型层提供客观世界的事物及概念数据化表示的规范方式；概念模型层提供数据语义的统一定义。CIEM 的分层架构有利于建模任务的解耦，基于客观的科学原理构建稳健的逻辑模型，基于演进的业务认知构建动态的逻辑模型，确保模型对业务发展的适应性。

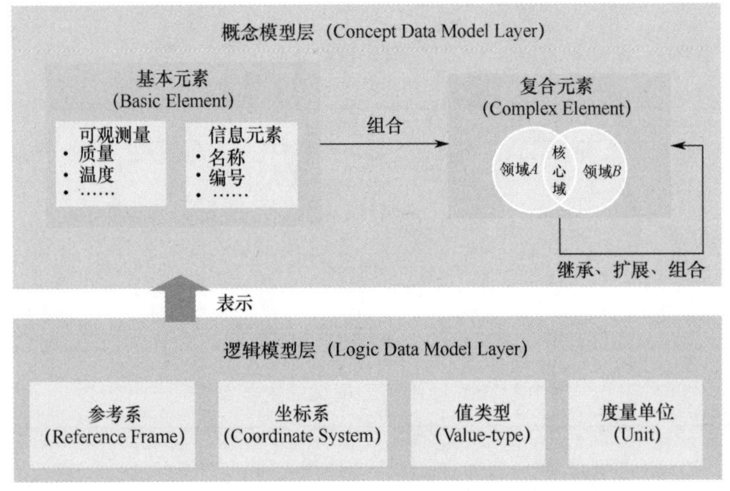

图 1-9　CIEM 架构

逻辑模型层由参考系、坐标系、值类型和度量单位构成。参考系是对客观世界事物及概念数据化（测量或者记录）时所需的参照物，如测量时间概念的协调世界时、测量位置概念的大地测量参考系等。坐标系是对客观世界事物及概念数据化时所需的坐标系统，如笛卡儿二维坐标系、球坐标系等。值类型是表示客观世界事物及概念数据化结果的数值类型，如整数、实数、文本等。度量单位是表示客观世界事物及概念数据化结果的计量单位，如表示时间的秒、表示距离的米等。通过它们的标准化，CIEM 概念的数据化结果的含义及表示方法被精准确定，便于信息系统对客观世界事物的一致性理解。

概念模型层由基本元素和复合元素构成。基本元素包括可观测量和信息元素，并通过逻辑模型层实现对客观世界事物及概念的一致表示和描述。可观测量是通过物理、化学或数学等方法测量后实现数据化的概念，如质量、温度等。基本元

[1] CIEM 网址：www.ciem.org.cn。

素是通过文字记录实现数据化的概念，如姓名、编号等。复合元素以对象（Object）和关联关系（Association）为基本类型，采用组合、继承、扩展等数据类型派生技术，构成了核心域数据模型和业务领域数据模型。CIEM 的对象（Object）类型包括人、地、物、组织机构和文档五大类，关联关系（Association）类型涵盖这五大类之间所有的两两关联关系。

1.3　跨领域信息交换体系

1.3.1　跨领域信息交换体系结构

由于信息技术的复杂性和信息共享需求的多样性，跨领域信息交换涉及标准规范、网络建设、安全策略、管理制度、运作机制、政策法规等诸多方面的因素，需要构建科学、高效的信息交换体系。跨领域信息交换体系结构由信息资源、交换平台、服务模式、技术标准、管理机制、安全基础设施组成，如图 1-10 所示[7]。不同服务模式的业务应用通过调用交换平台提供的交换服务，实现对信息资源的访问和操作，技术标准和管理机制为跨领域信息交换和共享提供技术和管理的保障。

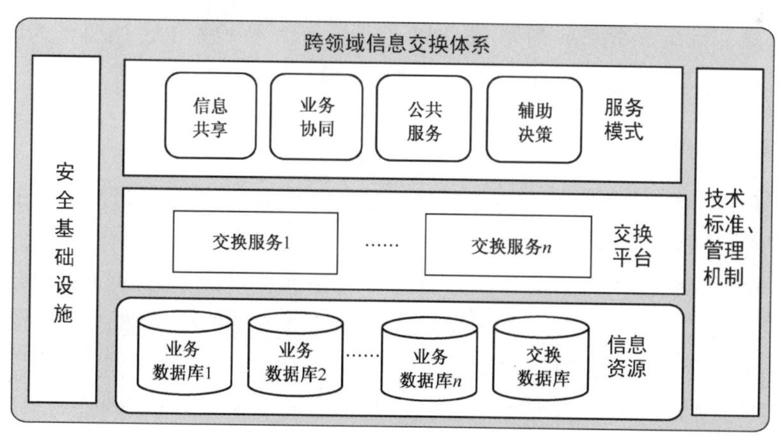

图 1-10　跨领域信息交换体系结构

1. 信息资源

信息资源主要包括业务数据库和交换数据库。业务数据库是各个业务领域信息系统中已有的业务数据信息；交换数据库是与业务数据库隔离的、参与跨领域信息交换的临时信息库。

2. 交换平台

交换平台是提供信息资源交换与共享的计算机软硬件设施。交换平台提供的基本信息服务包括数据传输、数据适配、身份认证、访问控制、流程管理、数据存取等，为上层各类跨领域应用提供公共的系统间信息传输和共享信息存取服务。

3. 服务模式

服务模式是信息资源和交换平台为跨领域业务提供的主要服务方式，包括信息共享、业务协同、公共服务和辅助决策。

信息共享服务模式可支持两个或多个部门之间交换与共享信息资源。

业务协同服务模式可支持多个组织机构协同完成一个业务流程。通过工作流等技术，将多个组织机构组成一个业务流程。各组织机构实现各自的业务，工作流实现业务信息按流程转发，并持续启动相关业务流程，实现跨部门的业务协同。

公共服务模式可为业务领域人员或社会公众提供信息公开服务。

辅助决策服务模式可为领导和政务管理人员提供科学决策依据，通过对多渠道的信息进行采集、汇总、分析、归纳和综合等，获得可靠、科学的决策信息。

4. 技术标准

技术标准主要包括两类，一类是与信息内容相关的数据元标准、数据编码标准、数据模型标准、元数据标准等；另一类是与技术平台互连互通有关的技术标准，如信息交换服务接口标准、信息交换平台标准等。

5. 管理机制

管理机制是保证交换体系能够持续、有效运行的一系列管理要求、操作规范和评估机制。管理机制包括 4 个方面的内容。

（1）对信息资源的维护管理机制，主要包括保证采集信息的持续性、正确性、一致性等的管理规范，对信息传输、存储、备份、使用等方面的管理规范，对交换需求登记、变更方面的管理规范。

（2）对技术平台的运行维护机制，主要包括对平台运行状况监测、系统维护、设备维修、系统改造等活动的管理规范。

（3）对业务服务的管理规范，主要包括信息服务申请、提供、配置、注销等活动的管理规范。

（4）对岗位职责的管理规范，主要包括岗位的设置、职责、考核等管理规范。

6. 安全基础设施

安全基础设施是跨领域信息交换可靠、安全运行的基本保证。跨领域信息交换需要具备良好的安全策略、安全手段、安全环境及安全管理措施，实现合法用户采用正确的方式，在正确的时间对相应的数据进行正确的操作，确保数据的机密性、完整性、可用性和合法使用。

1.3.2　跨领域信息交换概念模型

在跨领域信息交换概念模型标准的约束和指导下，信息交换过程中的主要逻辑实体可以抽象为信息交换模型、业务信息、交换信息、交换服务、端交换节点、中心交换节点[5]。跨领域信息交换概念模式如图 1-11 所示。在信息交换过程中，信息从起点到目的点经过的信息处理单元抽象为端交换节点和中心交换节点，其中信息的起点和目的点为端交换节点，信息经过的信息处理单元为中心交换节点。各实体的含义如下。

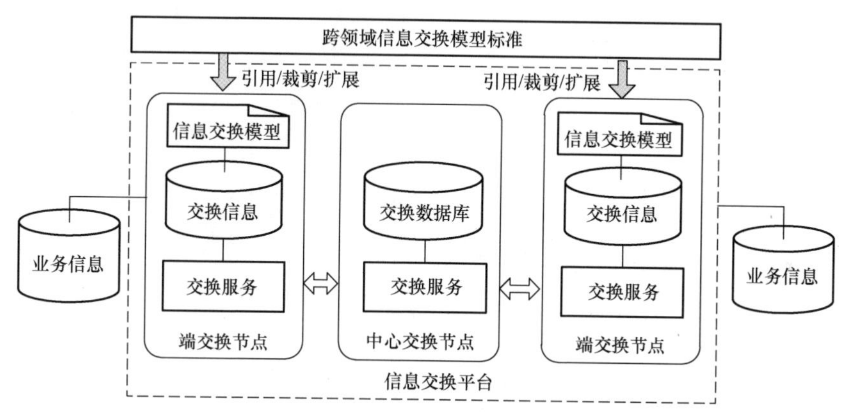

图 1-11　跨领域信息交换概念模型

（1）信息交换模型是针对具体的信息交换需求，引用或扩展跨领域信息交换数据模型标准而构建的交换数据的模式文件。

（2）业务信息是各业务领域产生和管理的信息。

（3）交换信息是端交换节点中存储的参与交换的业务信息。

（4）端交换节点是信息交换的起点或终点，完成业务信息与交换信息之间的转换操作，并通过交换服务实现信息的传送和处理。

（5）中心交换节点主要为交换信息提供点到点、点到多点的信息路由、信息可靠传送等功能，并存储和管理共享信息。

（6）交换服务是交换节点传送和处理信息的操作集合，通过不同交换服务的组合支持不同的服务模式。

其中，交换节点的功能至少包括信息传送和信息处理两个部分。信息传送功能主要是指根据选定的传送协议完成数据的接收或发送，便于信息交换体系在统一的信息传输平台上构建上层的功能和应用。信息处理功能完成对消息包的封装或解析，并根据需要实现格式转换、信息可靠性保证、信息加密等功能，有效减小上层应用系统的处理复杂度并提高处理效率。端交换节点功能包括交换数据库的访问操作功能、与业务信息资源的可控交换等。中心交换节点可扩展功能包括流程管理、节点监控、对交换数据库的访问操作等。

1.3.3 跨领域信息交换的角色

跨领域信息交换的角色一般包括 3 类：信息提供者、交换管理者、信息使用者，如图 1-12 所示[7]。

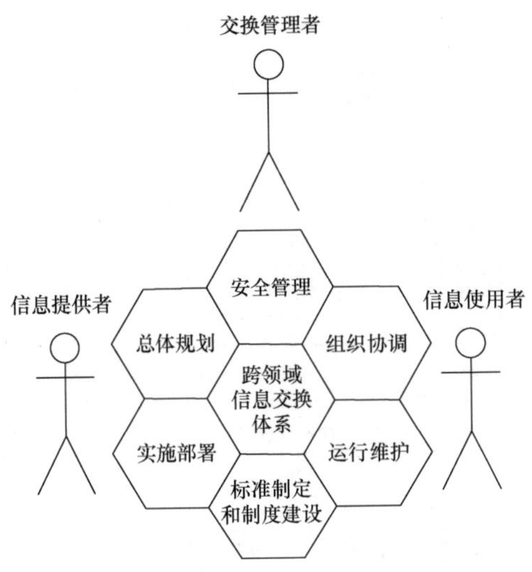

图 1-12 跨领域信息交换体系管理架构

1. 信息提供者

信息提供者主要负责跨领域信息交换内容与系统的总体规划、实施部署、运行维护、使用授权，包括：

（1）对本领域用于交换的信息进行组织与分类，并负责内容更新；

（2）与信息使用者、交换管理者协商确定交换内容、数据格式、交换模式、更新周期；

（3）对本领域的信息交换内容进行使用授权。

2. 交换管理者

交换管理者主要负责共享环境的总体规划、实施部署、运行维护、组织协调、安全管理、标准制定和制度建设，包括：

（1）负责信息交换环境的部署和运行管理；

（2）负责跨领域信息交换模型标准制定及相关制度建设；

（3）对接入信息交换环境的应用系统提出部署要求。

3. 信息使用者

信息使用者主要负责提出信息共享需求，包括：

（1）根据需要提出信息交换请求；

（2）与信息提供者、交换管理者协商确定信息交换内容、数据格式、交换模式、更新周期；

（3）对于交换与共享获得的信息内容在授权范围内使用。

1.3.4 跨领域信息交换的活动

跨领域信息交换的活动一般包括总体规划、组织协调、实施部署、运行维护、安全管理、标准制定和制度建设等活动。跨领域信息交换体系角色活动如图 1-13 所示[7]。

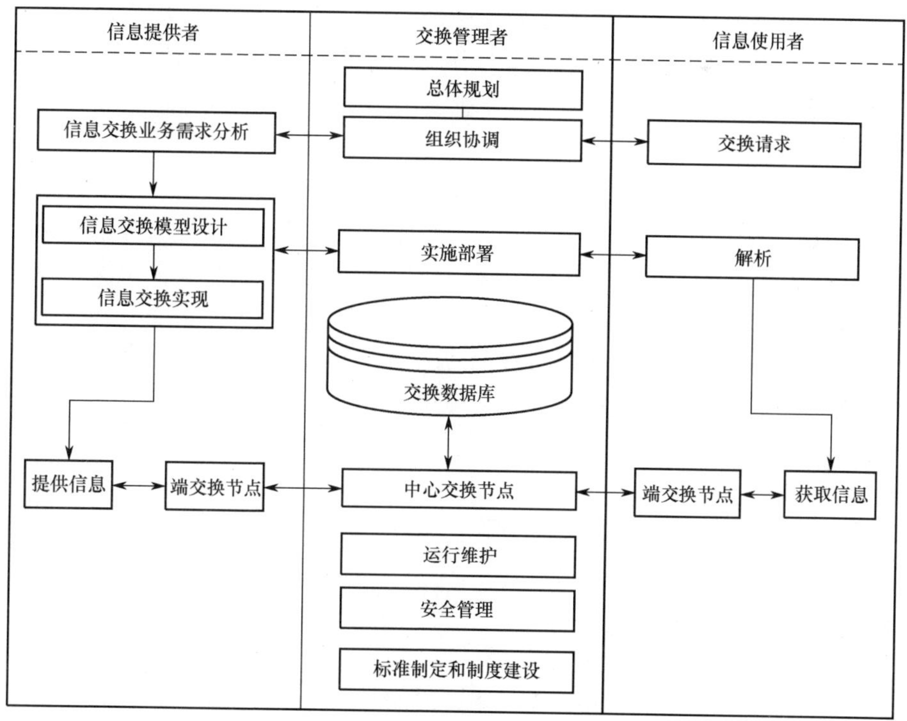

图 1-13　跨领域信息交换体系角色活动

1. 总体规划

交换管理者负责编制跨领域信息交换体系建设的总体规划，在业务流程梳理基础上规划跨领域信息交换的内容、范围、模式和实施步骤。

2. 组织协调

交换管理者负责协调信息交换双方的需求对接，建立求助响应、帮助、变更、培训、统计分析、技术咨询与监督管理等服务工作机制。

3. 实施部署

信息提供者针对业务信息交换需求，确定信息交换内容与范围，建立信息交换业务模型，再根据信息交换业务模型进行信息交换模型设计，并对交换的信息进行使用授权管理。

信息提供者和信息使用者分别对进行信息交换的应用系统和端交换节点按技术规范与接入要求进行部署。交换管理者负责中心交换节点的部署。信息使用者对获取的信息内容在授权范围内使用。

4. 运行维护

信息提供者负责所提供交换信息内容的使用、存储、备份、更新和注销等管理。交换管理者负责共享信息的使用、存储、备份、更新和注销等管理。在信息交换域内建立交换管理系统，监控和管理各中心交换节点的运行状态。

5. 安全管理

信息提供者向交换管理者提出要求，经交换管理者审核，建立相应的安全访问控制权限；安全访问控制权限的变更由交换管理者负责实施，但交换管理者无权擅自对安全访问控制权限进行变更。

信息交换各方要遵循有关信息安全的法律、法规、规章和技术标准，建立信息交换各方参加的信息安全组织领导机构和工作机制。

6. 标准制定和制度建设

建立信息交换体系建设、运行维护、服务、安全等相关标准和管理制度。

1.3.5 跨领域信息交换平台

由于各业务领域中的应用系统技术体系的异构性、自治性、封闭性和紧耦合的特点，跨领域信息交换平台一般采用面向服务的软件架构，交换模式采用集中式和分布式相结合的模式。集中式是指信息提供者将待交换的数据按照信息交换模型定义的格式统一发布到交换数据库中；信息使用者在交换数据库中检索以获取所需数据。分布式是指信息提供者将待交换的数据按照信息交换模型定义以 Web Services 的方式发布，并在在服务注册库中进行注册；信息使用者在服务注册库中查找满足自己需求的服务，然后调用服务。

跨领域信息交换平台基于网络化的环境，为所有授权用户提供标准化的服务。在跨领域信息交换平台中，所有数据和服务都遵循信息共享标准，所有的信息资源、应用和服务对授权用户都是可见、可访问、可理解和可信的，以便实现跨领域信息交换，主要包括门户服务、核心服务和运维管理服务，如图 1-14 所示。

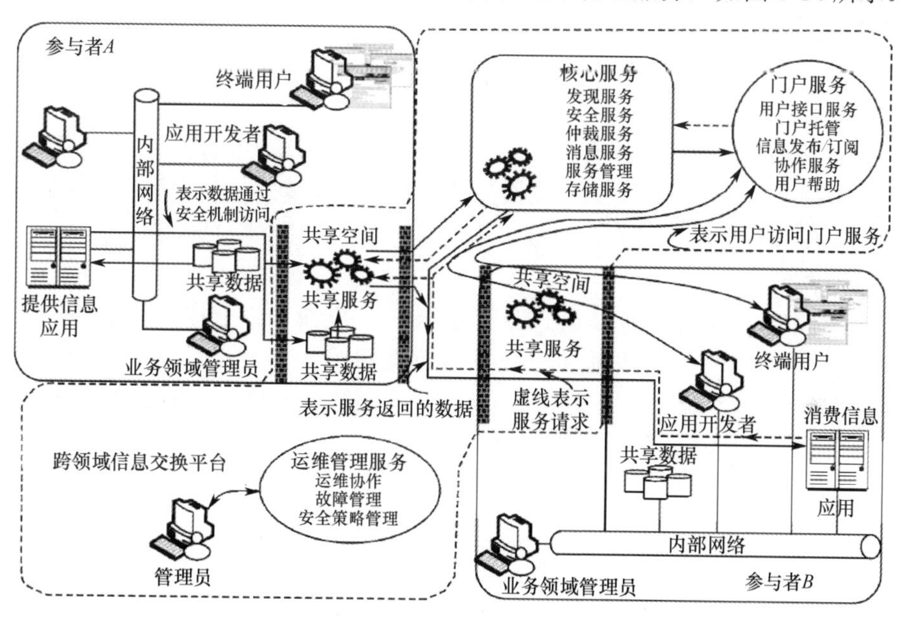

图 1-14 跨领域信息交换平台功能

1. 门户服务

门户服务为各业务领域用户提供使用信息交换服务的接口，主要包括用户接口服务、门户托管、信息发布/订阅、协作服务、用户帮助等功能。

（1）用户接口服务。

用户接口服务为用户和应用开发者提供访问信息交换平台功能的用户接口，主要功能包括服务发现、描述和注册。也就是说，用户和应用开发者能通过门户找到需要的服务，应用开发者通过门户对提交的服务进行描述和注册。

（2）门户托管。

门户托管为访问特定业务领域门户提供快捷入口，一些用户可以针对某个任务处理需要的信息和功能，在信息交换平台门户中构建一个单独的子门户，便于其他用户通过信息交换平台门户一步到达。

（3）信息发布/订阅。

信息发布/订阅实现信息提供者发布信息、信息使用者订阅信息的功能。

（4）协作服务。

为用户提供在线交流和文件共享，支持一对一、一对多、多对多的语音、文本（即时消息/聊天室）、视频、文件共享、白板等交互。

（5）用户帮助。

提供用户帮助的访问入口，包括常见问题解答、知识库和在线实时技术支持，以及 E-mail 和电话号码等联系方式。

2. 核心服务

核心服务是信息交换平台的基本软件架构，为应用开发者提供开发工具集，可以大大降低应用开发者开发业务处理应用程序的难度。核心服务主要包括 6 个服务：发现服务、安全服务、仲裁服务、消息服务、服务管理、存储服务。

（1）发现服务。

发现服务允许用户通过信息交换平台门户检索和定位服务和数据。信息提供者在数据和服务元数据注册库发布数据和服务元数据，以便所有的用户能找到和理解发布到信息共享空间中的数据和服务元数据，其主要功能如表 1-3 所示。

表 1-3　发现服务主要功能

功　能	说　明
元数据发现	该服务提供发现和管理各种元数据产品的功能，可以根据一个或多个术语进行分类，用户可以根据复合条件（关键词、日期、时间、提交者）进行数据检索，并按照一定顺序获取或浏览数据，还可以得到数据变更通知
人员发现	该服务根据属性检索人员和人员属性信息，每个用户可以基于角色、权限等属性发现其他人员
服务发现	服务提供者发布、注册服务，服务使用者在服务注册库检索、调用服务
内容发现	该服务可以根据用户输入的检索条件检索信息交换库中的信息资源

（2）安全服务。

安全服务通过验证、授权和访问控制等安全手段，为信息交换平台的参与者（已知 / 不可见用户）访问数据和服务提供安全保障机制。为了确保信息使用者和信息提供者安全交互，安全服务采用标准化的、与平台无关的、技术中立的、与供应商无关的方式进行定义，主要功能如表 1-4 所示。

表 1-4　安全服务主要功能

功　能	说　明
策略决策服务	依据安全断言标记语言 SAML 协议，接受授权查询，返回授权决策断言
策略获取服务	采用扩展访问控制标记语言 XACML 格式发布安全策略，为信息提供者提供信息使用者对资源的访问策略
策略管理服务	管理应用程序，利用该服务增加、修改、删除策略
证书验证服务	对证书的合法性进行验证
主属性服务	该服务提供查询和获取用户访问控制属性接口
公钥基础设施	PKI 是使用公开密钥技术和数字证书来确保系统信息安全并负责验证数字证书持有者身份的一种体系。PKI 通过第三方的可信机构——认证中心，把用户的公钥和其他标识信息（如名称、E-mail、身份证号码等）捆绑在一起，为程序和应用提供用户验证和授权、加密、数字证书服务，保证数据的完整性、机密性、不可抵赖性

（3）仲裁服务。

在信息共享空间中，数据和服务以各种格式和协议存在。仲裁服务为拥有不同系统的信息提供者和信息使用者之间交换信息建立桥接器，其主要功能如表 1-5 所示。

表 1-5　仲裁服务主要功能

功　能	说　明
协议适配	信息交换平台能接入其他协议或技术的服务，并进行互操作
数据转换	将数据由一种格式转换为另一种格式

（4）消息服务。

消息服务提供同步或异步的消息传送方式，通过发布/订阅、点对点、队列等多种消息代理方式实现应用和用户之间消息的可靠传送，一般采用消息中间件实现，其主要功能如表 1-6 所示。

表 1-6　消息服务主要功能

功　能	说　明
通知服务	该服务提供应用接口和基础架构，使用户具备通知的发布、订阅和获取能力。通知服务当预先定义事件发生时，通知服务被触发
基于主题的通知	该服务提供应用接口和基础架构，使用户具备基于主题的通知的发布、订阅和获取能力。当用户或系统向主要频道提交一个新的消息时，该功能被触发
M-M 消息	该服务提供应用接口和基础架构，以及机器对机器的消息传输。信息交换平台的服务/应用可以依据主题或队列订阅消息，也可以发布或得到消息

（5）服务管理。

服务管理是系统和应用对服务质量（QoS）进行管理、评估、报告和改进的一种持续过程。随着部署服务数量的增多，有效的服务管理是关键，通过服务监控，服务提供者和服务管理者收集和分析服务性能和 QoS 数据等关键参数，确保服务运行处于最佳状态。服务管理主要功能如表 1-7 所示。

表 1-7　服务管理主要功能

功　能	说　明
监控关键组件的 QoS	生成关于服务健康状态的报告，并通知服务提供者
监控服务水平协议（SLAs）	通过监控服务水平，帮助服务提供者实现服务承诺，当服务水平接近阈值时，通知服务提供者
提供异常检测和处理	能定义异常条件；在实时状态下能检测到异常，并发出异常通知；能自动采取正确的行动处置异常
监控服务性能	捕获服务吞吐量和服务使用者信息等数据，帮助评估服务是否有用，是否有必要继续支持
提供服务的分布式管理	提供 IT 设施管理者和服务提供者远程配置、管理和跟踪分布式的服务

（6）存储服务。

存储服务提供交换信息的备份、镜像服务，防止由于操作失误、系统故障等意外原因导致交换信息的丢失。

3. 运维管理服务

运维管理服务通过管理服务门户，提供管理和监管信息交换平台的入口，包括运维协作、故障管理、安全策略管理。

运维协作允许信息交换平台支持人员在线实时或异步共享和讨论信息共享空间管理问题，并提供白板和应用共享协作功能。

故障管理是交换管理者或自动化的处理流程报告或订阅信息交换平台服务的故障或恢复状态信息，允许用户和流程选择替代的服务，使之进入正常状态。

安全策略管理是管理者制定、存储、分发、获取安全策略信息的功能。

1.4　本章小结

随着社会的信息化程度不断提高，信息交换已成为社会生产的关键环节，电子信息自动交换逐渐成为社会协作的重要形式和技术实现手段。其中，跨行业、跨业务、跨组织机构、跨层级之间的跨领域信息交换是电子信息自动交换的核心。

在跨领域信息交换实施过程中，不同的信息系统和不同的实施人员对客观对象的认识差异和应用需求差异，导致信息系统对处理对象的理解、描述、记录、运用等方面的差异，不可避免地造成数据异构，主要表现为数据的语义不统一、格式不一致、编码方式不同、数据模式也不同。为解决跨领域信息交换中的数据异构问题，人们提出了语义互操作方法。语义互操作是在统一的语义环境下，利用语义技术建立不同系统间对数据的一致语义理解，实现自治和异构系统的互操作。

跨领域信息交换是信息化时代各个国家和地区面临的普遍问题。为了实现跨领域信息交换，美国、欧盟、北约、日本、中国等国家和地区都提出并实施了基于语义互操作的跨领域信息交换解决方案。

第 2 章

Chapter 2

跨领域信息交换技术体系

跨领域信息交换需要解决异构信息的描述、互操作、安全等问题。XML、Web 服务、XML 安全技术，为跨领域的不同应用系统、不同数据库之间互连互通、信息共享，提供了安全、松耦合、可扩展的技术体系。跨领域信息交换技术体系可以归纳为 3 个部分：数据描述方法、面向服务的软件架构、跨领域信息交换安全技术。数据描述方法将分散在不同领域、以不同形式表示和存储的数据信息按照统一的标准进行表示，实现参与信息交换的各方对信息可见、可理解和可互操作；面向服务的软件架构为跨领域的异构系统集成提供有效手段；跨领域信息交换安全技术为跨领域身份认证、访问控制提供灵活的安全保障手段，确保数据的机密性、完整性、可用性。本章介绍数据描述方法、面向服务的软件架构、跨领域信息交换安全技术的基本原理和方法。

2.1 数据描述方法

良好的数据模型与数据标准是实现信息共享，保证信息一致性、完整性与准确性的基础。跨领域数据来源于各个业务领域，只有将这些信息按照统一的标准进行描述，才能实现信息交换双方对信息的一致理解，更好地发现和明确信息交换的需求。数据模型必须具有机器可读性、平台无关性和灵活性。

机器可读性是指在信息交换过程中，通过数据模型对交换数据进行解析时，不需要对信息交换模型进行翻译或者转换，而能够直接使用，能够保证机器的理解，实现机器对机器的交换。

平台无关性是指数据模型的描述不应该依赖具体的系统平台、设计语言与技术，而要采用独立于平台、语言与技术的描述方式。

灵活性是指数据模型必须具有可扩展、可屏蔽和可重用等特性。可扩展是指当某个数据模式与交换数据相比，不足以表达交换数据的全貌时，能够适当增加模式属性，形成完整的信息交换模式。可屏蔽是指当数据模式与信息交换需求相比，有部分冗余时，可以将不需要的部分属性进行隐藏，形成满足需求的信息交换模式。可重用是指可以将两个或者更多个数据模式组合在一起，形成新的数据模式，达到数据模式重用的目的。

数据参考模型为信息交换双方不一致的信息资源提供了统一的建模方法和技术路线，确保为业务需求提供全面、一致、完整的高质量共享数据，并且为明确数据引用关系、定义交换需求提供依据。XML Schema、JSON 具有很强的信息描述和表达能力，为数据模型的表示提供了有效的手段。

2.1.1 数据参考模型

美国政府联邦企业架构（Federal Enterprise Architecture，FEA）中的数据参考模型（Data Reference Model，DRM）提供了有效的数据描述方法。美国预算管理办公室（Office of Management and Budget，OMB）提出的数据参考模型是美国政府联邦企业架构中 5 个参考模型之一，旨在促进横向（美国联邦政府业务领域之间）和纵向（美国联邦政府与州政府和地方政府之间）的信息交换与共享。

数据参考模型提供了描述各业务领域数据，以及信息共享方法的标准化模型，包括数据模式描述模型、数据环境描述模型和数据共享描述模型 3 个部分，其关系及作用如图 2-1 所示。

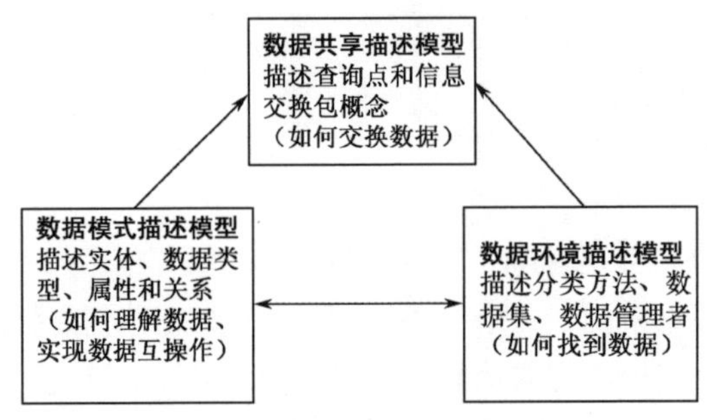

图 2-1　数据参考模型 3 个组成部分的关系及作用

数据模式描述模型主要描述各个业务领域数据的语义和语法，解决数据使用者如何理解数据的问题，描述的主要概念包括实体、数据类型、属性、关系等。

数据环境描述模型主要解决对数据集的查询定位问题，描述概念包括分类方法、数据集、数据管理者等。数据集是一个容器，包含数据、文件知识库、相关数据库或网络资源等。数据管理者指的是负责管理数据集的人或者组织。

数据共享描述模型主要描述实现数据共享的方法，包括查询点和信息交换包。查询点指的是访问或者查询数据集的工具或手段，信息交换包是按照交换双方协商的格式封装的交换数据。

数据参考模型为各领域进行信息集成、互操作、发现和共享数据提供了一套描述方法。为了达到这个目标，数据参考模型对数据架构概念元素及它们之间的关系进行了明确定义，并且针对每个概念元素分别定义了一系列通用属性。数据参考模型按照数据模式描述、数据环境描述、数据共享描述 3 个部分，描述了各个部分相关的概念元素及其关系。需要注意的是，为了表述清晰，图 2-2 所示的一些概念元素会出现多次，实线边框中的概念元素才是真正的定义，虚线边框中的概念元素只是从其他部分“借用”来的。

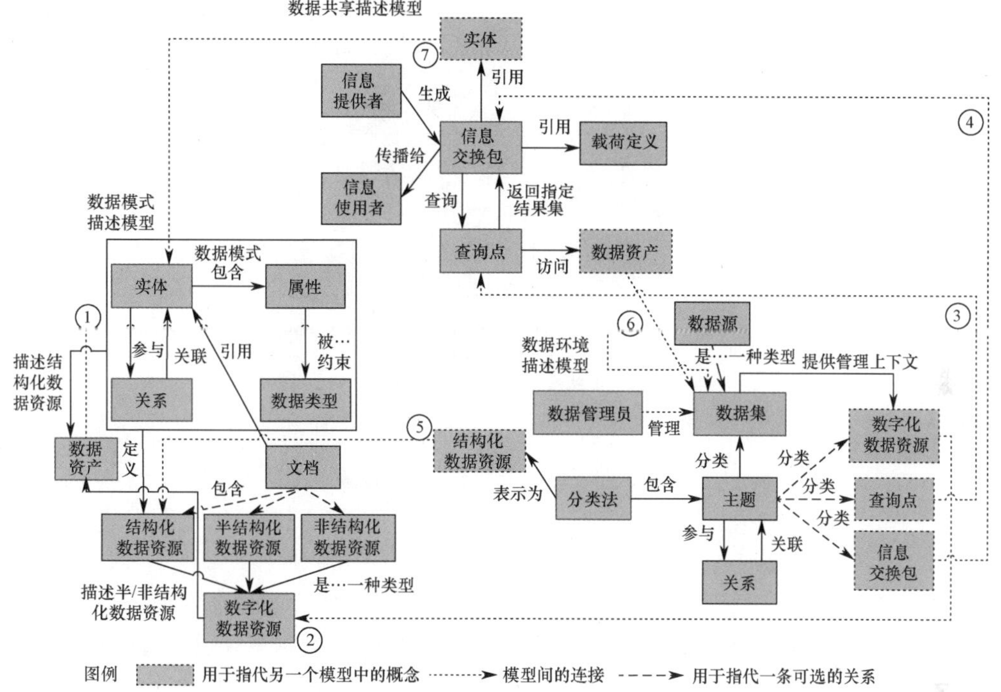

图 2-2　数据参考模型

1. 数据模式描述模型

数据模式描述的目标是提供关于信息资源数据结构（语法）和意义（语义）的描述。存储在计算机中的数据资源，可分为结构化数据、半结构化数据和非结构化数据，如图 2-3 所示。结构化数据通过数据模式（Data Schema）来描述。数据模式定义了结构化数据资源的语法和语义，可以说是结构化数据的元数据（Meta Data）。数据模式通过实体（Entity）、属性（Attribute）、关系（Relationship）和数据类型（Data Type）这 4 个概念及它们之间的关系来定义。

- 实体（Entity）：现实世界中客观事物的抽象。实体包含若干属性，实体通过“关系”与其他实体建立关联。
- 属性（Attribute）：实体某一特性的抽象。一个属性的取值被约束于一个数据类型。
- 数据类型（Data Type）：对于一个属性的物理表述的类型约束。
- 关系（Relationship）：用于描述实体间的关系。

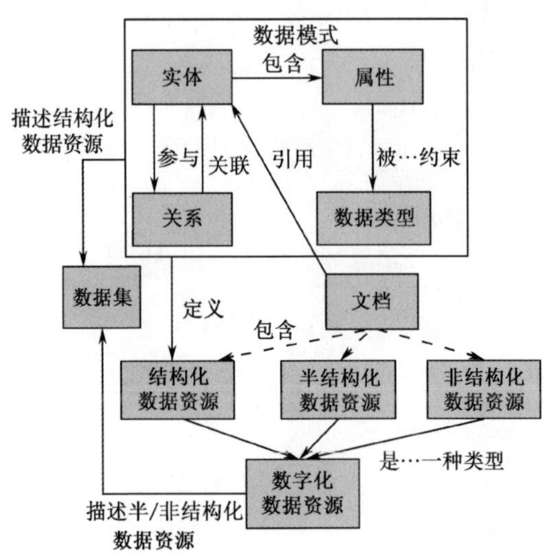

图 2-3　数据模式描述模型

除结构化数据之外，其他如视频数据、音频数据等非结构化数据，与结构化数据的最大区别在于，非结构化数据的语义和语法与实例数据本身紧密结合在一起，因此，其组织结构和意义对外界并不具备很强的公开性和交互性；而结构化数据与之相反，定义其数据结构和意义的数据模式信息可以独立于实例数据之外，用于不同系统之间进行针对语义和语法的交流。数据模式描述的内容如表 2-1 所示。

表 2-1　数据模式描述的内容

概　　念	概念的描述属性	说　　明
实体	标识（Identifier）	为了区分实体的目的，表示实体唯一性的字符串
	名称（Name）	实体的名称
	描述（Description）	对实体的描述
数据类型	名称（Name）	数据类型的名称
	描述（Description）	数据类型的描述
属性	名称（Name）	属性的名称
	描述（Description）	属性的描述
关系	名称（Name）	关系的名称
	关系源实体（Origin）	关系中一个源实体
	关系目标实体（Destination）	关系中一个目标实体

（续表）

概　　念	概念的描述属性	说　　明
非结构化数据资源	标题（Title）	赋予资源名称
	标识符（Identifier）	在特定的范围内给予数据资源的一个明确的标识
	日期（Date）	与数据资源整个生命周期中的一个事件相关的日期，如创建日期、有效日期
	创建者（Creator）	创建数据资源内容的主要责任者
	格式（Format）	数据资源的物理或数字表现形式
	描述（Description）	数据资源内容的说明
	来源（Source）	数据资源的来源
	主题（Subject）	数据资源内容的主题描述
	资源类型（Resource Type）	数据资源内容的特征类型
	出版者（Publisher）	使数据资源成为可以获得并可用的责任者
	其他责任者（Contributor）	对数据资源的内容做出贡献的责任者
	语言（Language）	数据资源所采用的语言
	关系（Relation）	相关的数据资源
	覆盖范围（Coverage）	数据资源内容所涉及的外延与覆盖范围
	权限（Rights）	有关数据资源本身所有的或赋予的权限信息

2. 数据环境描述模型

数据环境描述用于为数据添加与其使用和创建的目标相关的信息，从而便于不同视角的数据使用者发现和使用数据。经过数据模式描述模型的定义，利益共同体内成员对于数据的描述将会产生共识，但是这并不意味着具有不同视角的数据使用者就关心所有的数据实体或数据实体的所有属性，甚至即便是针对某个数据实体的实例数据，不同的数据使用者由于视角不同也可能只对其中部分实例数据感兴趣。举例来说，假设一个“人”的实体，它对人进行了抽象，并在利益共同体内根据所有参与者的共识，定义了符合所有数据使用者要求的属性，但是在使用过程中，从商业的角度来看待人，可能更关注商业行为方面的数据，因而对他来说并不一定关注如头发颜色之类的信息，而对于执法机构的信息使用者却不然。由此可以看出，数据可以根据不同的方式进行分类，而针对分类方式的描述和定义就构成了“数据环境”。除了关于数据的分类划分这个核心概念，数据环境还描述数据集的主题、数据集维护管理机构及访问数据集的服务方式，如图 2-4 所示。

数据环境的定义实际上就是针对数据使用背景的分类法的定义。虽然用来分类的角度纷繁复杂，但本质上来讲不论何种分类法都可以通过结构化方式进行表述，这也为不同业务领域之间对于分类法的语义和语法达成共识提供了基础。经过结构化表述的分类法定义，数据使用者可以识别符合自己要求的数据集是否存在，并检测其包含的数据是否符合他对信息的要求。数据环境的主要概念之间的关系如下。

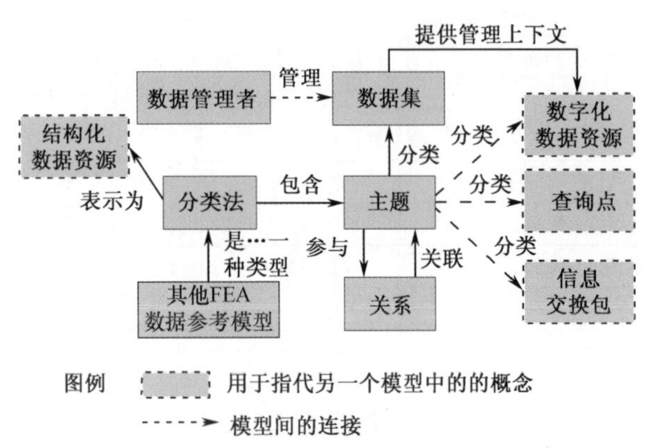

图 2-4 数据环境描述模型

- 数据环境的分类法（Taxonomy）包含若干主题（Topic），而且主题之间是相互联系的。分类法被描述为结构化数据，并存放于结构化数据资源中。
- 每个分类法的主题用于对数据集进行分类，同时也可以对各种数据集、查询点和信息交换包进行分类。
- 可以为数据集指定一个管理数据的负责人或机构。

数据环境描述内容如表 2-2 所示。

表 2-2 数据环境描述内容

概　　念	概念的描述属性	说　　明
分类法	标识（Identifier）	在特定的范围内给予分类的一个明确的标识
	名称（Name）	分类法名称
	描述（Description）	分类法的说明
主题	名称（Name）	主题名称
	描述（Description）	主题说明
关系	名称（Name）	关系名称
	关系源实体（Origin）	关系中一个源实体
	关系目的实体（Destination）	关系中一个目的实体
数据集	标识（Identifier）	在特定的范围内给予数据集的一个明确的标识
	类型（Type）	数据集的类型，可以是数据库、网址、注册库、数据服务、目录库
	是否为地理数据	是否为地理空间数据

（续表）

概　　念	概念的描述属性	说　　明
数据管理者	人员标识（Employee ID）	数据管理者的人员标识
	所属机构（Department）	数据管理者所属机构
	初始日期（Initial Date）	数据管理者实施数据管理的时间

3. 数据共享描述模型

数据模式描述模型和数据环境描述模型为规划和实现信息访问、交换提供了基础，数据共享描述模型用来描述信息访问和交换的方法，如图 2-5 所示。信息交换通常是指在信息生产者和信息使用者之间所存在的相对固定且时常发生的信息交互过程。针对信息的使用除这种交换的方式外，作为信息源的信息提供者往往还需要对外提供各种信息访问接口，从而为各种不确定的外界信息使用者提供信息访问的能力。

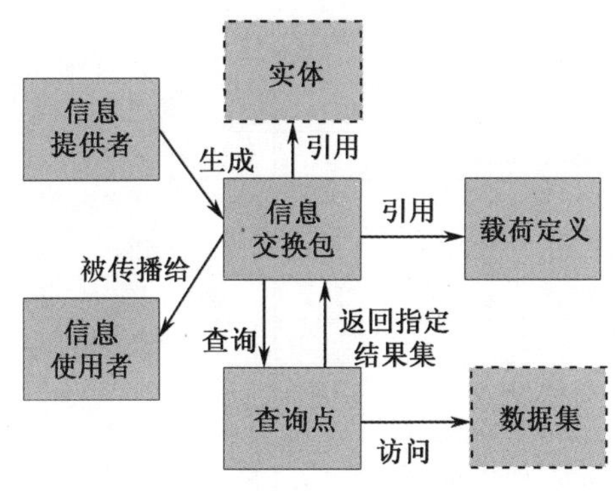

图 2-5　数据共享描述模型

信息交换包（Exchange Package）用于表述产生于信息提供者和信息使用者之间的经常性的信息交换。信息交换包中包含了与交换过程相关的各种信息（如信息提供者 ID、信息使用者 ID、信息有效期等），以及数据载荷的引用。信息交换包还可以用来定义在一次信息交换中某个查询点（Query Point）接收与处理的查询结果的格式。信息交换包与其他概念元素之间有如下关系：

- 信息交换包引用了业务领域的实体；
- 信息交换包被传播给信息使用者；
- 信息交换包通过查询点查询获取数据；
- 信息交换包引用了针对交换数据载荷的定义。

信息提供者与其他概念元素之间具有如下关系：信息提供者生成信息交换包；信息使用者（Consumer）是使用数据的实体；数据载荷定义（Payload Definition）表示针对数据交换需求而制定的格式化定义；查询点（Query Point）是为了访问和查询数据集而提供接口的端点，一个查询点的具体表达可以是 Web 服务的 URL。

数据共享描述内容如表 2-3 所示。

表 2-3 数据共享描述内容

概念	概念的描述属性	说明
信息交换包	标识（Identifier）	信息交换包唯一标识
	名称（Name）	信息交换包名称
	描述（Description）	信息交换包说明
	安全等级（Classification）	信息交换包的安全等级
	交换频率（Frequency）	信息交换发生的频率
信息提供者	标识（Identifier）	信息提供者唯一标识
	名称（Name）	信息提供者名称
	主要联系方式（Primary Contact）	信息提供者联系名称和联系方式
信息使用者	标识（Identifier）	信息使用者唯一标识
	名称（Name）	信息使用者名称
	主要联系方式（Primary Contact）	信息使用者联系名称和联系方式
载荷定义	标识（Identifier）	载荷定义唯一标识
	名称（Name）	载荷定义名称
查询点	标识（Identifier）	查询点唯一标识
	名称（Name）	查询点名称
	描述（Description）	查询点说明
	查询语言（Query Languages）	查询点采用的查询语言标准，如 SQL-92、CQL (Z39.50)、XQuery、HTTP GET 等

2.1.2 基于 XML Schema 的数据描述方法

XML Schema 作为一种具有数据描述功能、高度结构性、可验证的标记语言，其易于扩展、结构性强、语义性强、可格式化、易于处理、与平台无关等特性使之成为信息交换数据模型表示的常用语言。在对客观世界的分析、归纳和抽象的基础上，运用 XML Schema，用类与类之间的关系及类的属性等对数据模型进行描述。

1. XML Schema

XML Schema 是万维网联盟（World Wide Web Consortium，W3C）制定的 XML

文档结构描述标准，它可以定义出现在文档中的元素、属性、子元素的次序、数目、默认值（固定值或值范围）、值列表，以及元素和属性的数据类型。作为一种文档描述语言，通常将其简写为 XSD（XML Schema Define）。

XML Schema 本身就是一个结构良好的 XML 文档，它的基本结构是树形的。树的根节点是 Schema 元素，用于表示该 XML 文档是一个 XML Schema 文档，下面的子节点就是需要声明的元素、属性、简单数据类型和复杂数据类型等。XML Schema 文档的基本结构如图 2-6 所示：

```
<Schema name="Schema 的名称"  xmlns="命名空间">
        #元素、属性、简单数据类型和复杂数据类型等定义
</Schema>
```

图 2-6　XML Schema 文档的基本结构

常用的 XML Schema 元素如表 2-4 所示。

表 2-4　常用的 XML Schema 元素

元　素	说　明
schema	XML Schema 文件的根元素
attribute	用来声明 XML 元素的特征属性
element	用来声明 XML 元素
simpleType	简单数据类型
complexType	复合数据类型

（1）attribute。

attribute 定义一个属性，只能用于表示简单的内容，如表示一个值。attribute 在 XML 中不能独立存在，必须由元素携带；其属性不能扩展、替换、扩充或多次出现。attribute 的基本语法如图 2-7 所示。

```
<attribute
    default=string
    fixed=string
    form=qualified|unqualified
    id=ID
    name=NCName
    ref=QName
    type=QName
    use=optional|prohibited|required >
</attribute>
```

图 2-7　attribute 基本语法

attribute 的属性说明如下。

① default：可选，规定属性的默认值。default 和 fixed 属性不能同时出现。

② fixed：可选，规定属性的固定值。default 和 fixed 属性不能同时出现。

③ form：可选，规定属性的格式。默认值是包含该属性的 schema 元素的 attributeFormDefault 属性的值，可以设置为下列值。

- "qualified"：指示必须通过命名空间前缀和该属性的无冒号名称（NCName）来限定此属性。
- "unqualified"：指示此属性无须由命名空间前缀限定，且无须匹配此属性的无冒号名称（NCName），即本地名称。

④ id：可选，规定该元素唯一的 ID。

⑤ name：可选，规定属性的名称。name 和 ref 属性不能同时出现。

⑥ ref：可选，规定对指定的属性的引用，若需要使用在复杂类型中一个已有的属性定义来声明一个属性，使用 ref 属性。name 和 ref 属性不能同时出现。如果 ref 出现，则 simpleType 元素、form 和 type 不能出现。

⑦ type：可选，规定内建的数据类型或简单类型。type 属性只能在内容不包含 simpleType 元素时出现。

⑧ use：可选，规定如何使用该属性。在默认情况下，属性是可选的。若需要规定属性为必选，使用 "use" 属性，可设置为下面的值。

- optional：属性是可选的，并且可以具有任何值（默认）。
- prohibited：不能使用属性。
- required：属性是必需的。

⑨ any attributes：可选，规定带有 non-schema 命名空间的任何其他属性。

若一个属性名称为“lang”的定义如下。

```
<xs:attribute  name="lang"  type="xs:string"  default="EN"/>
```

带有“lang”属性的“lastname”元素 XML 元素如下：

```
<lastname lang="EN">Smith</lastname>
```

（2）element。

element 定义一个元素，用于表示简单内容（值）或复杂内容（对象），元素都可以带有属性。element 的基本语法如图 2-8 所示。

属性说明如下。

① id：可选，规定该元素唯一的 ID。

② name：可选，规定元素的名称。如果父元素是 schema 元素，则此属性是必需的。

③ ref：可选，对另一个元素的引用。ref 属性可包含一个命名空间前缀。如果父元素是 schema 元素，则不使用该属性。

```
<element
    id=ID
    name=NCName
    ref=QName
    type=QName
    substitutionGroup=QName
    default=string
    fixed=string
    form=qualified|unqualified
    maxOccurs=nonNegativeInteger|unbounded
    minOccurs=nonNegativeInteger
    nillable=true|false
    abstract=true|false
    block=（#all|list of （extension|restriction））
    final=（#all|list of （extension|restriction））>
</element>
```

图 2-8 element 的基本语法

④ type：可选，规定数据类型的名称，或者规定 simpleType 元素或 complexType 元素的名称。

⑤ substitutionGroup：可选，规定可用来替代该元素的元素名称。该元素必须具有相同的类型或从指定元素类型派生的类型。如果父元素不是 schema 元素，则不可以使用该属性。

⑥ default：可选，为元素规定默认值（仅当元素内容是简单类型或 textOnly 时使用）。

⑦ fixed：可选，为元素规定固定值（仅当元素内容是简单类型或 textOnly 时使用）。

⑧ form：可选，该元素的形式。默认值是包含该属性的 schema 元素的 elementFormDefault 属性的值。该值必须是下列字符串之一："qualified" 或 "unqualified"。如果父元素是 schema 元素，则不能使用该属性。

- 如果该值是 "unqualified"，则无须通过命名空间前缀限定该元素。
- 如果该值是 "qualified"，则必须通过命名空间前缀限定该元素。

⑨ maxOccurs：可选，规定 element 元素在父元素中可以出现的最大次数。该值可以是大于或等于零的整数。若不想对最大次数设置任何限制，请使用字符串 "unbounded"，默认值为 1。如果父元素是 schema 元素，则不能使用该属性。

⑩ minOccurs：可选，规定 element 元素在父元素中可以出现的最小次数。该值可以是大于或等于零的整数，默认值为 1。如果父元素是 schema 元素，则不能使用该属性。

⑪ nillable：可选，标识是否可以将显式的零值分配给该元素，此项应用于元

素内容且不是该元素的属性，默认值为 false。

⑫ abstract：可选，指示元素是否可以在实例文档中使用。如果该值为 true，则元素不能出现在实例文档中；相反，substitutionGroup 属性包含该元素的限定名（QName）的其他元素必须出现在该元素的位置。多个元素可以在其 substitutionGroup 属性中引用该元素，默认值为 false。

⑬ block：可选，派生的类型。block 属性防止具有指定派生类型的元素被用于替代该元素。该值可以包含 #all 或者一个列表，该列表是 extension、restriction 或 substitution 的子集。

- extension：防止通过扩展派生的元素被用来替代该元素。
- restriction：防止通过限制派生的元素被用来替代该元素。
- substitution：防止通过替换派生的元素被用来替代该元素。
- #all：防止所有派生的元素被用来替代该元素。

⑭ final：可选，设置 element 元素上 final 属性的默认值。如果父元素不是 schema 元素，则不能使用该属性。该值可以包含 #all 或者一个列表，该列表是 extension 或 restriction 的子集。

- extension：防止通过扩展派生的元素被用来替代该元素。
- restriction：防止通过限制派生的元素被用来替代该元素。
- #all：防止所有派生的元素被用来替代该元素。

⑮ any attributes：可选，规定带有 non-schema 命名空间的任何其他属性。

如图 2-9 所示的 XML 中，包含了 5 个元素和 2 个属性（structures:id 和 nc:personNameInitialIndicator）。

```
<nc:Person>
  <nc:PersonName structures:id="a123">
    <nc:PersonGivenName>John</nc:PersonGivenName>
    <nc:PersonMiddleName nc:personNameInitialIndicator="true">Q</nc:PersonMiddleName>
    <nc:PersonSurName>Smith</nc:PersonSurName>
  </nc:PersonName>
</nc:Person>
```

图 2-9　元素和属性用法举例

（3）简单类型元素。

简单类型元素是指其使用的只有基本数据类型，不会包括任何子元素和属性。图 2-10 是一个 schema，其中带有 4 个简单元素："fname"，"lname"，"age"，"dateborn"，类型是 string、string、nonNegativeInteger、date。

（4）复合类型元素。

复合类型元素是指包含子元素的元素，它包括 4 种类型，分别是空元素、只包含子元素的元素、只包含文本的元素、同时包含子元素和文本的元素。复合类型元素声明的表示方法有两种。一种是对此元素直接进行声明，具体表示方法如图 2-11 所示。

```
<?xml version="1.0"?>
<xs:schema xmlns:xs="http://www.w3.org/2001/XMLSchema">
    <xs:element name="fname" type="xs:string"/>
    <xs:element name="lname" type="xs:string"/>
    <xs:element name="age" type="xs:nonNegativeInteger"/>
    <xs:element name="dateborn" type="xs:date"/>
</xs:schema>
```

图 2-10　简单类型元素举例

```
<xs:element name="元素名">
  <xs:complexType>
    <分组类型>
      <xs:element name="子元素名 1"    type="基本数据类型"/>
      <xs:element name-="子元素名 2"   type="基本数据类型"/>
    </分组类型>
  </xs:complexType>
</xs: element>
```

图 2-11　复合类型元素的一种表示方法

另一种是使用 type 属性，这个属性的作用是引用要使用的复合类型的名称，具体表示方法如图 2-12 所示。

```
<xs:element name="元素名"    type = "复杂类型名"/>
  <xs:complexType name="复杂类型名">
    <分组类型>
      <xs:element name="子元素名 1"    type = "基本类型名 1"/>
      <xs:element name="子元素名 2"    type = "基本类型名 2"/>
    </分组类型>
  </xs:complexType>
</xs: element>
```

图 2-12　复合类型元素的另一种表示方法

图 2-13 分别是以两种方式定义复合类型的例子。

（5）指示器。

在复合类型中，通过指示器可以控制在文档中使用元素的方式。复合类型中有 3 类、7 种指示器：Order 指示器（<all>、<choice>和<sequence>），Occurrence 指示器(<maxOccurs>和<minOccurs>),Group 指示器(<Group>、<attributeGroup>)。

① Order 指示器。

<all>指示器规定子元素可以按照任意顺序出现，并且每个子元素必须出现一

次，如图 2-14 所示。

```
<xs:element name="employee">
    <xs:complexType>
        <xs:sequence>
            <xs:element name="firstname" type="xs:string"/>
            <xs:element name="lastname" type="xs:string"/>
        </xs:sequence>
    </xs:complexType>
</xs:element>
<!--或者-->
<xs:element name="employee" type="personinfo"/>
    <xs:complexType name="personinfo">
        <xs:sequence>
            <xs:element name="firstname" type="xs:string"/>
            <xs:element name="lastname" type="xs:string"/>
        </xs:sequence>
    </xs:complexType>
</xs:element>
```

图 2-13　复合类型元素表示方法举例

```
<xs:complexType name="PersonNameType">
    <xs:all>
        <element name="PersonSurName" type="TextType" minOccurs="1" maxOccurs="1"/ >
        <element name="PersonGivenName" type="TextType" minOccurs="1" maxOccurs="1" / >
    </xs:all>
</xs:complexType>
```

图 2-14　<all>指示器用法举例

<choice>指示器规定可出现某个子元素，或者可出现另一个子元素（非此即彼）。

<sequence>指示器规定子元素必须按照特定的顺序出现。

② Occurrence 指示器。

<maxOccurs>指示器规定某个元素可出现的最大次数。

<minOccurs>指示器规定某个元素可出现的最小次数。

③ Group 指示器。

元素组通过<group>指示器声明进行定义，属性组通过<attributeGroup>指示器声明进行定义。

（6）类型扩展。

XSD 使用<xs:extension>扩展一个基本类型、简单类型或复合类型。基本类型扩展可以增加属性，简单类型扩展主要增加附加的一些约束，复合类型扩展则可以增加新的组成元素或属性。对基本类型进行扩展可使用<xs:simpleContent>，对复合类型进行扩展可使用<xs:complexContent>。

① 基本类型扩展，如图 2-15 所示，在基本类型的基础上增加了属性。

```
<xs:complexType>
    <xs:simpleContent>
        <xs:extension base="xs:integer">
            <xs:attribute name="country" type="xs:string" />
        </xs:extension>
    </xs:simpleContent>
</xs:complexType>
```

图 2-15　基本类型扩展举例

② 简单类型扩展，如图 2-16 所示。

```
<xs:element name="age">
    <xs:simpleType>
        <xs:restriction base=xs:integer">
            <xs:mininclusivevalue="0"/>
            <xs:maxinclusive value="20"/>
        </xs:restriction>
    </xs:simpleType>
</xs:element>
```

图 2-16　简单类型扩展举例

③ 复合类型扩展，如图 2-17 所示。

```
<xs:complexType name="personinfo">
  <xs:sequence>
    <xs:element name="firstname" type="xs:string"/>
    <xs:element name="lastname" type="xs:string"/>
  </xs:sequence>
</xs:complexType>
<xs:complexType name="fullpersoninfo">
  <xs:complexContent>
    <xs:extension base="personinfo">
      <xs:sequence>
        <xs:element name="address" type="xs:string"/>
        <xs:element name="city" type="xs:string"/>
        <xs:element name="country" type="xs:string"/>
      </xs:sequence>
    </xs:extension>
  </xs:complexContent>
</xs:complexType>
```

图 2-17　复合类型扩展举例

2. 实体描述

一个实体代表一组拥有共同特征的事物。一个实体对应于客观世界中的一个物体，或者一个抽象的概念。一个实体可以是独立的，也可以存在依赖关系。独立的实体可以独立确定，而不需要决定与其他实体的关系；具有依赖性的实体需要确定与其他实体的关系。

特征代表实体的一个特性。通常一个实体包含多个特征，一个特征实例包括特征类型和特征值。例如，“机动车（Vehicle）”这个实体包含了“生产时间（VehicleMake）”“内部颜色（VehicleColorInteriorText）”“门的数量（VehicleDoorQuantity）”等多个特征。在一个实体中，特征必须有唯一的名称，同样的特征名称代表同样的特征；反过来，同样的特征就需要相同的特征名称。

实体通常表示为类，在 XML 中通常用 simpleType、complexType 数据类型和 element 数据元素来定义。特征通常表现为类成员，在 XML 中用数据元素 element 来定义。如图 2-18 所示的代码，定义了实体“机动车”和它的 3 个特征——“生产时间”“内部颜色”“门的数量”。

```
<xs:element name="Vehicle" type="nc:VehicleType" nillable="true">
  <xs:annotation>
    <xs:documentation>A conveyance designed to carry an operator, passengers and/or cargo, over land.
    </xs:documentation>
  </xs:annotation>
</xs:element>
<xs:complexType name="VehicleType">
  <xs:annotation>
    <xs:documentation>
        A data type for a conveyance designed to carry an operator, passengers and/or cargo, over land.
    </xs:documentation>
  </xs:annotation>
  <xs:complexContent>
    <xs:extension base="nc:ConveyanceType">
      <xs:sequence>
        <xs:element ref="nc:VehicleDoorQuantity" minOccurs="0" maxOccurs="unbounded"/>
        <xs:element ref="nc:VehicleColorInteriorText" minOccurs="0" maxOccurs="unbounded"/>
        <xs:element ref="nc:VehicleMake" minOccurs="0" maxOccurs="unbounded"/>
        ……
      </xs:sequence>
    </xs:extension>
  </xs:complexContent>
</xs:complexType>
  <xs:element name="VehicleDoorQuantity" type="niem-xs:nonNegativeInteger" nillable="true">
```

图 2-18　实体描述举例

```
        <xs:annotation>
            <xs:documentation>A number of doors on a vehicle.</xs:documentation>
        </xs:annotation>
    </xs:element>
    <xs:element name="VehicleColorInteriorText" type="nc:TextType" nillable="true">
        <xs:annotation>
            <xs:documentation>A color of the interior of a vehicle.</xs:documentation>
        </xs:annotation>
    </xs:element>
    <xs:element name="VehicleMake" abstract="true">
        <xs:annotation>
            <xs:documentation>A data concept for a manufacturer of a vehicle.</xs:documentation>
        </xs:annotation>
    </xs:element>
```

图 2-18　实体描述举例（续）

3. 实体间关系描述

实体间的关系在 XML 中可以通过“is-a”和“has-a”来描述。“is-a”代表实体之间的继承关系，“has-a”代表实体之间的包含关系。

“is-a”表示若干数据实体继承自某个数据实体，并因此具有该实体的部分属性，“is-a”关系在 XML 中可以通过使用 extension 元素，并指定其属性 base="被继承实体"来描述。“has-a”代表包含关系，表示实体包含其他的实体，被包含的实体是前者的组成部分，通过在<xs:sequence> </xs:sequence>中增加被包含的元素。

如图 2-19 的代码所示，节点<xs:extension base="mda:DocumentType">表示 LOAReportType 实体继承了实体 DocumentType 的属性，或者说，LOAReportType is-a DocumentType；而节点<xs:sequence>下的内容则表示了包含关系，LOAReportType 包含船舶（Vessel）、位置（Position）和船员列表（CrewNationalityList）等信息。

```
<xs:complexType name="LOAReportType">
    <xs:annotation>
        <xs:documentation>A data type for a level of awareness report.</xs:documentation>
    </xs:annotation>
    <xs:complexContent>
        <xs:extension base="mda:DocumentType"><!-表示继承关系 is a -->
            <xs:sequence>
                <!-下面表示包含关系 has a -->
                <xs:element ref="loa:LevelOfAwarenessCode"/>
                <xs:element ref="mda:Vessel" minOccurs="0"/>
                <xs:element ref="mda:Position" maxOccurs="unbounded"/>
```

图 2-19　实体间关系描述举例

```
            <xs:element ref="mda:Arrival" minOccurs="0"/>
            <xs:element ref="mda:LastPortOfCall" minOccurs="0"/>
            <xs:element ref="mda:NextPortOfCallList" minOccurs="0"/>
            <xs:element ref="mda:PreviousForeignPortOfCallList" minOccurs="0"/>
            <xs:element ref="mda:Interest" minOccurs="0" maxOccurs="unbounded"/>
            <xs:element ref="mda:CDCCargoList" minOccurs="0"/>
            <xs:element ref="mda:CrewNationalityList" minOccurs="0"/>
            <xs:element ref="mda:NonCrewNationalityList" minOccurs="0"/>
        </xs:sequence>
      </xs:extension>
   </xs:complexContent>
</xs:complexType>
```

图 2-19　实体间关系描述举例（续）

包含关系及其子实体的数量表示方法如表 2-5 所示。

表 2-5　包含关系及其子实体的数量表示方法

数量表示	含　义	XML 表示（minOccurs, maxOccurs）
0..1	表示没有，或最多只有一个	minOccurs= "0" maxOccurs="1"
0..*n*	表示有，也可以没有，最多有无穷多个	minOccurs="0" maxOccurs="unbounded"
1	表示有且只有一个	minOccurs="1" maxOccurs="1"
1..*n*	表示有一个或以上个，最多可以有无穷多个	minOccurs="1" maxOccurs="unbounded"
n	表示必须有指定数量的子实体	minOccurs="1" maxOccurs="n"

2.1.3　基于 JSON Schema 的数据描述方法

1. JSON 基本语法

JSON（JavaScript Object Notation）是基于 JavaScript 编程语言 ECMA-262 3rd Edition-December 1999 标准的一种轻量级的数据交换格式。JSON 独立于编程语言，能够把针对编程语言的数据结构（如数字、数组等）格式化为字符串的文档，便于机器解析和生成。与 XML 相比，JSON 结构简单、标记少、解析方便。JSON 数据描述方法主要如下。

（1）对象（object）：一个对象以“{”开始，以“}”结束。一个对象包含一系列非排序的名称/值对，每个名称/值对之间使用“,”分隔。

（2）键—值对（collection）：键名称和值之间使用“:”隔开，一般的形式是{name:value}。一个键名称是一个字符串；一个值可以是一个字符串、数值、对象、布尔值、串行表或 null 值。

（3）数组（array）：一个或多个值用“,”分隔后，使用“[”“]”括起来就形成列表[collection, collection]，这种列表即数组。

（4）字符串：以" "括起来的一串字符。

（5）数值：一系列 0～9 的数字组合，可以为负数或小数，还可以用“e”或者“E”表示为指数形式。

（6）布尔值：表示为 true 或 false。

如图 2-20 所示为 JSON 的一个例子，包含 3 个程序员、3 个作者和 2 个音乐家，每个类别又分别放在一个数组中。

```
{
  "programmers":[
    {"firstName":"Brett", "lastName":"McLaughlin", "email":"aaaa@website.com"},
    {"firstName":"Jason", "lastName":"Hunter", "email":"bbbb@website.com "},
    {"firstName":"Elliotte", "lastName":"Harold", "email":"cccc@website.com "}
  ],
  "authors":[
    {"firstName":"Isaac", "lastName":"Asimov", "genre":"sciencefiction"},
    {"firstName":"Tad", "lastName":"Williams", "genre":"fantasy"},
    {"firstName":"Frank", "lastName":"Peretti", "genre":"christianfiction"}
  ],
  "musicians":[
    {"firstName":"Eric", "lastName":"Clapton", "instrument":"guitar"},
    {"firstName":"Sergei", "lastName":"Rachmaninoff", "instrument":"piano"}
  ]
}
```

图 2-20　JSON 描述举例

2. JSON Schema 基本语法

JSON Schema 是用来定义 JSON 数据约束的模式文件，其作用类似于 XML Schema 的作用。根据这个约定模式，交换数据的双方可以理解 JSON 数据的要求和约束，也可以据此对 JSON 实例数据进行验证，保证交换数据的正确性。

JSON Schema 文件中包括一个或多个键—值对，如图 2-21 所示为 JSON Schema 描述模板。其中，“$schema”的属性指定该 JSON 应遵循的 JSON Schema 规范；“additionalProperties”指定在实例中是否允许使用除此模式中定义的属性以外的其他属性；“properties”定义元素；“definitions”定义数据类型。

其中，“definitions”中的“type”键的值包括“string”“number”“integer”“boolean”“object”“array”“array（属性“uniqueitems”：true）”“null”“any”等，相关的语法如下。

```
{
  "$schema": "http://json-schema.org/draft-04/schema#",
  "additionalProperties": false,
  "properties": {
    ...
  },
  "definitions": {
    ...
  }
}
```

图 2-21　JSON Schema 描述通用模板

① 当“type”的值为数值或整数时，包括的键：multipleOf 将值设置为给定数字的倍数，minimum、exclusiveMinimum、maximum、exclusiveMaximum 设定键值的范围。

② 当“type”的值为字符串时，包括的键：minLength 和 maxLength 设置字符串的长度；Pattern 设置该值需要满足的正则表达式；format 设置该值的格式（如 date-time、email、ipv4、uri 等类型的格式）。

③ 当“type”的值为数组时，相关的键包括：type 设置每个项的数据类型；enum 设置数组中项的允许值；minItems 和 maxItems 设置数组中项的数量；uniqueItems 指定数组中每个项都是唯一的。

④ 当“type”的值为对象时，相关的键包括：properties 列出可能包含在对象中的属性；required 列出必须包含在对象中的属性；additionalProperties 表示该模式文件是否允许 properties 和 patternProperties 下未列出的其他属性存在；minProperties 和 maxProperties 设置对象出现的最小数量和最大数量；patternProperties 定义具有正则表达式的属性；Dependencies 表示该对象依赖的其他对象。

此外，模式可以与以下键结合使用：allOf 表示如果实例针对此键值定义的所有模式成功验证，则实例将针对此键成功验证；anyOf 表示如果实例针对此键值定义的至少一个成功验证，则实例将针对此键成功验证；one of 表示如果实例针对此键值定义的一个成功验证，则实例将针对此键成功验证。在如图 2-22 所示模式文件中，anyOf 关键字表示给定值可能对任何给定子模式均有效。第一个子模式需要一个最大长度为 5 的字符串；第二个子模式需要一个最小值为 0 的数字。只要某个值针对任何一个子模式验证通过，就被视为对整个模式都有效。若键值为“short”或“12”，则验证可通过；若键值为“too long”或“−5”则验证不通过。

```
{
  "anyOf": [
    { "type": "string", "maxLength": 5 },
    { "type": "number", "minimum": 0 }
  ]
}
```

图 2-22　anyOf 关键字举例

如图 2-23 所示为一个请求法庭听证的 JSON Schema 示例。

```
{
  "$id": "https://example.com/request",
  "$schema": "http://json-schema.org/draft-04/schema#",
  "type": "object",
  "additionalProperties": false,
  "definitions": {
    "request:RequestMessage": {
      "$ref": "#/definitions/request:RequestMessageType",
      "description": "A request for the schedule of upcoming events in a court"
    },
    "request:RequestMessageType": {
      "additionalProperties": false,
      "description": "A request for the schedule of upcoming events in a court",
      "properties": {
        "request:CaseTypeCode": {
          "description": "A certain case type.",
          "type": "string",
          "enum": ["civil", "criminal", "traffic"]
        },
        "request:CourtID": {
          "description": "The identifier for a court of law in which the case is being tried.",
          "type": "integer",
          "minimum": 1,
          "maximum": 9
        },
        "request:CourtName": {
          "description": "A court of law in which the case is being tried.",
          "type": "string"
        },
        "request:HearingDate": {
          "description": "The requested date of the hearing.",
          "type": "string",
          "format": "date"
```

图 2-23　一个请求法庭听证的 JSON Schema 举例

```
        },
        "request:InitialApperanceIndicator": {
          "description": "Indicates whether this will be an initial appearance in this case.",
          "type": "boolean"
        }
      },
      "required": [
        "request:CaseTypeCode",
        "request:CourtID",
        "request:CourtName",
        "request:HearingDate",
        "request:InitialApperanceIndicator"
      ],
      "type": "object"
    }
  },
  "properties": {
    "request:RequestMessage": {
      "$ref": "#/definitions/request:RequestMessageType",
      "description": "A request for the schedule of upcoming events in a court"
    },
    "@context": { }
  },
  "required": [
    "@context",
    "request:RequestMessage"
  ]
}
```

图 2-23　一个请求法庭听证的 JSON Schema 举例（续）

图 2-24 为如图 2-23 所示 XML Schema 对应的 JSON 实例数据。

```
{
  "@context": {
    "request": "https://example.com/request#"
  },
  "request:RequestMessage": {
    "request:CaseTypeCode": "civil",
    "request:CourtID": 3,
    "request:CourtName": "Springfield Circuit Court",
    "request:HearingDate": "2019-01-02",
    "request:InitialApperanceIndicator": true
  }
}
```

图 2-24　JSON 实例数据

3. JSON-LD

JSON 是一种轻量级的、与语言无关的数据交换格式，易于解析且易于生成。但是，很难集成不同来源的 JSON 文件，因为一个 JSON 文件中可能包含其他数据来源的键。此外，JSON 没有对超链接的内置支持，而超链接是 Web 的基本组成。JSON-LD 是 JavaScript Object Notation for Linked Data 的首字母缩写，是一种基于 JSON 表示和传输关联数据（Linked Data）的方法，允许跨网站链接数据，易于人类阅读，也易于机器解析和生成。

如图 2-25 所示的数据，人类可以理解，它是一个包含名称“Manu Sporny”、主页地址“http://manu.sporny.org/”、图片地址“http://manu.sporny.org/images/ manu.png”相关的数据，但是机器不能如此直观理解。有时，对于复杂的数据，即使人类，也很难解决此类表示形式的含义。因此，通过使用明确的标识符表示不同的概念，而不是如“name”“homepage”之类的标记，可以解决此问题。

```
{
  "name": "Manu Sporny",
  "homepage": "http://manu.sporny.org/",
  "image": "http://manu.sporny.org/images/manu.png"
}
```

图 2-25 JSON 举例

对于链接数据，通常使用国际资源标识符（Internationalized Resource Identifier，IRI）进行明确标识。为数据指定一个明确的 IRI，彼此之间就不会产生冲突，开发人员和机器也能够使用此 IRI（例如，通过使用 Web 浏览器访问某个地址）来查找类似“name”“homepage”这样的术语，并获得对该术语含义的定义，如图 2-26 所示。

```
{
  "http://schema.org/name": "Manu Sporny",
  "http://schema.org/url": { "@id": "http://manu.sporny.org/" },
  "http://schema.org/image": { "@id": "http://manu.sporny.org/images/manu.png" }
}
```

图 2-26 使用 IRI 代替术语

图 2-27 中每个属性均由 IRI 明确标识，所有表示 IRI 的值均由@id 关键字明确标记。尽管这是一个有效的 JSON-LD 文档，但该文档过于冗长，不便于使用。

为了解决此问题，JSON-LD 引入了上下文“context”的概念。

```
{
  "@context":
  {
    "name": "http://schema.org/name",
    "image": {
      "@id": "http://schema.org/image",
      "@type": "@id"
    },
    "homepage": {
      "@id": "http://schema.org/url",
      "@type": "@id"
    }
  },
  "name": "Manu Sporny",
  "homepage": "http://manu.sporny.org/",
  "image": "http://manu.sporny.org/images/manu.png"
}
```

图 2-27　使用上下文描述方法

图 2-28 中定义了一个对象模型，对应的 JSON-LD 数据文件如图 2-29 所示。

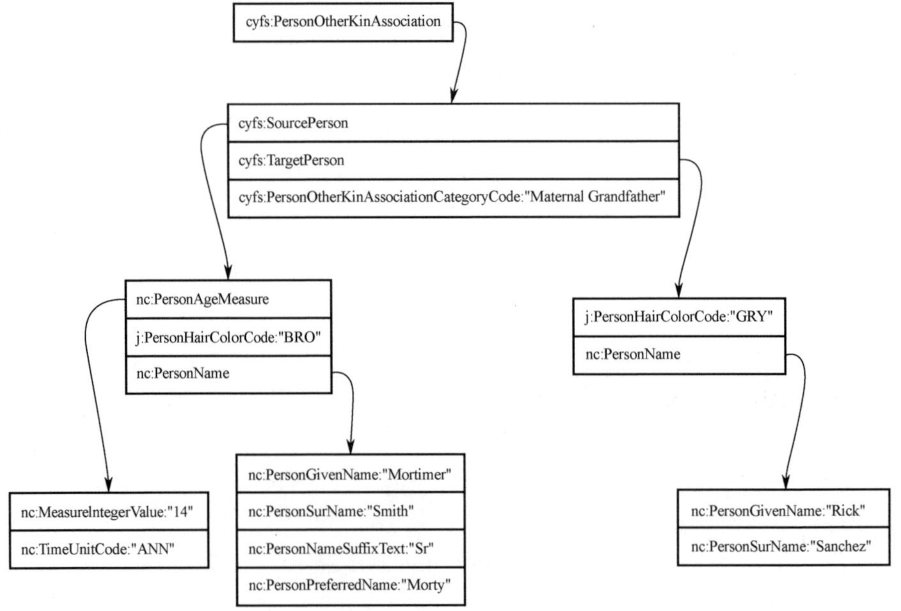

图 2-28　对象模型举例

```
{
    "@context":{
        "cyfs": "http://release.niem.gov/niem/domains/cyfs/3.2/#",
        "j": "http://release.niem.gov/niem/domains/jxdm/5.2/#",
        "nc": "http://release.niem.gov/niem/niem-core/3.0/#"
    },
    "cyfs:PersonOtherKinAssociation":{
        "cyfs:SourcePerson":{
            "nc:PersonAgeMeasure":{
                "nc:MeasureIntegerValue": 14,
                "nc:TimeUnitCode": "ANN"
            },
            "j:PersonHairColorCode": "BRO",
            "nc:PersonName": {
                "nc:PersonGivenName": "Mortimer",
                "nc:PersonSurName": "Smith",
                "nc:PersonNameSuffixText": "Sr",
                "nc:PersonPreferredName": "Morty",
            }
        }
    },
    "cyfs:TargetPerson":{
        "j:PersonHairColorCode": "GRY",
        "nc:PersonName": {
            "nc:PersonGivenName": "Rick",
            "nc:PersonSurName": "Sanchez"
        }
    },
    "cyfs:PersonOtherKinAssociationCategoryCode":"Maternal Grandfather"
}
```

图 2-29　JSON-LD 数据文件举例

2.2　面向服务的软件架构

HTTP 在网络中的广泛应用，使得采用 SOAP 和 HTTP 的 Web Services 实现互连成为可能，而且 Web Services 可以轻松地穿越绝大多数的防火墙，与 XML 结合使其具有数据交换的能力。以 XML、Web Services 为核心的面向服务架构（Service Oriented Architecture，SOA），是实现跨领域信息交换的一种理想软件架构[8]。

2.2.1 面向服务架构特点

面向服务架构（SOA）通过建立一种规范、统一的架构，实现系统的快速开发、集成和重用。集成的对象是 Web 服务或者被封装成 Web 服务的业务流程。Web 服务基于广泛接受的、开放的技术标准，以面向对象技术为基础，对数据和业务流程进行封装，支持服务实现和服务接口描述的分离、服务的自动查找和动态绑定，以及服务的组合。

SOA 不仅可以实现资源的重复使用和整合，而且能够跨越各种硬件平台和软件平台，实现不同资源和应用的互联、互通和互操作。SOA 是一种粗粒度、松耦合的服务架构，服务之间通过简单、精确定义的接口进行通信，不涉及底层编程接口和通信模型，其主要特点如下。

1. 基于开放的标准

SOA 采用开放式 XML、XML Schema、SOAP、WSDL 等标准，因此可以利用 XML、XML Schema 定义数据规范，使用 WSDL、WADL 等标准定义各种数据访问服务接口，实现分布数据源的统一管理。无论底层数据源有多复杂，通过将数据访问变为 Web 服务，所有上层应用都可以使用统一的方式进行数据访问，实现对底层大量异构的孤立数据源的数据访问服务。通过统一的数据访问，可以解决信息访问不标准、不规范的问题。

2. 松散的系统耦合

SOA 将各种信息资源和应用资源按一定的标准封装为服务，服务使用者和服务提供者之间是一种松耦合关系。这样，可以把遗留系统的数据和业务封装为服务加以复用，实现了对现有信息资源的保护，充分挖掘了现有资源的应用潜力，避免了信息系统信息资源利用率低、重复建设等问题。

3. 快速的业务需求响应

信息共享需求，在不同的阶段和条件下，会不断发生变化。为了使信息共享快速满足新的业务需要，需要让应用和数据具备一种敏捷的适应变化能力，从而迅速实现关键业务服务，并满足变化的需求。通过 SOA 平台可以灵活地控制以 Web 服务为核心的业务逻辑，实现高效的业务组合和数据格式转换，在最短的时间内满足各种数据共享需求。

面向服务架构的主要技术是 Web Services。Web Services 是基于一系列开放的、标准协议的分布式计算模式，提供基于网络的、与开发环境无关的软件服务。

Web Services 的实现方式主要有 SOAP Web Services 和 Restful Web Services。这两种方式各具特点，在实施跨领域信息交换时可根据具体应用需求选择。

2.2.2 SOAP Web Services

SOAP Web Services 主要基于服务使用者、服务注册中心、服务提供者 3 种角色进行交互。这 3 种角色通过发布/撤消发布、查找、绑定 3 种动作实现交互，如图 2-30 所示。

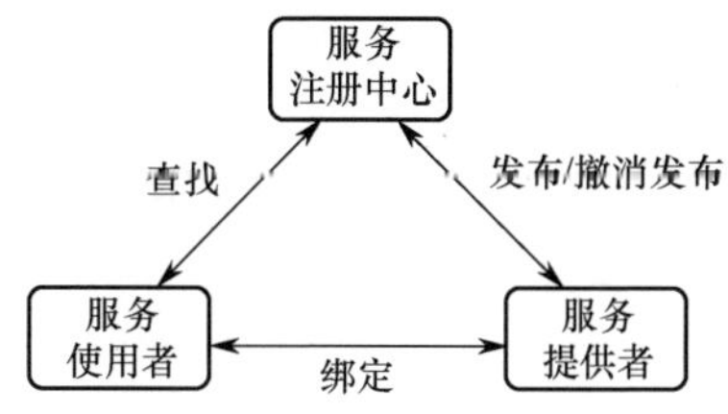

图 2-30　Web 服务体系结构

服务提供者（Service Provider），是 Web 服务的所有者，也是提供服务的平台，为其他服务和用户提供自己已有的功能。服务提供者可以发布自己的服务，并对使用自己服务的请求进行响应。

服务使用者（Service Requester），是 Web 服务功能的使用者，利用 SOAP 消息寻找并调用服务，或启动与服务交互的应用程序。服务使用者利用服务注册中心查找所需的服务，然后请求使用该服务。

服务注册中心（Service Registry），作用是把一个服务使用者与合适的服务提供者联系在一起，充当管理者或代理的角色，通常也称为服务代理，用于注册已经发布的服务并对其进行分类管理，提供搜索服务。在静态绑定开发或动态绑定执行期间，服务使用者查找服务并获得服务的绑定信息（在服务描述中）。服务注册中心一般是可搜索的服务描述注册中心（如 UDDI），服务提供者在此发布他们的服务描述，服务使用者查找服务并获得服务的绑定信息。对于静态绑定的服务使用者，服务注册中心是体系结构中的可选角色，因为服务提供者可以把描述直接发送给服务使用者。同样，服务使用者可以从服务注册中心以外的其他来源得到服务描述，如本地文件、FTP 站点、Web 站点、广告等。

服务提供者、服务使用者和服务注册中心的主要操作如下。

（1）发布（Publish）/撤消发布（Delete）操作。该操作是指将服务发布至服务注册中心或从服务注册中心撤消。服务提供者通过服务注册中心来发布或撤消某个服务。

（2）查找（Find）操作。该操作由服务使用者和服务注册中心共同完成，服务使用者可以通过服务注册中心查找特定种类的服务，服务使用者描述他们正在寻找的服务类型，服务注册中心反馈和请求最匹配的结果。

（3）绑定（Bind）操作。该操作发生在服务使用者和服务提供者之间，双方经过适当的商讨之后，服务使用者就可以访问和调用服务提供者所提供的服务。

SOAP Web Services 采用 XML、简单对象访问协议（Simple Object Access Protocol，SOAP）、Web 服务描述语言（Web Services Description Language，WSDL）、统一描述发现和整合（Universal Description，Discovery and Integration，UDDI）等协议，实现跨平台、跨系统的分布式应用集成。

SOAP 是消息传递的协议，它规定了 Web Services 之间是怎样传递信息的。SOAP 继承了 XML 规范的开放性和描述的可扩展性，与现有的 HTTP、SMTP 等网络通信协议能很好地兼容。SOAP 的主要目标是消除组件平台和编程语言的差异，完成分布式环境下端与端之间信息的通信与交互，提高互操作性。SOAP 是一种简单且轻量级的、不包含任何应用语义或传输语义的消息框架，因此其非常利于扩展。

WSDL 是一种基于 XML 规范的关于 Web 服务的描述语言，Web Services 的提供者将自己 Web 服务的所有相关内容，如所提供服务的传输方式、服务方法接口、接口参数、服务路径等，生成相应的文档，发布给服务使用者。WSDL 由 3 个部分组成：What、How 和 Where。What 部分描述了 Web Services 的具体内容；How 部分将 Web Services 的服务内容和通信协议进行绑定；Where 部分指定 Web Services 的 URI。

UDDI 是一种创建注册服务的规范。简单来说，UDDI 用于集中存放和查找 WSDL 描述文件，起到目录服务器的作用，以便服务提供者将自己的 Web Services 进行注册发布，供服务使用者查找。

2.2.3 Restful Web Services

传统的 Web 应用大多采用 B/S 架构，这种架构的特点是部署方便，但许多 HTTP 自身的特性没有得到利用。为了能够充分利用 HTTP 更多良好的特性，Roy Thomas Fielding 博士提出了 REST 方法。REST 的全称是 Representation State Transfer，它描述了一种设计 Web 应用的架构风格，可以降低开发的复杂性。

Restful Web Services 是符合 REST 架构风格的一种轻量级的 Web Services。它采用 HTTP 作为应用协议和传输协议，使用统一资源标识符（Uniform Resource Identifier，URI）来表示唯一对应的资源，使用 HTTP 提供的 GET、POST、PUT、DELETE 共 4 种基本方法，对资源进行查询、创建、修改和删除操作，利用缓存来提高响应速度，其性能、效率和易用性都优于 SOAP Web Services。Restful Web Services 的优势主要表现为：①可以利用缓存来提高响应速度；②通信本身的无状态性可以让不同的服务器处理一系列请求中的不同请求，进而提高服务器的扩展性；③浏览器可作为客户端，简化软件开发的需求；④相对于其他叠加在 HTTP 协议之上的机制，Restful Web Services 的软件依赖性更小；⑤不需要额外的资源发现机制；⑥在软件技术的演进中，兼容性更好。

Restful Web Services 相关的概念主要有资源、统一资源标识符、表示、统一接口服务[8]。

（1）资源。

资源是存放在计算机或网络上的文档、记录及运行某程序所获得的结果等。Restful Web Services 将整个 Web 看作资源的集合。例如，信息使用者想获得信息提供者的船舶位置信息，则“船舶位置信息”就可以看作一个资源。

（2）统一资源标识符。

Restful Web Services 是面向资源的，因此资源必须是唯一的。这就需要使用一种一致的命名规则去标识资源。资源用 URI（Uniform Resource Identifier）命名。URI 中不仅包含资源的地址，还包含对资源的操作指令，服务器端则根据 URI 中的指令确定客户请求的处理方式。因此，这里的 URI 不是单纯的 URL（Uniform Resource Locator）网址。

例如，资源使用者要与资源提供者进行一次交互，资源使用者会发出形如这样的请求：http://hello.hello.org/hello.txt。资源使用者对该请求的理解是：①连接到资源提供者所在服务器 hello.hello.org；②向其发送 GET 方法及指定相关资源的详细路径/hello.txt。

（3）表示。

表示（Representation）是一种序列化的数据结构。在 Restful Web Services 中，表示是一种超媒体，它不仅包含数据，还包含指向其他资源的链接。表示可以在资源使用者和资源提供者之间进行双向的信息传递。除此之外，客户端可以将对一个新资源的表示传送到服务器，在服务器上创建该资源；也可以将对一个现有资源的新表示传送到服务器，使服务器对已有资源进行更新操作。表示的超媒体格式有多种，如 XHTML+XML、ATOM+XML 和 JSON。

（4）统一接口服务。

REST 是基于 HTTP 协议的，任何对资源的操作行为都是通过 HTTP 协议提供的方法来实现的。HTTP 把对一个资源的操作限制在 4 种方法以内：GET、POST、PUT 和 DELETE。若要在服务器上创建资源，使用 POST 方法；若要检索某个资源，使用 GET 方法；若要更改资源状态或对其进行更新，使用 PUT 方法；若要删除某个资源，使用 DELETE 方法。

2.2.4 企业服务总线

企业服务总线（Enterprise Service Bus，ESB）是传统消息中间件技术与 Web Services、XML 技术的结合，可以在一个异构的环境中保证信息稳定，实现信息可靠传输，屏蔽了硬件层、操作系统层、网络层等相对复杂、烦琐的接口，为应用提供了一个统一、标准的信息通道，确保应用和这些底层平台无关，从而实现不同操作系统、不同数据库、不同平台和基于这些平台之上开发的应用软件的数据交换、数据共享与应用集成，为信息系统的数据交换与共享提供信息传输手段。

不同厂家实现的 ESB，其组成可能不同，但基本的构成包括通信组件、服务组件和适配器组件，如图 2-31 所示。

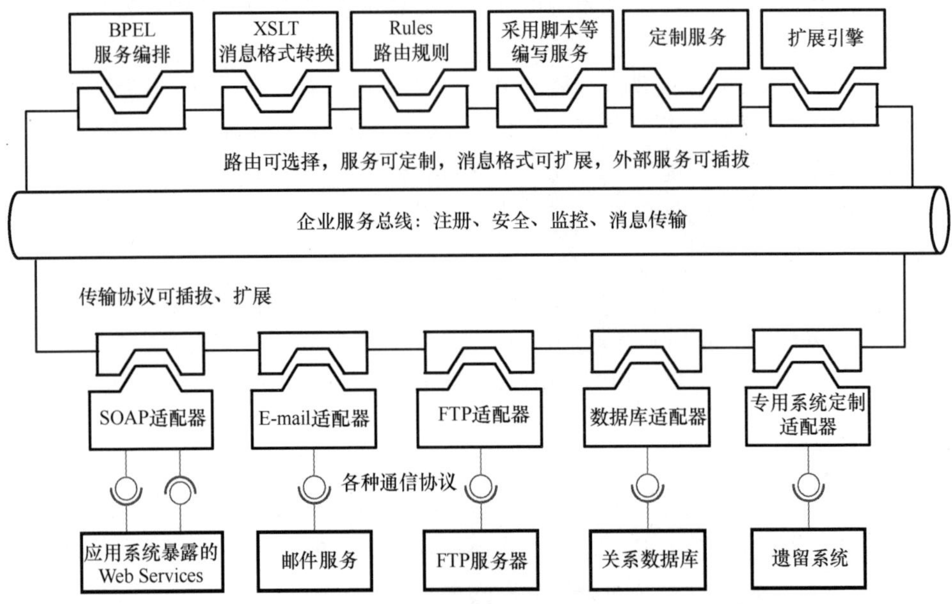

图 2-31　企业服务总线框架

通信组件主要实现基于消息中间件的传输。

服务组件主要实现服务编排、消息格式转换服务、消息路由、扩展引擎等功能，包括：①服务编排组件，可以将多个不同功能的 Web 服务编排成一个具有新业务功能的服务；②XSLT 消息格式转换服务，支持使用 XSLT 将输入 XML 格式的消息转换成目标 XML 格式；③路由规则引擎，能够实现基于规则库的消息路由和智能化的服务调用；④扩展引擎开发 API，为开发者提供二次开发服务，扩展总线功能。

适配器组件主要实现各种协议的接入，包括：①通过 SOAP 适配器，能够连接 Web Services 端点；②通过 E-mail 适配器，可以连接 POP3（SMTP）电子邮件服务器，监听收到的电子邮件并自动处理；③通过 FTP 适配器，可以连接 FTP 服务器，监听收到的文件并自动处理；④通过数据库适配器，可以连接各种关系数据库；⑤通过专用系统定制适配器，可以连接遗留系统信息。

ESB 能实现多种通信协议的接入、不同通信协议之间的转换、不同数据格式的加工和处理、基于数据内容的智能路由。ESB 的核心功能如下。

（1）协议适配。ESB 可以方便地与 HTTP、FTP、POP3/SMTP 和文件系统等通信协议或传输方式对接。

（2）可靠的消息传输。ESB 采用消息中间件实现可靠的消息传输和异步通信，如 MQ、JMS 等标准消息中间件。

（3）基于 XML 的消息传递。XML 独立于操作平台和编程语言，具有很好的互操作性、可读性、可扩展性。基于 XML 的消息便于 ESB 进行转换和路由。

（4）智能路由和分发。ESB 可以方便地解析 XML 消息，并根据其内容进行路由、聚合、加工和验证等操作。

（5）消息转换。ESB 支持 XML 与 XML、文本文件与 XML、数据库与 XML 等之间的转换，并提供多种转换函数。

（6）内置丰富引擎组件和可扩展的 API。ESB 内置包括 BPEL、XSLT、Rules、Script、SCA 等组件，实现服务编排、规则编辑、脚本语言和二次开发。

（7）监控和管理。ESB 监控和管理应用程序运行的状态和使用的资源，平衡处理负载，减少对网络带宽的利用，并监控服务之间消息的转发、服务的调用、业务流程的执行。此外，ESB 还具有良好的日志功能。

目前，商业 ESB 产品主要有 IBM WebSphere ESB、Microsoft ESB、JBOSS SOA Platform、普元 ESB、金蝶 ESB 等，开源的 ESB 产品主要有 OpenESB、Mule、Apache ServiceMix 等。

2.3　跨领域信息交换安全技术

安全保障体系是跨领域信息交换可靠、安全运行的基础。跨领域信息交换需要具备良好的安全策略、安全手段、安全环境、安全管理措施，实现合法的用户采用正确的方式，在正确的时间对相应的数据进行正确的操作，确保数据的机密性、完整性、可用性和合法使用。

传统安全体系结构往往采用防火墙和入侵检测系统实现基于边界的安全控制，

以阻止安全威胁。在跨领域信息交换中，由于数据传输要通过其安全边界，因此这样的安全模型不能够满足要求。跨领域信息交换在安全性上必须满足如下要求：

（1）认证：所有的服务提供者都要求服务使用者在接受服务请求时进行身份验证。作为服务使用者，在收到响应时也需要验证服务提供者。

（2）授权：除了服务使用者的身份验证，访问服务还要求服务使用者具有一定的授权。这种授权通常基于某种访问控制策略，如基于属性的访问控制。

（3）保密：保护底层的通信传输或传送中的消息，使未经授权方无法获取信息。

（4）数据完整性：提供保护，避免消息在传输过程中被篡改或破坏。

（5）不可抵赖性：确保消息发送者不能否认已发送的消息，消息接收方不能否认已收到的消息。

（6）可管理性：安全架构应提供上述安全功能的管理能力，包括凭证管理、用户管理、访问控制策略管理等。

（7）可审计性：包括安全日志和审计，这也是支持不可抵赖性的要求。

此外，对于跨领域信息交换，还需要考虑以下安全需求问题。

（1）跨信任域的安全。安全体系结构必须提供一个信任模型，可以跨不同信任域进行 Web 服务调用。

（2）安全策略的定制。在传统安全域，资源和服务往往有一套统一的安全保护机制，在跨领域信息交换中服务提供者的要求可能会有所不同。例如，一个服务可能需要 X.509 证书进行认证，而另一个服务的身份验证可能只需要用户名和密码认证。因此，安全策略必须能够根据需要进行灵活调整。

（3）与现有信息安全解决方案的整合。跨领域信息交换的安全架构并不取代现有的安全基础设施；相反，应充分利用现有的安全基础设施，应与现有的安全工具和应用程序无缝集成。

（4）确保基础设施服务的安全，如服务发现、消息传递和服务管理等。

（5）不可见性。安全体系结构应不影响其他服务的实现。具体地说，新安全体系结构的部署不会给服务提供者带来以下问题：被限制使用任何一个特定的编程语言，向一个特定的硬件平台进行服务迁移，针对任何特定供应商的 API 接口修改现有的服务实现，重新编译或重建现有的代码集。

为了满足跨领域信息交换安全的需求，可以综合运用基于 XML 的安全标准和规范，包括基于属性的访问控制（ABAC）、XML 加密标准（XML Encrypt）、XML 数字签名标准（XML Digest）、XML 公钥管理规范（XKMS）、安全断言标记语言（SAML）、扩展访问控制标记语言（XACML）、Web 服务安全规范（WS-Security）等。由于篇幅有限，本节重点介绍本书所涉及的几种安全协议的基本原理。

2.3.1　基于属性的访问控制（ABAC）

传统的基于角色的访问控制（Role-Based Access Control，RBAC）模型，通过对用户分配角色，再对角色赋予相应的权限来达到访问控制的目的。但是，在开放的 SOA 环境中，基于角色的访问控制存在一定的缺陷。

（1）角色是静态的，随着用户和访问资源的增多，需要定义更多角色。大量的角色将会增加维护的难度和成本。

（2）在多个角色访问同一个资源的情况下，不能提供细粒度的访问控制。

（3）在跨领域的访问控制中，一个安全域角色和权限在另一个安全域内有可能会失效。

基于属性的访问控制（Attribute-Based Access Control，ABAC）模型，以访问控制实体的属性作为最小粒度，特别适合开放式环境，可为其提供细粒度的访问控制。属性作为访问控制中的基本单位，主要包括主体属性、资源属性、环境属性。

主体是指请求对某种资源执行某些动作的请求者。主体属性主要定义主体的身份和特性，包括身份、角色、职位、年龄、IP 地址等。

资源是指系统提供给请求者使用的数据、服务和系统组件。资源属性包括资源的身份、URL 地址、大小、类型等。

环境是指访问发生时的、可操作的、技术层面的环境或上下文。环境属性包括当前时间、日期、网络的安全级别等。

1. ABAC 的定义

基于属性的访问控制模型的定义如下[9]。

（1）设 S 表示主体，R 表示资源，E 表示环境。

（2）SA_k（$k\in[1,K]$）、RA_m（$m\in[1,M]$）、EA_n（$n\in[1,N]$）为主体 S、资源 R 和环境 E 的预定义属性。

（3）$\mathrm{ATTR}(s)$、$\mathrm{ATTR}(r)$、$\mathrm{ATTR}(e)$分别表示主体 S、资源 R 和环境 E 的属性赋值关系，则有

$$\mathrm{ATTR}(s)\subseteq \mathrm{SA}_1\times \mathrm{SA}_2\times\cdots\times \mathrm{SA}_x$$

$$\mathrm{ATTR}(r)\subseteq \mathrm{RA}_1\times \mathrm{RA}_2\times\cdots\times \mathrm{RA}_y$$

$$\mathrm{ATTR}(e)\subseteq \mathrm{EA}_1\times \mathrm{EA}_2\times\cdots\times \mathrm{EA}_z$$

例如，对主体的单个属性进行赋值 $\mathrm{Age}(s)=30$，$\mathrm{Role}(s)=\mathrm{Employee}$ 等。

（4）用一个基于 s、r、e 的布尔函数来判断主体 S 能否在环境 E 的条件下访

问资源 R。

Rule：can_access(s，r，e)←f(ATTR(s)，ATTR(r)，ATTR(e))函数根据 s、r、e 的属性值进行判断，如果返回 true 则允许访问，返回 false 则拒绝访问。

（5）一种策略可以由多条规则组成，每条规则都包含了主体 S、资源 R、环境 E 的属性值。

一条最简单且一般化的策略规则包括彼此独立的主体、资源、环境属性。访问控制决策是通过匹配主体、资源、环境属性得出的。例如，规则“具有角色‘Manager’的用户可以访问‘Approve-Purchase’服务”表示为

R1：can_access(s,r,e) ← (Role(s)='Manager') ∧ (Name(r)='Approve-Purchase')

2. ABAC 的基本结构

ABAC 的基本结构如图 2-32 所示[10]，其功能描述如下。

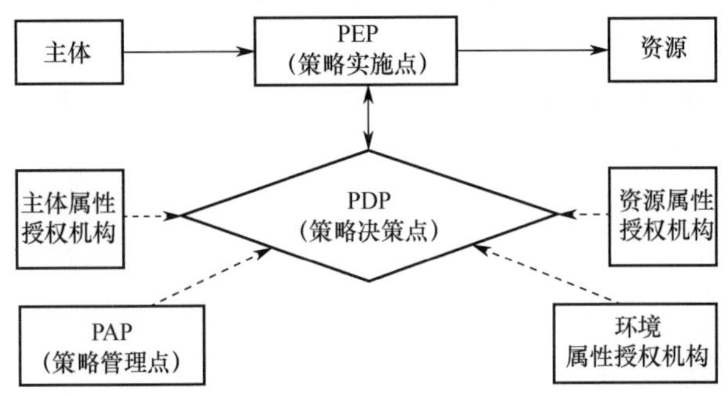

图 2-32　ABAC 的基本结构

（1）策略实施点（Policy Enforcement Point，PEP）。

PEP 是一个访问控制的实体，可拦截 SOAP 服务请求，并向策略决策点（PDP）发送授权请求；然后根据授权响应结果，执行相应的动作，如允许用户请求和拒绝用户请求等。

（2）策略决策点（Policy Decision Point，PDP）。

PDP 用于收集主体、资源和环境的属性，并利用策略规则集来判断用户的访问请求是否满足要求，从而决定是许可还是拒绝，并将决策结果返回 PEP。

（3）策略管理点（Policy Authority Point，PAP）。

PAP 用于编写策略和策略集，策略中主要定义了获得访问权必须满足的属性要求。

（4）属性授权机构（Attribute Authority，AA）。

AA 主要负责给 PDP 提供决策所需的各项属性，主要包括主体属性、资源属性和环境属性。

2.3.2　安全断言标记语言（SAML）

跨领域信息交换需要满足现有的各业务领域相互交织的、复杂的信任关系。如果按照各自为政的信任服务体系的构建方式，必然造成各业务领域之间的信任管理错综复杂、交叉认证链过长，从而导致整个信任服务体系难以有效地管理和运行。因此，可以采用一种新的机制，通过对自然人、机构和设备分别建立基准的职能信任服务体系，并在此基础上进一步构建相应的授权服务体系来实现各业务领域的管理权限。安全断言标记语言（Security Assertion Markup Language，SAML）提供了一种信任与授权的标准架构。它与具体的实现无关，允许对实体、特权、权限进行声明，通过 XML 文档来定义服务对象的鉴别、授权、权限和会话信息。因此，基于 SAML 构建跨领域的信任与授权系统，能够以更加便捷和灵活的方式构建跨领域的安全体系。

SAML 是一个基于 XML 的标准，是用于在不同的安全域（Security Domain）之间交换用户身份、身份验证和属性信息的 OASIS 开放标准，是 OASIS 组织安全服务技术委员会（Security Services Technical Committee）的产品。

SAML 是一个 XML 框架，也就是一组协议，可以用来传输安全声明。例如，两台远程机器之间要通信，为了保证安全，可以采用加密等措施，也可以采用 SAML 来传输，传输的数据以 XML 形式，符合 SAML 规范，这样就可以不要求两台机器采用什么样的系统，只要求能理解 SAML 规范即可。这显然比传统的加密方式更好。

1. SAML 声明

SAML 将传输的安全信息定义为相应的声明。声明用 XML 来描述，以 Request/Response 的形式在多个信任合作者之间传送。声明提供主体所执行的验证、主体属性、是否允许主体访问特定资源的授权决策等信息。通过 SAML 声明的形式将信任与授权信息绑定到 SOAP 等开放性协议中，并通过 HTTP、SMTP 等通用的应用层协议在网上传递，以达到信任与授权信息共享的目的。SAML 定义了验证、属性和授权 3 种声明。

（1）验证声明（Authentication）。

验证声明定义了用户的认证信息，如认证机构、方式和有效期等；处理主体在特定时刻、特定机制下的身份验证。

（2）属性声明（Attribute）。

属性声明提供将主体与特定属性联系起来的一种机制，如主体的系统用户标志、所属用户组、角色、可访问的资源、权限等。

（3）授权声明（Authorization Decision）。

授权声明管理是否允许用户访问特定的资源及权限。

每个声明都包含 Version、AssertionID、Issuer、IssueInstant（声明创建时间）等必要信息，而<Conditions>元素则定义了声明有效性验证所依赖的条件。<Statement> 包含以下 3 个子元素：<SubjectStatement>用来描述认证对象的相关信息，<AuthenticationStatement> 记录了认证方式、认证时间、IP 地址等内容，<AuthorizationDecisionStatement>记录了授权的依据、权限等信息。声明只能由认证授权方产生，用户只是声明的使用者，不能创建声明。

2. SAML 工作原理

SAML 可以实现在不同的安全系统中跨信任域交换认证和授权信息。SAML 本身没有定义新的认证与授权机制，但定义了用于不同授权系统间传输安全信息的交换机制。所以，SAML 不仅是一种用来描述信任与授权信息的标准，更是一种解决分布式应用系统中信任与授权共享问题的框架体系。

SAML 体系结构如图 2-33 所示[11]。资源的请求方与提供方以 SAML 声明传递安全信息，SAML 声明由认证与授权权威机构颁发，确保声明的有效性。SAML 工作流程具体给出了 SAML 声明的传递过程，其步骤如下。

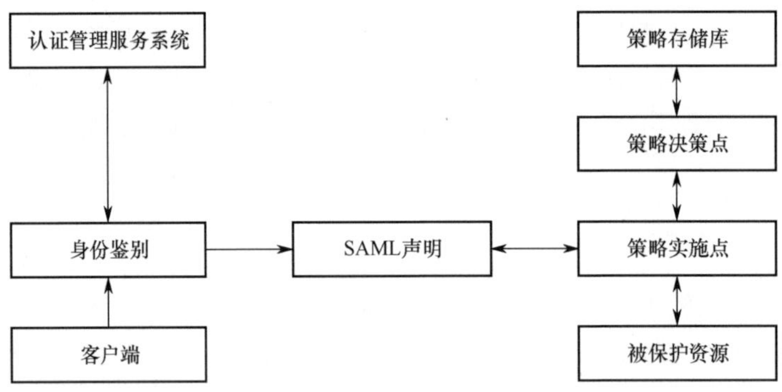

图 2-33　SAML 体系结构

（1）客户端向身份鉴别提交凭证信息。

（2）身份鉴别调用认证管理服务系统对客户端凭证信息进行验证，并产生认证声明；同时，通过认证的客户端将得到一个含有 SAML 声明的令牌。

（3）客户端使用这个含有 SAML 声明的令牌请求访问被保护的资源。

（4）客户端对被保护资源的 SAML 访问请求被策略实施点截获，提交给策略决策点。

（5）策略决策点根据决策参考信息产生 SAML 授权声明，批准或拒绝客户端的访问请求。

2.3.3 扩展访问控制标记语言（XACML）

扩展访问控制标记语言（eXtensible Access Control Markup Language，XACML）是 OASIS 组织发布的一种基于 XML、用于表示访问控制规则和策略的安全标准。XACML 最大的优点就在于它提供了统一的策略描述语言，能适应多种应用环境，支持广泛的数据类型和规则联合算法，策略表达能力很强，可用来描述各种复杂和细粒度的访问控制安全需求。

XACML 定义了授权决策所需规则的策略语言，提供了根据策略和规则来控制 Web 服务访问的更细粒度的安全机制，能够在 Web Services 这种分布式环境中根据主体、资源和环境属性等动态评估访问请求，并进行授权决策[12]。

XACML 在策略表达上结构清晰，将安全规则表示为主体、客体、行为和约束 4 个主要属性的属性值集合。XACML 是基于 XML 的访问控制策略标记语言，使用标签来标识安全策略的各个元素。XACML 的标签规定了策略名、规则名、规则属性等，种类丰富。XACML 通过<Policy>标签及其属性值声明策略 ID、策略适用群组和规则联合算法，以对策略做出标识和说明。PolicyID 和 PolicyTarget 分别用于声明策略 ID 和策略适用群组；RuleCombiningAlgId 声明了规则联合算法，规则联合算法的作用是解决安全策略中不同安全规则可能造成的冲突，以保证每个访问请求只得到一个最终授权结果。策略是由规则组成的，XACML 用标签<RuleID></Rule>来标识规则。在规则标签头中，RuleID 是规则 ID，Effect 标识该规则是一个许可规则还是一个拒绝规则。在规则体内，用<Target></Target>标识规则的各属性，包括主体（Subject）、客体（Resourc）和行为（Action），对每个属性，都在相应标签中先标识属性名称，如“FileType”，再标识该属性的属性值。约束属性用<Condition>标签标识，位于<Target>之后。在安全规则的 4 个属性中，如果对某个属性没有安全约束限制，则可以省略该属性的标签。XACML 策略表达举例如图 2-34 所示。

```
<Policy PolicyID=Policy1
        PolicyTarget GroupName=University1
        RuleCombiningAlgId="permit-overrides">
        <Rule RuleID=R1 Effect=Permit>
          <Target>
               <SubjectDesignation={Educatee,Professor,Teacher}>
               <ResourceFileType={Score}>
               <ActionAccessType={Read,Write}>
          </Target>
          <Condition Time<12:00>
        </Rule>
</Policy>
```

图 2-34　XACML 策略表达举例

XACML 与 SAML 体系结构紧密相关，都涉及处理身份验证、授权和访问控制问题，但解决的问题又不尽相同。SAML 负责在不同安全域中交互的实体间安全传递身份认证信息和授权决策信息；XACML 则给出了一种安全架构，完成授权决策的判定。虽然 XACML 提供了一个标准化的安全访问控制决策模型，但没有定义这些构件之间的通信协议和安全机制来提供消息的机密性和完整性保护；而 SAML 定义了声明、协议和传输安全机制。所以，XACML 和 SAML 的结合可以提供一个完整的 Web 服务授权访问控制方案。

2.4 本章小结

XML Schema、JSON 作为一种具有数据描述功能、高度结构性及可验证性的标记语言，其易于扩展、结构性强、语义性强、可格式化、易于处理及与平台无关等特性已成为信息交换数据模型表示的常用语言。

Web Services 是信息系统之间实现松耦合的信息交互的有效手段。企业服务总线是传统消息中间件技术与 Web Services、XML 技术的结合，可以实现不同操作系统、不同数据库、不同平台和基于这些平台之上开发的应用软件的数据交换、数据共享与应用集成，为跨领域信息交换提供了信息传输手段。

传统安全体系结构往往采用防火墙和入侵检测系统实现基于边界的安全控制，以阻止安全威胁。在跨领域信息交换中，由于数据传输要通过其安全边界，传统的安全措施难以满足需求，需要采用开放、可扩展的安全协议及方法，包括基于属性的访问控制、安全断言标记语言、扩展访问控制标记语言。

第 3 章

Chapter 3

美国国家信息交换模型简介

美国国家信息交换模型（NIEM）是美国政府为解决不同政府部门之间的信息共享问题，由国土安全部和司法部发起，并联合其他政府部门共同研发的，用于指导和管理信息交换的实施框架。经过不断完善和推广应用，NIEM 已成为美国司法、公共安全、应急和灾难管理、情报和国土安全等业务领域交换关键信息的有效手段。2012 年 12 月，时任美国总统奥巴马签署的《信息共享和信息安全国家战略》指出，NIEM 是采用标准化方法实现跨领域信息交换与共享的成功典范。本章主要介绍 NIEM 的发展、应用情况及特点。

3.1 NIEM 的产生及发展

20 世纪末，美国各级司法部门和公共安全部门为满足各自业务的需要，分别采用不同的技术和标准，开发了彼此独立、互不兼容的信息系统，但各级司法部门之间，以及司法部门与公共安全部门之间的信息共享仍然依靠邮政服务等传统的公文传递手段，手段落后，效率低下。为实现司法部门各级之间，以及与公共安全部门之间实时的信息共享，2001 年 3 月美国司法部发起“司法信息共享计划”。美国司法部司法项目办公室联合佐治亚理工学院、XML 结构任务组（XML Structure Task Force，XSTF），从地方和州政府的各种信息来源收集了大约 16000 个与司法和公共安全相关的数据元素，并对这些元素进行梳理去重，将其减少到大约 2000 个不同的数据元素，然后将它们合并到大约 300 个数据对象或可重用组件中，形成基于 XML Schema 的司法数据模型（Global Justice XML Data Model，GJXDM），解决执法机构、公共安全机构、检察官、公共辩护人和司法部门之间及时、有效的司法数据信息共享问题，有效提高了司法和公共安全信息系统之间的互操作能力。GJXDM 于 2003 年正式颁布。

2001 年 9 月 11 日，美国发生了震惊世界的恐怖袭击事件，为更有效地打击恐怖主义，时任美国总统乔治·沃克·布什下令建立“国土安全办公室”；2002 年 11 月 25 日，签署《2002 年国土安全法》，宣布成立国土安全部，并要求国土安全部着手进行公共安全信息共享标准化工作。2004 年 7 月，美国国会“9·11”事件独立调查委员发布的《“9·11”调查报告》指出，信息共享不畅是造成该恐怖袭击的关键因素。同年 12 月，美国国会发布的《情报改革及恐怖主义预防法案》提出了加强信息共享环境建设的建议。2005 年年初，美国国土安全部和司法部牵头，联合美国联邦、州和地方政府的相关机构，在总结 GJXDM 经验和教训的基础上，共同开发和实施了美国国家信息交换模型，同时成立了专门的组织机构。2005 年 4 月，美国国土安全部和司法部的首席信息官共同签署了一份谅解备忘录，宣布正式启动 NIEM 项目。

自 2005 年年初开始研发至今，NIEM 不断改进完善，目前已发布了 1.0、2.0、2.1、3.0、3.1、3.2、4.0、4.1、4.2 共 9 个版本，NIEM 5.0 将于 2020 年年底发布，如图 3-1 所示。

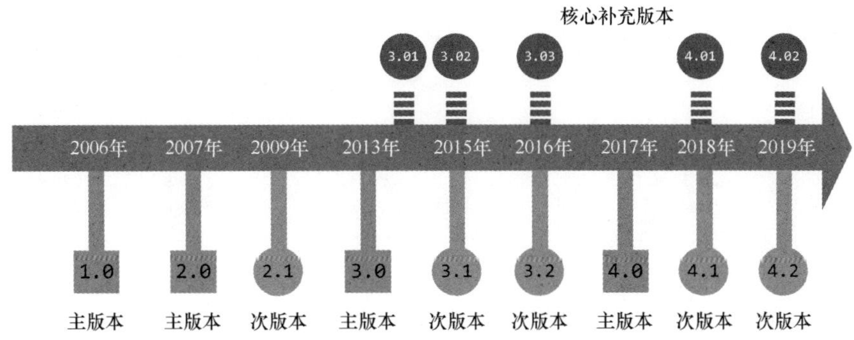

图 3-1　NIEM 版本演进示意

NIEM 涵盖的业务领域也在不断扩展，从最初的 1.0 版 6 个业务领域发展到 4.2 版的 14 个业务领域，包括农业、生物特征识别、核生化放射物质管理、应急管理、人口服务、移民、基础设施保护、情报、国际贸易、司法、海事、军队作战、人员身份审查和陆地交通。NIEM 5.0 将增加网络空间和统计业务领域，如图 3-2 所示。NIEM 未来版本将朝着国际化的方向发展，以满足世界各个国家和地区跨领域信息交换共享应用的需要。

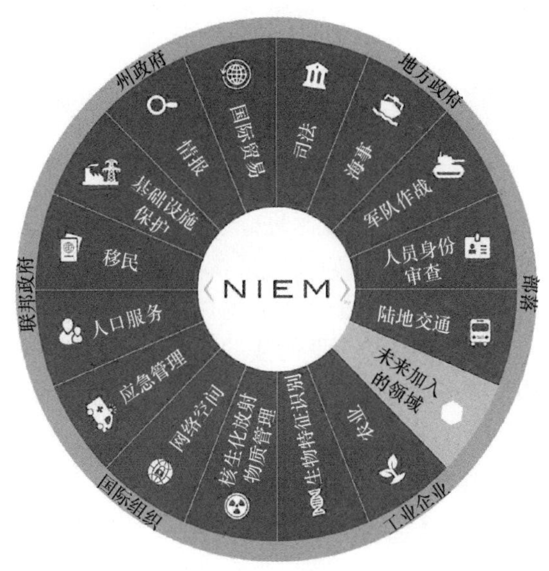

图 3-2　NIEM 主要业务领域

3.2 NIEM 的组成

NIEM 主要由技术架构、运用架构、管理架构 3 个部分组成，具体如图 3-3 所示。

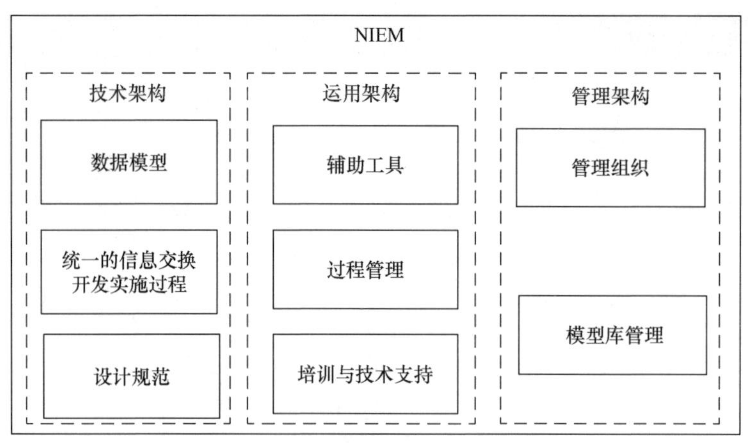

图 3-3 NIEM 的基本组成

3.2.1 技术架构

技术框架主要包括数据模型、统一的信息交换开发实施过程、设计规范。

1. 数据模型

NIEM 对现实世界中的事物和概念进行了统一的规范和描述，为信息交换提供了一致的、可重用的参考词汇，主要包括核心数据模型、业务领域数据模型。核心数据模型包括所有业务领域的公共数据构件（如人员、位置、事件和组织机构等）和在多数业务领域使用得比较广泛的数据构件（如武器、船只和机动车辆等）。业务领域数据模型由反映各业务领域自身特点的数据构件组成。例如，在司法业务领域，定义了目击者、受害人和探视（活动）等数据构件；在海事业务领域，则定义了港口、集装箱和潜在威胁等数据构件。

2. 统一的信息交换实施过程

NIEM 对信息交换开发和实施过程进行了规定，并提供了一个标准化的流程。

NIEM 管理组织将信息交换实施过程分为方案规划、需求分析、映射和建模、构建与验证、组装与归档、发布与实施 6 个步骤，如图 3-5 所示。

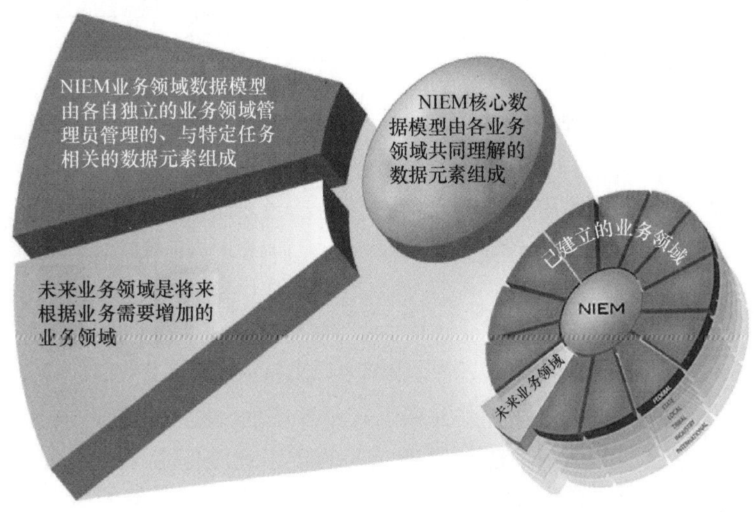

图 3-4　NIEM 逻辑结构

图 3-5　信息交换实施过程

（1）方案规划。在方案规划阶段，分析与信息交换有关的背景信息，评估资源影响，了解业务环境并确定信息交换业务方案。

（2）需求分析。在需求分析阶段，将进一步详细说明所设计的信息交换方案，以了解和记录业务环境和数据需求。

（3）映射和建模。在映射和建模阶段，根据信息交换需求为交换内容模型创建信息交换包文档 IEPD 组件。通过构建映射文档，将交换数据元素与 NIEM 进行匹配。

（4）构建与验证。在构建与验证阶段，创建一组满足交换需求的、符合 NIEM 规范的 XML 模式文件，并对其进行验证。

（5）组装与归档。在组装与归档阶段，将信息交换包文档 IEPD 组件的所有相关文件打包到一个独立的、自描述的可移植存档文件中，然后进行同行评审，以确保 IEPD 组件内部及与其他 IEPD 组件的一致性。

（6）发布与实施。在发布与实施阶段，将信息交换包文档 IEPD 组件应用到具体应用环境中，并发布到 IEPD 组件仓库中，以便其他开发者搜索和重用。

3. 设计规范

设计规范是数据模型在建模、描述和应用等方面必须遵守的基本原则和规范，主要包括模式规范、建模规范、实例规范、命名规范、模型包描述规范等。其中，模式规范对数据模型和信息交换模型描述的基本方式进行定义与约束；建模规范是关于模型要素与要素之间关系的基本框架；实例规范对实例的验证、元素的含义、数据组件的引用与描述等内容进行规定；命名规范对数据模型中元素的命名方法进行规定；模型包描述规范对信息交换包文档的组成、目录结构、元数据等进行了定义。

3.2.2 运用架构

为了便于 NIEM 在跨领域信息交换中的实施和运用，降低实施难度，提高开发效率和质量，运用架构提供了辅助工具、过程管理、培训与技术支持等完备的支持体系。

辅助工具包括开发工具、过程管理工具等系列工具。其中，开发工具主要用来辅助开发人员生成信息交换模型；过程管理工具主要对信息交换项目提供版本管理、变更管理、质量管理等自动化管理服务。

过程管理包括配置管理和质量保证。其中，配置管理主要对项目实施提供基本的指导原则和管理过程，确保对产品标识、修订、版本和配置管理基线的有效管理，形成制度化的管理过程；质量保证主要保证信息交换开发过程的质量，包括质量保证方案、测试与验证、质量保证文档和冲突检查等。

培训与技术支持提供了从初级到高级运用的培训课程，帮助用户迅速理解，并运用技术支持提供的在线知识库与常见问题解答等，以解决用户在实践过程中遇到的相关问题。

3.2.3　管理架构

管理架构主要包括管理组织和数据模型库管理等。NIEM 管理架构详见 4.3 节。

1. 管理组织

在组织设置上，NIEM 建立了职责分明的管理组织负责 NIEM 的开发与维护，如图 3-6 所示。NIEM 执行委员会（ESC）是 NIEM 的领导机构，负责 NIEM 发展方向、政策制定和战略规划，提供资金保障及决定其他重要事项。

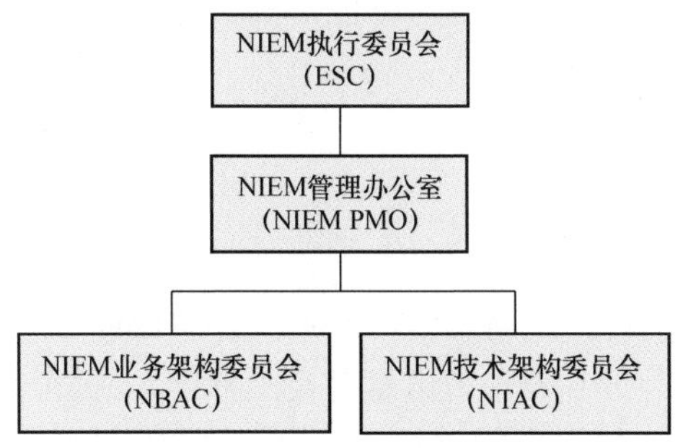

图 3-6　NIEM 管理组织组成

NIEM 管理办公室（NIEM PMO）是 NIEM 的执行机构，负责 ESC 相关政策制度的落实，包括 ESC 的执行目标、战略规划、日常业务等，其下属机构主要有 NIEM 业务架构委员会（NBAC）和 NIEM 技术架构委员会（NTAC）。NBAC 从业务架构的角度指导 NIEM 核心数据模型的开发、协调、创新和运用；NTAC 负责解决与 NIEM 相关的技术问题。

2. 数据模型库管理

核心数据模型由 NIEM 业务架构委员会直接管理，各业务领域数据模型的管理由各业务领域相应的组织机构负责。为了便于其他应用重用各业务领域数据模型，各业务领域建立了各自的信息交换包文档仓库，并提供模型的搜索、注册、发现和管理等功能。

3.3　NIEM 应用情况

NIEM 主要是针对美国各级政府（联邦、州、地方和部落）机构、私营企业之间的信息共享问题，而构建的跨领域信息交换标准和实施流程，以确保在司法、公共安全、应急和灾害管理、情报、国土安全等领域之间能高效地共享关键信息，以便满足决策对信息的需要。NIEM 的作用主要体现在以下 4 个方面：①通过实施 NIEM 框架，推进各政府机构共同明确在日常运行和紧急情况下的信息共享需求；②为应急人员和决策者在预报、预防和应对重大恐怖事件和自然灾害时提供准确、实时的信息，提高政府应急反应能力；③促进信息共享成为美国机构日常运行的自然组成部分，增强美国各级机构在处理日常边境执法、人员身份审查、港口安全、情报分析、执法行动、司法处理等各类政府职能时的决策能力；④ 运用 NIEM 框架所提供的数据模型标准、工具、流程和方法，缩短信息交换设计和开发时间，提高信息交换实施效率，降低实施风险。下面从民用和军事应用介绍 NIEM 的典型应用案例。

3.3.1 民用方面

NIEM 从产生到现在，应用范围不断扩大，美国联邦政府主要的组织和机构都已经采用或即将采用 NIEM 作为信息交换的标准，欧洲、北美洲、澳大利亚、日本等国家和地区也开始应用 NIEM。为了推动 NIEM 的应用，NIEM 管理办公室自 2009 年开始评选 NIEM 应用奖。以下是 NIEM 的典型应用案例。

1. 美国公民与移民服务 E-Verify 项目

E-Verify 项目旨在核实公民是否具有劳动资格的问题。通过对社会安全管理数据库中 44900 万条记录和移民管理数据库中 6000 万条记录进行分析，美国政府快速、便捷地获取相关信息。E-Verify 项目通过应用 NIEM 实现信息在国土安全部内部、外部机构和其他组织的共享。

2. 国家安全演练与评估项目

国家安全演练与评估项目（Homeland Security Exercise and Evaluation Program，HSEEP）是美国联邦应急管理局关于演练政策、标准与规范的一个项目。在该项目中，演练调度系统（National Exercise Scheduling System，NEXS）是国家综合演练在线调度工具，能够辅助管理人员进行计划调度、解决冲突和协调演练；行动调整系统（Corrective Action Program，CAP）则能够辅助进行演练行动跟踪、行动调整和行动分析。两个系统之间通过运用 NIEM 实现了信息共享，并且能够与 HSEEP 中其他的系统和组件进行信息交换和共享。

3. 东南运输走廊项目

东南运输走廊项目（Southeast Transportation Corridor Pilot，SETCP）是美国

国家原子能检测办公室（Domestic Nuclear Detection Office，DNDO）与美国国土安全部的海关和边境巡逻部门于 2008 年联合启动的一个项目（见图 3-7），旨在通过建立和部署放射性物质的联合分析系统（Joint Analysis Center Collaborative Information System，JACCIS）来降低国家面临的核危险。该项目通过 JACCIS 将各检测站检测的信息传送到联合分析中心（Joint Analysis Center，JAC），联合分析中心的检测人员再将信息传送到 Sandia 国家实验室，进行分析、识别与验证，然后将结果返回给联合分析中心，而这些信息以前是通过电子邮件与文件来传递的。DNDO 在 NIEM 1.0 时代对其进行过评估，但是并没有采纳它；直到 NIEM 2.0 发布时，其适用范围扩大，不再局限于司法领域，而是可以适用于更多领域，这时 DNDO 利用 NIEM 来构造自身的数据模型，从而大大减轻了工作量。SETCP 证实，通过运用 NIEM 能够支持 JACCIS 消息的传送，在任何需要的时候，即使非专业人士也能够快速开发相关应用，利用 NIEM 实现信息共享，不仅可以提高效率、节省投入，还可以增强 DNDO 与其他领域信息交换和共享的能力。

图 3-7　东南运输走廊项目

4. 情报整合中心

情报整合中心的主要任务是整合恐怖嫌疑人、据点、计划与实施犯罪或恐怖袭击可能用到的设备工具等信息资源。美国 77 个区域性、州级及市级情报中心，通过国家安全数据网络连接起来，情报整合中心人员可以联络美国国家反恐怖主义中心（NCTC）并交换最新恐怖情报。各级情报中心采用 NIEM 作为信息共享标准，实现了各级情报中心之间的信息交换。

5. 海鹰工程

海鹰工程（Seahawk Project）是美国海事态势感知项目（Maritime Domain Awareness Initiative）的一个子项目，提供每艘进出查尔斯顿港口船舶的活动报告（Vessel Activety Report，VAR）。该项目运用 NIEM，实现了美国国家运输部、海岸警卫队、海军舰队和 30 多个其他联邦、州和地方政府共享货物、船舶和人员信息。

6. 自动安全报警协议

自动安全报警协议（Automated Secure Alarm Protocol，ASAP）由美国里士满市与报警监视公司合作开发。该报警协议实现了报警监视公司和 911 公共安全应答点之间自动、快速交换数据。该协议采用 NIEM 标准，使得安全报警信息全程处理时间从 2～3 min 压缩至不超过 15 s，大大缩短了紧急情况下应急人员的反应时间。

7. 纽约州司法中心事件报告项目

纽约州司法中心事件报告项目（New York State Justice Center Incident Report）由纽约州司法中心负责建设。该项目是纽约州信息技术服务处、教育部、卫生署、酒精和药物滥用服务办公室、儿童与家庭服务办公室、心理卫生局、行为健康/发育性残疾人办公室等机构联合推进的一个项目。纽约州司法中心开设了一条遍及全州的热线，由受过训练的专业人员每周 7 天、每天 24 小时在线受理儿童虐待及忽视的指控。该项目基于 NIEM 实现事件报告交换，实现了司法中心弱势群体中心登记处与每个合作部局的内部事件报告管理系统之间的互操作。总之，该项目有利于确保事件在涉及多个相关部门时不会出现多头管理的真空，并且降低了跨部门信息交换的成本。

8. 开放司法经纪人联盟

开放司法经纪人联盟（Open Justice Broker Consortium，OJBC）由美国夏威夷州、缅因州、佛蒙特州联合组建。以前，当缓刑或假释人员牵涉逮捕之类的执法行为时，他们的缓刑或假释官可能要几天或几周之后才得知情况。通过国家记录系统和缓刑与假释案件管理系统之间的自动信息交换，夏威夷州综合司法信息共享计划已经能够做到当监管对象在美国任意地点被捕时，近实时地对其缓刑与假释官发出通知，这对罪犯的有效管理至关重要。夏威夷州和佛蒙特州都是开放司法经纪人联盟的成员，该联盟力图共享方法与技术，以支持在司法和公共安全领域进行重要信息交换。

9. 临时居民生物特征识别项目

临时居民生物特征识别项目（Temporary Resident Biometrics Project）由加拿大移民部（CIC）、皇家骑警和边境服务局 3 个政府部门，以及美国公民和移民服务局（USCIS）联合推出，其解决方案包括：一个采集系统，一个提供工作流程并在各伙伴系统中充当信息交换平台的处理引擎，一个从他国政府接收生物特征识别数据的标准化接口。使用 NIEM 缩短了生物特征识别数据的传递时间，降低了成本，有助于实时进行数据交换，增强了互操作性。总之，这个解决方案极大地增强了加拿大签证申请流程和加拿大边境外籍人士审查流程中的识别管理能力。

3.3.2　军事应用方面

在 NIEM 发展的同时，美国军队也在着力解决跨领域信息交换的难题。2002 年 7 月，美国国防部向美国国会提交了《网络中心战》报告，美军正式将“网络中心战”作为新的作战样式，并将其作为引领美军建设和作战理论发展的指导思想，同时将“建设和发展网络中心战能力”作为美军转型的中心环节。为了支持网络中心战数据管理策略，实现作战、情报、日常管理领域的信息共享，美国国防部于 2007 年 10 月发布了统一核心数据模型 1.0（Universal Core，UCore），于 2009 年 3 月发布了 UCore 2.0，于 2012 年 4 月发布了 UCore 3.0。

在随后的发展过程中，美国政府和美国国防部都意识到要实现国家安全战略的目标，需要在更大范围内实现信息共享，也有利于美国国防部充分利用 NIEM 建设和应用过程中已形成的跨领域信息交换技术及管理体系。2012 年 10 月，美国国防部宣布不再支持 UCore 标准的开发，而是采用 NIEM 作为国防部实现信息交换与共享的首选方法，并且制定了 NIEM 运用路线图。2013 年 3 月，美国国防部首席信息官特里萨·塔卡伊签署了 NIEM 运用的备忘录，并决定在 NIEM 框架下以指挥控制模型 C2 Core 为基础，增加军队作战领域数据模型［其中，公开的数据模型命名空间为 Milops（Military Operations），未公开的数据模型命名空间为 MOMS（Military Operations Mission Specific，MOMS）］，将 NIEM 作为美国国防部新的数据管理策略的主要内容。

2014 年 6 月，美国陆军成功验证了利用 NIEM 3.0 和 Web 服务技术，与任务合作伙伴交换定位报告、空中航迹、人工观察定位报告信息，首次实现了美军与任务合作伙伴的实时信息交换。2014 年 8 月，美国的全球指挥控制系统利用 NIEM 实现了美军与北约军队之间态势信息的共享。

美国海军数据工程服务中心负责建设的海事信息共享环境（Maritime Information Sharing Environment，MISE），提供了一个基于互联网的非保密信息共享框架。在该环境下实现一个新的信息交换需求的时间从以前的几周减少到几天，有时甚至只需要几小时。该环境目前已与美国联邦政府、国防部门等超过 12 个部门开展合作，为海上安全风险评估提供了海事综合态势图。该项目是美国跨领域信息共享的成功典范之一。

美国国防部依托作战任务体系结构联盟和集成门户网站（Warfighter Mission Area Architecture Federation and Integration Portal，WMAAFIP），利用NIEM可重用的术语和信息交换过程，快速进行体系结构规划、设计和实现。美国国防部有大量的工作人员、作战人员，以及各类系统，并且需要为作战人员使用的坦克、通信设备、IP服务等每类装备和服务定义功能和能力，拟制相关的需求文档，这涉及大量的体系结构模型和数据字典，需要采用一定的手段来组织和共享大量相关体系结构信息。为此，美国国防部开发了一种用于信息交换的标准，但是随着时间的推移，该标准变得非常复杂且难以使用。为了解决这个问题，美国国防部使用NIEM创建了WMAAFIP，作为一个开源的、集中化的中心，用于提供国防部所有体系结构信息，使用户可以在单个简化的集成视图中共享结构数据字典。同时，借助标准化的结构和格式化信息，即使面对不断扩展和复杂化的体系结构，美国国防部各部门之间仍可以有效地分析和共享信息。该网站的用户包括来自400多个美国国防部机构的7000多名工作人员，每年可节省至少400万美元的成本。

自2018年开始，美国国防部接管了此前由美国国土安全部负责的NIEM管理权，目前NIEM管理办公室的负责人是美国国防部J6局C5I处（Cyber and Command，Control，Communications and Computers Integration）副处长斯图亚特•怀特海德和C5I处数据服务部门（室）副主任凯瑟琳•埃斯科巴尔。美国国防部从标准制定、信息交换模型开发、试验验证3个方面进一步强化NIEM的开发和应用，试图通过运用NIEM提高美军信息系统互操作能力、信息融合能力，以便无缝集成陆、海、空、天和网络空间等领域的作战能力，充分发挥各自优势，提高多域作战所需的指挥控制能力。在标准制定方面，美国国防部将对《信息文本格式标准（MILSTD 6040）》《可变消息格式（MILSTD 6017）》《战术数据链（Link-16）J系列消息XML标准（MILSTD 6016）》《北约核心数据架构和消息标准》等按照NIEM规范进行修订；在信息交换模型开发方面，将按照NIEM标准开发和实施“空军下一代GPS运行控制系统”“海军可信数据环境”“反潜作战利益共同体”等项目的信息交换模型；在试验验证方面，将在“美国海军无人系统与人工系统信息互操作”“空军无人系统和人工系统信息互操作”“全球指挥控制系统”等项目中对基于NIEM实现跨领域信息交换进行试验验证。

3.4 NIEM特点分析

NIEM从标准、方案和管理机制3个方面，构建了行之有效的跨领域信息交换实施框架。开放、可扩展的数据模型使其具有良好的扩展性，工程化的解决方案为信息交换的实施提供了质量与效益的双重保证，长效的管理机制确保了 NIEM 的可持续发展[13]。

3.4.1　开放的信息交换数据模型标准

开放兼容、扩展灵活的信息交换数据模型标准是人与人之间、人与机器之间、机器与机器之间无障碍、不失真地交换信息的基础。NIEM 的开放性主要体现在 4 个方面。一是业务领域的术语、词汇与数据字典的定义和规范方面，NIEM 对各业务领域的业务术语、词汇进行了统一规范定义，引入了各业务领域的数据字典标准。二是 NIEM 数据模型框架的构建方面，NIEM 在结构上采取了由一般到特殊、由通用到专用的组织方式，这样的结构特点既保证了核心数据模型的灵活性，又保证了业务领域数据模型的扩展性。三是 NIEM 的运用方面，通过引用 NIEM 形成的面向应用的信息交换模型包文档一经注册与发布，其他用户就可以在其基础上进行适当修改形成符合自身需求的信息交换规范，避免了重复开发。四是对其他标准的兼容性方面，其他数据标准可以通过包装、引用等方式成为 NIEM 的一部分，用户在使用过程中按照 NIEM 的规范进行统一使用。NIEM 标准为各业务领域信息交换模型的开发提供了依据和参考，从而保证了交换数据的可理解、可共享、可整合。

3.4.2　工程化的信息交换解决方案

跨领域信息交换是一个复杂的信息系统工程，需要采用系统科学的工程化方法来推动。NIEM 从 3 个方面来加强对信息交换实施的工程化。一是开发过程的标准化。NEIM 通过对信息交换开发流程进行细化，明确了从需求分析到技术实现各阶段的条件、任务、目标，形成了可操作、易实施、规范化的开发步骤。二是辅助工具的完备性。从 NIEM 建立到信息交换模型开发，从信息交换模型的注册与发布到信息交换的实施，NIEM 都提供了全面、易用、快捷的各类工具软件与环境。这些辅助工具的运用，不仅大大降低了信息交换项目开发和管理的难度，提高了开发和管理的效率，而且有助于 NIEM 的推广和运用。三是过程管理的科学化。在对 NIEM 与信息交换模型的管理上，NIEM 建立了严格的版本、变更、质量、配置等管理过程，从而形成了制度化的跨领域信息交换与共享开发过程，保证了管理的科学化，提高了跨领域信息交换与共享实施的质量和效率。

3.4.3 长效的信息交换管理机制

由于政府各组织之间信息共享的需求在不断变化，因此从整个国家范围内来看，跨领域、跨组织信息共享实施是一项长期的任务，涉及面广、技术密集、投入大、管理复杂。针对这样的现实情况，NIEM 建立了长效的信息交换管理机制来推动其发展与实施。一是制定了完备的政策、制度、规范与标准，确保跨领域信息交换可持续发展。二是提供全面的技术支持来促进 NIEM 的运用。NIEM 相关组织不仅负责协调解决跨领域信息交换中出现的各种问题，而且提供了专门培训、技术支持和经费支持，推动跨领域信息交换顺利实施。三是建立公共的信息交换模型库管理机制，为各类模型的注册、搜索、发现与引用提供了便利的途径，有效提高了跨领域信息交换的实施效率。

3.5 本章小结

美国国家信息交换模型针对美国各级政府（联邦、州、地方和部落）机构、私营企业之间的信息共享问题，于 2005 年 4 月由美国国土安全部和司法部共同发起，并联合其他政府部门共同研发，用于指导和管理信息交换的实施框架，以确保在司法、公共安全、应急和灾害管理、情报、国土安全等领域之间能高效地共享关键信息。NIEM 采用边应用、边完善的策略，在美国联邦政府主要机构，以及澳大利亚、日本、欧洲、北美洲等国家和地区都得到了应用，美国国防部也将 NIEM 作为实施信息交换与共享的首选方法。

NIEM 的主要特点包括：一是构建了开发可扩展的信息交换模型的标准，为统一信息交换建模提供了依据；二是形成了工程化的信息交换解决方案，为信息交换实施提供了统一的、可重复的流程，降低了实施的难度，提高了实施的效率；三是建立了长效的信息交换管理机制，确保信息交换模型能根据信息技术的发展和需求的变化得到不断完善和应用。

第 4 章

Chapter 4

美国国家信息交换模型体系架构

美国国家信息交换模型是一套大型的数据模型标准体系，其制定、管理、应用需要完整的管理体系与技术支持体系支撑，才能形成可持续发展的数据模型标准制定、应用、修订的闭环管理机制，并随着各业务领域信息交换需求的发展变化不断完善。本章主要介绍 NIEM 的基本原理、结构、管理体系与技术支持体系。

4.1 NIEM 的基本原理

4.1.1 NIEM 的基本概念

1. 数据构件（Data Components）

数据构件是 NIEM 用来描述数据交换的基本单位。数据构件对应现实世界中的各种对象和概念，如人员、地点、物品、事件等。在不同组织的信息系统之间交换的数据，可以用多个不同的数据构件组合起来描述。由于数据构件的语义是在 NIEM 框架下统一定义的，所以不同组织的信息系统对数据构件的语义理解是一致的，数据构件能够被所有交换该数据构件所描述数据的各种组织重用。

在不同组织的信息系统之间，待交换数据表现的格式可能是多种多样的。因此，要使用数据构件来表达这些数据中蕴含的语义，就必须采用一种中间语言，用来描述待交换的数据。目前的 NIEM 版本，采用的是 XML Schema 和 JSON，利用它们详细描述数据构件的具体定义、格式。当然，描述语言与具体的技术实现是独立的，将来也可以采用资源描述框架（Resource Description Framework，RDF）或本体描述语言（Web Ontology Language，OWL）等来描述数据构件。

数据构件这个概念的核心就在于从语义的角度，抽象描述了不同组织的信息系统中数据的语义和结构，以便于不同信息系统达成对数据的一致理解，从而可以实现自动化的交换，并减少人为转换的工作量。例如，两个组织可能同时需要收集犯罪嫌疑人的信息，在案件侦查机关的信息系统中，犯罪嫌疑人可能被称为“被捕者”，而在审判机关中，犯罪嫌疑人可能被称为“被告”。从数据构件的角度来分析，“被捕者”和“被告”其实都隐含了“人员”这个基本数据构件。因此，在这两个信息系统之间交换“被捕者”与“被告”数据时，涉及“人员”数据构件的部分就可以直接按照“人员”数据构件的定义来理解并进行数据交换，不需要重新约定数据的语义格式，只需要将“人员”数据构件未定义的业务属性进行语义格式约定。

2. NIEM 核心构件（NIEM Core）

在不同组织的信息系统之间进行数据交换，有一部分数据构件具有很强的通用性，几乎所有业务领域的信息系统都需要理解和共用这些数据构件，这些数据构件就称为 NIEM 核心构件（NIEM Core），如人员、地址和机构等。在语义和数据结构上，所有业务领域的信息系统在进行数据交换时都应遵守 NIEM 核心构件，所以一般比较稳定、属性比较全面、数量也相对较少。

例如，人员（Person）构件，包括姓名、出生日期、性别、种族、身高、体重、发色和体格等属性，涵盖了几乎所有领域的人员属性。例如，在警察业务信息系统中，人员可能是嫌疑人、被捕者、证人或受害者；在司法管理系统中，人员指的是被告、原告、证人、律师或陪审员；在卫生健康管理系统中，人员指的是病人、医生和护士；在交通运输系统中，人员指的是乘客、乘务员、司机等。由于人员构件属于 NIEM 核心构件，因此其他任何组织的信息系统可以重用人员构件来表达自己待交换数据集中人员的相关语义和结构。

3. NIEM 业务领域（Domains）

在 NIEM 中，业务领域是具有共同任务目标的组织、政府部门、信息系统等相关实体的集合，即利益共同体（COI）。利益共同体为了共同完成某个业务或实现一个共同的目标，成员之间需要交换共享信息，以便实现成员之间的业务协同。从 NIEM 具体管理与实施的角度来看，每个业务领域都拥有一些专业的数据管理员，同时也是该业务领域的专家，负责 NIEM 业务领域中数据模型的具体定义、冲突消解等任务。在 NIEM 中，业务领域的具体职责是：

- 向 NIEM 管理机构提交本组织的信息资源；
- 向 NIEM 管理机构派出本领域专家，参与信息资源开发；
- 具备协调相关利益共同体成员的能力；
- 对自身组织的管理；
- 参与 NIEM 的管理；
- 遵循 NIEM 的规则；
- 保持 NIEM 内术语的一致性；
- 授权支持 NIEM 内部和外部的协调。

在业务领域中，由于各组织从事业务相近或相关，其信息系统之间交换的数据中，有很大一部分能够被抽取出来，在这些从事相近或相关业务的组织之间便捷重用。与 NIEM 核心数据构件相比，这些数据构件往往在某个业务领域具有较好的适用性，因此可以把这类数据构件定义为 NIEM 业务领域数据构件。

例如，在司法业务领域，参与信息交换的组织可能包括侦查、检察和审判等机构，这些组织对司法业务领域数据构件具有一致的语义理解，并且指定领域专家管理司法业务领域构件的一致性，防止领域内部语义冲突。目前，NIEM 中还包括其他一些业务领域，如移民、国际贸易、情报、基础设施保护、应急管理、人员身份审查、司法、核生化及放射性物质管理、海事等业务领域。随着 NIEM 的不断推广，还将增加新的业务领域，如网络空间业务领域（Cyber）。

可以看出，NIEM 业务领域数据构件往往只在相关业务领域内部的组织之间适用，而 NIEM 核心数据构件的适用范围更广。所有使用 NIEM 进行数据交换的构件一般都可以重用 NIEM 核心数据构件，NIEM 业务领域数据构件和核心数据构件的关系如图 4-1 所示。

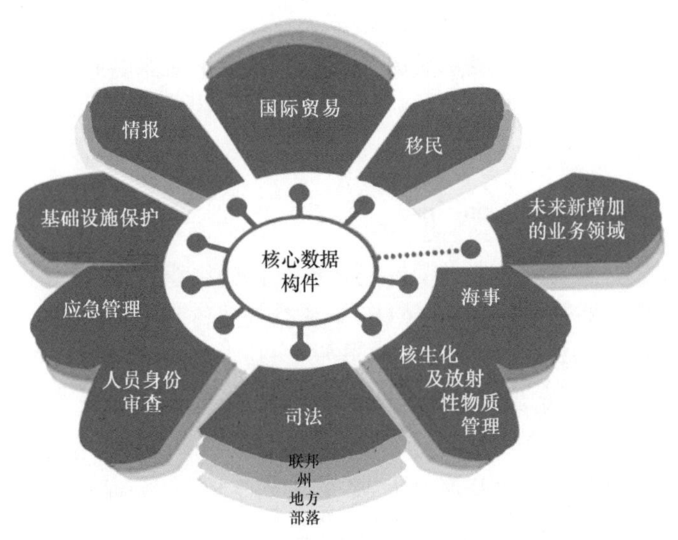

图 4-1　NIEM 业务领域数据构件和核心数据构件的关系

4. 信息交换包文档

在 NIEM 中，不同组织的信息系统之间所交换的数据，采用 NIEM 核心数据构件与业务领域数据构件的语义和语法定义交换信息的内容和格式，一般使用 XML Schema 或 JSON 来描述，得到信息交换包（Information Exchange Packages，IEP）。

例如，交换一条关于逮捕的信息，不仅包括被逮捕人的个人描述和个人识别信息（如前面所述的人员构件），还包括指控的罪行、犯罪的地点、执行逮捕的警官信息。信息交换包实际上是组织之间为了特定任务而承载的实际数据（如检察官拟制的对嫌疑人的指控文档），即所交换的数据或信息的 XML 实例，再加上关于该交换的结构、内容的描述文件和其他相关的文档，构成了信息交换包文档（Information Exchange Package Documentation，IEPD）。

4.1.2　NIEM 的构建思路

NIEM 数据模型是建立信息交换模型的依据和标准。NIEM 不尝试要求所有信息系统的数据库结构（数据模式）按照一个统一的标准来设计，只对跨系统交换数据的模式进行统一规范和描述，将需要交换的数据按照统一的语义和语法规范进行转换，得到符合标准格式的数据，实现各种异构系统之间数据的处理和交换。

下面以 *A*、*B*、*C* 这 3 个机构之间交换人员信息为例（见图 4-2），介绍 NIEM 构建的基本思路。如果机构 *A*、*B*、*C* 需要交换人员信息，但在 3 个机构运行的信息系统中各自定义了不同的人员属性，例如，机构 *A* 的数据库中定义了 LastName（姓氏）、Sex（性别）和 Nationality（国籍），机构 *B* 中人员的属性信息是 Surname（姓氏）、Gender（性别）和 OriginofBirth（出生地），机构 *C* 中人员的属性信息是 FamilyName（姓氏）、Sex（性别）和 Nationality（国籍），要在这 3 个机构之间交换信息而又不改动各自原有的数据库结构和应用系统，就需要通过一个公共规范实现对人员信息的共同定义。例如，机构 *A*、*B*、*C* 可以共同制定人员数据类型（PersonType），其属性包括 PersonSurname（人的姓名）、PersonSex（人的性别）和 PersonNationality（人的国籍）。根据这个公共的数据类型，可以从 3 个机构原有的信息系统（数据库）中抽取转换出各信息系统均可以理解的人员信息，从而实现信息的交换与共享。

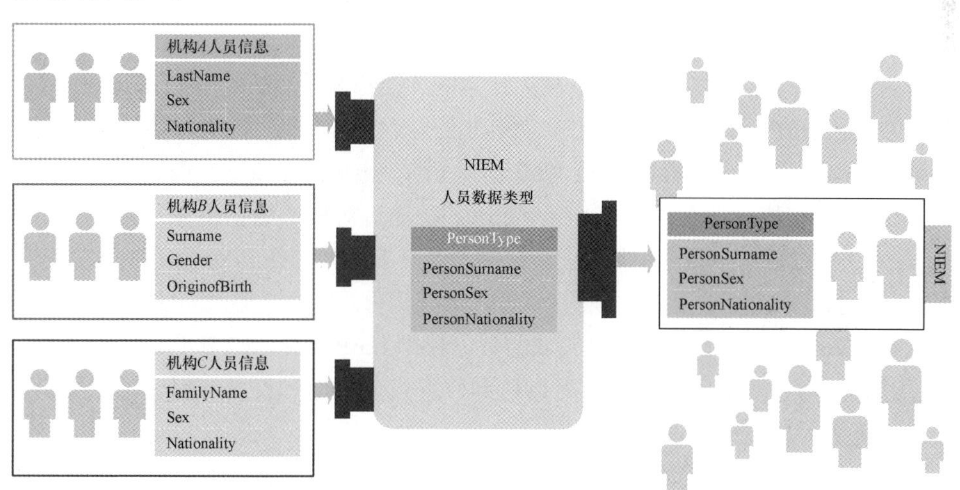

图 4-2　NIEM 的构建思路

在机构 *A*、*B*、*C* 构建了通用的人员信息模型之后，若其他机构的信息系统也要交换人员信息，直接重用该人员信息模型即可，不需要重新约定人员信息的内容和格式。因此，如果有不同机构的 N 个系统需要相互交换信息，只需要建立 $2N$ 个数据转换接口。若采用传统的点对点的信息交换方式，则需要建立 $N(N-1)/2$ 个数据转换接口。因此，相对于点对点的信息交换方式，采用 NIEM 方式之后数据转换接口数量大大减少，实现数据交换的难度就降低了，如图 4-3 所示。

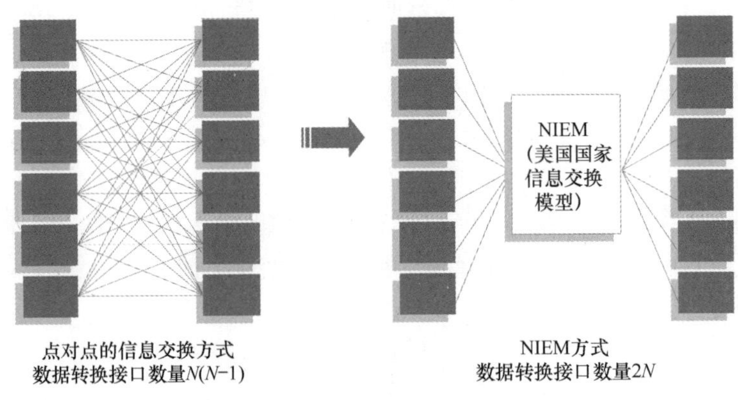

图 4-3　点对点的信息交换方式与 NIEM 方式比较

因此，NIEM 首先对所有业务领域通用的对象，如人、地理位置、组织机构等进行建模，形成在语义和结构上都相对稳定的 NIEM 核心数据构件；然后在各业务领域运用面向对象的建模方法，对 NIEM 核心数据构件定义的类型进行继承和扩展，得到业务领域数据构件。例如，“人员”的基本信息类型 uc:Person，无论是在情报系统、司法系统，还是在医疗系统和交通系统，都要用 Personname（姓名）、PersonBirthDate（出生年月）、PersonSex（性别）等属性进行描述。在司法领域，描述一个人可能还需要知道其是否有犯罪历史记录（PersonCriminal History）、生物特征信息（PersonBiometrics），通过对核心数据构件“人员”的继承，并扩展其属性，可以形成司法领域的“人员”数据构件 j:Person。对移民管理来说，也可以通过继承司法领域的“人员”数据构件，并扩展护照（PersonPassport）和 PersonVisa 等属性，形成移民领域的数据模型 im:Person，如图 4-4 所示。这样，通过对数据构件的继承与扩展，可以达到数据模型重用的目的，保证信息交换双方对所交换信息的一致理解。

根据以上模型构建思路，构建了 NIEM 数据模型[1]，其主要由核心数据模型（NIEM Core）、业务领域数据模型（NIEM Domains）和代码集组成，如图 4-5 所示。

---

[1] 本书中的数据模型是指 NIEM 发布版中关于元素、属性、代码的 XML Schema、JSON、Excel 格式的描述文件。

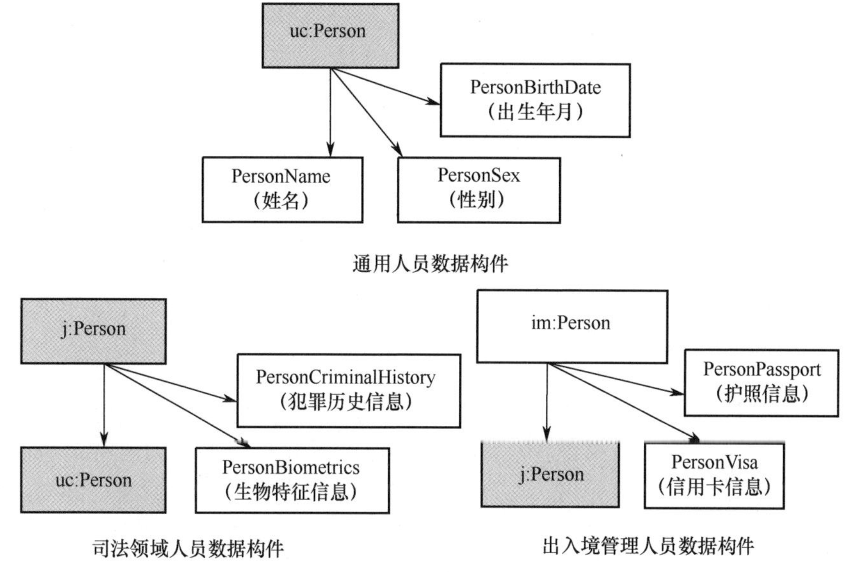

图 4-4　数据构件扩展举例

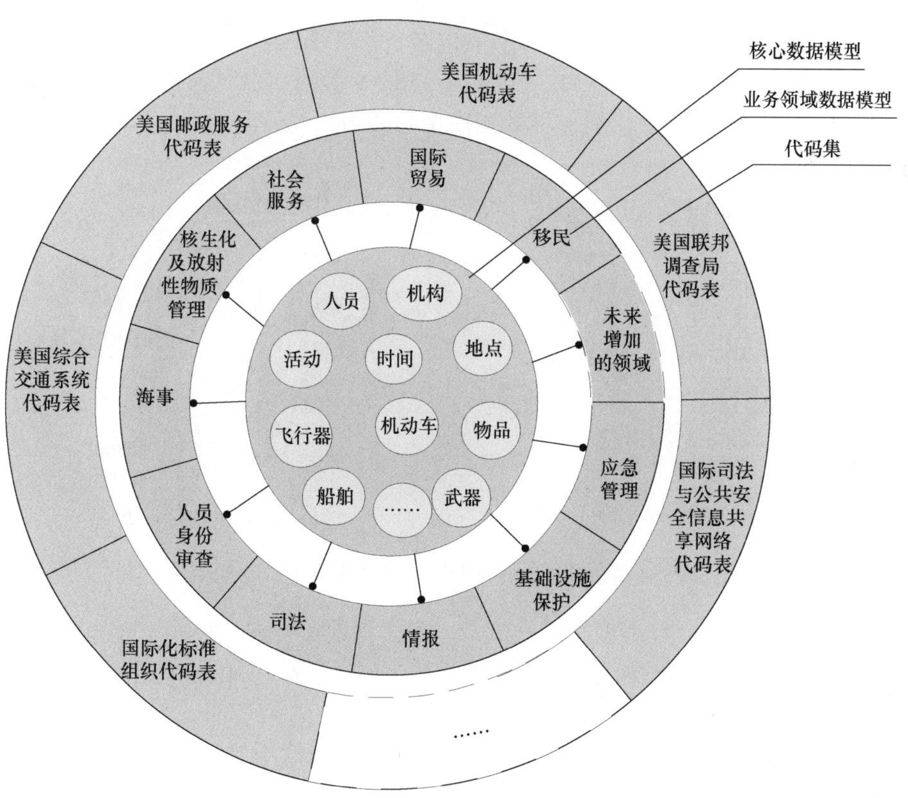

图 4-5　NIEM 数据模型构成

1. 核心数据模型

核心数据模型是描述在各业务领域中应用比较广泛的通用概念及其关系的语义和数据结构的一组数据模型，一般用 XML Schema、JSON 等描述语言表示，包括所有业务领域中涉及的公共数据构件（如人员、位置、事件、组织机构等），以及在大多数业务领域中使用比较广泛的数据构件（如武器、船舶、机动车辆等）。

2. 业务领域数据模型

业务领域数据模型是描述业务领域中概念及其关系的语义和数据结构的一组数据模型，它是在核心数据模型的基础上通过继承和扩展形成的，并由反映业务领域自身业务特点及业务领域内成员信息共享需求的数据构件组成。例如，司法领域数据模型定义了目击者、受害人和探视（活动）等司法业务活动相关的数据构件，海事领域数据模型定义了港口、货物和船舶等与海事活动相关的数据构件，军队作战领域数据模型定义了兵力保障、态势感知、后勤、指挥、控制、通信、防护、网络中心战等相关的任务、目标、指挥、传感器等军队作战活动的数据构件。业务领域数据模型一般采用 XML Schema、JSON 等描述语言表示，如图 4-6 所示是 NIEM 司法领域、军队作战领域数据模型的数据构件云图。

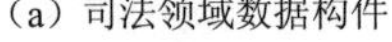
（a）司法领域数据构件

（b）军队作战领域数据构件

图 4-6　NIEM 司法领域、军队作战领域数据模型的数据构件云图

在 NIEM 5.0 中，数据模型涉及农业、应急管理、司法、基础设施保护、情报、人员身份审查、人口服务、海事、国际贸易、移民、核生化及放射性物质管理、军队作战等业务领域。

3. 代码集

代码集是对引入的相关国际、国家、行业等 NIEM 外部代码标准，采用 XML

Schema、JSON、OASIS Genericode、CSV 等描述语言表示的代码数据类型集合。引入的外部代码标准有国际标准化组织关于国家与地区的名称代码表、美国联邦调查局关于犯罪暴力事件与司法等内容的代码表、美国邮政服务关于美国各州编码的代码表等。

4.1.3　基于 NIEM 的信息交换实施过程

NIEM 数据模型构建以后，信息交换实施就有了遵循的标准和依据。基于 NIEM 的信息交换实施总体可分为两个阶段。一是信息交换模型开发与发布阶段。根据业务领域对信息交换的需求，以 NIEM 为基础，分析业务需求模型与 NIEM 的关系，通过引用、裁减、扩充等手段，形成信息交换模型和信息交换包文档，并将信息交换包文档发布到在线信息交换包文档仓库，以便被其他应用发现、重用。二是信息交换实现。以信息交换模型为标准，将拟交换的数据按照信息交换模型定义的格式，封装为标准的 Web 服务或消息供信息使用者调用。信息交换实施过程示意如图 4-7 所示。

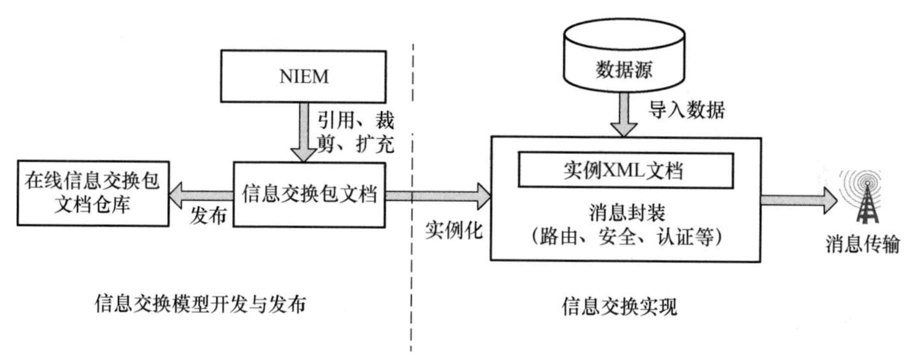

图 4-7　信息交换实施过程示意

1. 信息交换模型开发与发布

信息交换模型开发与发布过程主要包括方案规划、需求分析、模型生成与验证、模型发布 4 个阶段。

（1）方案规划。

方案规划是指根据项目目标、任务、业务需求和业务流程等分析需要交换的信息和信息交换边界，形成开发计划，确定项目组成员等。

（2）需求分析。

描述信息交换需求，包括涉及单位、交换内容等。需求分析的主要结果是信息交换业务模型，其一般可以用 UML 方法描述。

（3）模型生成与验证。

依据信息交换业务模型，参照 NIEM 生成信息交换包，并对其正确性进行验证。

（4）模型发布。

将前面阶段形成的所有文档进行压缩，形成一个信息交换包文档，并发布到在线信息交换包文档仓库，以便其他应用重用。

2. 信息交换实现

NIEM 信息交换实现具有较好的灵活性，可以采用 Web Services 方式、Java 远程方法调用（Java RMI）、Java 消息服务（Java Message Service）、消息中间件等方式。

图 4-8 所示的是采用面向服务的体系架构实现的信息交换方法，信息提供者将交换数据封装为服务，接入企业服务总线（Enterprise Service Bus，ESB），信息使用者通过企业服务总线访问信息提供者提供的服务。

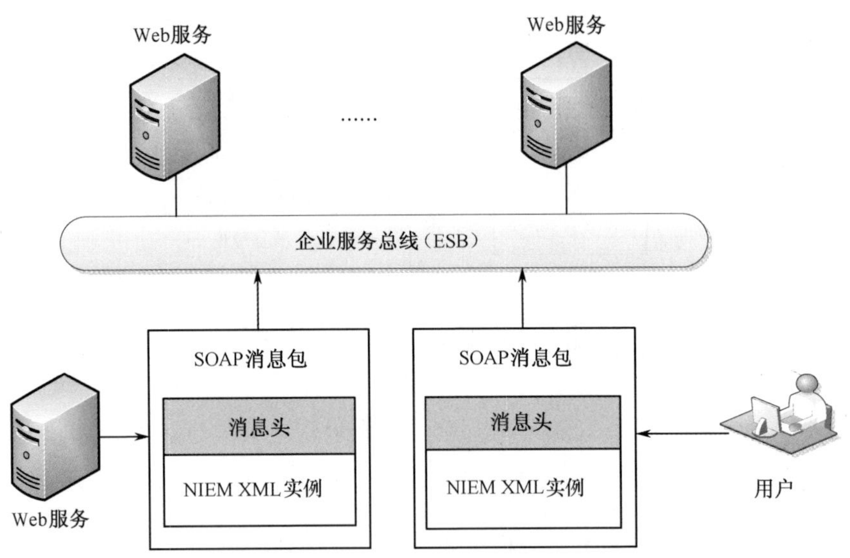

图 4-8　采用面向服务的体系架构实现的信息交换方法

信息交换实现中的安全保障手段包括：采用 SSL（Secure Sockets Layer）或 TLS（Transport Layer Security）传输协议，避免数据被篡改或伪造；在传输中对 XML 数据进行加密；在 XML 数据包中增加数字签名和时间戳等报头信息；采用 SOAP Web Services 信息交换方式，集成 Web 服务安全规范 WS-Security，实现消息的完整性、机密性及其认证。

4.2　NIEM 的结构

4.2.1　NIEM 的逻辑结构

NIEM 数据模型采用命名空间的方式进行组织，逻辑结构如图 4-9 所示。

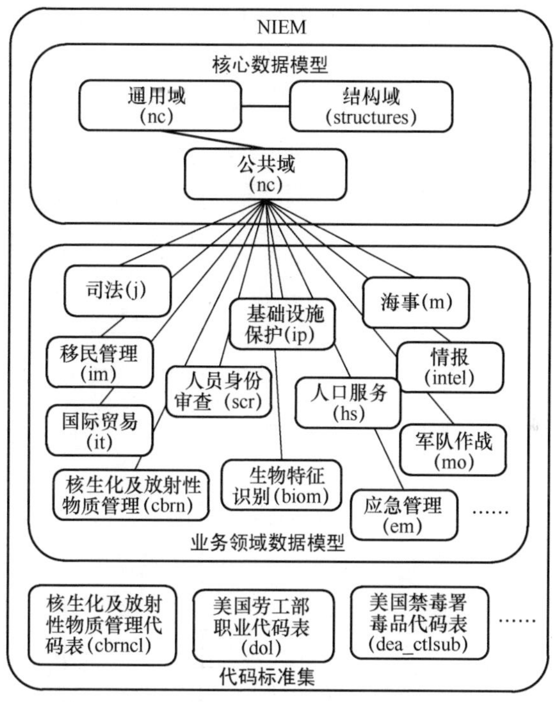

图 4-9　NIEM 的逻辑结构

NIEM 核心数据模型包括通用域、结构域和公共域 3 个部分。NIEM 将通用域和公共域的数据模型组织在同一个命名空间 nc 中，如 nc:PersonType 是指核心数据模型中的数据类型 PersonType，而结构域所对应的命名空间为 s，如 s: AssociationType 表示核心数据模型结构域中的关联关系数据类型。

业务领域数据模型定义了反映各业务领域特色的主要数据类型。NIEM 5.0 的命名空间分别是：ag（Agriculture，农业）、biom（Biometrics，生物特征识别）、cbrn（Chemical, Biological, Radiological, Nuclear，核生化及放射性物质管理）、cui（Controlled Unclassified Information Metadata，受控非保密信息元数据）、em

（Emergency Management，应急管理）、hs（Human Services，人口服务）、im（Immigration，移民管理）、ip（Infrastructure Protection，基础设施保护）、intel（Intelligence，情报）、it（International Trade，国际贸易）、j（Justice，司法）、m（Maritime，海事）、mo（Military Operations，军队作战）、scr（Person Screening，人员身份审查）、stat（Statistics，统计）、st（Surface Transportation，地面交通运输）。

代码集是引用各领域内已有的数据编码标准，通过命名空间进行区分，如美国联邦调查局（Federal Bureau of Investigation，FBI）的命名空间为 fbi，美国国家邮政服务（United States Postal Service，USPS）的命名空间为 usps，美国劳工部（Department of Labor，DOL）的命名空间是 dol。

NIEM 5.0 中定义的数据类型、元素和代码值数量情况如表 4-1 所示。

表 4-1　NIEM 5.0 中定义的数据类型、元素和代码值数量统计表

NIEM 5.0	元素数量（Elements）	数据类型数量（Types）	代码值数量（Codes）
核心数据模型（Core）	**1810**	**274**	**124**
业务领域数据模型	**10282**	**2697**	**9843**
农业（Agriculture）	64	8	
生物特征识别（Biometrics）	1008	590	1373
核生化及放射性物质管理（Chemical, Biological, Radiological, Nuclear）	592	137	
应急管理（Emergency Management）	918	365	1241
人口服务（Human Services）	806	275	1048
移民管理（Immigration）	445	95	1388
基础设施保护（Infrastructure Protection）	31	8	3
情报（Intelligence）	56	14	
国际贸易（International Trade）	530	90	
司法（Justice）	4023	489	364
海事（Maritime）	333	47	180
军队作战（Military Operations）	296	130	166
人员身份审查（Person Screening）	577	253	3731
地面交通运输（Surface Transportation）	64	51	178
受控非保密信息元数据（Controlled Unclassified Information Metadata）	19	12	164
统计（Statistics）	520	133	7
代码集（Code Sets）	**90**	**1007**	**80206**
总计	**12182**	**3979**	**90297**

1. 核心数据模型

（1）结构域。

结构域中的数据模型是 NIEM 定义的基础。结构域通过引用 XML Schema 的语法和基本数据类型，定义了对象数据类型（ObjectType）、关系数据类型（AssociationType）、增强型数据类型（AugmentationType）、元数据类型（MetadataType）、对象数据类型扩展点（ObjectAugmentationPoint）、关系数据类型扩展点（AssociationAugmentationPoint）及所有数据类型的通用属性（如 id、ref、uri、metadata、relationshipMetadata、sequenceID 和 SimpleObjectAttributeGroup 等）。

所有其他域数据模型都必须以结构域数据模型为基础进行定义。结构域中的主要数据类型如表 4-2 所示。

表 4-2　结构域中的主要数据类型

分　类	名　称	类　型	说　明
属性	id	标识	一个 XML 元素对应的文档标识符
	ref	标识	引用一个 XML 元素的标识，通过指定其 id 值进行引用
	uri	标识	节点或对象的国际资源标识符或统一资源标识符
	metadata	标识	通过 XML 元素描述的节点或对象的元数据对象列表
	relationshipMetadata	标识	通过 XML 元素描述的关系或属性的元数据对象列表
	sequenceID	标识	一种标识符，用于确定一个属性在节点或对象的兄弟属性中出现的相对顺序
属性组	SimpleObjectAttributeGroup	标识集合	数据类型属性组，包括 id、ref、metadata、relationshipMetadata 等
元素	ObjectAugmentationPoint	抽象类型	对象数据类型扩展点，用于对象数据类型扩充
	AssociationAugmentationPoint	抽象类型	关联数据类型扩展点，用于关联关系类型扩充
数据类型	ObjectType	抽象类型	对象数据类型的父类，是对象数据类型定义的基础，能够通过对象数据类型扩展点 Object AugmentationPoint 提供对象数据类型的扩展
	AssociationType	抽象类型	关联数据类型的父类，是定义所有关联数据类型的基础，能够通过关联数据类型扩展点 Association AugmentationPoint 进行关联关系类型的扩充
	MetadataType	抽象类型	元数据类型，所有元数据类型的父类
	AugmentationType	抽象类型	增强型数据类型

结构域中属性和属性组的定义如图 4-10 中的代码所示。属性 id、ref、metadata 和 relationshipMetadata 分别是对象唯一性标识、引用元素标识、元数据标识和

关系元数据标识；而属性组 SimpleObjectAttributeGroup 则是上述属性的组合。属性组可以方便类型的定义，当类型的定义同时需要几种属性时，可以直接引用属性组。

```
<xs:attribute name="id" type="xs:ID"/>
<xs:attribute name="ref" type="xs:IDREF"/>
<xs:attribute name="uri" type="xs:anyURI"/>
<xs:attribute name="metadata" type="xs:IDREFS"/>
<xs:attribute name="relationshipMetadata" type="xs:IDREFS"/>
<xs:attribute name="sequenceID " type="xs:integer"/>
<xs:attributeGroup name="SimpleObjectAttributeGroup">
    <xs:attribute ref="structures:id"/>
    <xs:attribute ref="structures:ref"/>
    <xs:attribute ref="structures:uri"/>
    <xs:attribute ref="structures:metadata"/>
    <xs:attribute ref="structures:relationshipMetadata"/>
    <xs:attribute ref=" structures:sequenceID"/>
    <xs:anyAttribute namespace="urn:us:gov:ic:ism urn:us:gov:ic:ntk" processContents="lax"/>
</xs:attributeGroup>
```

图 4-10 结构域中属性和属性组的定义

结构域中扩展点元素的定义如图 4-11 中的代码所示。对象数据类型扩展点和关系数据类型扩展点两个元素被定义成了抽象类型，也就是说，在类型定义中，它们可以被任何其他数据类型所替代。

```
<xs:element name="ObjectAugmentationPoint" abstract="true">
    <xs:annotation>
        <xs:documentation>An augmentation point for ObjectType</xs:documentation>
    </xs:annotation>
</xs:element>
<xs:element name="AssociationAugmentationPoint" abstract="true">
    <xs:annotation>
        <xs:documentation>An augmentation point for AssociationType</xs:documentation>
    </xs:annotation>
</xs:element>
```

图 4-11 结构域中扩展点元素的定义

结构域中数据类型的定义如图 4-12 中代码所示。各数据类型都被定义成了抽象类型，都具有扩展点，即都能够进行数据元素的扩充，并且每种数据类型都包含唯一性标识 id、引用元素标识 ref、元数据标识 metadata。关系数据类型 AssociationType 还包含关系元数据标识 relationshipMetadata。因此，所有的数据类型都可以通过 id 进行标识，都可以指定其引用的数据和元数据；关系数据类型还可以指定关系元数据。

```
<xs:complexType name="ObjectType" abstract="true">
  <xs:annotation>
    <xs:documentation>A data type for a thing with its own lifespan that has some existence.</xs: documentation>
  </xs:annotation>
  <xs:sequence>
    <xs:element ref="structures:ObjectAugmentationPoint" minOccurs="0" maxOccurs="unbounded"/>
  </xs:sequence>
  <xs:attribute ref="structures:id"/>
  <xs:attribute ref="structures:ref"/>
  <xs:attribute ref="structures:uri"/>
  <xs:attribute ref="structures:metadata"/>
  <xs:attribute ref="structures:relationshipMetadata"/>
  <xs:attribute ref="structures:sequenceID"/>
  <xs:anyAttribute namespace="urn:us:gov:ic:ism urn:us:gov:ic:ntk" processContents="lax"/>
</xs:complexType>
<xs:element name="ObjectAugmentationPoint" abstract="true">
  <xs:annotation>
    <xs:documentation>An augmentation point for type structures:ObjectType.</xs:documentation>
  </xs:annotation>
</xs:element>
<xs:complexType name="AssociationType" abstract="true">
  <xs:annotation>
    <xs:documentation>A data type for a relationship between two or more objects, including any properties of that
    relationship.</xs:documentation>
  </xs:annotation>
  <xs:sequence>
    <xs:element ref="structures:AssociationAugmentationPoint" minOccurs="0" maxOccurs="unbounded"/>
  </xs:sequence>
  <xs:attribute ref="structures:id"/>
  <xs:attribute ref="structures:ref"/>
  <xs:attribute ref="structures:uri"/>
  <xs:attribute ref="structures:metadata"/>
  <xs:attribute ref="structures:relationshipMetadata"/>
  <xs:attribute ref="structures:sequenceID"/>
  <xs:anyAttribute namespace="urn:us:gov:ic:ism urn:us:gov:ic:ntk" processContents="lax"/>
</xs:complexType>
<xs:element name="AssociationAugmentationPoint" abstract="true">
  <xs:annotation>
    <xs:documentation>An augmentation point for type structures:AssociationType.</xs:documentation>
```

图 4-12　结构域中数据类型的定义

```
    </xs:annotation>
  </xs:element>
  <xs:complexType name="MetadataType" abstract="true">
    <xs:annotation>
      <xs:documentation>A data type for data about data.</xs:documentation>
    </xs:annotation>
    <xs:attribute ref="structures:id"/>
    <xs:attribute ref="structures:ref"/>
    <xs:attribute ref="structures:uri"/>
    <xs:anyAttribute namespace="urn:us:gov:ic:ism urn:us:gov:ic:ntk" processContents="lax"/>
  </xs:complexType>
  <xs:complexType name="AugmentationType" abstract="true">
    <xs:annotation>
      <xs:documentation>A data type for a set of properties to be applied to a base type.</xs:documentation>
    </xs:annotation>
    <xs:attribute ref="structures:id"/>
    <xs:attribute ref="structures:ref"/>
    <xs:attribute ref="structures:uri"/>
    <xs:anyAttribute namespace="urn:us:gov:ic:ism urn:us:gov:ic:ntk" processContents="lax"/>
  </xs:complexType>
```

图 4-12　结构域中数据类型的定义（续）

（2）通用域。

通用域中的数据类型定义的是独立于特定领域的概念。这些概念在所有领域内都具有高度一致性与稳定性，如日期（DateType）、位置（LocationType）、组织机构（OrganizationType）、活动与事件（ActivityType）、人员（PersonType）和物品（ItemType）等。通用域中常用的数据类型如表 4-3 所示。

表 4-3　通用域中常用的数据类型

类　型	说　明
ActivityType	活动与事件数据类型，描述行为、事件、过程等
PersonType	人员数据类型，描述人员特征，如肤色、种族等
DocumentType	文档数据类型，描述文档的作者、存储位置等
ItemType	物品数据类型，描述物体的一般特征
LocationType	位置数据类型，描述位置
OrganizationType	组织机构数据类型，描述组织机构

以人员数据类型的定义为例，人员数据类型主要定义了人员的年龄、出生日期、出生地点和血型等属性，具体内容如表 4-4 所示。

表 4-4　人员数据类型定义

模型名称	属　　性	说　　明
nc:PersonType		人员数据类型
PersonAgeDescriptionText	nc:TextType	文本类型，人员年龄描述
PersonAgeMeasure	nc:MeasureType	度量类型，人员年龄度量
PersonBirthDate	nc:DateType	日期类型，出生日期
PersonBirthLocation	nc:LocationType	位置类型，出生地点
PersonBloodType	xs:anyType	抽象类型，血型
PersonEducationLevelText	nc:TextType	文本类型，受到教育的最高水平
PersonEthnicity	xs:anyType	抽象类型，民族
PersonName	nc:PersonNameType	人员姓名类型，通过人员的姓名与职务来描述人员
PersonSex	xs:anyType	抽象类型，性别
PersonWeightDescriptionText	nc:TextType	文本类型，体重的描述
PersonWeightMeasure	nc:MeasureType	度量类型，体重的度量
PersonAugmentationPoint	xs:anyType	抽象类型，进行类型扩展
……	……	……

（3）公共域。

公共域中的数据类模型定义的是在两个或更多域中使用比较广泛，并得到一致认同的数据类型，如飞行器（AircraftType）、武器（WeaponType）、建筑物（FacilityType）等。表 4-5 中列出的是公共域中常用的数据类型。

表 4-5　公共域中常用的数据类型

类　　型	说　　明
AircraftType	飞行器数据类型，描述具有空中飞行能力的物体
WeaponType	武器数据类型
VesselType	描述水上交通工具的数据类型，如舰、船、游艇等
FacilityType	建筑物数据类型，如桥梁、灯塔、飞机场、港口等
……	……

以武器数据类型的定义为例，武器数据类型定义了武器的作用、使用武器的人员、在什么行动中使用该武器、武器的使用说明等内容，具体内容如表 4-6 所示。

表 4-6　武器数据类型

模型名称	属　　性	说　　明
nc:WeaponType		武器数据类型
RoleOfItem	nc:ItemType	物体类型，物体作用
WeaponUser	nc:PersonType	人员类型，使用武器的人

（续表）

模型名称	属　性	说　明
WeaponInvolvedInActivity	nc:ActivityType	活动与事件类型，使用武器时的行动
WeaponUsageText	nc:TextType	文本类型，武器用法的说明
……	……	……

2. 业务领域数据模型

NIEM 业务领域数据模型（见表 4-7）定义的是各特定领域的数据构件，由各业务领域根据自身业务信息交换需求，在核心数据模型的基础上进行继承和扩展形成。NIEM 4.2 版本中的业务领域数据模型包括应急管理、基础设施保护、情报、司法、人员身份审查、人口服务、海事、国际贸易、移民、核生化及放射性物质管理、生物特征识别、军队作战等领域，在 NIEM 5.0 中增加了受控非保密信息元数据和统计业务领域。

表 4-7 NIEM 4.2 业务领域数据模型

域名称（命名空间）	内　容
Agriculture（ag）	农业，数据类型如 AgricultureProductionPlanType、armCropAcreageType
Biometrics（biom）	生物特征识别，数据类型如 DNAImageType、FaceImageType 等
Chemical, Biological, Radiological, Nuclear（cbrn）	核生化及放射性物质管理，数据类型如 CountRateCPSType、DeviceIdentifierType 等
Emergency Management（em）	应急管理，涉及应急响应、警告、医疗、资源等，数据类型如 AlarmEventType、HospitalType 等
Human Services（hs）	儿童、青年和家庭等人口服务，数据类型如 ChildType、HealthInsuranceType
Immigration（im）	移民管理，涉及外国人员如学生、访问人员，还包括非法入境者的扣押与处置等，数据类型如 AlienType 等
Infrastructure Protection（ip）	基础设施保护，涉及威胁国家基础设施安全的信息，数据类型如 AirlineType、AssetType 等
Intelligence（intel）	情报，数据类型如 PersonInIDType、AgencySubjectInterestType
International Trade（it）	国际贸易，数据类型如 CommodityType、DeclartionType
Justice（j）	司法，犯罪司法领域的事件、过程等，数据类型如 VitimType、CourtOffical 等
Maritime（m）	海事，数据类型如 CargoItemType、CrewListType
Military Operations（mo）	军队作战，数据类型如 TaskType、TargetType、SensorType
Person Screening（scr）	人员身份审查，如出入境人员审查信息，数据类型如 DepartureType、BenefitApplicationType 等
Surface Transportation（st）	地面交通运输，数据类型如 LocationRoadwayType、RoadwayAnnualAverageDailyTrafficType 等

3. 代码集

NIEM 5.0 引入了 38 个已有业务领域数据代码标准，共定义了 1105 个代码数据类型。例如，对 ISO 3166 国家地区代码标准定义了 CountryAlpha2CodeSimpleType（2 字符国家地区代码简单类型）、CountryAlpha3CodeSimpleType（3 字符国家地区代码简单类型）、CountryNumericCodeSimpleType（数字型国家地区简单类型）等代码数据类型，包含 5698 个代码值。NIEM 5.0 中引入的主要代码数据标准如表 4-8 所示[1]。

表 4-8　NIEM 5.0 引入的主要代码数据标准

命名空间	前　缀	内　容
aamva_d20	aamva_d20	美国机动车管理协会发布的关于机动车、交通事故代码表
ag_codes	ag_codes	美国农业代码表
apco_event	Apco	美国公共安全通信协会关于公共安全事件预警、响应代码表
atf	atf	美国烟酒与枪械管理署发布的有关代码表
post-canada	can	加拿大邮政服务代码表
cbrncl	cbrncl	美国核生化及放射性物质管理代码表
census_commodity	commodity	美国人口普查与交通部发布的相关代码表
Dea	dea	美国禁毒署（美国药品强制管理局）毒品代码表
dod_jcs-pub2.0	dod_jcs-pub2.0	美国国防部参谋长联席会议：情报学科代码表
have-codes	have-codes	美国结构化信息标准促进组织制定的应急数据交换语言医疗交换标准的相关代码表
edxl_rm	edxl_rm	美国应急数据交换语言资源消息规范（EDXL－RM）相关代码表
fbi_ncic	ncic	美国联邦调查局国家犯罪信息中心代码表
fbi_ndex	ndex	美国联邦调查局刑事司法信息系统数据交换规范规定的代码表
fbi_nibrs	nibrs	美国联邦调查局国家突发事件报告系统
fbi_ucr	ucr	美国联邦调查局刑事司法信息系统统一犯罪报告代码表
fips_5-2	fips_5-2	美国联邦信息处理标准（fips_5-2）州代码表
hl7		美国卫生信息交换标准规定的代码表
iso_3166	iso_3166	国际标准化组织发布的国家与地区名称编码表
iso_4217	iso_4217	国际标准化组织发布的货币与基金编码表
iso_639-3	iso_639-3	国际标准化组织发布的语种名称表示代码，其中第 5 部分为语系和语群 3 位字符编码表
it_codes	itcodes	美国信息技术代码表
jc3iedm	jc3iedm	北约联合指挥控制交换模型代码
jp3-52	jp3-52	北约联合空域控制代码

[1] 代码数据类型、代码值详见 https://niem.github.io/reference/content/codes/。

（续表）

命名空间	前　缀	内　容
mmucc	mmucc	美国最低统一事故报表标准代码表
nga_datum		美国国家地理空间情报局发布的时空定位信息代码表
nlets	nlets	国际司法与公共安全信息共享网络关于用户类别、服务类别等的代码表
occs_facility	occs	美国建筑分类体系代码表
sar	sar	美国信息共享环境办公室发布的可疑事件报告代码表
unece_rec20-misc	unece	联合国经济委员会发布的测量单位代码表
usda_fsa	usda_fsa	美国农业部农业服务局发布的县、教区或地区的数据类型
usps_states	usps	美国邮政服务标准关于州和县市的代码表
xCard	xCard	电子名片标准：电话分类代码表

4.2.2 NIEM的物理结构

为了方便各业务领域利用NIEM，NIEM 5.0提供了两种物理存储方式：Excel表和模式文件。

1. Excel表

每个业务领域的数据模型的属性按照“类型名称/属性名称—属性类型—（类型或属性）定义—（变更）状态”的形式进行组织，并且每个业务领域的数据模型建立在一个工作表中，数据类型之间的引用关系通过超文本链接表示。图4-13是以Excel表表示的NIEM核心数据构件的一部分。

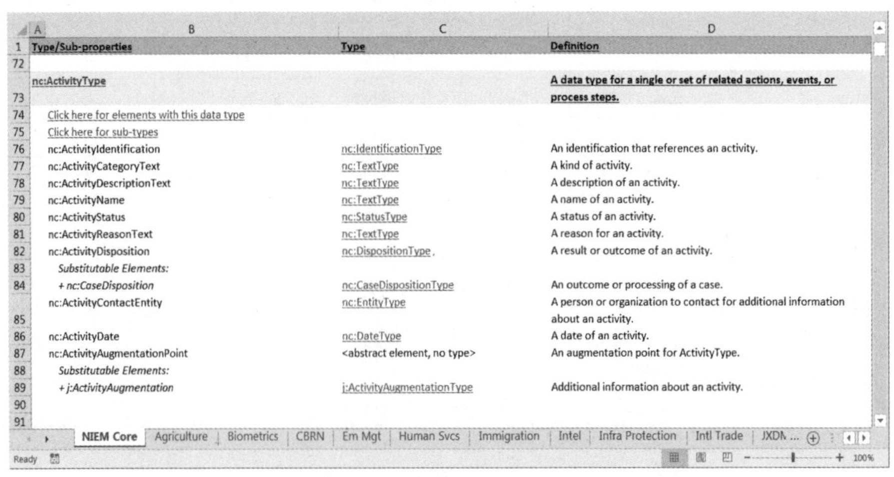

	A/B	C	D
1	Type/Sub-properties	Type	Definition
72			
73	nc:ActivityType		A data type for a single or set of related actions, events, or process steps.
74	Click here for elements with this data type		
75	Click here for sub-types		
76	nc:ActivityIdentification	nc:IdentificationType	An identification that references an activity.
77	nc:ActivityCategoryText	nc:TextType	A kind of activity.
78	nc:ActivityDescriptionText	nc:TextType	A description of an activity.
79	nc:ActivityName	nc:TextType	A name of an activity.
80	nc:ActivityStatus	nc:StatusType	A status of an activity.
81	nc:ActivityReasonText	nc:TextType	A reason for an activity.
82	nc:ActivityDisposition	nc:DispositionType	A result or outcome of an activity.
83	Substitutable Elements:		
84	+ nc:CaseDisposition	nc:CaseDispositionType	An outcome or processing of a case.
85	nc:ActivityContactEntity	nc:EntityType	A person or organization to contact for additional information about an activity.
86	nc:ActivityDate	nc:DateType	A date of an activity.
87	nc:ActivityAugmentationPoint	<abstract element, no type>	An augmentation point for ActivityType.
88	Substitutable Elements:		
89	+ j:ActivityAugmentation	j:ActivityAugmentationType	Additional information about an activity.
90			
91			

图4-13　以Excel表表示的数据模型

2. 模式文件

NIEM 5.0 包括 csv、json-ld、xlsx、xsd 这 4 类模式文件，分别存储在 4 类文件子目录下。xsd 模式文件分别存放在 xsd 目录下的 adapters、auxiliary、codes、domains、external、utility 这 6 个子目录下，核心数据模型文件存放在 xsd 根目录下。xsd 目录组织结构如表 4-9 所示。

表 4-9　xsd 目录组织结构

子 目 录	说　　明
niem-core	核心数据模型模式文件，主要包括不属于特定业务领域的常规属性和类型（如人员、组织、活动等），这些常规属性和类型基于 adapters 和 utility 中定义的基本 XML 对象派生而来
adapters	适配器组件文件，主要对通用警告协议、分布式访问标准、医疗服务标准、地理信息标准等外部标准进行改造封装，并改造与标准 XML Schema 简单类型相对应的复杂类型，以符合 NIEM 规范
auxiliary	受控非保密信息元数据、统计数据模型模式文件
codes	代码文件，提供符合 NIEM 的代码集表示形式，这些代码集通常在 NIEM 外部定义和管理
domains	业务领域数据模型文件，主要包括业务领域的数据类型及元素定义
external	外部模式文件，主要包括通用警告协议标准、分布式访问标准、通用类型标准（来源：OASIS CIQ TC- CIQ V3.0）、地理信息标准、地理标记语言标准等外部标准
utility	基础模式文件，是 NIEM 中数据对象定义的基础的、标准化结构，主要包括 appinfo、structures、conformanceTargets、code-lists-spec 等模式文件

4.3　NIEM 的管理体系

4.3.1　治理结构

1. 组织架构

在机构设置上，NIEM 建立了职责分明的管理机构来负责 NIEM 的开发与维护，如图 4-14 所示。

NIEM 指导委员会（NIEM Executive Steering Council，NESC）是 NIEM 的领导机构，负责 NIEM 的发展，包括制定其政策和战略、提供资金保障、任命办公室执行官及其他决定。NESC 主要成员来自美国国防部（DOD）、美国国土安全部（DHS）、美国司法部（DOJ）、美国卫生与人口服务部（HHS）等政府部门的首席信息官（CIO）。NESC 的咨询成员和受邀嘉宾包括但不限于全球司法信息共享计划（全球）项目专家、美国首席信息官协会（National Association of State Chief Information Officers，NASCIO）专家、美国总统管理和预算办公室（Executive Office of the President Office of Management and Budget，OMB）执行官、美国联邦企业体系结构（Federal Enterprise Architecture，FEA）首席架构师、美国国家情报局局长办公室（Office of the Director of National Intelligence，ODNI）信息共享环境项目经理（Program Manager of the Information Sharing Environment，PM-ISE）、澳大利亚政府首席信息官等。

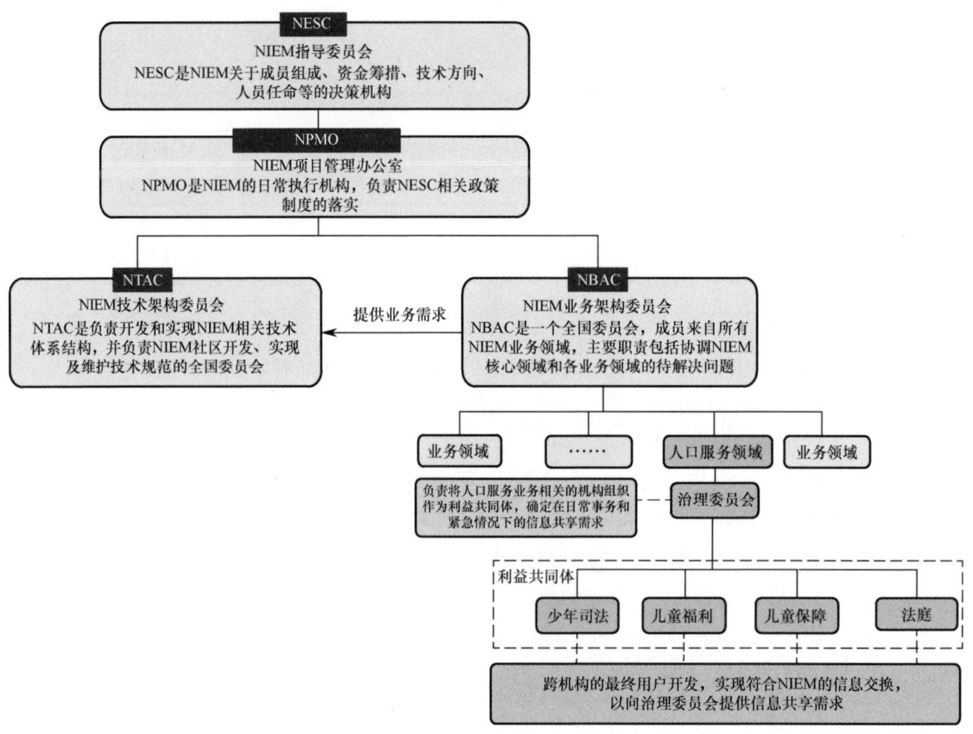

图 4-14　NIEM 管理机构组织

NIEM 项目管理办公室（NIEM Program Management Office，NPMO）是 NIEM 的日常执行机构，负责 NESC 相关政策制度的落实，包括 NESC 的执行目标、战略规划、日常业务等。其下属机构主要有 NIEM 业务架构委员会和 NIEM 技术架构委员会。

NIEM 技术架构委员会（NIEM Technical Architecture Committee，NTAC）主要解决与 NIEM 相关的技术性问题，包括 JSON 技术规范和用户指南、NIEM 版本更新、NIEM 培训资源开发。具体职责包括：①建立并维护 NIEM 技术架构；②建立用于发布 NIEM 版本的机制和过程；③确保 NIEM 中的所有内容均符合 NIEM 规范；④保持与其他 NIEM 项目实体（如技术服务台、NBAC 和 NPMO）的协调和交互；⑤分析和评估新兴技术及其与 NIEM 的关系；⑥制定未来能力的路线图；⑦建立工作目标、里程碑和期望的结果，并衡量工作绩效。NTAC 主要成员包括美国各级政府和分支机构的运营从业人员和领域专家、主要利益相关者机构、领域和系统开发人员，以及解决方案提供商。NTAC 成员类型主要有联合主席、投票成员、NMO 联络人、主要开发人员及观察员/特邀参与者。

NIEM 业务架构委员会（NIEM Business Architecture Committee，NBAC）从业务架构的角度，负责 NIEM 核心数据模型的开发、修改和管理，以及对各具体业务领域的协调和管理。NBAC 由联合主席领导，具体职责包括：①保持 NIEM 核心数据模型的完整性、可用性和成熟度，并进行任何必要的协调和问题解决活动；②确定是否有必要发布新的数据模型，例如，容纳新的域和内容，向 NTAC 提供业务需求；③向 NESC 提交有关将新的业务领域域纳入 NIEM 的建议。NBAC 由不同业务领域的利益相关者组成，包括有投票权的成员、NPMO 联络员、观察员/特邀参与者。

2. 主要业务领域

NIEM 业务领域是一个利益共同体，是为了共同完成某个具体任务而需要进行信息交换的组织、政府部门、信息系统等相关实体的集合。NIEM 业务领域的主要职责是依据 NIEM 规范开发和维护本业务领域的数据模型，具体职责包括：①对本业务领域的信息进行结构化表示和描述，以便其他业务领域可以重用；②设计本业务领域数据模型，以便其他业务领域可以理解；③参与协调和解决涉及本业务领域的问题；④分析对本业务领域模型的更改将对其他业务领域产生的影响；⑤作为 NBAC 成员参与 NBAC 活动。

NIEM 的业务领域根据信息交换与共享的需求不断扩展。2006 年 11 月发布的 NIEM 1.0 中只有应急管理、司法、基础设施保护、国际贸易、移民、人员身份审查 6 个业务领域，2019 年 11 月发布的 NIEM 4.2 中业务领域增加到 14 个，NIEM 5.0 中新增了网络空间和统计两个业务领域。

（1）农业领域（Agriculture Domain）。农业领域主要改善美国农业部与农业生产者之间的信息共享。按照 2014 年《美国农业法案》规定要求，美国农业部（USDA）应能使农民和牧场主更快、更轻松地报告有关其作物、种植面积和收入的数据。当时，美国农业部缺乏统一的框架，无法以电子方式从农业生产者那里收集此类信息，农业生产者向美国农业部的农场服务局和风险管理局两个不同的机构报告相同的信息是一个复杂、耗时的过程，于是美国农业部牵头启动了种植面积报告计划项目。该项目基于 NIEM 的解决方案，使农业生产者能够以规范标准的格式自动向农场服务局、风险管理局及作物保险代理机构报告作物信息，从而节省时间、减小数据报告错误的可能性。农业领域数据模型标准于 2017 年 7 月作为 NIEM 4.0 版本的一部分正式发布。

（2）生物特征识别领域（Biometrics Domain）。生物特征识别领域通过联合开发统一的 XML 生物特征识别标准，支持共同完成国土安全、国防边境管理、移民福利和全球执法等活动的组织之间的信息共享。NIEM 生物特征识别领域于 2012 年 7 月由美国国土安全部（DHS）、国家保护和计划局（National Protection and Programs Directorate，NPPD）所属的生物特征识别管理办公室（OBIM）牵头启动。生物特征识别领域数据模型标准作为 2013 年年底发布的 NIEM 3.0 的一部分正式发布，在 2017 年发布的 NIEM 4.0 中进行了较大的修订完善。生物特征识别领域因相关的成功案例荣获 2013 年度 NIEM 最佳应用奖。

（3）核生化及放射性物质管理领域（Chemical, Biological, Radiological, Nuclear Domain，CBRN）。CBRN 领域主要支持美国侦查和制止核生化及放射性物质威胁。美国构建了全球核探测体系（Global Nuclear Detection Architecture，GNDA），涉及美国国土安全部、美国司法部、美国能源部、美国国务院、美国国防部、美国政府核监管委员会及州、地方和部落机构。CBRN 领域由 CBRN 领域利益共同体（COI）监管，由美国国土安全部的国内核探测办公室（Domestic Nuclear Detection Office，DNDO）负责。为了满足核生化及放射性物质探测任务信息共享的需要，美国国土安全部在美国海关与边境巡逻队（Customs and Border Patrol，CBP）的支持与协作下，为全球核探测体系的互操作和信息共享开发了 N.25 标准消息协议。N.25 标准消息协议主要来自 NIEM 中 CBRN 领域定义的数据元素和数据类型。

（4）应急管理领域（Emergency Management Domain，EM）。有效的信息共享对应急事件的决策至关重要，应急管理领域利用现有新兴技术、经验教训完善数据交换标准，提高相关机构的信息共享能力，促进美国政府（包括联邦、州、地方和部落组织）和国际组织之间的互操作，以提高应急事件预防、应对及灾后恢复能力。应急管理领域由美国国土安全部科学技术第一响应者小组负责管理运营。

（5）人口服务领域（Human Services Domain，HS）。人口服务领域于 2015 年年初加入 NIEM 3.1 中，在 NIEM 4.0 中将儿童、青年、家庭服务领域（Children, Youth, and Family Services，CYFS）合并到该领域。人口服务领域的主要参与者包括美国联邦机构的代表［儿童及家庭管理局（Administration for Children and Families，ACF）、ACF 儿童抚养执行办公室（Office of Child Support Enforcement，OCSE），以及 ACF 规划、研究和评估办公室（Office of Planning，Research and Evaluation，OPRE）等］、各州代表（加利福尼亚州、伊利诺伊州、印第安那州、堪萨斯州、肯塔基州、纽约、北卡罗来纳州、俄克拉荷马州、维吉尼亚州、华盛顿州等），以及组织机构代表［美国公共人类服务协会（American Public Human Services Association，APHSA）、美国州法院中心（National Center for State Courts，NCSC）］等。人口服务领域的加入旨在通过采用国家信息交换模型，结合制度政策、业务和技术方面的专业知识，促进人口服务领域创建标准化的数据交换流程，提高美国联邦、州、地方和部落各级社会服务提供者之间的互操作性，改善为公民提供服务的质量，减少错误并提高流程完整性、行政效率。人口服务领域由美国卫生与公共服务部儿童与家庭管理局负责管理，主要工作包括但不限于业务领域数据建模和数据治理，数据交换的隐私性、机密性，数据协调，使用统一建模语言（UML）进行业务建模，简化数据交换实施过程，支持美国联邦和州各种数据交换项目。

（6）移民领域（Immigration Domain）。移民领域对《美国联邦移民法》《美国海关法》《美国航空安全法》负有调查和执行责任，并为相关人员提供移民相关的服务和福利，如加入国籍、工作授权。移民领域通过促进信息共享以促进与外部合作伙伴更好协作，改善服务和执法活动效率。移民领域由美国国土安全部公民和移民服务（Citizenship and Immigration Services，CIS）、移民和海关执法（Immigration and Customs Enforcement，ICE）等单位负责管理。

（7）基础设施保护领域（Infrastructure Protection Domain）。美国国土安全部基础设施保护办公室负责实施美国统一的基础设施保护计划，以减少恐怖主义行为对美国基础设施造成的风险，并加强美国的防范能力，以便在发生自然灾害或其他紧急情况下及时做出反应，并迅速恢复。基础设施保护领域建立了美国国土安全部 16 个基础设施部门的数据模型，包括国家基础设施资产的位置、名称和联系信息等，采用街道地址和地理坐标（经度、纬度）描述基础设施的物理位置，为跨领域的开发人员提供了统一的基础设施数据分类方法和数据模型定义。基础设施保护领域旨在促进美国联邦、州、地方、部落和私营部门合作伙伴之间更好、更及时地共享基础设施信息。

（8）情报领域（Intelligence Domain）。情报领域梳理情报交换的业务需求，以及与司法、国土安全等其他部门共享情报信息的时机，负责情报的收集、处理、分析、融合和发布，制定机构之间情报交换的标准。情报领域由美国刑事情报协调委员会和美国联邦情报机构共同负责管理。

（9）国际贸易领域（International Trade Domain，IT）。国际贸易领域由美国国土安全部海关与边境保护局（Customs and Border Protection，CBP）负责管理。国际贸易领域负责制定商品过境、出口和进口交易的数据和消息传递国际标准，确保并允许相关政府机构交换和共享信息，从而更大限度地促进贸易，并在威胁到达港口和国境之前，更有效地识别和消除安全威胁。国际贸易领域由因各类执法、安全和财务目的而对贸易数据感兴趣的相关政府机构组成。国际贸易领域数据模型包含 135 种类型（22 种枚举类型和 113 种其他类型）的 2219 个代码值和 540 个属性元素，已经与核生化及放射性物质管理（CBRN）、移民管理、海事、人员身份审查等领域进行了协调，以消除数据类型的冗余，并对这些业务领域中的数据类型进行了统一。

（10）司法领域（Justice Domain）。司法领域为刑事司法系统提供了在辖区和各级政府之间共享重要信息所需的数据元素、类型和属性。司法领域的司法数据模型 GJXDM 是 NIEM 的雏形。GJXDM 创建于 2001 年 3 月，经过为期两年的努力，开发了基于 XML 的框架，使整个司法和公共安全部门有效地共享各级别的信息，从而为部落、地方、州、联邦各级司法的互操作性奠定基础。2005 年，GJXDM 3.0.3 成为 NIEM 的第一个领域。司法领域继续为 NIEM 做出积极贡献，并参与 NIEM 社区建设。

（11）海事领域（Maritime Domain）。美国政府认为对与全球海域相关的任何事物的有效理解，都可能会影响美国的安全、经济或环境。只有在许多关键合作伙伴之间有效、及时地共享重要的安全信息，这种理解才有可能。海事领域支持对可能影响美国安全、经济或环境的全球海域相关事物的有效理解。NIEM 通过规范描述船只、人员、货物及海上位置和活动，在许多关键合作伙伴之间有效、及时地共享重要的安全信息。美国海军和美国国土安全部，以及港口城市和沿海地区的联邦、地方和州执法机构，合作开发和维护海事领域信息交换模型，以便为合作伙伴提供统一的海上安全态势图。

（12）军事作战领域（Military Operations Domain）。军事作战领域定义和管理基于 NIEM 的信息交换的军事行动和任务数据构件，以便满足美国国防部与其他联邦政府机构、任务合作伙伴的关键信息共享要求，以提高美国国防部和任务合作伙伴之间的数据互操作性。军事作战领域数据组件主要集中在美国国防部形成联合作战能力的信息交换需求方面，包括兵力保障、战场态势、后勤、指挥、控制、通信、防护等信息共享的需要。根据美国国防部首席信息官的要求，公开的军事作战领域版本由美国政府和国防部人员联合管理，非公开的版本 MOMS（Military Operations Mission Specific）由美国国防部联合参谋部 J6 局负责管理。军事作战领域配置和控制委员会（Configuration and Control Board，CCB）于 2014 年 3 月正式成立。CCB 管理数据模型，并解决使用内容开发信息交换包文档（IEPD）引起的技术问题。美国陆军的战术基础设施企业服务联盟计划（Tactical Infrastrcutre Enterprise Services Coalition Warfare Program，TIES CWP）运用 NIEM 来改善美国与联盟伙伴之间的互操作性，获得了 2014 年 NIEM 最佳应用奖。

（13）人员身份审查领域（Person Screening Domain）。人员身份审查领域协调执行美国国土安全任务的信息共享需求，通过准确、及时的信息支持广泛的人员身份审查和认证活动。

（14）地面交通运输领域（Surface Transportation domain）。地面交通运输领域促进交通运输监管机构、运营商和利益相关方（包括执法机构、法院、卫生部门和应急管理部门）之间的互操作性，通过促进组织之间的交通运输信息交换，提高美国交通运输系统的安全性。在美国交通运输部（U.S. Department of

Transportation，DOT）首席数据官的领导下，地面交通运输领域于 2015 年 9 月启动。堪萨斯州调查局（Kansas Bureau of Investigation，KBI）和堪萨斯州交通运输局利用堪萨斯州刑事司法信息系统改进了酒后驾驶犯罪的电子处置报告。该系统利用 NIEM，将耗时的基于纸张的系统改造为高效的基于 Web 的信息系统，实现了基于统一标准的、对酒后驾驶犯罪信息的提交、访问和处理。堪萨斯州刑事司法信息系统是全面整合犯罪和交通运输信息的美国典范，获得了 2015 年 NIEM 最佳应用奖。

另外，统计领域（Statistics Domain）于 2020 年 2 月正式启动，由美国人口普查局召集，主要成员来自美国联邦统计系统成员机构利益相关者，旨在通过 NIEM 为公民、政府和私营部门实施基于证据的决策提供及时、准确的统计数据。网络空间领域（Cyber Domain）于 2020 年 4 月加入 NIEM，由美国国土安全部网络安全和基础设施安全局负责管理，主要目标是实现网络安全业务相关机构之间的信息共享，以便基于一致的网络数据和信息来确定有关风险的决策，并及时应对网络安全威胁。

4.3.2 主要管理活动

NIEM 管理体系包括配置与质量管理、模型管理与发布、信息交换包文档管理、会议制度等。

1. 配置与质量管理

配置与质量管理通过控制、记录、追踪对 NIEM 实施过程中产品和文档的修改，确保 NIEM 在实施过程中产生的各种文档、标准规范、信息交换包文档的完整性、一致性和可控性。NIEM 项目管理办公室、NIEM 业务架构委员会、NIEM 技术架构委员会、NIEM 协调委员会和 NIEM 开发团队都要求遵循配置管理规范，实施标识管理、基线管理、版本控制和变更控制。

为了保证 NIEM 的质量，NIEM 技术架构委员会发布了“质量保证策略与计划”，定义了改进 NIEM 质量的目标、规则、评估方法和过程，明确了 NIEM 各个机构的职责。各个机构的职责为：NIEM 业务架构委员会和 NIEM 技术架构委员会负责整个 NIEM 的语义和技术质量，特别是 NIEM 的核心数据模型；NIEM 项目管理办公室负责 NIEM 版本的发布管理和质量保证措施评价；各业务领域负责各自业务领域模型的管理和质量保证，例如，司法业务领域模型由司法标准工作组负责管理。

2. 模型管理与发布

（1）模型版本区分。

NIEM 的发布周期分为主要版本发布和次要版本发布。一般每 3 年发布一次主要版本，每 12 个月发布一次次要版本，其发布顺序是“主要版本—次要版本—次要版本”。主要版本和次要版本不会在同一日历年发布，以确保 NIEM 满足业务领域需求。主要版本在 NIEM 核心域和业务领域同时更新后发布。对模型任何技术架构的更改都只能在主要版本中进行。主要版本的版本号末尾是“.0”，如 2.0、3.0、4.0、5.0 等。

次要版本是为了合并对各业务领域内容的更改，可能包含核心域的补充，只允许核心域内容的变化，但核心域及命名空间架构被锁定。次要版本升级是版本号的第 2 个数字递增，如 2.1、2.2、3.1、3.2 等。核心域补充是 NIEM 发行版的一种特殊类型，它使程序可以灵活地将严格的附加更改应用于以前发布的 NIEM 核心数据模型中。当 NBAC 确定有必要向已发布的 NIEM 核心域添加内容时，可以发布核心补充（Core Supplement，CS），但不必在主要版本或次要版本发布周期内发布 CS。发布 CS 的目的包括：①使用权威源增添的新代码值，需要更新代码列表；②纠正组件中的重大缺陷，以向替换组中添加新元素；③添加内容，以适应其他方面的调整。

尽管 NIEM 版本在不断升级，但 NIEM 新版本的发布并不要求基于 NIEM 构建的信息交换包文档也同步更新，NIEM 旧版本仍然可用。开发者根据业务信息交换需求，确定是否需要根据 NIEM 新版本更新已开发的信息交换包文档。

目前，NIEM 版本管理采用开源及版本控制系统 GitHub[1]进行发布和版本管理。

（2）模型更新与协调。

模型更新包括业务领域数据模型和核心数据模型更新。①业务领域数据模型更新。NIEM 业务领域数据模型是相对独立的，因此各 NIEM 业务领域可以管理其自身的业务领域更新。如果在模型中尚未找到满足特定业务领域的数据需求，则可以向业务领域联系点提出请求，以满足该业务领域的需求；然后将批准的更新合并到下一个 NIEM 版本（主要版本或次要版本）中，以便正式发布。②NIEM 核心数据模型更新。如果尚未在整个 NIEM 中找到数据要求，并且该数据要求适用于许多领域，则可以向 NBAC 提交该数据要求，并建议应用到 NIEM 核心数据模型。③模型协调。各业务领域之间，以及业务领域与 NIEM 核心域之间需要不断进行协调，确保数据元素在模型中仅存在一次，避免重复定义，还要满足各业务领域新的业务需求。

---

[1] NIEM 的 Github 网址 https://github.com/NIEM。

（3）模型发布。

模型发布过程包括 Alpha 版本、Beta 版本和候选版本阶段。①Alpha 版本阶段。Alpha 版本在 NIEM 业务架构委员会和各业务领域内部进行审核和评论，为了确保有足够的时间来检查、集成和协调对发行版本所做的更改，要求在 Alpha 版本阶段的截止日期之前提交主要内容和问题。②Beta 版本阶段。在 Alpha 版本阶段提交重大更改和问题后，允许各业务领域之间协调，以解决一些问题并进行较小的更改。Beta 版本发布并分发给 NIEM 社区，以供公众审查和反馈。③候选版本阶段。候选版本是最终发行版本的草案。候选版本阶段允许在版本发布之前对草案进行两次检查。此阶段仅考虑错误修订，其他提交的评论和修订请求将安排到下一个版本中更新。

3. 信息交换包文档管理

为了便于重用各业务领域已开发的信息交换模型，NIEM 建立了在线信息交换包文档管理工具（IPED Clearinghouse）。该管理工具有注册、检索和下载等功能，各业务领域通过该工具提交、注册已开发并验证的信息交换包文档，便于其他应用查找和重用信息交换模型，如图 4-15 所示。

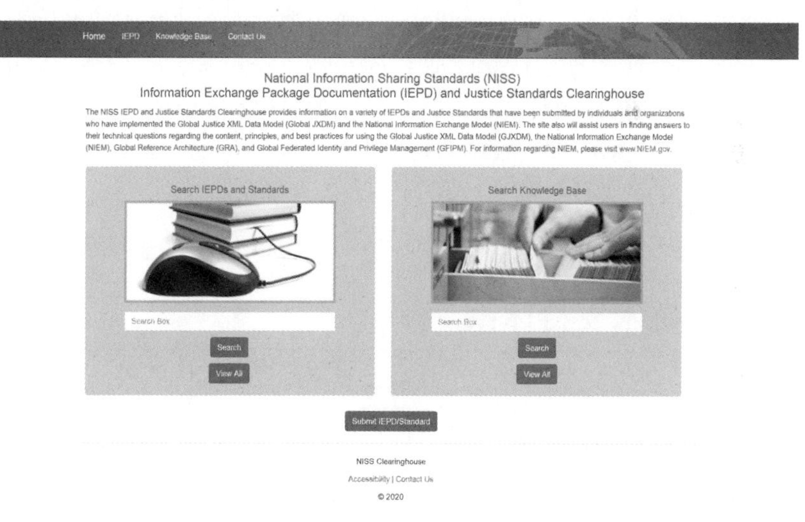

图 4-15　在线信息交换包文档管理工具

4. 会议制度

由于 NIEM 是一个大型的数据架构，涉及业务广泛，因此需要大量的协调和沟通过程，基于此，NIEM 相关机构定期或不定期地举办会议。

（1）NIEM 业务架构委员会（NBAC）会议。在每月的最后一个星期四下午进行电话会议。主要任务是确定 NIEM 的数据需求，管理 NIEM 核心数据模型，并协助业务领域管理业务领域数据模型。由 NIEM 业务架构委员会协调 NIEM 技术架构委员会、NIEM 项目管理办公室和各业务领域。

（2）NBAC 内容小组会议。该内容小组是 NIEM 业务架构委员会下的一个常设小组，其根据需要经常组织电话会议解决问题，修改 NIEM 数据模型，协调各方。在 NIEM 发布周期中，该内容小组定期召开会议，为发布初始 Alpha 版本做准备。会议时间和日期可能会更改，由首席开发人员与小组成员协调确定。

（3）NIEM 技术架构会议。每隔一周的星期三下午进行电话会议。主要任务是确定 NIEM 新的技术要求，管理 NIEM 体系结构，监督 NIEM 技术规范和工具策略。由 NIEM 技术架构委员会协调 NIEM 业务架构委员会、NIEM 项目管理办公室和各业务领域。

（4）NIEM 项目管理办公室会议。每隔一周的周一下午进行电话会议。该会议参加人员主要是项目管理办公室工作人员、NIEM 技术架构委员会和 NIEM 业务架构委员会联席主席、首席开发人员，以及最大的业务领域的主要代表。

（5）NIEM 技术架构委员会和 NIEM 业务架构委员会联合面对面会议。该会议一般由在华盛顿地区的项目管理办公室组织，每年举办两次。会议具体日期不定，通常在 4—5 月和 10—11 月的两个时间段内召开，会议时长为 2～3 天。通常设置会议日期与发布周期中的关键里程碑一致。会议通常面向所有 NBAC 和 NTAC 成员、所有业务领域管理员或代表、主要开发人员及项目管理办公室员工。会议内容包括：审查即将发布版本的材料、技术更新情况，总结上一年情况，计划下一年工作，会议内容由 NBAC 和 NTAC 协调确定。

4.4 NIEM 技术支持体系

NIEM 技术支持体系主要作用是降低运用 NIEM 实施跨领域信息交换的难度，提高开发效率和质量。

4.4.1 辅助工具

NIEM 提供了系列工具来支持其运用，如 IEPD 开发工具、过程管理工具，如表 4-10 所示。IEPD 开发工具主要用来辅助开发人员生成信息交换模型。过程管理工具主要是为信息交换项目实施提供配置管理、版本管理、变更管理、质量管理等自动化的软件工具。

IEPD 开发工具主要有 NIEM 浏览器 NIEM Data Model Browser 和 NIEM Wayfarer、子集生成工具 Subset Schema Generation Tool（SSGT）、对象映射工具 Component Mapping Template（CMT）、代码表工具 Code List Schema Tool、信息交换包编辑工具 IEPD Tool 等。过程管理工具主要有组件组织与注册环境（Component Organization and Registration Environment，CORE）、配置管理工具（NIEM Configuration Control Tool，NCCT）等。随着 NIEM 的推广与运用，也出现了许多第三方工具，具有代表性的是信息交换建模集成工具，如 NoMagic 公司的 MagicDraw 和 Oracle 公司的 CAM Editor。

表 4-10　NIEM 主要工具列表[1]

名　称	描　述
NIEM Data Model Browser	NIEM 浏览器，该工具支持以图形化的方式展示 NIEM 及它们之间的关系。用户能直观、快速地了解 NIEM 的内容
NIEM Wayfarer	NIEM Wayfarer 是 NIEM 非官方的一个工具，它帮助用户快速地浏览 NIEM 的内容与结构
Subset Schema Generation Tool（SSGT）	SSGT 子集模式生成工具，具有非常强大的搜索功能，支持用户快速在 NIEM 模型库中搜索与信息交换业务模型相匹配的数据类型、属性，并辅助用户生成信息交换模型
Map Information Exchange	信息交换映射工具，是一个集成化的工具，集成了 SSGT、IEPD Tool 及其他功能，辅助用户进行数据模型搜索、模型映射及模式生成等
Component Mapping Template（CMT）	对象映射模板，帮助用户建立信息交换业务模型与 NIEM 之间的映射关系，让用户能够有针对性地进行数据类型扩展
Code List Schema Tool	代码表工具，利用该工具能够将代码表生成符合 NIEM 规范的枚举值数据类型，对数据的取值进行约束
Migration Assistance Tool（MAT）	迁移辅助工具，能够帮助用户将项目从 GJXDM 3.0.x 或 NIEM 的低版本向 NIEM 的高版本进行迁移
IEPD Tool	信息交换包文档工具，利用该工具可以进行信息交换包文档的再编辑、浏览或发布等

4.4.2　培训课程

NIEM 提供了针对不同人员的培训课程，能够帮助用户迅速理解并运用 NIEM。NIEM 开设的课程如表 4-11 所示。除此以外，NIEM 还提供了在线课程和网络研讨会。

1 相关辅助工具详细情况及下载网址 https://niem.github.io/reference/tools/。

表 4-11　NIEM 培训课程

课程编码	主　题	内　容	时　间
NIEM100	NIEM 概述	介绍 NIEM 的发展历史、工作原理、应用效益和管理组织构成	大约 1 小时
NIEM101	NIEM 技术简介	介绍 NIEM 相关技术概念	大约 1 小时
NIEM200	NIEM 项目管理	介绍 NIEM 信息交换包文档开发生命周期	大约 1 小时
NIEM300	IEPD 检索与开发	介绍信息交换需求分析和描述、IEPD 开发需要掌握的相关方法与技巧	大约 4 小时
NIEM301	NIEM 高级技术介绍	介绍开发、运用 NIEM XML Schema 相关技术知识	大约 5 小时
NIEM302	构造和验证 IEPD	介绍如何利用相关 NIEM 工具开发 IEPD	大约 5 小时
NIEM303	打包、发布和实现 IEPD	介绍 IPED 打包、发布到在线仓库的方法，以及消息封装方法	大约 3 小时

行政管理人员、项目经理、架构师和开发人员需要学习的课程如表 4-12 所示，其中，标记“●”表示必修课程，标记“○”表示选修课程。

表 4-12　各类人员需要学习的课程

角　色	NIME100	NIEM101	NIEM200	NIEM300	NIEM301	NIEM302	NIEM303
行政管理人员	●	○					
项目经理	●	●	●				○
架构师	●	●	○	●			●
开发人员	●	●		●	●	●	●

4.4.3　技术帮助

NIEM 提供完善的技术帮助，用于解决用户在 NIEM 实践过程中的相关问题。技术支持分为 3 个级别。

级别 1：通过使用 NISS（National Information Sharing Standards）咨询台[1]来解决用户的疑难问题。NISS 咨询台包含了分析、设计、开发、部署和系统实现全过程所有可能遇到的问题，以帮助 NIEM 开发者快速寻找解决方案。对 NIEM 开发者来说，NISS 咨询台是最主要的知识来源。NISS 咨询台提供 7×24 小时的服务，还有具有丰富技术背景的专职人员每天早上 9 点到晚上 8 点提供在线支持（节假日除外），用户可以通过多种方式咨询，如自助查询、电子邮件和电话。NISS 咨询台其实也是一个 NIEM 知识管理系统，包括知识库、常见问题解答、知识搜寻、支持和查询系统。

[1] 咨询台网址：https://www.niem.gov/contact-us。

级别 2：当 NISS 咨询台解决不了用户的问题时，问题被提交到级别 2，级别 2 通过聘请技术专家来解决用户问题。

级别 3：由 NIEM 相关开发者和组织机构方面的专家来解决用户疑难。

NIEM 还提供了在线知识库与常见问题解答，以解决用户在 NIEM 实践过程中遇到的相关问题。

4.5　本章小结

NIEM 最基本的概念是数据构件。数据构件是 NIEM 用来描述交换数据的基本单位，对应现实世界中的各种对象和概念。数据构件包括核心构件和业务领域构件。核心构件是所有业务领域的信息系统都需要理解和共用的构件，如人员、地址、机构等。业务领域构件由反映业务领域自身业务特点，以及业务领域内成员信息共享需求的数据构件组成。

NIEM 的基本原理是，首先，对所有业务领域内通用的对象，如人、地理位置、组织机构等进行建模，形成在语义上和结构上都相对稳定的 NIEM 核心构件；然后，各业务领域运用面向对象的建模方法，对 NIEM 核心构件定义的类型进行继承和扩展，得到业务领域构件；最后，针对具体的信息交换需求，引用核心构件和业务领域构件，形成满足信息交换需求的的信息交换模型。

为了确保 NIEM 可以持续、稳定发展，NIEM 形成了完善的治理体系。NIEM 的管理机构主要包括指导委员会、管理办公室、技术架构委员会和业务架构委员会，管理活动包括配置与质量管理、模型管理与发布、信息交换包文档管理、会议制度等，技术支持体系包括配套的辅助工具、技术培训和技术帮助。

第 5 章

Chapter 5

信息交换数据模型描述及其校验方法

跨领域信息交换的数据来源于各业务领域，为了实现信息交换参与各方对数据的一致理解，需要对各业务领域的数据按照统一的方法进行表示和描述，而且要求描述方法灵活、可扩展，以提高数据模型的描述能力及可重用能力，满足人们对丰富多彩的客观世界事物的描述及复杂多变的跨领域信息交换建模的需要。同时，为了保证数据模型的准确性，我们需要建立对数据模型进行校验的机制。本章重点介绍信息交换数据模型描述及其校验方法。

5.1　基本数据类型描述方法

数据类型是对具有相同或相似的属性、关系与语义的客观事物的抽象描述。其定义了一个含有可允许值的数据结构，可以是单个属性，也可以是一个复杂的对象。例如，数据类型“PersonType”代表了“人员”一类对象，数据类型“VehicleType”代表了“交通工具”这类对象。数据类型由属性构成，属性是对客观事物的特征的描述，如“PersonBirthDate”是“PersonType”的属性之一，代表了“人员”的出生日期。属性自身也属于某个数据类型，例如，属性“PersonBirthDate”是“DateType”数据类型，如图 5-1 所示。

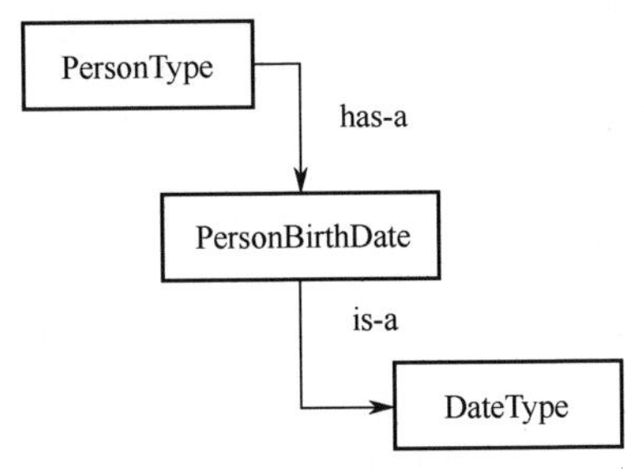

图 5-1　属性与类型的关系

NIEM[1]主要利用 XML Schema、JSON 模式语言描述。例如，“nc:PersonType”表示 NIEM 中的“人员”数据类型，元素“nc:PersonBirthDate”表示人员出生日期属性，元素“nc:AssessmentPerson”是“nc:PersonType”数据类型，如图 5-2 中代码所示。

---

[1] 本章所述数据模型包括 NIEM 发布版本中的核心数据模型、业务数据模型、代码集合，以及信息交换包文档中的 XML Schema、JSON 等模式文件中的命名空间、数据元素、属性、代码值。

```
<xsd:element name="PersonBirthDate" type="nc:DateType" nillable="true"/>
<xsd:complexType name="PersonType">
  …
  <xsd:complexContent>
    <xsd:extension base="s:ComplexObjectType">
        <xsd:sequence>
          …
          <xsd:element ref="nc:PersonBirthDate" minOccurs="0" maxOccurs="unbounded"/>
          …
        </xsd:sequence>
    </xsd:extension>
  </xsd:complexContent>
</xsd:complexType>
<xsd:element name="AssessmentPerson" type="nc:PersonType" nillable="true"/>
```

图 5-2 元素与类型的关系举例

在 XML Schema 中，类型用简单数据类型（Simple Type）或复合数据类型（Complex Type）表示，属性用“Attribute”或“Element”表示。如表 5-1 所示是 NIEM、XML Schema 与 UML 表示数据模型的对应关系。

表 5-1 NIEM、XML Schema 与 UML 表示数据模型的对应关系

建模方法 / 模型元素	NIEM	XML Schema/XML Instance	UML
类型	类型 如 PersonType	简单数据类型、复合数据类型 如 nc:PersonType	类
属性	属性 如 PersonBirthDate	元素 如 nc: PersonBirthDate	属性
对象	对象 如张三	元素 如 nc: Person	概念/对象

对象是客观存在的事物，是类型的实例，对象的属性具有确定的值。例如，“张三”是“PersonType”数据类型的一个实例，那么张三的出生日期“2003-3-3”就是属性“PersonBirthDate”的值。在 NIEM 中，对象也用 XML 表示，如图 5-3 所示，它定义了一个数据类型 PersonType，其对象“nc:AssessmentPerson”，属性“nc:PersonBirthDate”的值为“1970-01-01”。

```
<nc:AssessmentPerson>
    …
    <nc:PersonBirthDate>1970-01-01</nc:PersonBirthDate>
    …
</nc:AssessmentPerson>
```

图 5-3 PersonType 对象举例

在 UML 中，NIEM 的数据类型用 UML 的类表示，属性用 UML 的属性表示，对象用 UML 的实例表示。例如，NIEM 中数据类型“PersonType”的 UML 表示如图 5-4（a）所示；NIEM 中对象“AssessmentPerson”的属性“PersonBirthDate”的值为“1970-01-01”，其 UML 表示如图 5-4（b）所示。

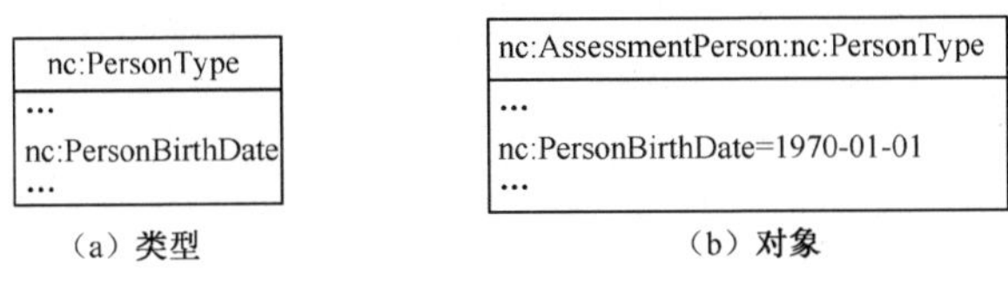

（a）类型　　（b）对象

图 5-4　NIEM 中数据类型“PersonType”的 UML 表示

5.1.1　简单数据类型描述方法

简单数据类型（Simple Type）是描述字符串、数值和逻辑等类型的单个值的数据结构，例如，“Degree90Type”定义了一个 0（包括）到 90（不包括）的角度值的数据类型。

1. XML Schema 描述方法

简单数据类型在 XML Schema 描述方法中的主要变量如表 5-2 所示。

表 5-2　简单数据类型在 XML Schema 描述方法中的主要变量

变量名称	说　明	用　法
{$Name}	类型的名称	必须
{$Definition}	类型的数据定义	必须
{$XSDBase}	XML Schema 的基本数据类型	必须
{$Facets}	限制约束，详见 5.1.2 节	必须

简单数据类型 XML Schema 通用描述模板如图 5-5 所示。

```
<xs:simpleType name="{$Name}SimpleType">
    <xs:annotation>
        <xs:documentation>A data type for a(n) {$Definition}</xs:documentation>
    </xs:annotation>
    <xs:restriction base="{$XSDBase}">
        {$Facets}
    </xs:restriction>
</xs:simpleType>
```

图 5-5　简单数据类型 XML Schema 通用描述模板

如图 5-6 所示为简单数据类型“nc:Degree90SimpleType”的定义，该类型是一个十进制小数，表示 0（包括）～90（不包括）的一个角度值。

```
<xs:simpleType name="Degree90SimpleType">
    <xs:annotation>
      <xs:documentation>A data type for a value between 0 (inclusive) and 90 (exclusive).</xs:documentation>
    </xs:annotation>
    <xs:restriction base="xs:decimal">
        <xs:minInclusive value="0">
            <xs:annotation>
              <xs:documentation>The minimum value for a degree.</xs:documentation>
            </xs:annotation>
        </xs:minInclusive>
        <xs:maxExclusive value="90">
            <xs:annotation>
              <xs:documentation>The maximum value for a degree.</xs:documentation>
            </xs:annotation>
        </xs:maxExclusive>
    </xs:restriction>
</xs:simpleType>
```

图 5-6　简单数据类型“nc:Degree90SimpleType”的 XML Schema 的定义

2. JSON 描述方法

如图 5-7 和图 5-8 所示的代码为简单数据类型的 JSON 通用描述模板。其中，图 5-7 所示的代码是枚举类型的 JSON 描述模板，图 5-8 所示的代码是一个简单数据类型的限制约束的 JSON 描述模板。

```
{
  "NAME": {
    "type": "BASE_TYPE",
    "description": "A data type for ...",
    "oneOf": [
      {
        "enum": [ "CODE" ],
        "description": "DEFINITION"
      }
    ]
  }
}
```

图 5-7　简单数据类型的 JSON 通用描述模板之一

```
{
  "definitions": {
    "SIMPLE_TYPE": {
      "description": "TYPE_DEFINITION",
      "type": "BASE_TYPE",
      "FACET_KIND": "FACET_VALUE"
    },
  }
}
```

图 5-8　简单数据类型的 JSON 通用描述模板之二

3. 列表类型描述方法

列表类型是一系列空格隔开的简单值集合，如图 5-9 所示为一个测量值列表举例。如图 5-10 是列表类型通用描述模板，列表类型前用“list”标识。

```
<nc:MeasureDecimalValueList>
    1.1 1.1 1.1 1.2 1.1 1.1 1.3 1.3 1.4 1.3 1.3 1.3 1.2 1.2 1.2 1.2 1.2 1.3 1.3 1.2 1.3 1.3 1.3
</nc:MeasureDecimalValueList>
```

图 5-9　测量值列表举例

```
<xs:simpleType name="NAMEListSimpleType">
  <xs:annotation>
    <xs:documentation>A data type for a list of ...</xs:documentation>
  </xs:annotation>
  <xs:list itemType="BASE-TYPE"/>
</xs:simpleType>
```

图 5-10　列表类型通用描述模板

如图 5-11 所示为一个小数值链表定义，包括基于简单列表的简单内容复合数据类型“DecimalListType”，一个复合数据类型元素“MeasureDecimalValueList”。

```
<xs:simpleType name="DecimalListSimpleType">
  <xs:annotation>
    <xs:documentation>A data type for a white space-delimited list of decimal.</xs:documentation>
  </xs:annotation>
  <xs:list itemType="xs:decimal"/>
</xs:simpleType>
<xs:complexType name="DecimalListType">
  <xs:annotation>
    <xs:documentation>A data type for a white space-delimited list of decimal.</xs:documentation>
  </xs:annotation>
  <xs:simpleContent>
```

图 5-11　基于简单列表的简单内容复合数据类型举例

```
    <xs:extension base="nc:DecimalListSimpleType">
      <xs:attributeGroup ref="structures:SimpleObjectAttributeGroup"/>
    </xs:extension>
  </xs:simpleContent>
</xs:complexType>
<xs:element name="MeasureDecimalValueList" type="nc:DecimalListType"
            substitutionGroup="nc:Measure ValueListAbstract" nillable="true">
  <xs:annotation>
<xs:documentation>A list of decimal measurement values, all using the same measurement
  method/device and of the same units.
    </xs:documentation>
  </xs:annotation>
</xs:element>
```

图 5-11 基于简单列表的简单内容复合数据类型举例（续）

4. 联合类型描述方法

联合类型可以将多个简单列表类型成员组合，使用它的好处是类型重用。联合类型描述方法的应用场景是一个现有的代码集合提供了一部分代码值，但不完整，这时可以把缺失的代码值定义成一个代码集合，与已有的代码集合构建一个联合类型。如图 5-12 所示代码是包含 2 个成员的联合类型通用描述模板。

```
<xs:simpleType name="NAMESimpleType">
  <xs:annotation>
    <xs:documentation>A data type for a ...</xs:documentation>
  </xs:annotation>
  <xs:union memberTypes="SIMPLE-TYPE-1 SIMPLE-TYPE-2"/>
</xs:simpleType>
```

图 5-12 联合类型通用描述模板

如图 5-13 所示代码是定义了包含“LetterGradeSimpleType”和“NumericGrade SimpleType”2 个成员的联合类型，数据实例如图 5-14 所示。

```
<xs:simpleType name="GradeSimpleType">
  <xs:annotation>
    <xs:documentation>A data type for a grade.</xs:documentation>
  </xs:annotation>
  <xs:union memberTypes="ext:LetterGradeSimpleType ext:NumericGradeSimpleType"/>
</xs:simpleType>

<xs:simpleType name="LetterGradeSimpleType">
  <xs:annotation>
    <xs:documentation>A data type for a letter grade.</xs:documentation>
```

图 5-13 联合类型描述方法举例

```
    </xs:annotation>
    <xs:restriction base="xs:token">
      <xs:pattern value="[A-F]"/>
    </xs:restriction>
</xs:simpleType>
<xs:simpleType name="NumericGradeSimpleType">
    <xs:annotation>
      <xs:documentation>A data type for a numeric grade.</xs:documentation>
    </xs:annotation>
    <xs:restriction base="xs:integer">
      <xs:minInclusive value="0"/>
      <xs:maxInclusive value="100"/>
    </xs:restriction>
</xs:simpleType>
```

图 5-13　联合类型描述方法举例（续）

```
<ext:GradeValue>A</ext:GradeValue>
<ext:GradeValue>C</ext:GradeValue>
<ext:GradeValue>85</ext:GradeValue>
<ext:GradeValue>42</ext:GradeValue>
<ext:GradeValue>B</ext:GradeValue>
```

图 5-14　联合类型数据实例

5.1.2　限定描述方法

限定（Facet）是在简单数据类型（如字符串或数字）上定义的附加约束，以限制允许的值，包括将字符串限制为预定义的代码列表，将数字限制为给定范围，或者创建简单数据类型的格式模板。例如，电话号码类型可能创建一个号码格式模板，工作日时间可能限制为字符串“周一”“周二”“周三”等，纬度类型可能会将纬度值限制在-90°到 90°，等等。

1. XML Schema 描述方法

XML Schema 对元素值的最大值、最小值、数据格式、长度可以进行严格的限定，主要限定方法如表 5-3 所示。

表 5-3　XML Schema 数据类型的限定方法

限定方法（Facets）	说　明
fractionDigits	定义允许的最大的小数位数，必须大于等于 0
length	定义允许的字符或者列表项目的精确数目，必须大于等于 0

（续表）

限定方法（Facets）	说　明
maxExclusive	定义数值的上限，取值必须小于此值
maxInclusive	定义数值的上限，取值必须小于等于此值
maxLength	定义允许的字符或者列表项目的最大数目，必须大于等于 0
minExclusive	定义数值的下限，取值必须大于此值
minInclusive	定义数值的下限，取值必须大于等于此值
minLength	定义允许的字符或者列表项目的最小数目，取值必须大于等于 0
pattern	定义可接受的字符的精确序列
totalDigits	定义允许的阿拉伯数字的精确位数，取值必须大于 0
whiteSpace	定义空白字符（换行、回车、空格及制表符）的处理方式

元素限定在 XML Schema 描述中的主要变量如表 5-4 所示，通用描述模板如图 5-15 所示。

表 5-4　元素限定在 XML Schema 描述中的主要变量

变量名称	说　明	用　法
{$Name}	代码元素/类型的名称	必须
{$Definition}	代码元素/类型的定义	必须
{$XSDBase}	简单代码类型的基本类型，如 xs:token、xs:decimal、xs:integer	必须 常用“xs:token”
{$Facet}	限定方法，见表 5-16 中第 1 列，如 s:enumeration、xs:pattern、xs:minInclusive、xs:minExclusive、xs:maxInclusive、xs:maxExclusive	必须
{$FacetValue}	限定值	必须

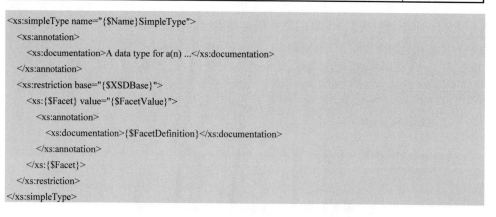

```
<xs:simpleType name="{$Name}SimpleType">
  <xs:annotation>
    <xs:documentation>A data type for a(n) ...</xs:documentation>
  </xs:annotation>
  <xs:restriction base="{$XSDBase}">
    <xs:{$Facet} value="{$FacetValue}">
      <xs:annotation>
        <xs:documentation>{$FacetDefinition}</xs:documentation>
      </xs:annotation>
    </xs:{$Facet}>
  </xs:restriction>
</xs:simpleType>
```

图 5-15　元素限定 XML Schema 通用描述模板

图 5-16 中用 XML Schema 描述的数字型简单类型，其取值范围为 0 到 100，最大值为 100。

```
<xs:simpleType name="TestResultSimpleType">
  <xs:annotation>
    <xs:documentation>A data type for a range of valid test result values.</xs:documentation>
  </xs:annotation>
  <xs:restriction base="xs:decimal">
    <xs:minInclusive value="0"/>
    <xs:maxInclusive value="100"/>
  </xs:restriction>
</xs:simpleType>
```

图 5-16 数字型简单类型 XML Schema 描述举例

2. JSON 描述方法

元素限定 JSON 通用描述模板如图 5-17 所示。“SIMPLE_TYPE”为简单类型名称，“BASE_TYPE”为元素数据类型，如“string”“number”“integer”等。

```
{
  "definitions": {
    "SIMPLE_TYPE": {
      "description": "TYPE_DEFINITION",
      "type": "BASE_TYPE",
      "FACET_KIND": "FACET_VALUE"
    },
  }
}
```

图 5-17 元素限定 JSON 通用描述模板

图 5-18 中用 JSON 描述了一个字符型简单类型，最大长度为 20。

```
{
  "definitions": {
    "ext:NAMESimpleType": {
      "description": "A data type for...",
      "type": "string",
      "maxLength": 20
    }
  }
}
```

图 5-18 字符型简单类型 JSON 描述

图 5-19 是用 JSON 描述的一个数字型简单类型，其取值范围为 0 到 100，最大值为 100。

```
{
  "definitions": {
    "my:CustomRangeSimpleType": {
      "description": "A data type for ...",
      "type": "integer",
      "minimum": 0,
      "maximum": 100
    }
  }
}
```

图 5-19　数字型简单类型 JSON 描述举例

5.1.3　简单内容复合数据类型描述方法

简单内容复合数据类型（Complex Type with Simple Content，CSC）是包含属性及单个值的数据结构。如图 5-20 所示代码中，“nc:PersonMiddleName”是一个简单内容复合数据类型，包含一个简单值“Q”和属性“nc:personName InitialIndicator”。

```
<nc:PersonMiddleName nc:personNameInitialIndicator="true">Q</nc:PersonMiddleName>
```

图 5-20　简单内容复合数据类型“PersonMiddleName”

1. XML Schema 描述方法

在 XML Schema 中定义了“xs:string”“xs:integer”“xs:date”“xs:boolean”等基本数据类型，这些基本数据类型是简单数据类型。在 NIEM 中，构建了基于 XML Schema 基本数据类型的复合数据类型。例如，“niem-xs:boolean”是一个基于简单数据类型的复合数据类型，除定义了基本的数据类型以外，还包括从结构域“structures”引用的属性。在 NIEM 中，不需要为所有元素定义属性，NIEM 也无法预先确定某个元素可能出现或不需要出现的位置，具体情况取决于构建数据交换模型的具体要求。因此，NIEM 要求所有元素是复合数据类型，可以包含结构域“structures”中定义的属性，需要根据具体数据交换需求决定是否使用结构域的属性。

简单内容复合数据类型在 XML Schema 描述方法中的主要变量如表 5-5 所示。

表 5-5　简单内容复合数据类型在 XML Schema 描述方法中的主要变量

变量名称	说　明	用　法
{$Name}	类型的名称	必须
{$Definition}	类型的数据定义	必须

（续表）

变量名称	说　明	用　法
{$SimpleTypeName}	被扩展的简单数据类型名称	必须
{$Type}	替换元素类型	必须
{$AttributeName}	被引用的属性名称	必须

简单内容复合数据类型 XML Schema 通用描述模板如图 5-21 所示。

```
<xs:complexType name="{$Name}Type">
  <xs:annotation>
    <xs:documentation>A data type for a(n) {$Definition}</xs:documentation>
  </xs:annotation>
  <xs:simpleContent>
    <xs:extension base="{$SimpleTypeName}">
      <xs:attributeGroup ref="structures:SimpleObjectAttributeGroup"/>
      <xs:attribute ref="{$AttributeName}" use="optional|required"/>
    </xs:extension>
  </xs:simpleContent>
</xs:complexType>
```

图 5-21　简单内容复合数据类型 XML Schema 通用描述模板

如图 5-22 所示为简单内容复合数据类型“AddressCategoryCodeType”的定义，该数据类型基于“nc:AddressCategoryCodeSimpleType”扩展，引用了结构域“structures”的属性组。

```
<xs:complexType name="AddressCategoryCodeType">
  <xs:annotation>
    <xs:documentation>A data type for a kind of address.</xs:documentation>
  </xs:annotation>
  <xs:simpleContent>
    <xs:extension base="nc:AddressCategoryCodeSimpleType">
      <xs:attributeGroup ref="structures:SimpleObjectAttributeGroup"/>
    </xs:extension>
  </xs:simpleContent>
</xs:complexType>
```

图 5-22　简单内容复合数据类型“AddressCategoryCodeType”的定义

“AddressCategoryCodeType”的数据实例如图 5-23 所示。

```
<nc:AddressCategoryCode structures:id="a1">residential</nc:AddressCategoryCode>
```

图 5-23　简单内容复合数据类型“AddressCategoryCodeType”的数据实例

2. JSON 描述方法

JSON没有相应的简单内容复合数据类型属性的语法，在这种情况下，在JSON中将任何属性当成一般的子元素，并为新建的子元素分配一个子元素名称“rdf:value”承载属性值。如图5-24所示为“AddressCategoryCodeType”的JSON定义方法。

```
{
  "nc:AddressCategoryCodeType": {
    "description": "A data type for a kind of address.",
    "oneOf": [
      {
        "$ref": "#/definitions/nc:AddressCategoryCodeSimpleType"
      },
      {
        "type": "object",
        "properties": {
          "rdf:value": {
            "$ref": "#/definitions/nc:AddressCategoryCodeSimpleType"
          }
        }
      }
    ]
  }
}
```

图5-24　简单内容复合数据类型“AddressCategoryCodeType”的JSON定义方法

如图5-25所示为“AddressCategoryCodeType”的JSON数据实例，其中“@id”键对应结构域“structures”的属性值“structures:id”和“structures:ref”。在NIEM中，也可以用如图5-26所示的简单JSON方式，将“nc:AddressCategory CodeType”作为键，赋值为“residential”，省略了“rdf:value”键。

```
{
  "nc:AddressCategoryCodeType": {
    "@id": "a1",
    "rdf:value": "residential"
  }
}
```

图5-25　简单内容复合数据类型“AddressCategoryCodeType”的JSON数据实例

```
{
  "nc:AddressCategoryCodeType": "residential"
}
```

图5-26　简单内容复合数据类型“AddressCategoryCodeType”的简单JSON数据实例

5.1.4 复杂内容复合数据类型描述方法

复杂内容复合数据类型（Complex Type with Complex Content，CCC）是包括属性及含有属性的对象的数据结构。例如，“nc:PersonType”包括姓名、出生日期、身高等属性，“nc:LocationType”包括地址、经纬度坐标等属性，“nc:Contact InformationType”包括电话号码和 E-mail 等属性。

1. XML Schema 描述方法

复杂内容复合数据类型在 XML Schema 描述中的主要变量如表 5-6 所示。

表 5-6 复杂内容复合数据类型在 XML Schema 描述中的主要变量

变量名称	说　明	用　法
{$Name}	类型的名称	必须
{$Definition}	类型的数据定义	必须
{$Parent}	基类名称	"structures:ObjectType"或其他 NIEM 类型
{$ElementName}	引用参考子元素名称	必须，多个子元素多行显示
{$AttributeName}	引用参考元素属性名称	必须，多个子元素多行显示
{$Min}	类型内允许出现的最小元素数量	必须
{$Max}	类型内允许出现的最大元素数量	必须

复杂内容复合数据类型 XML Schema 通用描述模板如图 5-27 所示。这个模板创建了一个复杂内容复合数据类型，包括指定了基类、2 个子元素及其属性。

```
<xs:complexType name="NAME">
  <xs:annotation>
    <xs:documentation>A data type for ..</xs:documentation>
  </xs:annotation>
  <xs:complexContent>
    <xs:extension base="PARENT_TYPE">
      <xs:sequence>
        <xs:element ref="PROPERTY_1" minOccurs="0" maxOccurs="unbounded"/>
        <xs:element ref="PROPERTY_2" minOccurs="0" maxOccurs="unbounded"/>
      </xs:sequence>
      <xs:attribute ref="ATTRIBUTE" use="optional"/>
    </xs:extension>
  </xs:complexContent>
</xs:complexType>
```

图 5-27 复杂内容复合数据类型 XML Schema 通用描述模板

如图 5-28 所示为“PersonType”的 XML Schema 定义，该类型基于“structures:ObjectType”扩展，包括“nc:PersonGivenName”“nc:PersonMiddleName”“nc:PersonSurName”3 个子元素和 1 个属性。

```
<xs:complexType name="PersonNameType">
  <xs:annotation>
    <xs:documentation>
      A data type for a combination of names and/or titles by which a person is known.
    </xs:documentation>
  </xs:annotation>
  <xs:complexContent>
    <xs:extension base="structures:ObjectType">
      <xs:sequence>
        <xs:element ref="nc:PersonGivenName" minOccurs="0" maxOccurs="unbounded"/>
        <xs:element ref="nc:PersonMiddleName" minOccurs="0" maxOccurs="unbounded"/>
        <xs:element ref="nc:PersonSurName" minOccurs="0" maxOccurs="unbounded"/>
      </xs:sequence>
      <xs:attribute ref="nc:personNameCommentText" use="optional"/>
    </xs:extension>
  </xs:complexContent>
</xs:complexType>
```

图 5-28　复杂内容复合数据类型“PersonType”的 XML Schema 定义

如图 5-29 所示为复杂内容复合数据类型“PersonType”的实例数据。

```
<nc:PersonName>
  <nc:PersonGivenName>Jane</nc:PersonGivenName>
  <nc:PersonMiddleName>Elizabeth</nc:PersonMiddleName>
  <nc:PersonSurName>Smith</nc:PersonSurName>
</nc:PersonName>
```

图 5-29　复杂内容复合数据类型“PersonType”的实例数据

2. JSON 描述方法

在 JSON 中，任何复杂内容复合元素中的属性按照子元素描述，是 JSON 中的键值对中的键，复杂内容复合元素的 JSON 描述模板如图 5-30 所示。

```
{
  "$schema": "http://json-schema.org/draft-04/schema#",
  "additionalProperties": false,
  "definitions": {
    "NAME": {
```

图 5-30　复杂内容复合元素 JSON 描述模板

```
        "description": "A data type for ...",
        "allOf": [
          {
            "$ref": "#/definitions/PARENT_TYPE"
          },
          {
            "type": "object",
            "properties": {
              "PROPERTY_1": {
                "$ref": "#/properties/PROPERTY_1"
              },
              "PROPERTY_2": {
                "$ref": "#/properties/PROPERTY_2"
              }
            }
          }
        ]
      }
}
```

图 5-30　复杂内容复合元素 JSON 描述模板（续）

如图 5-31 所示为“nc:VehicleType”的 JSON 定义，该类型通过“allOf”语法实现基于“nc:ConveyanceType”扩展，还定义了几个其他的子元素。

```
{
  "$schema": "http://json-schema.org/draft-04/schema#",
  "additionalProperties": false,
  "definitions": {
    "nc:VehicleType": {
      "description": "A data type for a conveyance designed to carry an operator, passengers and/or cargo, over land.",
      "allOf": [
        {
          "$ref": "#/definitions/nc:ConveyanceType"
        },
        {
          "type": "object",
          "properties": {
            "nc:VehicleAxleQuantity": {
              "$ref": "#/properties/nc:VehicleAxleQuantity"
            },
            "nc:VehicleIdentification": {
              "$ref": "#/properties/nc:VehicleIdentification"
            },
            "nc:VehicleMSRPAmount": {
```

图 5-31　复杂内容复合数据类型“nc:VehicleType”的 JSON 定义

```
              "$ref": "#/properties/nc:VehicleMSRPAmount"
            }
          }
        }
      ]
    }
  }
}
```

图 5-31　复杂内容复合数据类型“nc:VehicleType”的 JSON 定义（续）

如图 5-32 所示是复杂内容复合数据类型元素“nc:VehicleType”的 JSON 数据实例，包括 3 个子元素。

```
{
  "nc:VehicleType": {
    "nc:VehicleAxleQuantity": 2,
    "nc:VehicleIdentification": {
    "nc:IdentificationID": "AX54C62"
    },
    "nc:VehicleMSRPAmount": 25000
  }
}
```

图 5-32　复杂内容复合数据类型“nc:VehicleType”的 JSON 数据实例

5.2　元素和属性描述方法

5.2.1　元素描述方法

元素表示客观世界的事物、概念或事物的特征，具有特定的语义，可用于表示简单内容（值）或复杂内容（对象）。元素在信息交换包中体现为字段的标记或标签，并承载具体的数据。例如，“PersonBirthDate”表示一个人的出生日期，在具体的交换中承载具体的出生日期值，元素必须指定数据类型，以便具有清晰的语义和定义良好的结构。所有元素必须在模式文件中声明为全局元素，以便元素最大限度地重用，因为局部元素不能在定义它的类型之外重用。

NIEM 是一个大型数据模型，由来自不同领域的人员共同维护、管理。为了确保语义及表示的一致性，便于实现自动化的一致性验证，要求元素名称末尾使用标准化的表示术语。常用元素名称末尾表示术语如表 5-7 所示。

表 5-7 常用元素名称末尾表示术语

表 示 词	说 明	典型数据类型
Amount	金额	nc:AmountType
BinaryObject	二进制、Base64 编码、十六进制编码，如 nc:HexBinaryObject	nc:BinaryType
Graphic	图表、图形、数学曲线	nc:ImageType
Picture	图片、照片、图像	nc:ImageType
Sound	声音	nc:BinaryType
Video	视频	nc:BinaryType
Code	代码集合	自定义类型
DateTime	日期时间	nc:DateType
Date	日期	nc:DateType
Time	时间	niem-xs:time
Duration	时间间隔	niem-xs:duration
ID	唯一标识符	niem-xs:string
URI	统一资源标识符	niem-xs:anyURI
Indicator	指示符、true/false、yes/no	niem-xs:boolean
Measure	带计量单位的测量值	nc:MeasureType
Numeric	数字	nc:NumericType
Value	计算值	nc:NumericType
Rate	比率	nc:NumericType
Percent	百分比	nc:PercentType
Quantity	数量（除金额以外）	nc:QuantityType
Text	文本、字符串	nc:TextType
Name	作为标识的单词	nc:TextType
CategoryText	事物的分类名称	nc:TextType
DescriptionText	描述文字	nc:TextType
List	系列值	用空格隔开的值

1. XML Schema 描述方法

元素在 XML Schema 描述中的主要变量如表 5-8 所示。

表 5-8 元素在 XML Schema 描述中的主要变量

变量名称	说 明	用 法
{$Name}	元素的名称	必须
{$RepresentationTerm}	简单内容的元素的表示术语	必须
{$Type}	元素的数据类型	除抽象元素以外需要
{$Nillable}	如果元素可以为空，则为“true”；如果元素不可以为空，则为“false”，且这个属性必须删除	可选
{$Definition}	元素的定义	必须

元素的 XML Schema 通用描述模板如图 5-33 所示。

```
<xs:element name="{$Name}{$RepresentationTerm}" type="{$Type}" nillable="{$Nillable}">
  <xs:annotation>
    <xs:documentation>{$Definition}</xs:documentation>
  </xs:annotation>
</xs:element>
```

图 5-33　元素的 XML Schema 通用描述模板

如图 5-34 所示的代码定义了“SuperHero”元素。该元素类型为“nc:PersonType”。

```
<xs:element name="SuperHero" type="nc:PersonType">
  <xs:annotation>
    <xs:documentation>A person with super human abilities generally used to help others.</xs: documentation>
  </xs:annotation>
</xs:element>
```

图 5-34　元素的 XML Schema 描述举例

2. JSON 描述方法

如图 5-35 所示是元素的 JSON 通用描述模板。

```
{
  "$schema": "http://json-schema.org/draft-04/schema#",
  "additionalProperties": false,
  "properties": {
    "NAME": {
      "description": "DEFINITION",
      "oneOf": [
        {
          "$ref": "#/definitions/TYPE"
        },
        {
          "type": "array",
          "items": {
            "$ref": "#/definitions/TYPE"
          }
        }
      ]
    }
  }
}
```

图 5-35　元素的 JSON 通用描述模板

如图 5-36 所示为元素的 JSON 描述举例。注意：与相应的 XML Schema 描述语法不同，在 XML Schema 中可以定义元素出现的次数，如一个人有多个名称，“nc:PersonMiddleName”元素在举例中可以出现多次，但在 JSON 对象中元素是关键词，只能出现一次。因此，在 JSON 举例中，通过数组来访问，如 "nc:PersonMiddleName"[0]、"nc:PersonMiddleName"[1]。

```
{
  "$schema": "http://json-schema.org/draft-04/schema#",
  "additionalProperties": false,
  "properties": {
    "nc:Person": {
      "description": "A human being.",
      "oneOf": [
        {
          "$ref": "#/definitions/nc:PersonType"
        },
        {
          "type": "array",
          "items": {
            "$ref": "#/definitions/nc:PersonType"
          }
        }
      ]
    }
  }
}
```

图 5-36　元素的 JSON 描述举例

如图 5-37 所示为图 5-35 定义的元素的实例，其中，“nc:Person”和“nc:PersonName”承载复杂内容值，“nc:PersonGivenName”和“nc:PersonSurName”承载简单内容值。

```
{
  "nc:Person": {
    "nc:PersonName" : {
      "nc:PersonGivenName": "John",
      "nc:PersonSurName": "Smith"
    }
  }
}
```

图 5-37　元素“nc:PersonName”JSON 实例

5.2.2 抽象元素和替代元素描述方法

一些对象和概念的属性值可能有多种表示方式，为了适应这种情况，将对象和概念的属性定义为抽象类型，就可以根据需要通过一个替代元素（Substitutable Elements）替代这个抽象元素。例如，核心数据模型中的人员类型“nc:PersonType”包括人员头发颜色抽象元素“nc:PersonHairColorAbstract”，这个抽象元素可以被核心数据模型定义的颜色的文本值“nc:PersonHairColorText”或司法领域的颜色的代码值“j:PersonHairColorCode”所替代，这样就没有必要为某个对象或概念的属性值的不同表示定义多个数据类型，从而提高了数据模型的灵活性。抽象元素没有具体的数据类型，不能进行实例化，必须通过非抽象元素替代才能实例化。替代是指一个元素可以替代另一个抽象元素，一般来说，所有替代元素必须具有相同的数据类型，或者是由相同的数据类型派生出来的数据元素。

抽象元素是指由关键词“Abstract”描述的数据类型。抽象元素在 XML Schema 描述中的主要变量如表 5-9 所示。

抽象元素和替代元素 XML Schema 通用描述模板如图 5-38 所示，名称以“Abstract”结束，元素没有类型，有一个 Abstract="true"属性。

表 5-9 抽象元素在 XML Schema 描述中的主要变量

变量名称	说　明	用　法
{$AbstractName}	抽象元素的名称	必须
{$SubstitutableName}	替代元素的名称	必须
{$RepresentationTerm}	表示术语	可选
{$Type}	替代元素的数据类型	必须
{$Nillable}	如果属性可以为空，则为“true”	可选
{$Definition}	属性的数据定义	必须

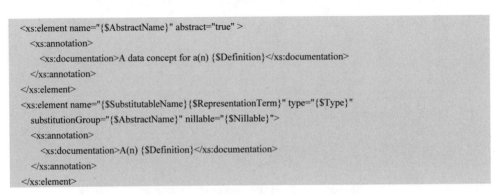

```
<xs:element name="{$AbstractName}" abstract="true" >
  <xs:annotation>
    <xs:documentation>A data concept for a(n) {$Definition}</xs:documentation>
  </xs:annotation>
</xs:element>
<xs:element name="{$SubstitutableName}{$RepresentationTerm}" type="{$Type}"
  substitutionGroup="{$AbstractName}" nillable="{$Nillable}">
  <xs:annotation>
    <xs:documentation>A(n) {$Definition}</xs:documentation>
  </xs:annotation>
</xs:element>
```

图 5-38 抽象元素和替代元素 XML Schema 通用描述模板

5.2.3 代码元素描述方法

在信息系统中，经常用代码集合来表示信息的分类。在 NIEM 中，代码值可以在 XML Schema 或 JSON 中采用枚举方式表示，也可以存放在电子表格 CSV 文件或通用代码（OASIS Genericode）XML 模式文件等外部代码列表中，通过定义绑定元素实现静态或动态绑定。

1. 枚举描述方法

（1）XML Schema 枚举描述方法。

在 NIEM 中，代码集合一般通过枚举类型描述。用 XML 模式文件描述代码表的方法是，将代码表定义为 Simple Type 类型，通过 restriction 和 enumeration 限定元素的取值是一组枚举值，再定义一个类型为简单内容（Simple Content）的复合数据类型（ComplexType）的元素。代码集合在 XML Schema 描述中的主要变量如表 5-10 所示。

表 5-10　代码集合在 XML Schema 描述中的主要变量

变量名称	说　明	用　法
{$Name}	代码元素/类型的名称	必须
{$Definition}	代码元素/类型的定义	必须
{$XSDBase}	简单代码类型的基本类型	必须，常用“xs:token”
{$CodeValue}	枚举值（如“GA”）	必须
{$CodeDefinition}	枚举值定义	必须
{$Nillable}	如果属性可以为空，则值为“true”	可选

代码集合 XML Schema 通用描述模板如图 5-39 所示。

```
<xs:SimpleType name="{$Name}CodeSimpleType">
  <xs:annotation>
    <xs:documentation>A data type for a(n) {$Definition}</xs:documentation>
  </xs:annotation>
  <xs:restriction base="{$XSDBase}">
    <xs:enumeration value="{$CodeValue}">
      <xs:annotation>
        <xs:documentation>{$CodeDefinition}</xs:documentation>
      </xs:annotation>
    </xs:enumeration>
  </xs:restriction>
```

图 5-39　代码集合 XML Schema 通用描述模板

```
</xs:simpleType>

<xs:ComplexType name="{$Name}CodeType">
  <xs:annotation>
    <xs:documentation>A data type for a(n) {$Definition}</xs:documentation>
  </xs:annotation>
  <xs:SimpleContent>
    <xs:extension base="{$Name}CodeSimpleType">
      <xs:attributeGroup ref="structures:SimpleObjectAttributeGroup" />
    </xs:extension>
  </xs:SimpleContent>
</xs:ComplexType>
<xs:element name="{$Name}Code" type="{$Name}CodeType" nillable="{$Nillable}">
  <xs:annotation>
    <xs:documentation>A(n) {$Definition} </xs:documentation>
  </xs:annotation>
</xs:element>
```

图 5-39　代码集合 XML Schema 通用描述模板（续）

如图 5-40 所示的代码是地址分类代码简单类型（AddressCategoryCodeSimpleType）XML Schema 枚举描述举例。首先在“AddressCategoryCodeSimpleType”中定义了包含“business”“registered office”“residential”等枚举值，然后在“AddressCategoryCodeSimpleType”基础上扩展定义“AddressCategoryCodeType”元素。

```
<xs:simpleType name="AddressCategoryCodeSimpleType">
  <xs:annotation>
    <xs:documentation>A data type for a kind of address.</xs:documentation>
  </xs:annotation>
  <xs:restriction base="xs:token">
    <xs:enumeration value="business">
      <xs:annotation>
        <xs:documentation>business</xs:documentation>
      </xs:annotation>
    </xs:enumeration>
    <xs:enumeration value="registered office">
      <xs:annotation>
        <xs:documentation>registered office</xs:documentation>
      </xs:annotation>
    </xs:enumeration>
    <xs:enumeration value="residential">
```

图 5-40　地址分类代码简单类型 XML Schema 枚举描述举例

```
        <xs:annotation>
          <xs:documentation>residential</xs:documentation>
        </xs:annotation>
      </xs:enumeration>
      <xs:enumeration value="residential or business">
        <xs:annotation>
          <xs:documentation>residential or business</xs:documentation>
        </xs:annotation>
      </xs:enumeration>
      <xs:enumeration value="unspecified">
        <xs:annotation>
          <xs:documentation>unspecified</xs:documentation>
        </xs:annotation>
      </xs:enumeration>
    </xs:restriction>
</xs:simpleType>
<xs:complexType name="AddressCategoryCodeType">
  <xs:annotation>
    <xs:documentation>A data type for a kind of address.</xs:documentation>
  </xs:annotation>
  <xs:simpleContent>
    <xs:extension base="nc:AddressCategoryCodeSimpleType">
      <xs:attributeGroup ref="structures:SimpleObjectAttributeGroup"/>
    </xs:extension>
  </xs:simpleContent>
</xs:complexType>
```

图 5-40　地址分类代码简单类型 XML Schema 枚举描述举例（续）

（2）JSON 枚举描述方法。

在 JSON 中，用“type”“enum”“description”键分别表示代码数据类型枚举值及枚举值说明。例如，用 JSON 描述的“iso_4217: CurrencyCodeSimpleType”包含 3 个枚举值，其描述举例如图 5-41 所示。

```
{
  "definitions": {
    "iso_4217:CurrencyCodeSimpleType": {
      "type": "string",
      "description": "A data type for a currency that qualifies a monetary amount.",
      "oneOf": [
        {
          "enum": [ "EUR" ],
          "description": "Euro"
```

图 5-41　JSON 枚举描述举例

```
        },
        {
          "enum": [ "GBP" ],
          "description": "Pound Sterling"
        },
        {
          "enum": [ "USD" ],
          "description": "US Dollar"
        }
      ]
    }
  }
}
```

图 5-41　JSON 枚举描述举例（续）

2. 绑定描述方法

绑定描述方法是指代码表单独存放在电子表格（CSV）或通用代码（OASIS Genericode）等外部文件中，在 XML Schema 文件中定义相应的数据元素和属性，建立与外部代码文件的绑定关系。绑定描述方法主要有动态绑定方法和静态绑定方法。

代码表文件内容可能很简单，仅包含代码值和定义之类的基本信息；也可能比较复杂，不仅提供代码值和定义，而且提供其他表示或信息。如表 5-11 所示的汽车品牌的代码表，可以用“,”分隔的电子表格文件（CSV）或通用代码（OASIS Genericode）文件存储。

表 5-11　汽车品牌的代码表

制造商代码（Make）	制造商名称（Make Description）	型号代码（Model）	型号名称（Model Description）	类型（Class）
FORD	Ford	FUS	Fusion	Auto
FORD	Ford	F15	F-150	Pickup
HOND	Honda	CIV	Civic	Auto
HOND	Honda	CRV	CRV	SUV
HOND	Honda	ACC	Accord	Auto
TOYT	Toyota	COA	Corolla	Auto
TOYT	Toyota	CAM	Camry	Auto

（1）动态绑定方法。

在 NIEM 中定义了“nc:CodeType”类型[1]，通过该类型绑定外部代码表，如

[1] “nc:CodeType”数据类型的定义详见 NIEM 5.0 的子目录 xsd\utility\code-lists-instance.xsd 文件。

图 5-42 所示。其中，“nc:CodeType”类型中属性“cli:codeListURI”指定代码表的统一资源标识符，是一个绝对路径的 URI 值；属性“cli:codeListColumnName”是一个字符串，表示代码表中列的名称，元素的值对应该标识列的值，该属性是可选的，若不出现，默认指定为代码列“#code”；属性“cli:codeListConstraining Indicator”是一个逻辑值，指示与代码表的绑定是否定义了对消息有效性的约束，该属性是可选的。如果该属性未出现，则表示对消息有效性进行校验：默认为“true”，指仅当元素的值是代码表中指定列的值时，此消息才有效；默认为“false”，指消息中元素的值是否包含在代码表中，不影响消息的有效性。因此，允许将代码表作为有效值的来源，同时允许传递代码表中未包含的值。

```
<xs:complexType name="CodeType">
  <xs:annotation>
    <xs:documentation>A data type for a code with codes sourced from an external code list.</xs:documentation>
  </xs:annotation>
  <xs:simpleContent>
    <xs:extension base="xs:token">
      <xs:attributeGroup ref="structures:SimpleObjectAttributeGroup"/>
      <xs:attribute ref="cli:codeListColumnName" use="optional"/>
      <xs:attribute ref="cli:codeListConstrainingIndicator" use="optional"/>
      <xs:attribute ref="cli:codeListURI" use="required"/>
    </xs:extension>
  </xs:simpleContent>
</xs:complexType>
```

图 5-42 CodeType 类型定义

如图 5-43 所示的代码显示了一个 XML 模式片段。该片段创建了两个类型为“nc:CodeType”的代码元素，该类型使代码表信息在实例消息中提供，也就是说该动态绑定仅定义了两个绑定元素的语义，而具体代码值与元素对应关系在实例消息中提供，如图 5-44 所示。

```
<xs:element name="VehicleMakerCode" type="nc:CodeType" substitutionGroup="nc:VehicleMakerAbstract">
  <xs:annotation>
    <xs:documentation>A code for a manufacturer of a vehicle.</xs:documentation>
  </xs:annotation>
</xs:element>
<xs:element name="VehicleModelCode" type="nc:CodeType" substitutionGroup="nc:VehicleModelAbstract">
  <xs:annotation>
    <xs:documentation>A code for a model of a vehicle.</xs:documentation>
  </xs:annotation>
</xs:element>
```

图 5-43 动态绑定类型定义

如图 5-44 所示的代码是基于如图 5-43 所示模式片段的 XML 实例。它使用属性“cli:codeListURI”将元素“ext:VehicleMakeCode”的值（DODG）绑定到代码表，并使用属性“cli:codeListColumnName”将值绑定到该代码表的“make”列。它还将元素“ext:VehicleModelCode”的值（R15）绑定到代码表的“model”列。

```
<?xml version="1.0" encoding="US-ASCII" standalone="yes"?>
<nc:Vehicle
    xmlns:cli="http://reference.niem.gov/niem/specification/code-lists/4.0/code-lists-instance/"
    xmlns:ext="http://example.org/namespace/extension-run-time"
    xmlns:nc="http://release.niem.gov/niem/niem-core/4.0/">
  <ext:VehicleMakeCode
      cli:codeListURI="http://example.org/code-list/vehicle-make-model"
      cli:codeListColumnName="make"
    >DODG</ext:VehicleMakeCode>
  <ext:VehicleModelCode
      cli:codeListURI="http://example.org/code-list/vehicle-make-model"
      cli:codeListColumnName="model"
    >R15</ext:VehicleModelCode>
</nc:Vehicle>
```

图 5-44　动态绑定 XML 实例

（2）静态绑定方法。

在 NIEM 中通过定义简单代码表绑定元素“clsa:SimpleCodeListBinding”和复杂代码表绑定元素“clsa:ComplexCodeListBinding”，实现 XML Schema 元素与 CSV 之间的静态绑定，如图 5-45 所示[1]。静态绑定在模式定义时就将元素与代码表的对应关系进行了确定，在实例中只有实际的代码值。

```
<xs:element name="Vehicle" type="nc:VehicleType"   substitutionGroup="nc:Vehicle">
  <xs:annotation>
    <xs:appinfo>
      <clsa:ComplexCodeListBinding codeListURI="http://example.org/code-list/vehicle-make-model">
        <clsa:ElementCodeListBinding
          elementName="ext:VehicleMakeCode"
          columnName="make"/>
        <clsa:ElementCodeListBinding
          elementName="ext:VehicleModelCode"
          columnName="model"/>
      </clsa:ComplexCodeListBinding>
    </xs:appinfo>
```

图 5-45　静态绑定类型定义

[1] 绑定元素定义详见 NIEM 5.0 的子目录 xsd\utility\ code-lists-schema-appinfo.xsd 文件。

```
   </xs:annotation>
</xs:element>
<xs:element name="VehicleMakeCode" type="niem-xs:token" substitutionGroup="nc:VehicleMakeAbstract">
   <xs:annotation>
      <xs:documentation>A code for a manufacturer of a vehicle.</xs:documentation>
      <xs:appinfo>
         <clsa:SimpleCodeListBinding
            codeListURI="http://example.org/code-list/vehicle-make-model"
            columnName="make"/>
      </xs:appinfo>
   </xs:annotation>
</xs:element>
<xs:element name="VehicleModelCode" type="niem-xs:token" substitutionGroup="nc:VehicleModelAbstract">
   <xs:annotation>
      <xs:documentation>A code for a model of a vehicle.</xs:documentation>
      <xs:appinfo>
         <clsa:SimpleCodeListBinding
            codeListURI="http://example.org/code-list/vehicle-make-model"
            columnName="model"/>
      </xs:appinfo>
   </xs:annotation>
</xs:element>
```

图 5-45　静态绑定类型定义（续）

简单代码表绑定元素“clsa:SimpleCodeListBinding”是指将代码表中的列绑定到简单内容元素或元素的属性值中。该元素的属性“codeListURI”指定绑定的代码表，属性“columnName”指定代码表中的某列，属性“constrainingIndicator”指示代码表中值存在（或不存在）是否影响实例 XML 文档的有效性。

复杂代码表绑定元素“clsa:ComplexCodeListBinding”是指将代码表中的列绑定到复合内容元素。该元素的属性“codeListURI”指定绑定的代码表，属性“constrainingIndicator”指示代码表中值存在（或不存在）是否影响实例 XML 文档的有效性。元素“clsa:ElementCodeListBinding”将子元素绑定到代码表的列，属性“elementName”指定绑定到代码表的元素名称，属性“columnName”指定绑定到代码表中的某列。

如图 5-46 所示代码为如图 5-45 所示模式的 XML 实例。

```
<?xml version="1.0" encoding="US-ASCII"?>
  <ext:Vehicle xmlns:ext="http://example.org/namespace/extension-schema-time">
     <ext:VehicleMakeCode>DODG</ext:VehicleMakeCode>
     <ext:VehicleModelCode>R15</ext:VehicleModelCode>
</ext:Vehicle>
```

图 5-46　静态绑定 XML 实例

5.2.4 表示元素描述方法

在客观世界中，事物的一个特征可以有多种表示方法。在 NIEM 中，通过抽象元素和替代组描述一个概念的多种表示，即一个抽象元素可以被一个或多个替代元素替代。例如，人员头发颜色抽象元素“nc:PersonHairColorAbstract”可以被核心数据模型定义的颜色文本值“nc:PersonHairColorText”或司法领域的颜色代码值“j:PersonHairColorCode”所替代。

但是，在有些情况下，一个概念不仅具有多种表示方式，而且包含其他的一些相关属性。因此，需要定义一种新的元素，绑定抽象元素和其他相关属性，这就是表示元素（Representation Element）。例如，日期时间类型“nc:DateType”包括一个抽象元素（可以被“nc:Date”“nc:DateTime”“nc:ZuluDateTime”中的一个元素替代）和日期时间相关的其他属性（“nc:DateAccuracyAbstract”和“nc:DateMarginOfErrorDuration”）。

1. XML Schema 描述方法

表示元素在 XML Schema 描述中的主要变量如表 5-12 所示。

表 5-12 表示元素在 XML Schema 描述中的主要变量

变量名称	说　明	用　法
{$NAMEType}	表示元素的数据类型	必须
{$NAMERepresentation }	可被替代的表示元素的名称	必须
{$REPRESENTATION-1}	替代元素之一	必须
{$TYPE}	替代元素的数据类型	必须
{$Nillable}	如果属性可以有空值，则为“true”	可选

表示元素 XML Schema 通用描述模板如图 5-47 所示。

```
<xs:complexType name="{$NAMEType}">
  <xs:annotation>
    <xs:documentation>A data type for ...</xs:documentation>
  </xs:annotation>
  <xs:complexContent>
    <xs:extension base="structures:ObjectType">
      <xs:sequence>
        <xs:element ref="{nc:$NAMERepresentation}" minOccurs="0" maxOccurs="unbounded"/>
        <xs:element ref="..." minOccurs="0" maxOccurs="unbounded"/>
```

图 5-47 表示元素 XML Schema 通用描述模板

```
            <xs:element ref="nc:NAMEAugmentationPoint" minOccurs="0" maxOccurs="unbounded"/>
        </xs:sequence>
      </xs:extension>
    </xs:complexContent>
</xs:complexType>
<xs:element name="{$NAMERepresentation}" abstract="true">
    <xs:annotation>
      <xs:documentation>A data concept for a representation of a ...</xs:documentation>
    </xs:annotation>
</xs:element>
<xs:element name="{$REPRESENTATION-1}" type="{$TYPE}"
    substitutionGroup="{$NAMERepresentation}" nillable="true">
    <xs:annotation>
      <xs:documentation>DEFINITION</xs:documentation>
    </xs:annotation>
</xs:element>
<xs:element name="{$REPRESENTATION-2}" type="{$TYPE}"
    substitutionGroup="{$NAMERepresentation}" nillable="true">
    <xs:annotation>
      <xs:documentation>DEFINITION</xs:documentation>
    </xs:annotation>
</xs:element>
```

图 5-47　表示元素 XML Schema 通用描述模板（续）

图 5-48 中描述了日期“DateType”类型的定义，包括表示元素“nc:Date Representation”的定义及 2 个替代元素。

```
<xs:complexType name="DateType">
    <xs:annotation>
      <xs:documentation>A data type for a calendar date.</xs:documentation>
    </xs:annotation>
    <xs:complexContent>
      <xs:extension base="structures:ObjectType">
        <xs:sequence>
            <xs:element ref="nc:DateRepresentation" minOccurs="0" maxOccurs="unbounded"/>
            <xs:element ref="nc:DateAccuracyAbstract" minOccurs="0" maxOccurs="1"/>
            <xs:element ref="nc:DateMarginOfErrorDuration" minOccurs="0" maxOccurs="1"/>
            <xs:element ref="nc:DateAugmentationPoint" minOccurs="0" maxOccurs="unbounded"/>
        </xs:sequence>
      </xs:extension>
    </xs:complexContent>
</xs:complexType>
<xs:element name="DateRepresentation" abstract="true">
```

图 5-48　日期“DateType”类型的 XML Schema 定义

```
  <xs:annotation>
    <xs:documentation>A data concept for a representation of a date.</xs:documentation>
  </xs:annotation>
</xs:element>
<xs:element name="Date" type="niem-xs:date" substitutionGroup="nc:DateRepresentation" nillable="true">
  <xs:annotation>
    <xs:documentation>A full date.</xs:documentation>
  </xs:annotation>
</xs:element>
<xs:element name="DateTime" type="niem-xs:dateTime" substitutionGroup="nc:DateRepresentation">
  <xs:annotation>
    <xs:documentation>A full date and time.</xs:documentation>
  </xs:annotation>
</xs:element>
```

图 5-48 日期“DateType”类型的 XML Schema 定义（续）

在图 5-49 中，“nc:Date”类型的数据元素替代了抽象元素“nc:Date Representation”，这个日期数据还包括误差范围，表示日期可能在前后各 3 个月范围内。

```
<nc:ActivityDate>
  <nc:Date>2017-06-01</nc:Date>
  <nc:DateMarginOfErrorDuration>P3M</nc:DateMarginOfErrorDuration>
</nc:ActivityDate>
```

图 5-49 日期“DateType”类型的 XML Schema 定义实例

2. JSON 描述方法

表示元素 JSON 通用描述模板如图 5-50 所示。

```
{
  "$schema": "http://json-schema.org/draft-04/schema#",
  "additionalProperties": false,
  "properties": {
    "REPRESENTATION-1": {
      "description": "DEFINITION",
      "oneOf": [
        {
          "$ref": "#/definitions/TYPE"
        },
        {
          "type": "array",
          "items": {
```

图 5-50 表示元素 JSON 通用描述模板

```
              "$ref": "#/definitions/TYPE"
            }
          }
        ]
      },
      "REPRESENTATION-2": {
        "description": "DEFINITION",
        "oneOf": [
          {
            "$ref": "#/definitions/TYPE"
          },
          {
            "type": "array",
            "items": {
              "$ref": "#/definitions/TYPE"
            }
          }
        ]
      }
  }
  "definitions": {
    "REPRESENTATION-TYPE": {
      "description": "A data type for ...",
      "allOf": [
        {
          "$ref": "#/definitions/_base"
        },
        {
          "type": "object",
          "properties": {
            "REPRESENTATION-1": {
              "$ref": "#/properties/REPRESENTATION-1"
            },
            "REPRESENTATION-2": {
              "$ref": "#/properties/REPRESENTATION-2"
            },
            "ADDITIONAL-CONTENT": {
              "$ref": "#/properties/ADDITIONAL-CONTENT"
            }
          }
        }
      ]
    }
  }
}
```

图 5-50　表示元素 JSON 通用描述模板（续）

如图 5-51 所示描述了日期“DateType”类型的 JSON 定义，包括表示元素的定义。因为 JSON 不支持替代元素的定义，所以在 JSON 中将表示元素直接定义为一般类型。

```
{
  "$schema": "http://json-schema.org/draft-04/schema#",
  "additionalProperties": false,
  "properties": {
    "nc:Date": {
      "description": "A full date.",
      "oneOf": [
        {
          "$ref": "#/definitions/niem-xs:date"
        },
        {
          "type": "array",
          "items": {
            "$ref": "#/definitions/niem-xs:date"
          }
        }
      ]
    },
    "nc:DateTime": {
      "description": "A full date and time.",
      "oneOf": [
        {
          "$ref": "#/definitions/niem-xs:dateTime"
        },
        {
          "type": "array",
          "items": {
            "$ref": "#/definitions/niem-xs:dateTime"
          }
        }
      ]
    }
  },
  "definitions": {
    "nc:DateType": {
      "description": "A data type for a calendar date.",
      "allOf": [
        {
          "$ref": "#/definitions/_base"
        },
```

图 5-51　日期“DateType”类型的 JSON 定义

```
          {
            "type": "object",
            "properties": {
              "nc:Date": {
                "$ref": "#/properties/nc:Date"
              },
              "nc:DateTime": {
                "$ref": "#/properties/nc:DateTime"
              },
              "nc:ZuluDateTime": {
                "$ref": "#/properties/nc:ZuluDateTime"
              },
              "nc:DateMarginOfErrorDuration": {
                "$ref": "#/properties/nc:DateMarginOfErrorDuration"
              }
            }
          }
        ]
      }
    }
}
```

图 5-51　日期“DateType”类型的 JSON 定义（续）

在图 5-52 中，“nc:Date”替代了日期抽象元素，这个日期数据还包括误差范围，表示日期可能在前后各 3 个月范围内。

```
{
  "nc:ActivityDate": {
    "nc:Date": "2017-06-01",
    "nc:DateMarginOfErrorDuration": "P3M"
  }
}
```

图 5-52　日期“DateType”类型的 JSON 实例

3. 国家代码表示元素

在关于国家地区代码的 GENC（*Geopolitical Names, Entities, and Codes*，*GENC*）和 ISO 3166-1 两个标准中，包括 2 字符、3 字符和数字的国家代码表示形式。对这些有多种表示形式的对象属性，通过定义一个抽象元素，再根据需要定义一个或多个替代元素，可以避免针对不同的表示需要定义多个不同属性元素的问题。例如，在 NIEM 3.2 中，对不同的国家地区代码表示形式，分别定义元素“nc:LocationCountryISO3166Alpha2Code”和“nc:Location CountryGENCCode”；在 NIEM 5.0 中，定义了“nc:CountryType”类型，包含了抽象元素“nc:Country

Representation”，可以用文本、通用代码（OASIS Genericode）文件和 ISO 3166-1 标准中代码元素替代这个抽象元素，这样就不需要针对不同的表示形式重新定义不同的元素了，从而减少了对语义概念的重复定义。

如图 5-53 所示，复合数据类型“nc:CountryType”是“nc:LocationCountry”元素和“nc:DocumentCountry”元素的复合数据类型，包括一个抽象元素“nc:CountryRepresentation”，这个抽象元素可以被多种替代元素替代。

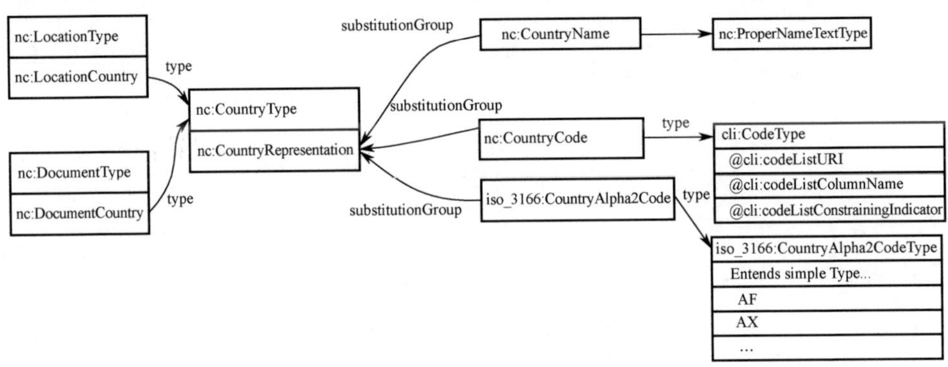

图 5-53 “nc:CountryType”抽象元素“nc:CountryRepresentation”

图 5-54 给出了“nc:CountryType”类型及其元素的 XML Schema 描述方法，图 5-55 给出了 3 种不同表示形式的“LocationCountry”元素数据。

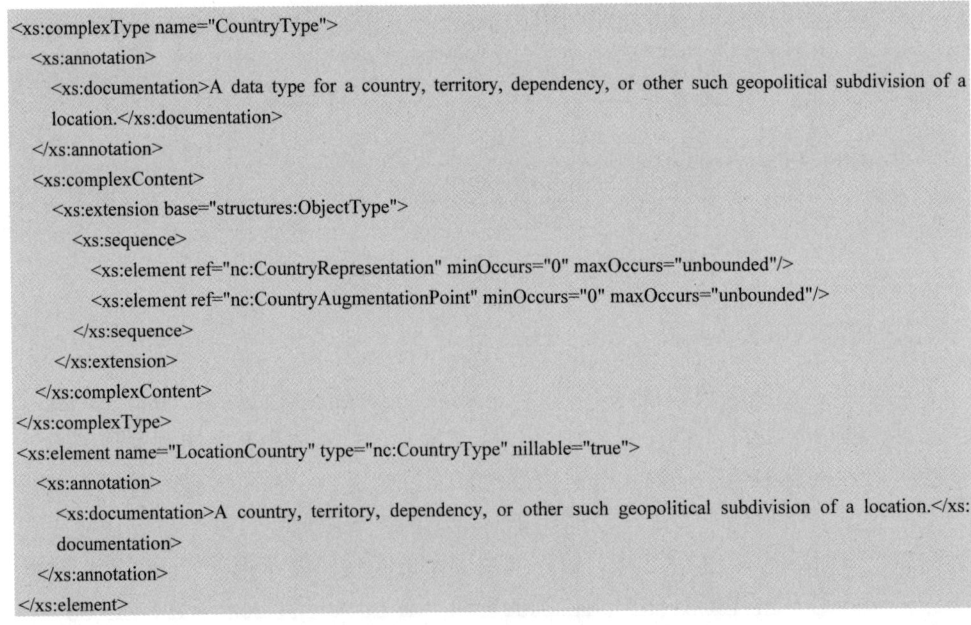

```
<xs:complexType name="CountryType">
  <xs:annotation>
    <xs:documentation>A data type for a country, territory, dependency, or other such geopolitical subdivision of a
    location.</xs:documentation>
  </xs:annotation>
  <xs:complexContent>
    <xs:extension base="structures:ObjectType">
      <xs:sequence>
        <xs:element ref="nc:CountryRepresentation" minOccurs="0" maxOccurs="unbounded"/>
        <xs:element ref="nc:CountryAugmentationPoint" minOccurs="0" maxOccurs="unbounded"/>
      </xs:sequence>
    </xs:extension>
  </xs:complexContent>
</xs:complexType>
<xs:element name="LocationCountry" type="nc:CountryType" nillable="true">
  <xs:annotation>
    <xs:documentation>A country, territory, dependency, or other such geopolitical subdivision of a location.</xs:
    documentation>
  </xs:annotation>
</xs:element>
```

图 5-54 “nc:CountryType”类型及其元素的 XML Schema 描述方法

```
<nc:LocationCountry>
  <nc:LocationCountryISO3166Alpha2Code>US</nc:LocationCountryISO3166Alpha2Code>
</nc:LocationCountry>
<nc:LocationCountry>
  <nc:CountryCode>USA</nc:CountryCode>
</nc:LocationCountry>
<nc:LocationCountry>
  <nc:LocationCountryName>United States</nc:LocationCountryName>
</nc:LocationCountry>
```

图 5-55　3 种不同表现形式的“LocationCountry”元素数据

5.2.5 属性描述方法

属性也表示客观世界的事物、概念的特征，具有特定的语义，但属性只能用于表示简单的内容（值），不能独立存在，必须与元素一起使用。当客观世界的某些特征需要与元素紧密耦合，并且不需要用元素的其他功能时，可以少量定义属性。

1. XML Schema 描述方法

属性在 XML Schema 描述中的主要变量如表 5-13 所示。

表 5-13　属性在 XML Schema 描述中的主要变量

变量名称	说　明	用　法
{$Name}	属性的名称	必须
{$RepresentationTerm}	简单内容的元素的表示术语	必须
{$Type}	简单类型的名称	必须
{$Definition}	属性的数据定义	必须

属性的 XML Schema 通用描述模板如图 5-56 所示。

```
<xs:attribute name="{$Name}{$RepresentationTerm}" type="{$Type}">
  <xs:annotation>
    <xs:documentation>{$Definition}</xs:documentation>
  </xs:annotation>
</xs:attribute>
```

图 5-56　属性的 XML Schema 通用描述模板

如图 5-57 所示的代码定义了“personNameInitialIndicator”属性，该属性类型为“xs:boolean”。该属性表示一个人的名称是否用名称的第一个字母或首字母表示，将它设计为一个属性而不是一个元素，是因为一个人的名称不需要一个以上的指示符，也不需要在本地扩展，它不需要携带元数据或引用。

```
<xs:attribute name="personNameInitialIndicator" type="xs:boolean">
  <xs:annotation>
    <xs:documentation>
      true if value represents the first letter or initials of a persons name; false otherwise.
    </xs:documentation>
  </xs:annotation>
</xs:attribute>
```

图 5-57　属性 XML Schema 的定义

如图 5-58 所示为图 5-57 定义的属性的实例。该实例包括“nc:Person Name”和“nc:PersonMiddleName”2 个元素的属性“structures:id”“nc:person NameInitialIndicator”。

```
<nc:Person>
  <nc:PersonName structures:id="a123">
    <nc:PersonGivenName>John</nc:PersonGivenName>
    <nc:PersonMiddleName nc:personNameInitialIndicator="true">Q</nc:PersonMiddleName>
    <nc:PersonSurName>Smith</nc:PersonSurName>
  </nc:PersonName>
</nc:Person>
```

图 5-58　属性 XML Schema 实例

2. JSON 描述方法

在 JSON 中，没有类似 XML Schema 中描述属性的方法，属性在 JSON 中采用类似元素的描述方法。图 5-57 中对应的 JSON 描述如图 5-59 所示。

```
{
  "nc:Person": {
    "nc:PersonName" : {
      "structures:id": "a123",
      "nc:PersonGivenName": "John",
      "nc:PersonMiddleName": {
        "rdf:value": "Q",
        "nc:personNameInitialIndicator": true
      },
      "nc:PersonSurName": "Smith"
    }
  }
}
```

图 5-59　属性 JSON 描述

对于包含属性和复杂内容的元素实例，在 JSON 中将属性与其他元素一样描述。如图 5-60 所示的 XML Schema 对应的 JSON 描述如图 5-61 所示。

```
<nc:Person>
  <nc:PersonName structures:id="a123">
    <nc:PersonGivenName>John</nc:PersonGivenName>
    <nc:PersonSurName>Smith</nc:PersonSurName>
  </nc:PersonName>
</nc:Person>
```

图 5-60　“nc:Person”元素实例的 XML Schema 描述

```
{
  "nc:Person": {
    "nc:PersonName" : {
      "structures:id": "a123",
      "nc:PersonGivenName": "John",
      "nc:PersonSurName": "Smith"
    }
  }
}
```

图 5-61　“nc:Person”元素实例的 JSON 描述

对于包含属性和简单内容的元素，在 JSON 中用“rdf:value”作为简单内容的键。图 5-62 中的 XML Schema 描述对应的 JSON 描述如图 5-63 所示。

```
<nc:PersonMiddleName nc:personNameInitialIndicator="true">Q</nc:PersonMiddleName>
```

图 5-62　“nc: PersonMiddleName”元素实例的 XML Schema 描述

```
{
  "nc:PersonMiddleName": {
    "rdf:value": "Q",
    "nc:personNameInitialIndicator": true
  }
}
```

图 5-63　“nc: PersonMiddleName”元素实例的 JSON 描述

5.3　扩展数据类型描述方法

为了能适应 NIEM 的定义与描述，NIEM 对 XML Schema 模式语言进行了扩充，形成了特有的概念与类型来支持 NIEM 的构建，如关联类型、角色类型、增强数据类型、扩展数据类型、元数据类型等。这些概念为 NIEM 的定义与信息交换模型的构建和实施提供了表达的方法与机制。

5.3.1 关联类型描述方法

对象往往处在一定的关系中，对象与对象之间的这种关联称为 Association，关联也是一种类型。关联中的两个对象相互独立存在，一个对象并不会成为另一个对象逻辑上的一部分，当一个对象与另一个对象脱离关系时，对象仍然会保持其状态，这也意味着一个对象的属性与另一个对象的属性是完全独立的。关联可用于将两个或多个 NIEM 属性彼此关联。例如，人员“nc:PersonType”与某个事件“nc:ActivityType”的关系可以通过“nc:ActivityPersonAssociationType”类型来描述，它们的关系如图 5-64 所示。

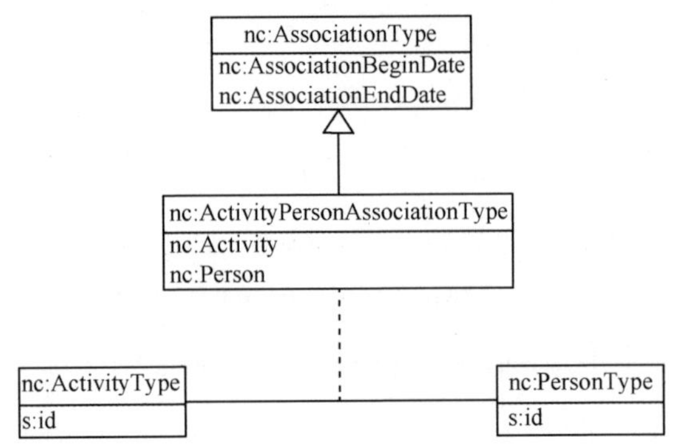

图 5-64 关联类型

在 NIEM 中，描述关联关系的数据类型都是从“nc:AssociationType”类型直接或间接扩展而来的。或者说，所有直接或间接从“nc:AssociationType”派生出来的数据类型都代表了一种关联关系，如图 5-64 所示人与活动的关联关系为“nc:ActivityPersonAssociationType”。既然关联关系是一种类型，那么关联关系也可能是另一个关联关系的属性。

关联类型名称以“AssociationType”结尾，关联元素名称以“Association”结尾。

1. XML Schema 描述方法

关联类型在 XML Schema 描述中的主要变量如表 5-14 所示，关联类型 XML Schema 描述模板如图 5-65 所示。

表 5-14　关联类型在 XML Schema 描述中的主要变量

变量名称	说明	用法
{$Name}	关系元素或类型的名称	必须
{$Definition}	关系的定义	必须
{$ElementName}	元素名称	需要，多个关联的对象和特征元素
{$ParentAssociationType}	父类型的名称	需要，一般为“nc:AssociationType”，也可由“structures:AssociationType”或其他关系类型扩展
{$Min}	类型内允许出现的最小元素数	必须
{$Max}	类型内允许出现的最大元素数	必须

```
<xs:complexType name="{$Name}AssociationType">
  <xs:annotation>
    <xs:documentation>A data type for an association {$Definition}</xs:documentation>
  </xs:annotation>
  <xs:complexContent>
    <xs:extension base="{$ParentAssociationType}">
      <xs:sequence>
        <xs:element ref="{$ElementName}" minOccurs="{$Min}" maxOccurs="{$Max}"/>
      </xs:sequence>
    </xs:extension>
  </xs:complexContent>
</xs:complexType>
<xs:element name="{$Name}Association" type="{$Name}AssociationType" nillable="{$Nillable}">
  <xs:annotation>
    <xs:documentation>An association {$Definition}</xs:documentation>
  </xs:annotation>
</xs:element>
```

图 5-65　关联类型 XML Schema 描述模板

如图 5-66 所示为“PersonPhoneAssociationType”关联类型的 XML Schema 定义，描述了人员和电话号码的关联关系。其中，基类“nc:AssociationType”中包含 3 个子元素，即“nc:AssociationDateRange”“nc:AssociationDescriptionText”和“nc:AssociationAugmentationPoint”。

```
<xs:complexType name="PersonPhoneAssociationType">
  <xs:annotation>
    <xs:documentation>A data type for a relationship between a PERSON and a PHONE.</xs:documentation>
  </xs:annotation>
  <xs:complexContent>
    <xs:extension base="nc:AssociationType">
```

图 5-66　“PersonPhoneAssociationType”关联类型的 XML Schema 定义

```
      <xs:sequence>
        <xs:element ref="nc:Person" minOccurs="0" maxOccurs="unbounded"/>
        <xs:element ref="nc:TelephoneNumber" minOccurs="0" maxOccurs="unbounded"/>
      </xs:sequence>
    </xs:extension>
  </xs:complexContent>
</xs:complexType>
<xs:element name="PersonPhoneAssociation" type="scr:PersonPhoneAssociationType" nillable="true">
  <xs:annotation>
    <xs:documentation>An association between a PERSON and a PHONE.</xs:documentation>
  </xs:annotation>
</xs:element>
```

图 5-66　“PersonPhoneAssociationType”关联类型的 XML Schema 定义（续）

如图 5-67 所示为人员与电话号码的关联关系实例，关联日期范围和描述信息是该关联关系的额外信息。

```
<scr:PersonPhoneAssociation>
  <nc:AssociationDateRange>
    <nc:StartDate>
      <nc:Date>2015-01-01</nc:Date>
    </nc:StartDate>
    <nc:EndDate>
      <nc:Date>2016-06-30</nc:Date>
    </nc:EndDate>
  </nc:AssociationDateRange>
  <nc:AssociationDescriptionText>
    The person made multiple calls to the given telephone number.
  </nc: AssociationDescriptionText>
  <nc:Person>
    <nc:PersonName>
      <nc:PersonFullName>John Doe</nc:PersonFullName>
    </nc:PersonName>
  </nc:Person>
  <nc:TelephoneNumber>
    <nc:FullTelephoneNumber>
      <nc:TelephoneNumberFullID>212-555-1212</nc:TelephoneNumberFullID>
    </nc:FullTelephoneNumber>
  </nc:TelephoneNumber>
</scr:PersonPhoneAssociation>
```

图 5-67　人员与电话号码关联关系实例

2. JSON 描述方法

关联类型 JSON 通用描述模板如图 5-68 所示。该模板定义了一个关联类型和一个元素。在关联类型中可以包含多个属性以描述关联的主要特性，并可以添加进一步描述关联的其他任何属性。

```
{
  "$schema": "http://json-schema.org/draft-04/schema#",
  "additionalProperties": false,
  "properties": {
    "NAMEAssociation": {
      "description": "An association between ...",
      "oneOf": [
        {
          "$ref": "#/definitions/NAMEAssociation"
        },
        {
          "type": "array",
          "items": {
            "$ref": "#/definitions/NAMEAssociation"
          }
        }
      ]
    }
  }
  "definitions": {
    "NAMEAssociationType": {
      "description": ">A data type for a relationship ...",
      "allOf": [
        {
          "$ref": "#/definitions/nc:AssociationType"
        },
        {
          "type": "object",
          "properties": {
            "ASSOCIATION-OBJECT": {
              "$ref": "#/properties/ASSOCIATION-OBJECT"
            },
            "ASSOCIATION-PROPERTY": {
              "$ref": "#/properties/ASSOCIATION-PROPERTY"
            }
          }
        }
      ]
    }
  }
}
```

图 5-68　关联类型 JSON 通用描述模板

"PersonPhoneAssociationType"关联类型的 JSON 定义如图 5-69 所示，定义

了一个人员电话关联类型和元素，关联类型名称以“AssociationType”结尾，关联元素以“Association”结尾。关联类型基于“nc:AssociationType”派生，可以继承关联日期范围和描述属性。该关联关系的 JSON 实例如图 5-70 所示。

```
{
  "$schema": "http://json-schema.org/draft-04/schema#",
  "additionalProperties": false,
  "properties": {
    "scr:PersonPhoneAssociation": {
      "description": "An association between a PERSON and a PHONE.",
      "oneOf": [
        {
          "$ref": "#/definitions/scr:PersonPhoneAssociation"
        },
        {
          "type": "array",
          "items": {
            "$ref": "#/definitions/scr:PersonPhoneAssociation"
          }
        }
      ]
    }
  }
  "definitions": {
    "scr:PersonPhoneAssociationType": {
      "description": ">A data type for a relationship between a PERSON and a PHONE.",
      "allOf": [
        {
          "$ref": "#/definitions/nc:AssociationType"
        },
        {
          "type": "object",
          "properties": {
            "nc:Person": {
              "$ref": "#/properties/nc:Person"
            },
            "nc:TelephoneNumber": {
              "$ref": "#/properties/nc:TelephoneNumber"
            }
          }
        }
      ]
    }
  }
}
```

图 5-69 “PersonPhoneAssociationType”关联类型的 JSON 定义

```
{
  "scr:PersonPhoneAssociation": {
    "nc:AssociationDateRange": {
      "nc:StartDate": {
        "nc:Date": "2015-01-01"
      },
      "nc:EndDate": {
        "nc:Date": "2016-06-30"
      }
    },
    "nc:AssociationDescriptionText": "The person made multiple calls to the given telephone number.",
    "nc:Person": {
      "nc:PersonName": {
        "nc:PersonFullName": "John Doe"
      }
    },
    "nc:TelephoneNumber": {
      "nc:FullTelephoneNumber": {
        "nc:TelephoneNumberFullID": "212-555-1212"
      }
    }
  }
}
```


图 5-70 关联关系的 JSON 实例

5.3.2 角色类型描述方法

角色表达的是对象在某个时间、事件或活动中所处的地位与作用，或者履行一定职责的行为。在 NIEM 中，一些具有独有特性的对象数据类型是基于抽象概念扩展而来的。例如，在 NIEM Core 中，飞机、机动车和船只都是特殊的运输工具，但是一种运输工具不可能在一种情况下是飞机，在另一种情况下是船只。因此，NIEM 使用扩展的方法对这些类型进行建模，核心数据类型中的飞机数据类型“nc:AircraftType”、机动车数据类型“nc:VehicleType”和船只数据类型“nc:VesselType”均从具有普遍意义的运输工具数据类型“nc:ConveyanceType”扩展而来。

但是，一个人在同一种情况下可能会扮演几种不同的角色，一个人可以同时担任执法人员和证人（均在司法领域中定义），也可以作为看护人（在人口服务领域中定义）。由于人承担的这些功能不是排他的，因此可以将他们定义为角色而不是扩展。角色类型与扩展相比，通过在角色类型中简单地添加多个“RoleOf”元素，一个角色可以具有多个对象的功能，而类型扩展仅限于从单个类型中派生。

NIEM 中定义了人员、组织机构、物品、设施、二进制文件、生物特征数据、军队机构等几个常用的角色元素，如表 5-15 所示。

表 5-15　NIEM 中定义的常用的角色元素

角色元素	类　型
nc:RoleOfPerson	nc:PersonType
nc:RoleOfOrganization	nc:OrganizationType
nc:RoleOfItem	nc:ItemType
nc:RoleOfFacility	nc:FacilityType
j:RoleOfBinary	nc:BinaryType
j:RoleOfBiometric	biom:BiometricDataType
mo:RoleOfUnit	mo:UnitType

1. XML Schema 描述方法

角色类型在 XML Schema 描述中的主要变量如表 5-16 所示。

表 5-16　角色类型在 XML Schema 描述中的主要变量

变量名称	说　明	用　法
{$RoleOfName}	代表对象的角色元素，如 nc:RoleOfPerson	需要；以“RoleOf”开头，如果可以使用 NIEM 中的现有元素，则不用创建新的角色元素，如 nc:RoleOfPerson，nc:RoleOfOrganization 或 nc:RoleOfItem
{$RoleOfDataType}	对象类型，如 nc:PersonType	新角色需要
{$RoleOfElementDefinition}	角色定义	新角色需要
{$RoleType}	对象发挥的非排他性功能或部分，如 j:EnforcementOfficialType	需要，如果没有必要添加特定于角色的属性（{$ElementName}），请不要创建
{$RoleTypeDefinition}	角色定义	需要
{$Parent}	父类型的 QName	一般为“ structures:ObjectType”或其他 NIEM 类型。请注意，不能与{$RoleOfDataType}相同。例如，若不想扩展 nc:PersonType，但需要包含 nc:RoleOfPerson，则 Person 元素将被复制
{$ElementName}	被引用元素的 QName	每个子属性都需要重复元素参考行
{$Min}	类型内允许出现的最小元素数	—
{$Max}	类型内允许出现的最大元素数	—

角色类型和元素声明 XML Schema 通用描述模板如图 5-71 所示。

```
<xs:element name="{$RoleOfName}" type="{$RoleOfDataType}" substitutionGroup="nc:RoleOf">
  <xs:annotation>
    <xs:documentation>A(n) {$RoleOfElementDefinition}</xs:documentation>
  </xs:annotation>
</xs:element>
<xs:complexType name="{$RoleType}">
  <xs:annotation>
    <xs:documentation>
        A data type for a property item used as {$RoleTypeDefinition}.
    </xs:documentation>
  </xs:annotation>
  <xs:complexContent>
    <xs:extension base="{$Parent}">
      <xs:sequence>
        <xs:element ref="{$RoleOfName}" minOccurs="{$Min}" maxOccurs="{$Max}"/>
        <xs:element ref="{$ElementName}" minOccurs="{$Min}" maxOccurs="{$Max}"/>
      </xs:sequence>
    </xs:extension>
  </xs:complexContent>
</xs:complexType>
```

图 5-71　角色类型和元素声明 XML Schema 通用描述模板

比如，当需要表达撞车事故驾驶员这个角色时，仅用“nc:PersonType”类型来定义，不能表达如交通违章代码等信息，那么，可以创建新的角色类型——撞车事故驾驶员角色（如 j:CrashDriverType）来描述相应的信息。在图 5-72 中，定义了角色类型（CrashDriverType）和具有该类型的角色元素（CrashDriver），使用一个角色元素（nc:RoleOfPerson），基于所有对象类型的基类 ObjectType（不是基于核心数据模型中的人员类型 nc:PersonType）进行了扩展，并添加了其他角色特定的属性。

```
<xs:complexType name="CrashDriverType">
  <xs:annotation>
    <xs:documentation>A data type for a motor vehicle driver involved in a traffic accident.</xs:documentation>
  </xs:annotation>
  <xs:complexContent>
    <xs:extension base="structures:ObjectType">
      <xs:sequence>
        <xs:element ref="nc:RoleOfPerson" minOccurs="0" maxOccurs="unbounded"/>
        <xs:element ref="j:DriverLicense" minOccurs="0" maxOccurs="unbounded"/>
        <xs:element ref="j:CrashDriverContributingCircumstances" minOccurs="0" maxOccurs="unbounded"/>
        <xs:element ref="j:CrashDriverDistraction" minOccurs="0" maxOccurs="unbounded"/>
        <xs:element ref="j:CrashDriverViolation" minOccurs="0" maxOccurs="unbounded"/>
        <xs:element ref="j:CrashDrivingViolation" minOccurs="0" maxOccurs="unbounded"/>
```

图 5-72　CrashDriverType 角色类型定义

```
        <xs:element ref="j:CrashDriverAugmentationPoint" minOccurs="0" maxOccurs="unbounded"/>
      </xs:sequence>
    </xs:extension>
  </xs:complexContent>
</xs:complexType>
<xs:element name="CrashDriver" type="j:CrashDriverType" nillable="true">
  <xs:annotation>
    <xs:documentation>A motor vehicle driver involved into a traffic accident.</xs:documentation>
  </xs:annotation>
</xs:element>
```

图 5-72　CrashDriverType 角色类型定义（续）

具体实例如图 5-73 所示，关于人的姓名、出生日期等基本信息包含在 RoleOfPerson 元素中。

```
<j:CrashDriver>
  <nc:RoleOfPerson>
    <nc:PersonName>
      <nc:PersonFullName>John Doe</nc:PersonFullName>
    </nc:PersonName>
    <nc:PersonBirthDate>
      <nc:Date>1966-06-06</nc:Date>
    </nc:PersonBirthDate>
  </nc:RoleOfPerson>
  <j:CrashDriverViolationCode>A10</j:CrashDriverViolationCode>
  <j:CrashDrivingViolationCode>S16</j:CrashDrivingViolationCode>
</j:CrashDriver>
```

图 5-73　CrashDriver 实例

2. JSON 描述方法

角色类型的 JSON 通用描述模板如图 5-74 所示。在该模板中，一个角色类型可以定义一个或多个角色元素，还可以包含一个或多个其他属性。

```
{
  "$schema": "http://json-schema.org/draft-04/schema#",
  "additionalProperties": false,
  "properties": {
  }
  "definitions": {
    "ROLETYPE": {
      "description": "A data type for …",
```

图 5-74　角色类型的 JSON 通用描述模板

```
        "allOf": [
          {
            "$ref": "#/definitions/_base"
          },
          {
            "type": "object",
            "properties": {
              "ROLE-OF-PROPERTY": {
                "$ref": "#/properties/ROLE-OF-PROPERTY"
              },
              "ADDITIONAL-PROPERTY": {
                "$ref": "#/properties/ADDITIONAL-PROPERTY"
              }
            }
          }
        ]
      }
    }
}
```

图 5-74　角色类型的 JSON 通用描述模板（续）

如图 5-75 所示代码为角色类型的 JSON 定义。在该定义中，“j:CrashDriverType”基于“structures:ObjectType”扩展，包含 1 个“nc:RoleOfPerson”元素和 2 个特定的元素，该定义的举例如图 5-76 所示。

```
{
  "$schema": "http://json-schema.org/draft-04/schema#",
  "additionalProperties": false,
  "properties": {
    "j:CrashDriver": {
      "description": "A motor vehicle driver involved into a traffic accident.",
      "oneOf": [
        {
          "$ref": "#/definitions/j:CrashDriverType"
        },
        {
          "type": "array",
          "items": {
            "$ref": "#/definitions/j:CrashDriverType"
          }
        }
      ]
    }
```

图 5-75　角色类型的 JSON 定义

```
  }
  "definitions": {
    "j:CrashDriverType": {
      "description": "A data type for a motor vehicle driver involved in a traffic accident.",
      "allOf": [
        {
          "$ref": "#/definitions/_base"
        },
        {
          "type": "object",
          "properties": {
            "nc:RoleOfPerson": {
              "$ref": "#/properties/nc:RoleOfPerson"
            },
            "j:CrashDriverViolation": {
              "$ref": "#/properties/j:CrashDriverViolation"
            },
            "j:CrashDrivingViolation": {
              "$ref": "#/properties/j:CrashDrivingViolation"
            }
          }
        }
      ]
    }
  }
}
```

图 5-75　角色类型的 JSON 定义（续）

```
{
  "j:CrashDriver": {
    "nc:RoleOfPerson": {
      "nc:PersonName": {
        "nc:PersonFullName": "John Doe"
      },
      "nc:PersonBirthDate": {
        "nc:Date": "1966-06-06"
      }
    },
    "j:CrashDriverViolationCode": "A10",
    "j:CrashDrivingViolationCode": "S16"
  }
}
```

图 5-76　角色类型的 JSON 定义举例

5.3.3　元数据类型描述方法

元数据是关于数据的数据，用于说明数据的安全性、可靠性、来源等信息。

为了实现自由、灵活地定义元数据，NIEM 在结构域中定义了抽象数据类型 MetadataType 作为所有元数据的基类型，即要求所有的元数据类型都必须从 MetadataType 这个基类型派生。对于其他数据类型来说，它们都从 ObjectType、AssociationType 或 AugmentationType 派生，而这些数据类型都包含了元数据标识属性 Metadata。这样，只需要将每个数据类型中的元数据标识都指向一个元数据类型，就能够指定该数据的元数据。

例如，j:EvidenceType 表示用来证明某种事实真相的证据，它包含证据的收集人和证据等信息，j:EvidenceType 对象的每个属性值都能够帮助理解证据的完整内容，但是，j:EvidenceType 描述的究竟是犯罪证据还是情报证据，或者它仅是一份文件的证明，需要通过元数据来说明。

为了说明 j:EvidenceType 描述的究竟是情报证据还是犯罪证据，可以通过对 s:MetadataType 进行扩展，形成一个司法元数据类型 JusticeMetadataType。其包含两个标识：犯罪标识与情报标识。如果是犯罪证据，则将犯罪标识置为 true；如果是情报证据，则将情报标识置为 true。

司法元数据 j:JusticeMetadataType 和 j:EvidenceType 的定义如图 5-77 所示。

```
<!--司法元数据类型 JusticeMetadataType 的定义-->
<xs:complexType name="JusticeMetadataType">
  <xs:complexContent>
    <xs:extension base="structures:MetadataType">
      <xs:sequence>
        <xs:element ref="j:CriminalInformationIndicator" minOccurs="0" maxOccurs="unbounded"/>
        <xs:element ref="j:IntelligenceInformationIndicator" minOccurs="0" maxOccurs="unbounded"/>
      </xs:sequence>
    </xs:extension>
  </xs:complexContent>
</xs:complexType>
<xs:element name="JusticeMetadata" type="j:JusticeMetadataType"
   nillable="true" appinfo:appliesToTypes="structures:ObjectType structures:AssociationType">
</xs:element>
<!--证据数据类型 EvidenceType 的定义-->
<xs:complexType name="EvidenceType">
  <xs:complexContent>
    <xs:extension base="structures:ObjectType">
```

图 5-77　司法元数据的定义

```
        <xs:sequence>
          <xs:element ref="j:EvidenceAmount" minOccurs="0" maxOccurs="unbounded"/>
          <xs:element ref="j:EvidenceCollector" minOccurs="0" maxOccurs="unbounded"/>
        </xs:sequence>
      </xs:extension>
    </xs:complexContent>
</xs:complexType>
<xs:element name="Evidence" type="j:EvidenceType" nillable="true"></xs:element>
```

图 5-77 司法元数据的定义（续）

如图 5-78 所示的代码通过指定 EvidenceType 的元数据类型来说明其是一个犯罪证据。

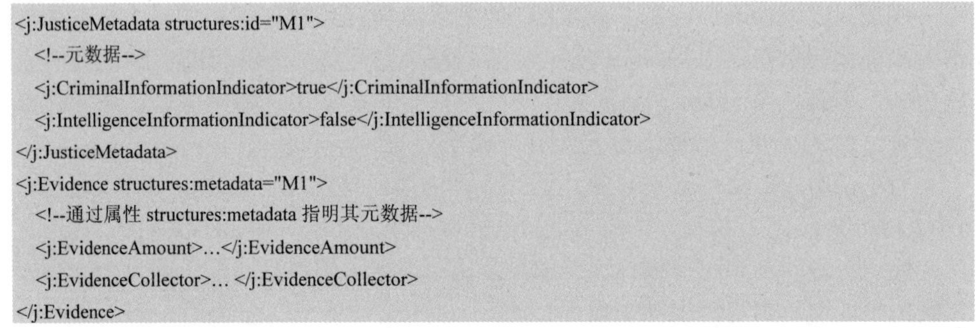

```
<j:JusticeMetadata structures:id="M1">
  <!--元数据-->
  <j:CriminalInformationIndicator>true</j:CriminalInformationIndicator>
  <j:IntelligenceInformationIndicator>false</j:IntelligenceInformationIndicator>
</j:JusticeMetadata>
<j:Evidence structures:metadata="M1">
  <!--通过属性 structures:metadata 指明其元数据-->
  <j:EvidenceAmount>...</j:EvidenceAmount>
  <j:EvidenceCollector>... </j:EvidenceCollector>
</j:Evidence>
```

图 5-78 元数据类型指定

元数据定义如图 5-79 所示。

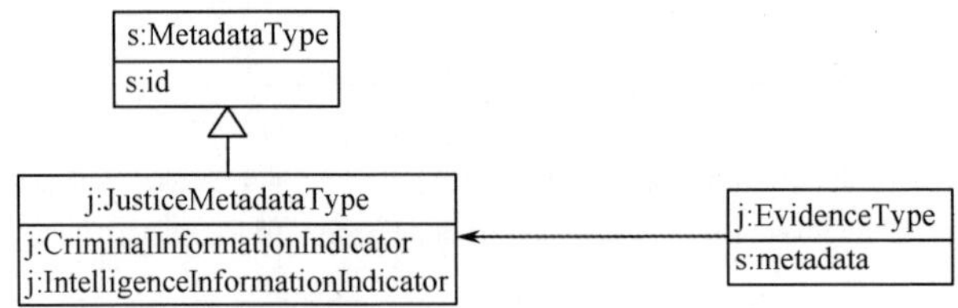

图 5-79 元数据定义

元数据类型在 XML Schema 描述中的主要变量如表 5-17 所示。

表 5-17 元数据类型在 XML Schema 描述中的主要变量

变量名称	说 明	用 法
{$Name}	元数据元素/类型名称	需要
{$Definition}	元数据定义	需要
{$ElementName}	被引用元素的 QName	每个子元素都需要重复行
{$Min}	类型内允许出现的最小元素数	需要

（续表）

变量名称	说　　明	用　　法
{$Max}	类型内允许出现的最大元素数	需要
{$AppliesToTypes}	可以与元数据元素一起使用的限定类型的空格分隔列表	与“appinfo:AppliesToElements”一起使用或代替“appinfo:AppliesToElements”使用值“structures:ObjectType”结构、“Association Type”结构、“SimpleObjectAttributeGroup”，在 NIEM 中的几乎所有元素上使用元数据
{$AppliesToElements}	与元数据元素一起使用的合格元素的空格分隔列表	与 appinfo 一起使用或代替“appinfo：AppliesToTypes”

元数据 XML Schema 通用描述模板如图 5-80 所示。

```
<xs:complexType name = "{$Name}MetadataType">
  <xs:annotation>
    <xs:documentation>关于{$Definition}的元数据的数据类型</ xs:documentation>
    </ xs:annotation>
    <xs:complexContent>
      <xs:extension base = "structures:MetadataType">
        <xs:sequence>
          <xs:element ref = "{$ ElementName}" minOccurs = "{$Min}" maxOccurs = "{$Max}"/>
        </ xs:sequence>
      </ xs:extension>
    </ xs:complexContent>
  </ xs:complexType>
  <xs:element name = "{$Name}Metadata" type = "{$Name}MetadataType" nillable = "true" appinfo:appliesToTypes =
      "{$$AppliesToTypes}" appinfo:appliesToElements = "{$AppliesToElements}">
    <xs:annotation>
      <xs:documentation>关于{$Definition}的元数据</xs:documentation>
    </xs:annotation>
  </xs:element>
</xs:complexType>
```

图 5-80　元数据 XML Schema 通用描述模板

例如，对一个人定义了两个子属性：“nc:PersonBirthDate”和“nc:Person Name”，这些元素中的每个元素都通过其“structures:metadata”属性引用元数据 ID，如图 5-81 所示。

```
<nc:Person>
  <nc:PersonBirthDate structures:metadata="m1">
    <nc:Date>1945-12-01</nc:Date>
  </nc:PersonBirthDate>
```

图 5-81　元数据引用

```
  <nc:PersonName structures:metadata="m1 m2">
    <nc:PersonFullName>John Doe</nc:PersonFullName>
  </nc:PersonName>
</nc:Person>
<nc:Metadata structures:id="m1">
  <nc:SourceText>Adam Barber</nc:SourceText>
</nc:Metadata>
<nc:Metadata structures:id="m2">
  <nc:ReportedDate>
    <nc:Date>2005-04-26</nc:Date>
  </nc:ReportedDate>
</nc:Metadata>
```

图 5-81　元数据引用（续）

5.3.4　增强类型描述方法

在 NIEM 中，允许引用其他命名空间中已有数据类型来实现类型扩展，而不需要重复定义，扩展的数据类型称为增强类型。NIEM 中几乎所有复合数据类型都包含一个增强点元素（名称以 AugmentationPoint 结尾），这些增强点元素仅用作挂钩，以后将由其他地方定义的其他内容替代。例如，司法业务领域（Justice）中与核心数据模型 nc:ConveyanceType 相关的其他属性，它定义了局部扩充 j:ConveyanceAugmentation，并将其添加到核心数据模型 nc:ConveyanceType 的增强点元素 nc:ConveyanceAugmentationPoint 的替换组中。在 NIEM 中使用核心数据模型 nc:ConveyanceType 的任何地方，都可以通过元素替换来使用司法业务领域（Justice）增强类型。

通常使用类型派生扩展方法可以为类型添加新的内容，但是 NIEM 由于其局限性而放弃了该方法。若要求一个域 PersonType 使用派生扩展将附加内容添加到核心域（Core），需要声明一个新的域类型，即“extended nc:PersonType”，并将域属性添加到其中，如图 5-82 所示。但是，类型扩展不允许多重继承。如果扩展了多个域 nc:PersonType，则信息交换包文档开发人员无法同时将那些相关但相互独立的扩展信息一起使用，必须选择一个单一类型以重复使用或从中派生。如图 5-83 所示信息交换包中“ext:PersonType”的类型无法同时使用移民、司法、军事作战 3 个业务领域中定义的“PersonType”类型中的信息。

此外，类型派生可能会导致级联扩展的意外副作用。如果无法在实例中使用类型替换，那么一旦扩展了所需的类型，还需要创建该新类型的新属性。如果原始属性包含在使用的另一种类型中，则需要扩展该类型，然后创建该类型的属性，依此类推，一直延伸到整个链。NIEM 2.0 中引入了增强功能来解决这些问题，NIEM 3.0 中对增强功能进行了修订，使其更易于使用。如图 5-84 所示，通过在司法领域（j）、海事领域（m）及某个 IEPD 中的扩展模式（ext）定义增强元素“PersonAugmentation”，替代核心域中“Hs:PersonType”类型的“nc:PersonAugmentationPoint”扩展点元素。

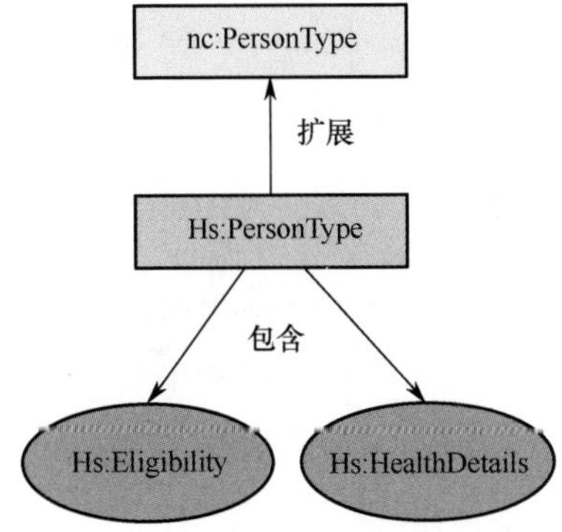

图 5-82 通过类型扩展增加 nc:PersonType 属性

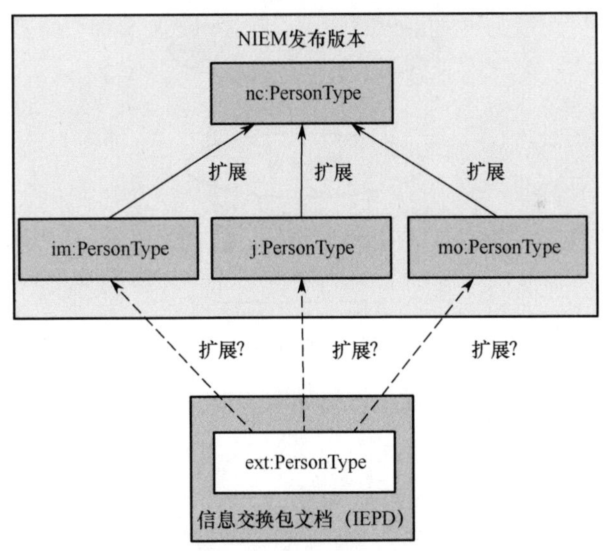

图 5-83 在信息交换包文档（IEPD）如何使用多个扩展类型问题

1. 增强点

增强点（AugmentationPointElement）是特殊替换组，允许以后用其他命名空间中的内容替代。在 NIEM 发布版中每个数据类型除包含子元素以外，还包含一个增强点，如“nc:PersonType”类型中包含“nc:PersonAugmentationPoint”。增强点是抽象的，没有类型，每个增强点的名称都有一个对应的数据类型，必须被增强点元素替代。数据类型、增强点、增强元素与增强类型之间的关系如图 5-85 所示。

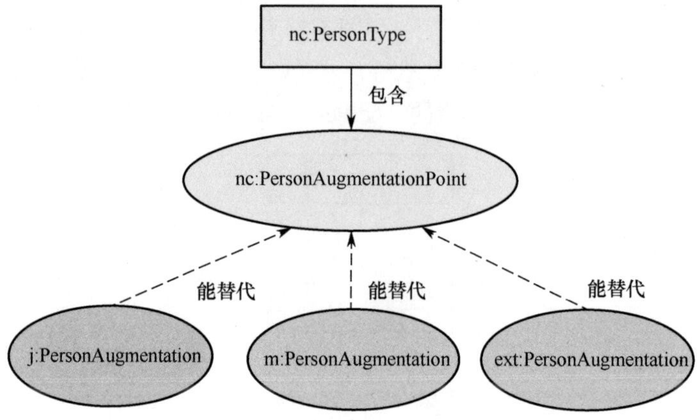

图 5-84　增强类型扩展举例

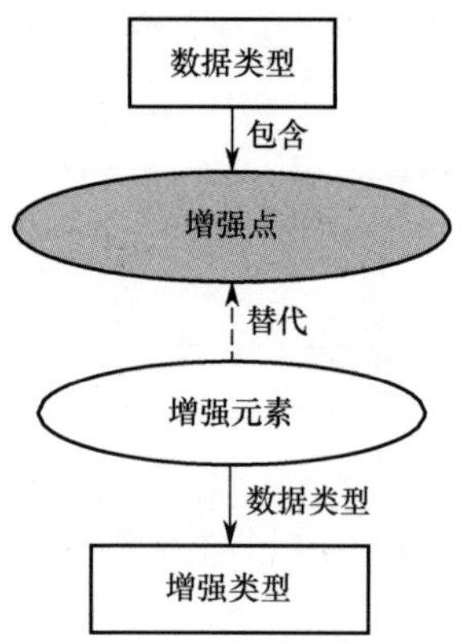

图 5-85　数据类型、增强点、增强元素与增强类型之间的关系

增强点 XML Schema 通用描述模板如图 5-86 所示。

```
<!-- Complex type declaration -->
<xs:element ref="NAMEAugmentationPoint" minOccurs="0" maxOccurs="unbounded"/>
<!-- End of complex type declaration -->
<!-- Augmentation Point Element, like nc:PersonAugmentationPoint -->
<xs:element name="NAMEAugmentationPoint" abstract="true">
  <xs:annotation>
    <xs:documentation>An augmentation point for NAMEType</xs:documentation>
  </xs:annotation>
</xs:element>
```

图 5-86　增强点 XML Schema 通用描述模板

2. 增强元素

通过替代原始数据类型的增强点，可以将来自不同命名空间的数据类型附加到原始数据类型中。NIEM 有两种创建增强元素的方式：一种方式是创建一个容器元素和类型，将相关的附加内容捆绑在一起成为一个组，并使该容器的元素可替换为扩充点元素；另一种方式是使每个添加项可以单独替代为扩展点元素，而不必捆绑在一起。

（1）容器替代方式。

容器替代方式将增强元素定义为一个容器，将附加的内容组合成一组，在图 5-87 中，“nc:PersonType”类型中的增强点“nc:PersonAugmentationPoint”可以被 3 个增强容器元素替代。

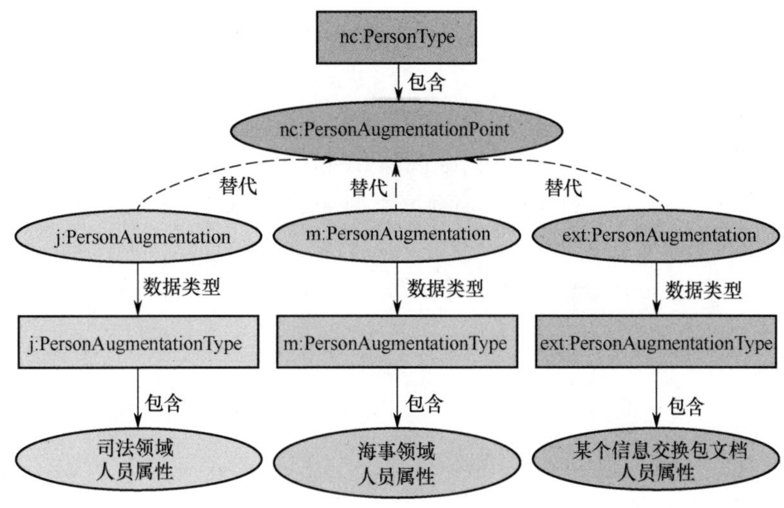

图 5-87　容器替代方式

增强类型和元素声明 XML Schema 通用描述模板如图 5-88 所示。

```
<!-- Augmentation type, like j:PersonAugmentationType -->
<xs:complexType name="NAMEAugmentationType">
  <xs:annotation>
    <xs:documentation>A data type for additional information about NAME</xs:documentation>
  </xs:annotation>
  <xs:complexContent>
    <xs:extension base="structures:AugmentationType">
      <xs:sequence>
        <xs:element ref="ELEMENT1" minOccurs="0" maxOccurs="unbounded"/>
        <xs:element ref="ELEMENT2" minOccurs="0" maxOccurs="unbounded"/>
      </xs:sequence>
    </xs:extension>
  </xs:complexContent>
```

图 5-88　增强类型和元素声明 XML Schema 通用描述模板

```
</xs:complexType>
<!-- Augmentation container element, like j:PersonAugmentation
     (substitutable for nc:PersonAugmentationPoint) -->
<xs:element name = "NAMEAugmentation" type="NAMEAugmentationType"
      substitutionGroup = "NAMEAugmentationPoint">
  <xs:annotation>
    <xs:documentation>Additional information about NAME</xs:documentation>
  </xs:annotation>
</xs:element>
```

图 5-88　增强类型和元素声明 XML Schema 通用描述模板（续）

例如，通过对 nc:PersonType 类型进行扩展，增加新的属性组，如驾照（j:DriverLicense）属性和工作地点（j:PersonWorkPlace）。首先，需要从 s:Augmentation Type 类型派生出数据类型 j:PersonAugmentationType，并增加驾照（j:DriverLicense）属性和工作地点（j:PersonWorkPlace）；然后，从 nc:PersonType 派生出数据类型 ext:PersonType，而数据类型 ext:PersonType 则通过引用 j:Person AugmentationType 数据类型的方式来增加属性组，即驾照（j:DriverLicense）属性和工作地点（j:PersonWorkPlace）。增强数据类型的构造方式如图 5-89 所示。

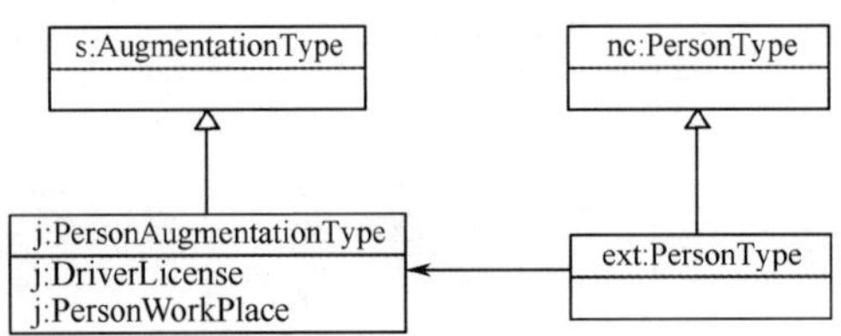

图 5-89　增强数据类型的构造方式

增强数据类型的对象也必须通过 substitutionGroup 来说明其是原始数据类型的替代者。nc:PersonAugmentationType 代码如图 5-90 所示。

```
<xs:complexType name="PersonAugmentationType">
  <xs:complexContent>
    <xs:extension base="structures:AugmentationType">
      <xs:sequence>
        <xs:element ref="j:DriverLicense" minOccurs="0" maxOccurs="unbounded"/>
        <xs:element ref="j:PersonWorkPlace" minOccurs="0" maxOccurs="unbounded"/>
        ……
      </xs:sequence>
    </xs:extension>
  </xs:complexContent>
  <!--增加属性的定义-->
</xs:complexType>
```

图 5-90　nc:PersonAugmentationType 代码

而 ext:PersonType 则通过引用 nc:PersonAugmentation 来对 nc:PersonType 进行扩展，并通过 substitutionGroup="nc:Person"来指定 ext:PersonType 是 nc:Person 的替代类型，如图 5-91 所示。

```
<xsd:complexType name="PersonType">
  <!--增强类型的定义-->
    <xsd:complexContent>
      <xsd:extension base="nc:PersonType">
        <!--父类型，即对 nc:PersonType 的增强-->
        <xsd:sequence>
          <xsd:element ref="nc:PersonAugmentation" minOccurs="0" maxOccurs="unbounded"/>
          <!--引用增加的属性-->
        </xsd:sequence>
      </xsd:extension>
    </xsd:complexContent>
  </xsd:complexType>
<xsd:element name="Person" type="ext:PersonType" substitutionGroup="nc:Person">
```

图 5-91 PersonType 定义

图 5-92 的实例说明了增强数据类型的效果。

```
<ext:Person>
  <nc:PersonName>
    <nc:PersonGivenName>John</nc:PersonGivenName>
    <nc:PersonSurName>Smith</nc:PersonSurName>
  </nc:PersonName>
    …
  <nc:PersonAugmentation>
    <j:DriverLicense>VA </j:DriverLicense>
    <j:PersonBirthPlaceCode>VA</j:PersonBirthPlaceCode>
  </nc:PersonAugmentation>
    …
</ext:Person>
```

图 5-92 增强数据类型实例

（2）直接替代方式。

直接替代方式是使每个替代元素单独替代扩展点元素，如图 5-93 所示。直接替代方式增强数据类型和元素声明 XML Schema 通用描述模板如图 5-94 所示，如图 5-95 所示为直接替代方式增强元素的 XML Schema 定义，如图 5-96 所示为直接替代方式增强元素的 XML Schema 实例。

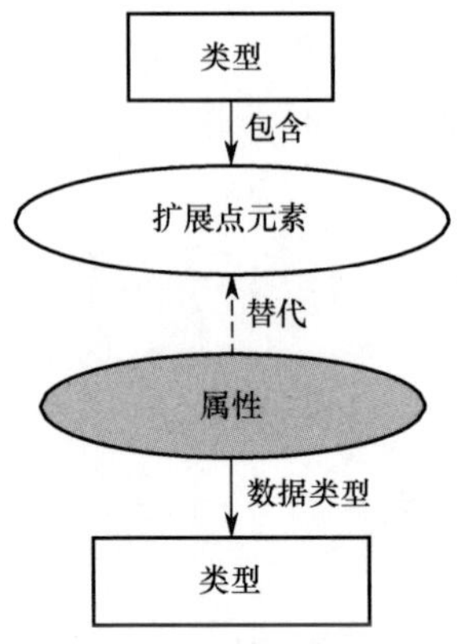

图 5-93　直接替代方式

```
<xs:element name="ELEMENT_NAME" type="ELEMENT_TYPE"
        substitutionGroup="NAMEAugmentationPoint">
  <xs:annotation>
    <xs:documentation>ELEMENT_DEFINITION</xs:documentation>
  </xs:annotation>
</xs:element>
```

图 5-94　直接替代方式增强数据类型和元素声明 XML Schema 通用描述模板

```
<xs:element name="PersonFictionalCharacterIndicator" type="niem-xs:boolean"
  substitutionGroup="nc:PersonAugmentationPoint">
  <xs:annotation>
    <xs:documentation>True if this person is a fictional character; false otherwise.</xs:documentation>
  </xs:annotation>
</xs:element>
```

图 5-95　直接替代方式增强元素的 XML Schema 定义

```
<nc:Person>
  <nc:PersonName>
    <nc:PersonFullName>John Smith</nc:PersonFullName>
  </nc:PersonName>
  <nc:PersonBirthDate>
    <nc:Date>1950-01-01</nc:Date>
  </nc:PersonBirthDate>
  <!-- The augmentation element, substituted directly for nc:PersonAugmentationPoint -->
  <ext:PersonFictionalCharacterIndicator>true</ext:PersonFictionalCharacterIndicator>
</nc:Person>
```

图 5-96　直接替代方式增强元素的 XML Schema 实例

5.3.5　外部标准适配器数据类型描述方法

外部标准适配器数据类型将非 NIEM 标准数据类型，按照 NIEM 规范进行包装，使得在 NIEM 中引用外部标准的内容不会引起一致性验证错误。如 geo:SurfaceType 是 NIEM 中的适配器数据类型，包含来自外部标准 GML（Geography Markup Language）的元素，它可以被其他 NIEM 组件正常使用，如图 5-97 所示。外部标准适配器数据类型提供了 NIEM 与其他数据标准交互的能力，从而避免数据模型的重建。

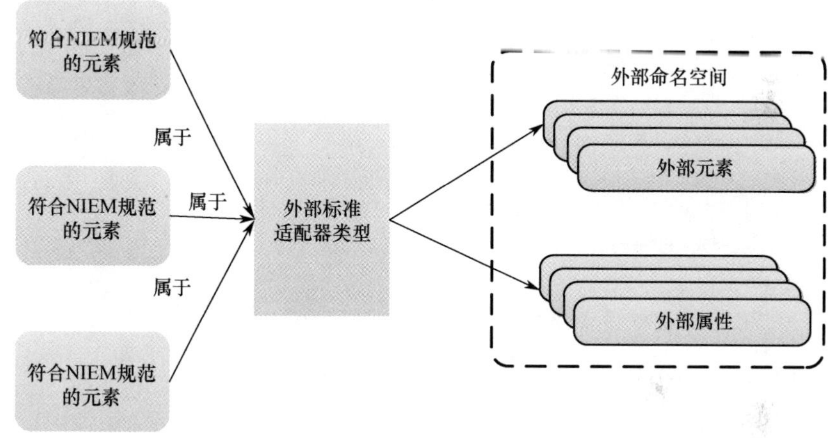

图 5-97　通过外部标准适配器创建 NIEM 的数据类型

外部标准适配器定义的方法是：首先将外部标准文件通过“import”语句导入 NIEM 模式文件中，并将“import”语句的属性“appinfo:external ImportIndicator”设置为“true”；然后定义一个复合数据类型的适配器数据类型，并将其属性“appinfo:externalAdapterTypeIndicator”设置为“true”。外部标准适配器数据类型在 XML Schema 描述中的主要变量如表 5-18 所示，外部标准适配器数据类型 XML Schema 通用描述模板如图 5-98 所示。

表 5-18　外部标准适配器数据类型在 XML Schema 描述中的主要变量

变量名称	说　明	用　法
{$ExternalSchemaLocation}	外部模式文件的绝对路径或相对路径	必须
{$ExternalSchemaNamespace}	外部模式文件的统一资源标识符 URI	必须
{$ExternalSchemaDefinition}	外部模式文件的描述，外部的非 NIEM 模式文件可能没有定义，在导入的时候需要定义	必须
{$Name}	外部标准适配器元素或类型	必须

（续表）

变量名称	说　明	用　法
{$Definition}	外部标准适配器元素或类型的定义	必须
{$ExternalElement }	外部元素的名称	必须
{$ExternalElementDefinition}	外部元素的定义	必须

```
<xs:import schemaLocation="{$ExternalSchemaLocation}" namespace="{$ExternalSchemaNamespace}"
    appinfo:externalImportIndicator="true">
  <xs:annotation>
    <xs:documentation>{$ExternalSchemaDefinition}</xs:documentation>
  </xs:annotation>
</xs:import>
<xs:complexType name="{$Name}AdapterType" appinfo:externalAdapterTypeIndicator="true">
  <xs:annotation>
    <xs:documentation>A data type for {$Definition}</xs:documentation>
  </xs:annotation>
  <xs:complexContent>
    <xs:extension base="structures:ObjectType">
      <xs:sequence>
        <xs:element ref="{$ExternalElement}" minOccurs="0" maxOccurs="unbounded">
          <xs:annotation>
            <xs:documentation>{$ExternalElementDefinition}</xs:documentation>
          </xs:annotation>
        </xs:element>
      </xs:sequence>
    </xs:extension>
  </xs:complexContent>
</xs:complexType>
<xs:element name="{$Name}Adapter" type="{$Name}AdapterType" nillable="true">
  <xs:annotation>
    <xs:documentation>A(n) {$Definition}</xs:documentation>
  </xs:annotation>
</xs:element>
```

图 5-98　外部标准适配器数据类型 XML Schema 通用描述模板

例如，在 NIEM 中通过外部标准适配器数据类型引入地理空间数据标准 GML，首先将地理空间数据标准 GML 通过“import”语句导入 NIEM 模式文件中，然后定义一个外部标准适配器类型“GeometryType”，最后定义在 NIEM 中的“Geometry”元素，如图 5-99 所示。

```
<xs:schema xmlns:gml="http://www.opengis.net/gml/3.2" ...>
  <xs:import  schemaLocation="../../../external/ogc/gml/3.2.1/gml.xsd"  namespace=http://www.opengis.net/gml/3.2  appinfo:
        externalImportIndicator="true">
    <xs:annotation>
      <xs:documentation>Geography Markup Language (GML) version 3.2.1 schemas...</xs:documentation>
    </xs:annotation>
  </xs:import>
  <xs:complexType name="GeometryType" appinfo:externalAdapterTypeIndicator="true">
    <xs:annotation>
      <xs:documentation>A data type that encapsulates a GML geometry element.</xs:documentation>
    </xs:annotation>
    <xs:complexContent>
      <xs:extension base="structures:ObjectType">
        <xs:sequence>
          <xs:element ref="gml:AbstractGeometry" minOccurs="1" maxOccurs="1">
            <xs:annotation>
              <xs:documentation>The AbstractGeometry element is the abstract head of the substitution group for all geometry
              elements of GML. This includes ...</xs:documentation>
            </xs:annotation>
          </xs:element>
        </xs:sequence>
      </xs:extension>
    </xs:complexContent>
  </xs:complexType>
  <xs:element name="Geometry" type="geo:GeometryType" nillable="true">
    <xs:annotation>
      <xs:documentation>A general-purpose GML geometry adapter.</xs:documentation>
    </xs:annotation>
  </xs:element>
</xs:schema>
```

图 5-99 定义地理空间数据标准 GML 的外部标准适配器数据类型

5.4 术语、命名空间描述方法

5.4.1 术语描述方法

术语是指某个业务领域中的单词、短语、缩略词、专业术语或其他字符串。例如，GSM 是“Global System for Mobile communication”的首字母缩写词，SSN 是“Social Security Number”的首字母缩写词，Alpha2 表示 2 个字母，Alpha3 表示 3 个字母。本地术语描述方法可以统一术语的表示，以便于相关各方的一致理解。缩略字通用描述模板如图 5-100 所示，术语定义通用描述模板如图 5-101 所示。

```
<xs:appinfo>
  <appinfo:LocalTerm term="TERM" literal="LITERAL"/>
</xs:appinfo>
```

图 5-100　缩略字通用描述模板

```
<xs:appinfo>
  <appinfo:LocalTerm term="TERM" definition="DEFINITION"/>
</xs:appinfo>
```

图 5-101　术语定义通用描述模板

如图 5-102 所示为 NIEM 5.0 核心数据模型的部分代码。

```
<xs:schema>
  <xs:annotation>
    <xs:documentation>NIEM Core.</xs:documentation>
    <xs:appinfo>
      <appinfo:LocalTerm term="SSN" literal="Social Security Number"/>
      <appinfo:LocalTerm term="ISO" literal="International Organization for Standardization"/>
      <appinfo:LocalTerm term="Alpha3" definition="Three-letter"/>
      <appinfo:LocalTerm term="Alpha2" definition="Two-letter"/>
      ...
    </xs:appinfo>
  </xs:annotation>
</xs:schema>
```

图 5-102　NIEM 5.0 核心数据模型的部分代码

5.4.2　命名空间描述方法

命名空间是一个集合，将相关的数据类型和元素有逻辑地组织在一起，同时也指明目标命名空间的统一资源标识符 URI 和命名空间前缀。例如，人口服务域“Human Services”是一个命名空间，使用“hs”作为该命名空间的前缀，标识该命名空间中的数据类型和数据元素，如“hs:PlacementType”数据类型、“hs:RequestedService”数据元素。在名称前面使用命名空间前缀有助于识别和区分它们，避免了在多个命名空间中可能出现相同名称冲突的问题。

1. XML Schema 描述方法

如图 5-103 所示为 NIEM 5.0 命名空间模板。其中，“xs:schema”的属性“targetNamespace”指定在 xsd 文档下定义的元素属于该命名空间为“http://release.niem.gov/niem/niem-core/5.0/”，属性“version”指定 xsd 文档的版本号。

```
<?xml version="1.0" encoding="UTF-8"?>
<xs:schema targetNamespace=http://release.niem.gov/niem/niem-core/5.0/
   version="beta1"
   xml:lang="en-US"
   xsi:schemaLocation="http://release.niem.gov/niem/appinfo/5.0/../../utility/appinfo/5.0/appinfo.xsd
   http://release.niem.gov/niem/conformanceTargets/3.0/../../utility/conformanceTargets/3.0/conformanceTargets.xsd"
   ct:conformanceTargets="http://reference.niem.gov/niem/specification/naming-and-design-rules/4.0/
   #ReferenceSchemaDocument"
   xmlns:appinfo="http://release.niem.gov/niem/appinfo/5.0/"
   xmlns:cli="http://reference.niem.gov/niem/specification/code-lists/4.0/code-lists-instance/"
   xmlns:ct="http://release.niem.gov/niem/conformanceTargets/3.0/"
   xmlns:nc="http://release.niem.gov/niem/niem-core/5.0/"
   xmlns:niem-xs="http://release.niem.gov/niem/proxy/xsd/5.0/"
   xmlns:structures="http://release.niem.gov/niem/structures/5.0/"
   xmlns:xml="http://www.w3.org/XML/1998/namespace"
   xmlns:xs="http://www.w3.org/2001/XMLSchema"
   xmlns:xsi="http://www.w3.org/2001/XMLSchema-instance">
   <xs:annotation>
      <xs:documentation>NAMESPACE_DEFINITION</xs:documentation>
      <xs:appinfo>
         <appinfo:LocalTerm term="TERM1" literal="LITERAL1"/>
         <appinfo:LocalTerm term="TERM2" definition="DEFINITION2"/>
      </xs:appinfo>
   </xs:annotation>
   <xs:import schemaLocation="IMPORT_PATH" namespace="IMPORT_URI"/>
   <xs:import schemaLocation="../niem/niem-core/4.0/niem-core.xsd"
         namespace="http://release.niem.gov/niem/niem-core/5.0/"/>
   <xs:import schemaLocation="../niem/utility/structures/5.0/structures.xsd"
         namespace="http://release.niem.gov/niem/structures/5.0/"/>
   <!-- element, attribute, and type declarations -->
</xs:schema>
```

图 5-103　NIEM 5.0 命名空间模板

“xs:schema”的属性“xsi:schemaLocation”用于将一个或多个 URI 绑定到其位置。该属性的值是一个字符串，包含一个或多个“URI LOCATION”对。其属性模板如图 5-104 所示。“xsi:schemaLocation”用于指定一致性检查目标名称空间和 appinfo 名称空间，其属性定义如图 5-105 所示。

```
xsi:schemaLocation="URI1 LOC1 URI2 LOC2 …"
```

图 5-104　“xsi:schemaLocation”属性模板

```
<xs:schema
    xsi:schemaLocation="http://release.niem.gov/niem/appinfo/5.0/../niem/utility/appinfo/5.0/appinfo.xsd
    http://release.niem.gov/niem/conformanceTargets/3.0/../niem/utility/conformanceTargets/3.0/
    conformanceTargets.xsd">
      ...
</xs:schema>
```

图 5-105　“xsi:schemaLocation”属性定义

“xs:schema”的属性“ct:conformanceTargets”用于指定检查一致性的规则，其属性模板如图 5-106 所示，其参考和扩展规则等定义如图 5-107 所示。

```
ct:conformanceTargets="URI1 URI2 ..."
```

图 5-106 “ct:conformanceTargets”属性模板

```
<xs:schema
    ct:conformanceTargets="http://reference.niem.gov/niem/specification/naming-and-design-rules/5.0/
    #ReferenceSchemaDocument"
  ...
</xs:schema>
```

图 5-107 “ct:conformanceTargets”属性定义

“xmlns”属性指定命名空间，将前缀绑定到指定的 URI，命名空间定义模板如图 5-108 所示。例如，定义“appinfo”“nc”“xs”等命名空间，如图 5-109 所示。

```
xmlns:PREFIX="URI"
```

图 5-108 命名空间定义模板

```
<xs:schema
  xmlns:appinfo="http://release.niem.gov/niem/appinfo/5.0/"
  xmlns:ct="http://release.niem.gov/niem/conformanceTargets/5.0/"
  xmlns:nc="http://release.niem.gov/niem/niem-core/5.0/"
  xmlns:niem-xs="http://release.niem.gov/niem/proxy/xsd/5.0/"
  xmlns:structures="http://release.niem.gov/niem/structures/5.0/"
  xmlns:xs="http://www.w3.org/2001/XMLSchema"
  xmlns:xsi="http://www.w3.org/2001/XMLSchema-instance">
</xs:schema>
```

图 5-109 定义的部分命名空间

“import”子句将其他命名空间的内容导入当前 xsd 文档中，以便重用其他命名空间的内容，需要指定 URI 及要导入的名称空间的绝对路径或相对路径。“import”子句模板如图 5-110 所示，导入方法举例如图 5-111 所示。

```
<xs:import schemaLocation="IMPORT_PATH" namespace="IMPORT_URI"/>
```

图 5-110 “import”子句模板

```
<xs:import schemaLocation="../niem/niem-core/5.0/niem-core.xsd"
        namespace="http://release.niem.gov/niem/structures/4.0/"/>
```

图 5-111 导入方法举例

2. JSON 描述方法

JSON 中的命名空间将每个 NIEM 命名空间都转换为统一资源标识符 URI，并以“#”结束，然后在 JSON 或者实例文件中，通过“@context”指定命名空间，如图 5-112 所示。在 NIEM 5.0 的 json-ld 目录下的 context.json 文件对命名空间进行了统一定义。

```
{
  "@context" : {
    "nc": "http://release.niem.gov/niem/niem-core/5.0/#"
  },
  "nc:PersonPreferredName": "Morty"
}
```

图 5-112　命名空间 JSON 定义

5.5　数据模型校验方法

XML Schema 具有强大的灵活性，增强了它的表达能力，同时也带来规范性管理的困难。为了确保数据模型的规范性和可重用性，需要构建人工验证规则和机器验证规则，进一步约束 XML Schema 各组件的定义和描述。机器验证规则是基于 ISO-Schematron[1]的规则模板，实现机器对数据模型、信息交换包等 XML Schema 文档的自动验证。

5.5.1　命名与设计规范

《NIEM 命名与设计规范》（*NIEM Naming and Design Rules Version*，NDR）定义了运用 XML Schema 语言约束、NIEM 模式定义、NIEM 模式构建、XML 实例、数据构件命名等需要遵守的原则与规定，包括需要人工验证的规则和机器自动校验的规则。

（1）数据类型定义规则。

NIEM 主要是运用 XML Schema 模式语言来描述的，因此必须遵守 XML Schema 模式语言的语法规定，但是在运用 XML Schema 模式语言时，为了保持

[1] ISO/IEC 19757-3:2016《信息技术　文档模式定义语言（DSDL）第 3 部分——基于规则的验证：Schematron》。

NIEM 的语言清晰与结构严谨，NIEM 对 XML Schema 模式语言进行了一些必要的限制。模式定义规则主要描述了在运用 XML Schema 语言时，对简单数据类型、复合数据类型和元素的定义，以及命名空间引入、注释等方面的一些限制与规定。

（2）建模规则。

NIEM 提供了一个以概念和关系建模为 XML Schema 构件的框架。但是，XML Schema 不能提供足够的结构和约束实现从概念模型到实例的转化。因此，NIEM 规范还定义了一些其他的规则来满足建模需要。在运用 XML Schema 模式语言进行建模时，除要遵守 XML Schema 模式语言本身的语法规则外，还需要遵循 NIEM 建模规则，主要包括数据类型、关联类型、增强类型、元数据类型、角色类型的定义及数据构件命名等内容方面的规定与要求。

（3）实例规则。

为了保证 NIEM 实例的正确性和可验证性，实例规则说明了在通过 NIEM 生成实例数据时对实例验证、实例中对象的组织方式和顺序，以及实例元数据的定义等内容进行了规定与约束。

5.5.2　机器校验方法

为了便于对 NIEM 中各类 XML Schema 文件中的数据模型描述进行自动验证，NDR 基于 ISO Schematron 规则的验证语法定义了许多规则，可以通过相应工具直接执行这些规则，实现自动化的验证，以确保在 NIEM 的 XML Schema 文件中数据类型、元素、属性的定义和描述准确无误。基于 ISO Schematron 规则的验证示意如图 5-113 所示，其基本的思路是发现待校验文件中的错误，判断待校验文件的合规性，如发现错误，则给出错误提示。

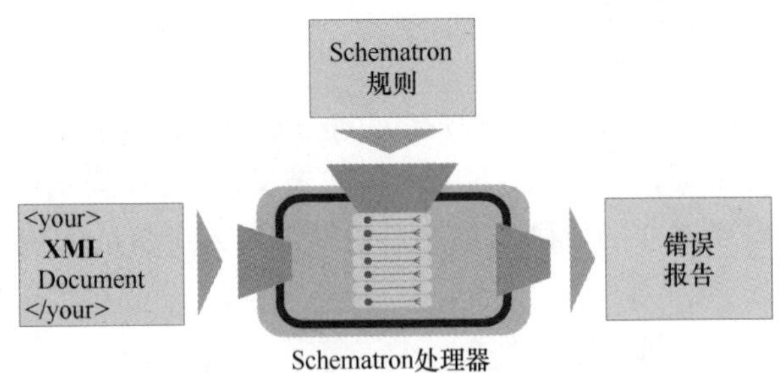

图 5-113　基于 ISO Schematron 规则的验证示意

Schematron 规则描述语言是一种简单的结构模式语言，提供通过使用 XPath 表达式对 XML 文档的有效性进行验证的机制。在 Schematron 规则中有 6 个常用元素：schema、ns、pattern、rule、assert 和 report[14]。

① schema 元素。schema 元素是文档元素，子元素包括 title 元素、ns 元素、phase 元素、pattern 元素、diagnostics 元素。

② ns 元素。ns 元素用于指定 XPath 表达式在 pattern、rule 和 assert 元素中使用的命名空间。它有一个必需的 prefix 和 uri 属性，用于定义命名空间前缀、与该前缀绑定的命名空间名称。在 NDR 中的 schema 元素、命名空间定义如图 5-114 所示。

```
<?xml version="1.0" encoding="US-ASCII" standalone="yes"?>
<sch:schema xmlns:sch="http://purl.oclc.org/dsdl/schematron"
  xmlns:xs="http://www.w3.org/2001/XMLSchema"
  xmlns:xsl="http://www.w3.org/1999/XSL/Transform" queryBinding="xslt2">
  <sch:title>Rules for reference XML Schema documents</sch:title>
  <xsl:include href="ndr-functions.xsl"/>
  <sch:ns prefix="xs" uri="http://www.w3.org/2001/XMLSchema"/>
  <sch:ns prefix="xsl" uri="http://www.w3.org/1999/XSL/Transform"/>
  <sch:ns prefix="nf" uri="http://reference.niem.gov/niem/specification/naming-and-design-rules/4.0/#NDRFunctions"/>
  <sch:ns prefix="ct" uri="http://release.niem.gov/niem/conformanceTargets/3.0/"/>
  <sch:ns prefix="xsi" uri="http://www.w3.org/2001/XMLSchema-instance"/>
  <sch:ns prefix="appinfo" uri="http://release.niem.gov/niem/appinfo/4.0/"/>
  <sch:ns prefix="structures" uri="http://release.niem.gov/niem/structures/4.0/"/>
  …
</sch:schema>
```

图 5-114　在 NDR 中的 schema 元素、命名空间定义

③ pattern 元素。pattern 元素包含一个 rule 元素列表。pattern 元素的主要用途是将类似的断言分组到一起。pattern 元素基本组成如图 5-116 所示。

```
<pattern>
  <rule context=" ">
    <assert test=" ">    </assert>
    …
    <report test=" ">    </report>
  </rule>
</pattern>
```

图 5-115　pattern 元素基本组成

④ rule 元素。rule 元素包含 assert 元素和 report 元素，还有一个包含 XPath 表达式的 context 属性。首先，匹配 context 属性所指定的 XPath 表达式的输入文档的所有节点；然后，根据 rule 元素中的每个 assert 元素或 report 元素来测试，以检查它们是否满足断言。

⑤ assert 元素。assert 元素提供的机制用于测试关于元素内容模型的语句（断言）是否为真。这个元素的 test 属性包含一个 XPath 表达式。如果使用 XPath boolean()函数将 XPath 查询结果转换为布尔值之后结果为 false，则会出现一个验

证错误。在这种情况下，assert 元素的内容将作为错误消息发出。test 属性的比较运算符如表 5-19 所示。

表 5-19　test 属性的比较运算符

运　算　符	说　　明
eq 或 =	等于
gt 或 >	大于
ge	大于并等于
lt 或 <	小于
le	小于并等于
ne 或 !=	不等于

⑥ report 元素。如果使用 XPath boolean()函数将 test 属性中的 XPath 查询结果转换为布尔值之后结果为 true，则会出现一个验证错误。

如图 5-116 所示为 NDR 规则 9-1、规则 9-2 的描述验证举例。

```
<sch:pattern id="rule_9-1">
  <sch:title>No base type in the XML namespace</sch:title>
  <sch:rule context="xs:*[exists(@base)]">
    <sch:assert test="namespace-uri-from-QName(resolve-QName(@base, .))
              != xs:anyURI('http://www.w3.org/XML/1998/namespace')">
              Rule 9-1: A schema component must not have a base type definition with a {target namespace}
              that is the XML namespace.</sch:assert>
  </sch:rule>
</sch:pattern>
<sch:pattern id="rule_9-2">
  <sch:title>No base type of xs:ID</sch:title>
  <sch:rule context="xs:*[exists(@base)]">
    <sch:assert test="resolve-QName(@base, .) != xs:QName('xs:ID')">
          Rule 9-2: A schema component MUST NOT have an attribute {}base with a value of xs:ID.</sch:assert>
  </sch:rule>
</sch:pattern>
```

图 5-116　NDR 规则描述验证举例

Schematron 使用路径表达式将断言应用于实例文件内的指定内容。每条断言规定一个计算结果为真或假的测试条件。如果条件计算为假，则给出由模式指定的特定消息作为验证信息。基于 Schematron 的校验过程如图 5-117 所示。

首先，将 Schematron 规则文件用 XML 文件表示，即 Schematronfile.sch 文件；其次，运用 XSLT 处理器将 Schematron 规则文件转换为另一种格式的 XSLT 样表，即 Schematron 处理器；再次，将待验证的文件送入 Schematron 处理器；最后，Schematron 处理器输出运用 Schematron 验证结果的报告。

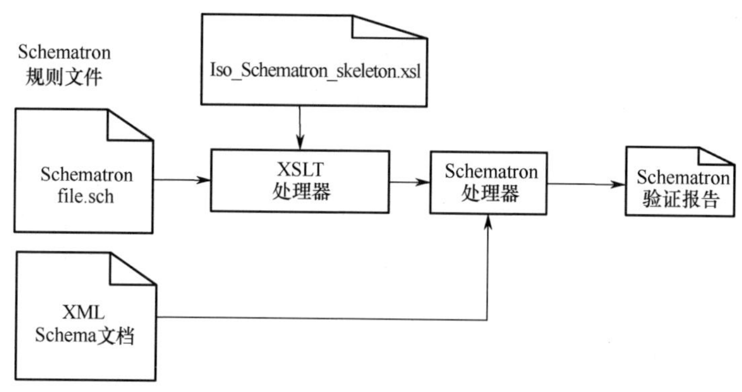

图 5-117　基于 Schematron 的校验过程

5.6　本章小结

信息交换数据模型需要对丰富多彩的客观世界事物进行描述，还要满足复杂多变的跨领域信息交换建模的需要，因此要求信息交换数据模型具有很强的描述能力、灵活的扩展能力，以便数据构件最大限度地重用。为了确保信息交换数据模型的质量，还需要建立校验规则，对信息交换数据模型进行验证。

基本数据模型主要基于 XML Schema、JSON 描述语言对简单数据类型、复合数据类型、限定类型进行描述表示。

元素和属性描述方法主要基于 XML Schema、JSON 描述语言对元素、抽象元素、替代元素、代码元素、表示元素及属性进行描述表示。

扩展数据类型主要为了提高信息交换数据模型的描述能力、扩展能力，基于 XML Schema、JSON 描述语言对关联类型、角色类型、增强类型、元数据类型、外部标准适配器数据类型的描述。

术语、命名空间描述主要对数据模型中的专业术语、命名空间等进行描述。

数据模型校验需要建立校验规则，命名与设计规范是 NIEM 技术架构委员会针对每个 NIEM 主发布版本发布的校验规则，其中，有些规则需要人工来校验，有些规则可以通过机器自动校验。机器校验规则主要基于 ISO Schematron 语法描述。

第 6 章

Chapter 6

信息交换建模方法

尽管跨领域信息交换的需求千差万别，但信息交换建模的基本过程是一致的。信息交换建模的基本过程是：首先，参与信息交换的双方根据交换需求，确定交换数据的范围、内容和格式，形成信息交换业务模型；然后，参照和引用信息交换数据模型标准，形成信息交换双方都能理解的信息交换模型。为了提高信息交换建模的效率和质量，NIEM 规范了信息交换建模过程，相关机构和公司也推出了信息交换建模工具。本章首先介绍信息交换包文档，然后阐述信息交换建模过程，最后讲解信息交换建模工具的运用方法。

6.1　信息交换包文档

信息交换包文档（Information Exchange Package Document，IEPD）定义并描述一个或多个可实施信息交换的上下文、内容、语义和结构，包括：NIEM 核心领域和业务领域数据模型参考架构文档的一部分，企业特定或 IEPD 特定的扩展架构文档，信息交换建模过程中生成的用例图、序列图、模式文件、信息交换包文档更改日志、交换模型的示例文件和元数据等内容。信息交换包文档是信息交换包（Information Exchange Package，IEP）的语义定义。信息交换包是符合 IEPD 的实例 XML 文档，携带所交换信息的数据，是信息交换双方之间交换的实际消息。消息的格式、规则和文档由 IEPD 或 NIEM 消息规范定义。IEPD 与 IEP 的关系如图 6-1 所示。

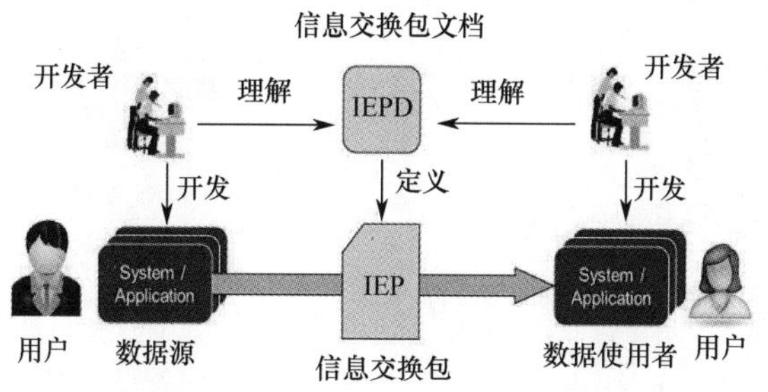

图 6-1　IEPD 与 IEP 的关系

信息交换包文档设计原则如下。①语义和结构上的一致性，具有较高的数据互操作性。②可以原样重复使用，也可以全部或部分重复使用。③易于使用，在信息交换包文档中的元素和类型的数量根据需要从 NIEM 标准中裁剪。④可以使用支持 NIEM 的参考工具，以及遵循 NIEM 高级工具体系结构的其他现有和将来的工具构建、修改和重用 NIEM IEPD。⑤可以在信息交换包文档存储库中注册、存储、发布和共享。⑥当 NIEM 标准中现有的元素和数据类型不满足交换需求时，可以进行扩展。⑦信息交换包文档可以通过 NIEM 适配器机制使用其他 XML 标准。⑧可以将信息交换包文档更新到更高版本的 NIEM 数据模型标准。

6.1.1 信息交换包文档组成

《模型包描述规范》（*NEIM Model Package Descriptions*，MPDs）对信息交换包文档的组成进行了详细的定义。信息交换包文档包括交换文档和说明文档。交换文档主要包含子集模式、扩展模式所对应的模式文件，还有反映子集模式中元素列表的文件（Wantlist.xml）、实例文件（iep-sample.xml）。说明文档包括方案规划、需求分析、映射与建模阶段生成的各种文件（如用例图、序列图等）、信息交换包文档的更改日志（Changelog.txt）等，以及描述信息交换包文档构成及用来对信息交换包注册、搜索和管理的元数据的目录文件（mpd-catalog.xml）。Sparx Systems 公司 Eenteerprise Archietecture（SA）工具描述的信息交换包文档组成及关系[1]如图 6-2 所示。

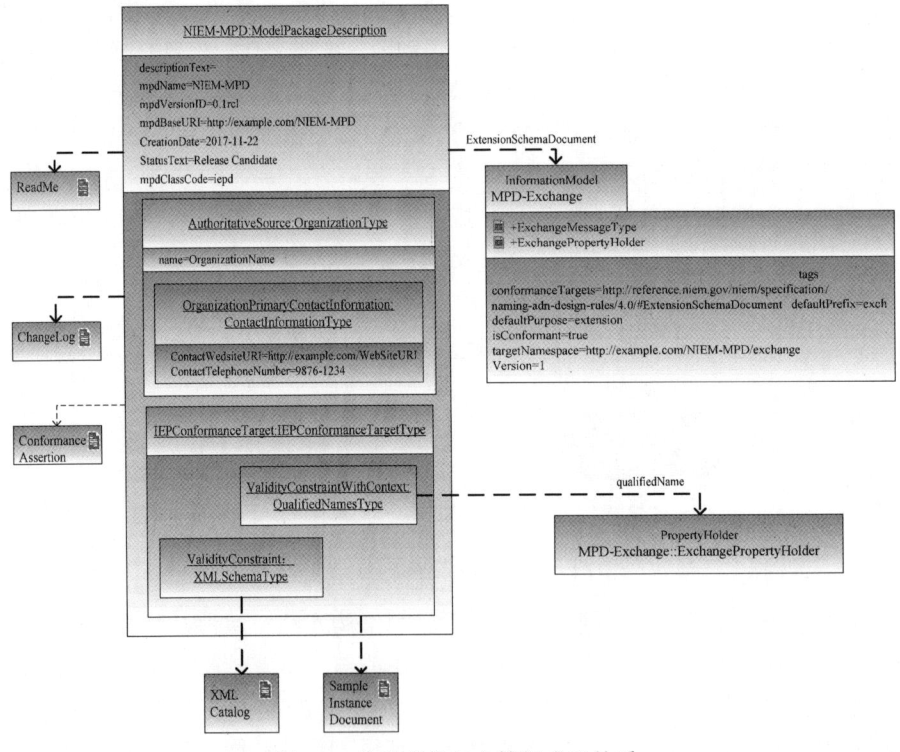

图 6-2　信息交换包文档组成及关系

[1] 信息交换包文档是 NIEM 的模型包（NIEM Model Package）的一种类型。

信息交换包文档的详细内容如表 6-1 所示（在标识列，R 表示必选项，O 表示可选项）。

表 6-1　信息交换包文档的详细内容

组　成	描　述	文件类型	标　识
交换文件			
Subset schema	子集模式文件	xsd	R
Wantlist	子集模式中引用的 NIEM 元素清单	xml	R
Exchange schema	交换模式文件	xsd	R
Constraint schema	受限模式文件	xsd	O
Extension schema	扩展模式文件	xsd	O
Code List	代码表，信息交换中数据元素的允许值的 XML 模式文件	xsd	O
Sample XML instance	交换数据的示例 XML 文件	xml	O
说明文件			
readme	自述文档，主要包括信息交换建模的目的、信息交换需求、建模时间、建模地点等基本信息	txt/md/html/doc/pdf	R
Business requirements	信息交换业务需求	txt/md/doc/pdf	O
MOUs	参与各方签署的备忘录	txt/doc/pdf	O
Endorsement letters	专业机构或政府组织支持项目的协议书	txt/doc/pdf	O
Methodology and tools	建立信息交换包相关的工具与方法说明	txt/doc	O
Change log	变更日志	txt/md/pdf	R
Testing and conformance	模型测试记录	txt/doc	O
Domain model	信息交换业务模型	vsd/xmi/jpg/pdf 等	O
Use case model	用例图	vsd/xmi/jpg/pdf 等	O
Business rules	业务规划说明	xml/txt/doc	O
Mapping (to NIEM components)	映射表	xls/csv	O
Catalog	信息交换包文档组成及元数据文件	xml	R

信息交换包文档的通用目录结构如图 6-3 所示（括号里的文字是注释）。

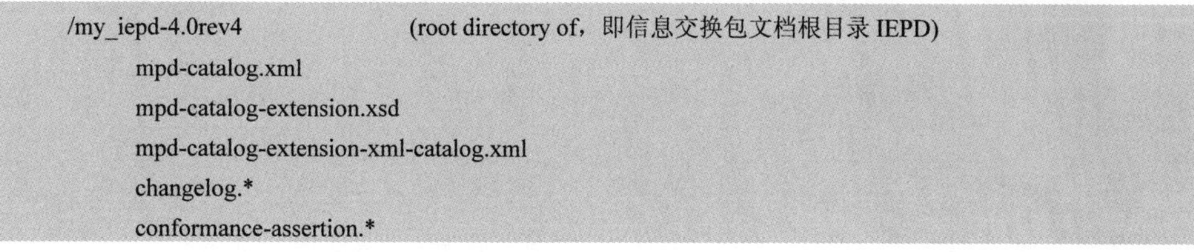

```
/my_iepd-4.0rev4                (root directory of，即信息交换包文档根目录 IEPD)
    mpd-catalog.xml
    mpd-catalog-extension.xsd
    mpd-catalog-extension-xml-catalog.xml
    changelog.*
    conformance-assertion.*
```

图 6-3　信息交换包文档的通用目录结构

```
readme.*
/base-xsd
        /niem                   (subset，即子集模式文件目录)
                /adapters
                /codes
                /domains
                /external
                /niem-core
                /proxy
                /utility
                /appinfo
                /code-list-spec
                /conformanceTargets
                /structurcs
                wantlist.xml
                xml-catalog.xml
        /extension
                extension1.xsd
                extension2.xsd
                ...
                xml-catalog.xml
        /external
                /stix
                /ic-ism
                ...
                xml-catalog.xml
/constraint-xsd                         (constraint schema document sets，即受限模式文件目录)
        /niem                           (constraints on subset，即子集模式中受限模式文件)
                /adapters
                ...
                wantlist.xml
                xml-catalog.xml
        /extension                      (constraints on extensions，即扩展模式中的受限模式文件)
                query.xsd
                extension1.xsd
                xml-catalog.xml
/exi-xsd
        gml.xsd
        xs.xsd
        ...
/schematron
        business-rules1.sch
        business-rules2.sch
        ...
```

图 6-3　信息交换包文档的通用目录结构（续）

```
        /iep-sample
                query.xml
                request.xml
                ...
        /application-info
                ... (tool inputs, outputs, etc.)
        /documentation
                ... (human readable documentation)
```

图 6-3　信息交换包文档的通用目录结构（续）

信息交换包文档目录结构说明如下。

“my_iepd-4.0-rev4”是 IEPD 名称，包括信息交换名称、NIEM 版本号和 IEPD 版本号。

“/base-xd”是基本的模式文档子目录，包括：子集模式、扩展模式引用的元素、类型对应的模式文件子目录（“/niem”和“/extesion”），信息交换包文档引用的非 NIEM 的外部数据标准“/external”，NIEM 中结构域“structures.xsd”扩展或限制的模式文件。

“/constraint-xsd”子目录包含对 NIEM 进行裁剪后的元素和类型的模式文件。

“wantlist.xml”是需求清单文件，是子集模式中元素列表的 XML 文件，记录子集模式中各元素和类型的名称，描述该信息交换从 NIEM 中直接引用的元素、类型，一般由工具自动生成。该文件放在根目录下，举例如图 6-4 所示。

```
<?xml version="1.0" encoding="UTF-8"?>
<w:WantList w:release="3.0-with-domain-updates" w:product="NIEM"
  w:nillableDefault="true"  xmlns:w="http://niem.gov/niem/wantlist/2.2"  xmlns:nc="http://release.niem.gov/niem/niem-
  core/3.0/">
  <w:Element w:name="nc:Person" w:isReference="false" w:nillable="true"/>
  <w:Type w:name="nc:PersonNameType" w:isRequested="false">
    <w:ElementInType w:name="nc:PersonGivenName" w:isReference="false"
      w:minOccurs="0" w:maxOccurs="unbounded"/>
    <w:ElementInType w:name="nc:PersonSurName" w:isReference="false"
      w:minOccurs="0" w:maxOccurs="unbounded"/>
  </w:Type>
  <w:Type w:name="nc:PersonType" w:isRequested="false">
    <w:ElementInType w:name="nc:PersonName" w:isReference="false"
      w:minOccurs="0" w:maxOccurs="unbounded"/>
    <w:ElementInType w:name="nc:PersonAugmentationPoint"
      w:isReference="false" w:minOccurs="0" w:maxOccurs="unbounded"/>
  </w:Type>
</w:WantList>
```

图 6-4　“wantlist.xml”文件举例

“xml-catalog.xml”是XML目录文件，XML catalog通过命名空间将XML文件及其对应的xsd文件联系起来，并通过解析器定位xsd文件的位置，从而实现利用Schema对XML文件的实时校验功能。该文件一般由工具软件自动生成，并放在根目录下，举例如图6-5所示。

```
<?xml version="1.0" encoding="US-ASCII"?>
<!DOCTYPE catalog PUBLIC "-//OASIS//DTD Entity Resolution XML Catalog V1.0//EN" "http://www.oasis-open.org/committees/entity/release/1.0/catalog.dtd">
<catalog prefer="public" xmlns="urn:oasis:names:tc:entity:xmlns:xml:catalog">
  <uri name="http://release.niem.gov/niem/appinfo/3.0/" uri="niem/appinfo/3.0/appinfo.xsd"/>
  <uri name="http://release.niem.gov/niem/conformanceTargets/3.0/" uri="niem/conformanceTargets/3.0/conformance Targets.xsd"/>
  <uri name="http://release.niem.gov/niem/localTerminology/3.0/" uri="niem/localTerminology/3.0/local Terminology.xsd"/>
  <uri name="http://release.niem.gov/niem/niem-core/3.0/" uri="niem/niem-core/3.0/niem-core.xsd"/>
  <uri name="http://release.niem.gov/niem/proxy/xsd/3.0/" uri="niem/proxy/xsd/3.0/xs.xsd"/>
  <uri name="http://release.niem.gov/niem/structures/3.0/" uri="niem/structures/3.0/structures.xsd"/>
</catalog>
```

图6-5 “xml-catalog.xml”文件举例

“/documentation”子目录包含IEPD创建过程中产生的其他文本、图形、媒体文件。

“/iep-sample.xml”子目录包含XML的示例文件，用于测试IEPD模式，示例应包含实际数据，并使用尽可能多的数据组件和有效性约束，举例如图6-6所示。

```
<?xml version="1.0" encoding="UTF-8"?>
<nc:Person xmlns:tns="http://www.example.org/SuperHero-extension"
 xmlns:nc="http://release.niem.gov/niem/niem-core/3.0/"
 xmlns:niem-xsd="http://release.niem.gov/niem/proxy/xsd/3.0/"
 xmlns:structures="http://release.niem.gov/niem/structures/3.0/"
 xmlns:ct="http://release.niem.gov/niem/conformanceTargets/3.0/"
 xmlns:appinfo="http://release.niem.gov/niem/appinfo/3.0/"
 xmlns:xsi="http://www.w3.org/2001/XMLSchema-instance"
 xsi:schemaLocation="http://release.niem.gov/niem/niem-core/3.0/ ../base-xsd/extension/SuperHero-extension_A.xsd">
      <nc:PersonName>
            <nc:PersonGivenName>Bruce</nc:PersonGivenName>
            <nc:PersonSurName>Wayne</nc:PersonSurName>
      </nc:PersonName>
      <tns:PersonClothingDescriptionText>Blue and gray cape, utility belt and face covering with bat like ears.
      </tns: PersonClothingDescriptionText>
</nc:Person>
```

图6-6 “iep-sample.xml”文件举例

“mpd-catalog.xml”是描述信息交换包文档构成，以及信息交换包元数据信息的目录文件，包括：IEPD 唯一标识、一致性规则，有关 IEPD 的基本信息、关键组件和目录结构，与其他 MPD 及其工件的关系。该文件放在根目录下，如图 6-7 所示为“mpd-catalog.xml”文件举例。其中，标签“c:mpdName”是信息交换包文档名称，“c:mpdVersionID”是信息交换包文档版本号；“c:mpdClassURIList”指定一致性目标标识符，声明该信息交换包文档遵循的规则；“c:mpdURI”指定信息交换包文档资源标识符；“c:pathURI”指定该信息交换包文档中各类文件的路径，举例如图 6-7 所示。

```
<?xml version="1.0" encoding="utf-8" ?>
<c:Catalog
   xmlns:nc="http://release.niem.gov/niem/niem-core/3.0/"
   xmlns:proj="http://www.example.org/SuperHero-extension"
   xmlns:c="http://reference.niem.gov/niem/resource/mpd/catalog/3.0/"
   xmlns:xsi="http://www.w3.org/2001/XMLSchema-instance"
   xsi:schemaLocation="http://reference.niem.gov/niem/resource/mpd/catalog/3.0/ mpd-catalog-3.0.xsd"
   xmlns="http://reference.niem.gov/niem/resource/mpd/catalog/3.0/">
   <c:MPD c:mpdName="superhero-iepd" c:mpdVersionID="1"
     c:mpdClassURIList="http://reference.niem.gov/niem/specification/model-package-description/3.0/#MPD
     http://reference.niem.gov/niem/specification/model-package-description/3.0/#IEPD
     http://example.org/niem-iepd/1.0/#abc-org"
     c:mpdURI="http://www.example.org/niem/iepds/superhero/1">
       <nc:DescriptionText>This IEPD shows how to use augmentations to add one or more properties to an exiting Type.
       Part A shows how to add a single property directly.  Part B shows how to place properties to be added in a type
       and then add them.The context of this IEPD is based on Superheros.
       </nc:DescriptionText>
       <c:MPDInformation>
           <c:AuthoritativeSource>
               <nc:EntityOrganization>
                   <nc:OrganizationName>Joint Staff J6, MilOps Domain Steward</nc:OrganizationName>
                   <nc:OrganizationPrimaryContactInformation>
                       <nc:ContactWebsiteURI>https://www.example.org</nc:ContactWebsiteURI>
                   </nc:OrganizationPrimaryContactInformation>
               </nc:EntityOrganization>
           </c:AuthoritativeSource>
           <c:CreationDate>2014-08-19</c:CreationDate>
           <c:StatusText>Beta</c:StatusText>
       </c:MPDInformation>
       <c:IEPConformanceTarget>
           <c:HasDocumentElement c:qualifiedNameList="nc:Person"/>
```

图 6-7　“mpd-catalog.xml”文件举例

```
        <c:IEPSampleXMLDocument c:pathURI="./iep-sample/SuperHeroAugmentation_A.xml"/>
      </c:IEPConformanceTarget>
      <c:IEPConformanceTarget>
        <c:HasDocumentElement c:qualifiedNameList="nc:Person"/>
        <c:IEPSampleXMLDocument c:pathURI="./iep-sample/SuperHeroAugmentation_B.xml"/>
      </c:IEPConformanceTarget>
      <c:ReadMe c:pathURI="readme.txt"/>
      <c:XMLCatalog c:pathURI="base-xsd/niem/xml-catalog.xml"/>
      <c:Wantlist c:pathURI="base-xsd/niem/wantlist.xml"/>
      <c:IEPSampleXMLDocument c:pathURI="iep-sample/SuperHeroAugmentation_A.xml"/>
      <c:IEPSampleXMLDocument c:pathURI="iep-sample/SuperHeroAugmentation_B.xml"/>
      <c:ExtensionSchemaDocument c:pathURI="base-xsd/extension/SuperHero-extension_A.xsd"/>
      <c:ExtensionSchemaDocument c:pathURI="base-xsd/extension/SuperHero-extension_B.xsd"/>
      <c:SubsetSchemaDocument c:pathURI="base-xsd/niem/appinfo/3.0/appinfo.xsd"/>
      <c:SubsetSchemaDocument c:pathURI="base-xsd/niem/conformanceTargets/3.0/conformanceTargets.xsd"/>
      <c:SubsetSchemaDocument c:pathURI="base-xsd/niem/localTerminology/3.0/localTerminology.xsd"/>
      <c:SubsetSchemaDocument c:pathURI="base-xsd/niem/niem-core/3.0/niem-core.xsd"/>
      <c:SubsetSchemaDocument c:pathURI="base-xsd/niem/proxy/xsd/3.0/xs.xsd"/>
      <c:SubsetSchemaDocument c:pathURI="base-xsd/niem/structures/3.0/structures.xsd"/>
   </c:MPD>
</c:Catalog>
```

图 6-7 “mpd-catalog.xml”文件举例（续）

“Changelog.txt”是一个文档更新日志文件。该文件放在根目录下，举例如图 6-8 所示。

```
Version   Date   Description   Author
1.0   2/2/2020   OriginalVersion   Bob
1.1   4 /16/2020   Added new elements to subset schema. Bill
2.0   5/9/2020   Updated requirements and constraint schema. Sara
```

图 6-8 “Changelog.txt”文件举例

“readme.txt”是一个文本格式的自述文件，描述 IEPD 的目的、范围、业务价值，以及交换信息、典型的发送者 / 接收者、交互作用、对其他文档的引用关系。该文件放在根目录下。

“conformance-assertion.txt”是提供声明 IEPD 符合相关 NIEM 规范和相关规则的文件（包括 NIEM 一致性规范、NIEM 命名和设计规则、NIEM 一致性目标属性规范、NIEM 包描述规范等规范文件）。该文件放在根目录下，举例如图 6-9。

“/schematron”子目录是包含约束规则文件的目录。如果使用了规则，则需要创建该子目录。

```
NIEM Conformance Assertion
This NIEM IEPD conforms to the following NIEM specifications:
# list of URIs that the IEPD conforms to
http://reference.niem.gov/niem/specification/conformance/3.0/
http://reference.niem.gov/niem/specification/naming-and-design-rules/4.0/
http://reference.niem.gov/niem/specification/model-package-description/3.0/
mpdURI: http://example.com/template/1.1/
Author: Template Author
Details:
# Description verification process, tools used, results, and known issues.
```

图 6-9 “conformance-assertion.txt”文件举例

6.1.2 信息交换包元数据

信息交换包文档设计完成以后，需要将其注册、发布到公用或私有文档库中，以便其他应用的开发者检索和下载。其他开发者根据具体交换需求进行修改，避免从“零”开始设计，有利于充分利用信息交换实施成果，减少重复劳动。因此，需要规范信息交换包文档的描述信息，实现信息交换包文档的注册、搜索和发现功能。信息交换包元数据主要从 IEPD 的描述、变更、状态、与其他 IEPD 的关系、业务背景和授权等方面对 IEPD 进行了详细的说明。在信息交换包注册、发布后，其他用户能够通过元数据搜索到所需要的信息交换包。信息交换包元数据包括信息交换包的基本信息描述、变更日志、状态，以及信息交换包业务内容描述和授权单位等信息。信息交换包元数据内容如表 6-2 所示（在约束列，R 表示必选项，O 表示可选项）。

表 6-2　信息交换包元数据内容

元数据项	说　　明	约　　束
描述信息		
URI Universal Identifier	信息交换包的资源唯一标识	R
Name	信息交换包的名称	R
Summary	信息交换包的简要描述（不超过 160 个字符）	R
Security	信息交换包的安全级别说明	R
Description	信息交换包的详细描述	O
Web site	信息交换包发布的网址	O
修改日志信息		
Creation date	创建日期	R
Version	版本号	R
NIEM version	创建信息交换包时使用的 NIEM 的版本号	R

（续表）

元数据项	说　　明	约　　束
修改日志信息		
Last revision date	最后审查日期	O
Next revision date	下一次审查日期	O
状态信息		
Maturity	成熟度等级 ①入门级，仍处于开发阶段，具有信息交换包中所有必需的文件； ②完成级，通过测试，能够在有限的范围内运用，信息交换包中的文件只是初稿，可能还需要修改完善； ③产品级，信息交换包中所有文档齐全，能够完全支持信息交换包的运用	R
Status	当前状态	O
Schedule	开发时间节点，“开始时间 YYYYMM，初步完成时间 YYYYMM，完成时间 YYYYMM”	O
Endorsements	支持信息交换包开发的政府和组织机构的名称与缩写	O
Sponsors	发起、参与及对 IEPD 开发做出贡献的组织的名称	O
关联信息		
Lineage	如果本信息交换包继承了其他信息交换包，则通过信息交换包的 URI 描述继承关系	O
Relationships	其他与本信息交换包有关系的 URI	O
Keywords	关键词	O
业务背景信息		
Domains	信息交换包所属的领域和范围	R
Purpose	开发目的	R
Message exchange patterns	信息交换包交换模式（请求/响应、消息、发布/订阅、文本等）	O
Communications environment	信息交换包传输的通信环境（如无线、卫星等）	O
Exchange partner categories	可能使用该信息交换包的组织类别	O
Exchange partners	正在使用该信息交换包的组织	O
Process	使用信息交换包的业务过程	O
Triggering event	触发信息交换的事件	O
Conditions	信息交换包使用的条件	O
来源信息		
Authoritative source organization name	负责和维护信息交换包或交换信息的组织机构（全称和缩写）	R

6.2 信息交换建模过程

信息交换建模实际上通过对交换需求进行分析，明确信息交换的内容，并通过引用 NIEM 对交换需求进行描述，建立信息交换模型，生成信息交换包文档。NIEM 管理组织将信息交换模型开发过程分为方案规划、需求分析、映射与建模、构建与校验、组装与归档、发布与实现 6 个步骤。

6.2.1 方案规划

方案规划阶段是开发信息交换包文档的第一步。这个阶段的主要任务是进行信息交换业务需求分析，构建信息交换业务模型。其主要内容包括明确信息交换背景、了解信息交换的主要内容、明确信息交换的策略要求等。

信息交换背景是指信息交换时涉及的参与交换的各方、触发信息交换的事件、交换条件、交换导致的结果事件等，由信息交换背景可界定信息交换范围。信息交换的主要内容，既包括当前需要提供给其他组织共享的信息，也包括计划将来要与其他组织共享的信息；既包括信息交换的组织形式、存储形式、安全等级及信息交换的流程、责任部门，也包括信息交换的频率和流量大小等。明确信息交换的策略要求是指了解与信息交换相关的各种政策要求，如保密、安全、优先级、复杂性等，为建立信息交换业务模型奠定基础。

信息交换业务需求分析的主要步骤可分为准备阶段、调查阶段、确定阶段。准备阶段是指在项目工作组的领导下，按照方案规划的阶段任务，拟定需求分析的范围与内容，制订需求分析实施方案（计划），并进行人员分工。调查阶段确定信息交换需求调查表的内容，设计调查表格，并积累调查表的范例；在调查表成熟后开展全范围的调查，并将结果进行梳理，经过项目组专家评审和反馈，补充完善后形成最终的调查结果报告。调查阶段也可以采取其他的方式进行组织，如访谈、实践等。确定阶段是指将调查结果进行整理，按照信息交换的内容或范围组织，形成信息交换需求报告文档。

信息交换业务需求分析中对信息交换需求的描述要详细、规范，可以从需要共享的信息资源的名称、说明、类别、资源需求或者接受部门名称、提供信息的部门、相关的业务、信息提供方式、提供信息的应用系统、提供信息的数据库等方面进行描述，各项要求见表 6-3。

表 6-3　信息交换需求描述

指　标　项	要　　求
信息资源的名称	所需信息资源的名称
说明	所需信息内容的简要描述
相关的业务	获得信息后，在哪些业务上使用
需求单位名称	填写需求单位的名称
联系人	填写需求单位联系人的姓名
联系人联系方式	填写需求单位联系人的电话、电子邮件
提供单位	填写明确的信息资源的提供单位

信息交换调查表格的内容设计要合理，而且要能够反映信息交换的基本内容与特征。在调查交换信息时，可以按照信息资源名称、主要业务、信息描述、责任方、数据采集途径和方式、更新周期、共享范围、共享方式、安全级别、支撑数据库等内容进行描述，各项要求见表 6-4。

表 6-4　交换信息的描述

指　标　项	要　　求
信息资源的名称	在业务事项上产生的信息资源的名称
主要业务	产生该信息的业务项名称
信息描述	对信息内容的简要描述及主要指标项
责任方	信息资源负责单位名称
数据采集途径和方式	描述数据的采集途径和方式
更新周期	信息的更新周期，可分为实时、每日、每月、每季度等
共享范围	可共享信息的单位或者部门
安全级别	可分为未分级、内部、秘密、机密或绝密等
支撑系统	数据存储的数据库名称或者相关的应用系统名称

信息交换业务需求描述一般采用统一建模语言（Unified Modeling Language，UML）的用例图、业务流程、时序图等可视化方式。

用例图从用户的角度（从系统的外部）来描述信息交换系统的功能，包括信息交换业务场景中涉及的角色、系统、功能及其之间的关系，主要包括：①参与者，描述在系统中扮演的角色，包括人、设备或系统，在图中用简笔人物画来表示，人物下面附上角色的名称；②用例，描述系统主要功能或子功能，在图中用椭圆来表示，椭圆下面附上用例的名称；③关系，描述角色与用例之间的关系，在图中用箭头表示，箭头尾部表示启动交互的一方，箭头头部表示被启动的一方，其中用例总要由参与者来启动；④系统边界，用来表示正在建模系统的边界，边界内表示系统的组成部分，边界外表示系统外部，在画图时用方框来表示，同时附上系统的名称，参与者画在边界的外面，用例画在边界的里面。如图 6-10 所示为一个用例图示意。

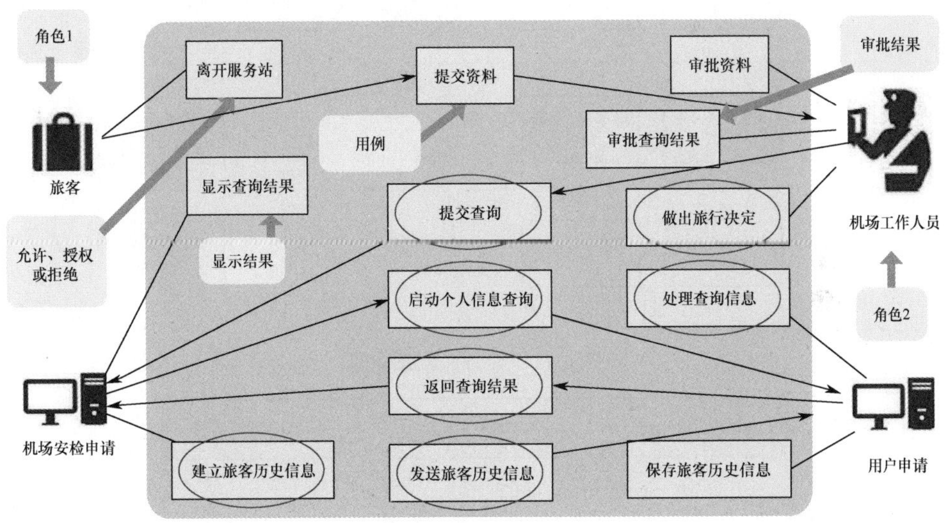

图 6-10　用例图示意

业务流程图类似于工作流程图，描述信息交换中各活动的时间顺序。主要包括：①参与者，直接或间接参与信息交换的个人、组织或系统；②活动，由交换数据驱动的功能操作；③分支，驱动利益相关者做出决定的活动；④活动流，连接业务流程和事件以在图中显示活动的方向；⑤开始事件/停止事件，表示活动触发或活动完成。业务流程图一般采用泳道对活动进行分组，每个区域代表参与者的一系列活动，泳道最左侧的图为利益相关者创建一个起始节点，以启动信息交换过程；从起始节点之后开始，从左到右填写业务流程，其中每个活动或事件都按时间顺序参与信息交换。另外，在图中插入一个表示过程结束的终端节点。如图 6-11 所示为一个业务流程图示意。

时序图显示了应用程序或系统之间的操作过程或消息的顺序，主要包括应用系统和消息。应用系统是在信息交换中发送消息所涉及的应用程序；消息是信息交换过程中应用程序之间发送的消息。时序图的表示方式是，应用程序下方的垂直虚线表示时间轴，虚线之间的水平箭头表示应用程序发送的消息。如图 6-12 所示为时序图举例。

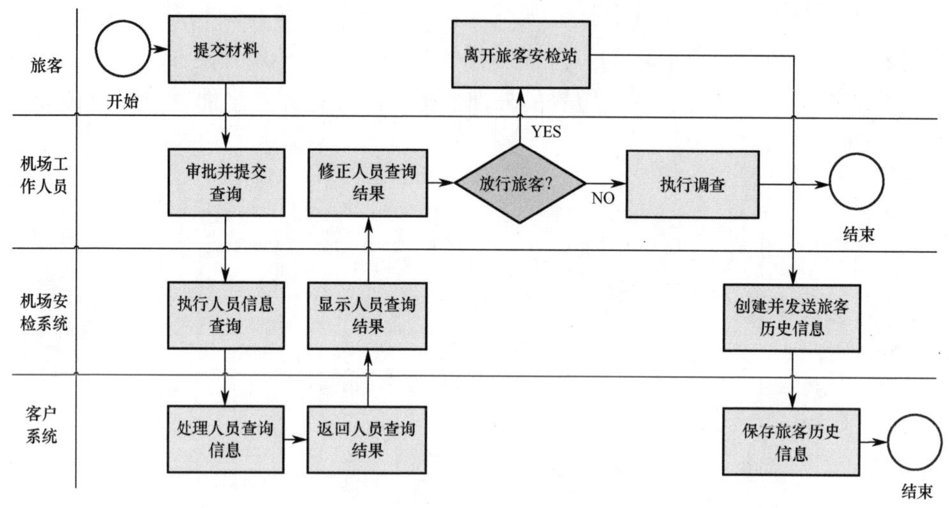

图 6-11 业务流程图示意

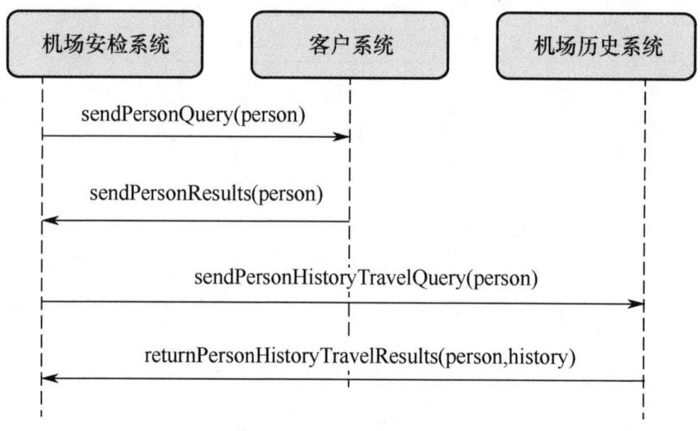

图 6-12 时序图举例

6.2.2 需求分析

需求分析是指分解交换业务场景，细化交换数据需求，明确交换数据的物理结构和逻辑结构，构建信息交换业务模型。信息交换业务模型是业务领域专家在信息交换业务需求分析的基础上运用相关的技术手段对信息交换需求的直观描述，是信息交换需求的直接体现。信息交换业务模型是项目工作组内部、项目工作组与利益方进行沟通的工具和桥梁。因此，信息交换业务模型的表现形式必须具有技术独立性的特征，这样非技术人员也可以通过模型来了解信息交换业务模型的正确性与准确性。

信息交换业务模型要明确交换的数据结构，包括数据元素的名称、类型、定义、约束（在实例中出现的最小次数和最大次数）。①数据元素的的名称，如姓氏名称、街道地址、电话号码等。②数据类型，即元素的结构表示形式或格式，如字符串、日期、整数、十进制、布尔值、状态代码、人员数据类型、位置数据类型等。③数据元素定义，对信息交换中的组件进行语义描述（在此阶段，定义的措辞不必很完善，但描述应充分清楚。因为以后确定某个元素映射到 NIEM 的某个元素，NIEM 元素将带有自己的定义）。④约束，元素在实例中出现的最小次数和最大次数。例如，姓氏只能出现 1 次；身份证号码可能出现 0～1 次；电话号码可能出现 0 到多次。

信息交换业务模型可以采用用关联表和标准化的 UML 语言描述。

1. 关联表

关联表是指按一定的逻辑关系将信息交换业务模型的各元素分类编排而形成的表格，可以使用 Excel 等工具来完成。以海事信息共享环境中对船舶位置的建模为例，如表 6-5 所示，第一列是实体列表，第二列是实体所属类型，第三列是实体属性列表，第四列是各属性的数据类型，第五列是实体或者属性的定义，第六列是各属性的基数。

表 6-5　信息交换业务模型关联表

实　体	类　型	属　性	属性类型	定　义	基　数
position	PositionType（在给定时刻船舶的地理位置、航向、航速和状况的数据类型）	LocationPointAbstract	Abstract	二维或三维地理坐标点指定的地理位置	0..1
		PositionSpeedMeasure	nc:SpeedMeasureType	船舶或其他运输工具的速度	0..*
		PositionCourseMeasure	m:AngleMeasureType	船舶或其他运输工具的航线方位	1..*
		PositionHeadingMeasure	m:AngleMeasureType	船舶或其他运输工具的航向	0..*
		PositionNavigationStatus	nc:StatusType	船舶或其他运输工具在某个特定位置的航行状态	0..*
		PositionDateTime	nc:DateType	船舶或其他运输工具在某个位置的日期和时间	0..*

使用关联表的最大优势是比较直观，而且避免了相关人员需要学习新的建模语言与工具。另外，使用关联表作为建模工具也有许多局限性，如表的结构没有统一的标准、元素之间的关联也不容易描述清楚、缺少可视化的表达方式等。

2. UML 语言

统一建模语言（Unified Modeling Language，UML）通过类图或静态图来描述信息交换业务模型中各元素及其关系。它能够在不同层次上对模型进行比较细致的描述，提供对继承、基数等概念的支持。使用 UML 作为信息交换业务模型的建模工具的优点显而易见。第一，它是一个标准的、通用的建模语言，有大量的工具支撑。第二，它通过图形化的方式对数据模型在不同的层次上进行描述，能够将信息交换业务模型完全展示清楚。第三，UML 支持面向对象的建模方式，这一点与 NIEM 和 XML Schema 具有一致性。第四，UML 已经得到了广泛的应用，具有很好的应用基础。当然，使用 UML 作为信息交换业务模型描述方法的最大障碍是部分需求分析人员没有技术背景（如系统使用者），需要对他们进行相关培训。另外，需要选择合适的 UML 工具来支持建模。选择基于 UML 的建模工具需要考虑以下几点：一是保证工具要容易上手；二是要支持 UML 标准；三是要能够将模型转化为普通图形，如 JPG。建模工具最好还要能够将模型转化为 XML 元数据交换格式（XMI），以保证其他工具能够访问模型。图 6-13 是一个使用 UML 建立的信息交换业务模型。

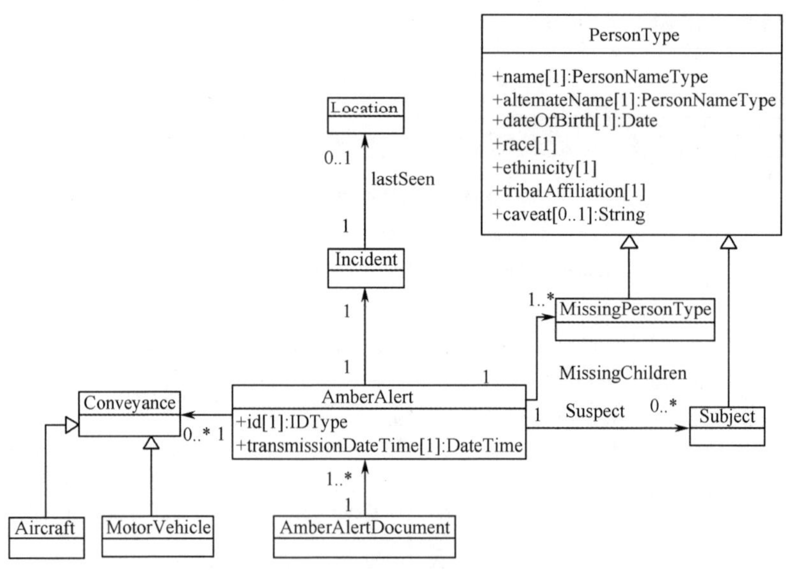

图 6-13　使用 UML 建立的信息交换业务模型

6.2.3 映射与建模

信息交换业务模型映射是指建立信息交换业务模型与 NIEM 的映射关系，即将信息交换业务模型中的类（Class 和 Attribute）映射为 NIEM 标准中的类型（Type）和元素（element）。通过映射找出现有信息交换业务模型的对象与 NIEM 的匹配程度。信息交换业务模型中的每个元素都要进行映射。

映射过程包括：创建映射文档，搜索 NIEM 元素并将其映射到文档中。通过记录相似程度，说明现有交换数据（或交换内容模型）对象在何处映射到 NIEM 数据对象，帮助将当前不在 NIEM 中的数据对象标识为扩展架构文档的候选对象，帮助将 NIEM 的重用级别传达给业务用户和所有者。映射文档是一个空白的 9 列电子表格，其标题栏如图 6-14 所示（源容器类型、源元素等）。

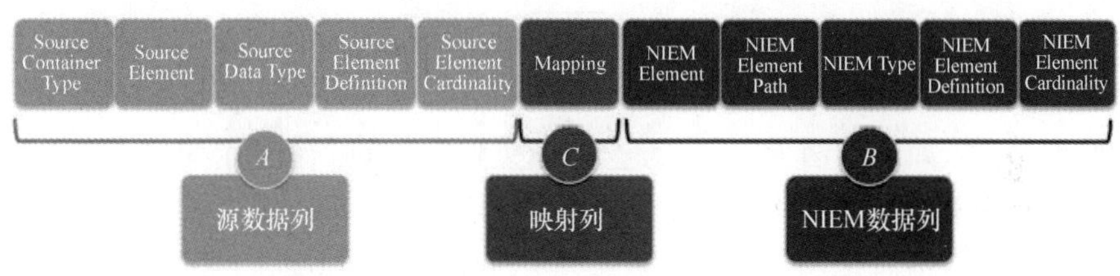

图 6-14　映射文档标题栏

映射文档设计的具体步骤如下。

（1）填写源数据列（*A*）。①在第 1 列“Source Container Type”中填写信息交换业务模型中的数据对象。该对象是数据源的高级对象、类或一组数据元素的上下文，如“person”；②在第 2 列“Source Element”填写该对象内的元素，它是与“Source Container Type”相关联的特定数据元素，如“personSSN”；③在第 3 列填写元素的数据类型，它是源数据列元素的数据类型（如日期、字符串）；④在第 4 列填写元素的定义，它描述元素的语义说明，如“身份证号码”；⑤对信息交换业务模型中的每个对象重复上述步骤。

（2）填写 NIEM 数据列（*B*）。本步骤使用 NIEM 子集生成工具（Schema Subset Generation Tool，SSGT），从 NIEM 数据模式中找到与源数据列中“Source Element”匹配的数据元素，图 6-15 所示。

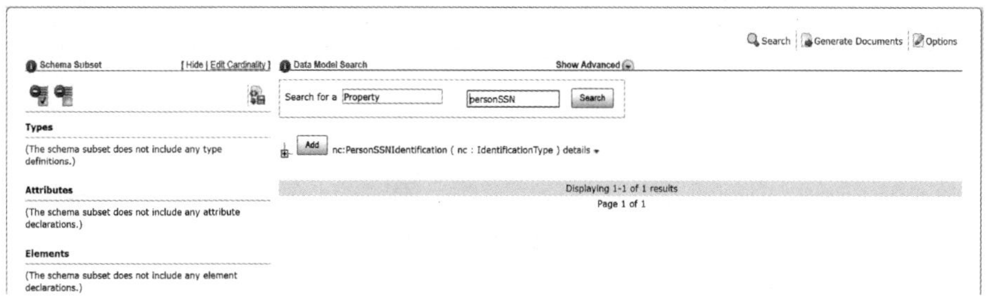

图 6-15　搜索元素

首先，在“Search for a”中选择“Property”，在搜索框中输入要搜索的名称，如“personSSN”，如图 6-15 所示。如果没有搜索结果，在“Search for a”中选择“type”“association”等继续搜索；然后将搜索结果中的元素，如“nc:PersonSSNIdentification”填写到映射文档的“NIEM Element”列中，将类型填写到“NIEM Type”列中；再单击搜索结果，将显示的定义填写到映射文档的“NIEM Element Definition”列中。将树元素连接在一起形成 NIEM 元素路径，并将其填入“NIEM Element Path”列中，如“nc:PersonSSNIdentification/IdentificationID”。

（3）填写映射列（*C*）。

在映射过程中，可能存在 3 种情况：完全匹配（Equivalent）、部分匹配（Partial）、完全不匹配（No Match）。根据匹配情况，在映射文档的“Mapping”列中填写相应的匹配结果，如在此例子中，信息交换业务模型中的“personSSN”与 NIEM 中的“nc:PersonSSNIdentification”完全匹配，填写“Equivalent”。

完全匹配：信息交换业务模型中的类（Class 和 Attribute）能在 NIEM 中找到完全相同的表达方式（type 和 element），即它们的语义与结构是完全一致的，包括属性的命名、取值范围等也完全相同，这是最理想的一种情况。在完全匹配情况下，也有可能类名称与类型名称的命名方式不同，但语义与结构相同，这也是完全匹配的一种。例如，信息交换业务模型中的“person”与 NIEM 中的“nc:Person”完全匹配，“PersonFirst Name”与“nc:Person/nc:PersonName/nc:PersonGivenName”完全匹配。

部分匹配。信息交换业务模型中的类只有部分属性与 NIEM 中某个类型的属性相同。部分匹配主要体现在语义或结构上的不一致，也可能是属性在命名上的不同，或者是取值范围、类型的不一致。在部分匹配情况下，需要通过对映射的类型进行适当的裁减/扩展（屏蔽掉不需要的属性、增加新的属性、修改不一致的属性等）来满足映射关系的需求。

完全不匹配。在 NIEM 标准中不存在与信息交换业务模型中的类相同或者相近的类型定义。在完全不匹配情况下，需要参照 NIEM 规范，建立一个全新的数据类型来满足映射需求。推荐的方法是以 NIEM 为基础，尽可能地利用 NIEM 中已经定义好的基本数据类型和元素，如 strucuture 域中的数据类型。新的数据类型必须严格符合 NIEM 规范。

在 NIEM 标准中搜索元素或类型可能不是很容易，可以采取一些搜索技巧，以便尽可能地在现有 NIEM 标准中找到与信息交换业务相近的元素或类型，如表 6-6 所示。

表 6-6　搜索技巧

搜索方法	说　明	举　例
名称变化	改变搜索的名称也许能得到结果	如用“Officer”代替“Official”能得到搜索结果“j:EnforcementOfficial”
概念语义变化	搜索在数据对象定义中的单词	如搜索“Modified Charge”能得到结果“j:AmendedCharge”
同义词	用数据对象的同义词搜索	如用“Facility”代替“Building”搜索
包含关系	用更抽象的术语来查找数据对象的容器	如用“Person”代替“Person Arrest”搜索，可能得到更多的搜索结果

6.2.4　构建与校验

1. 信息交换模型生成

映射过程明确了信息交换业务模型中的类在 NIEM 中的匹配关系，即完全匹配、部分匹配和完全不匹配。信息交换模型生成则是根据映射关系，以 NIEM 为基础，通过扩展与新建等手段建立的。信息交换模型与信息交换业务模型完全匹配，主要包括子集模式（Subset Schemas）、扩展模式（Extension Schemas）、交换模式（Exchange Schema）文件。NIEM、信息交换业务模型和信息交换模型的关系如图 6-16 所示。

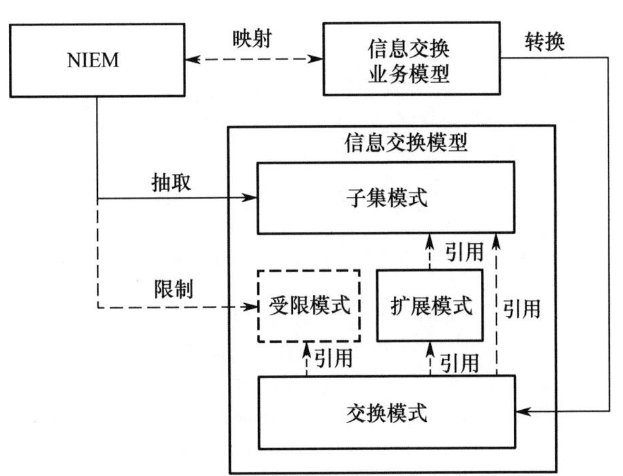

图 6-16　NIEM、信息交换业务模型和信息交换模型的关系

（1）子集模式。

在信息交换建模过程中，当信息交换业务模型中的类（Class 和 Attribute）能

够在 NIEM 中找到完全相同的表达方式（Type 和 Property），即它们的语义与结构完全一致时，在信息交换包文档中仅需要选择该交换所需的那些数据构件，构成更小的发布子集模式。子集模式是 NIEM 的子集，仅包含特定信息交换所需的属性、类型和代码，以及它们所需的任何依存关系，这样就没必要将 NIEM 中的 11000 多个元素和 150 多个文件都放到信息交换文档包中了。

子集模式既保证了在信息交换过程中引用模式文件的充分性，也避免了引用模式文件的冗余，降低了需要开发的模式数量，提高了模式校验的效率。在生成子集模式时一般要遵守以下原则：不增加 NIEM 之外的类型，不改变元素的类型或基类型，不改变类型的名称，不改变类型中元素出现的顺序，不改变类型的命名空间，等等。但是，在生成子集模式时可以去掉类型中不需要的属性、忽略类型中说明性的描述内容，以及根据需要调整类型中元素的基数等。

子集模式的大小将根据要重用的 NIEM 的多少而有所不同，但是可以很容易地将一个子集缩小到十几个文件中的几十个或数百个组件，从而减少子集的大小和范围。这样既可以大大减少信息交换包文档的大小，也可以减小模式校验的工作量。因此，在信息交换包文档中需要包含 NIEM 发行版的子集，以便提供 NIEM 组件的来源。这些文件一般放在“base-xsd”目录的“niem”子目录下。如图 6-17 所示为 NIEM 中“PersonNameType”类型的完整定义。如图 6-18 所示为“PersonNameType”类型的子集，其仅包括“nc:PersonGiven Name”“nc:PersonMiddleName”“nc:PersonSurName”3 个子元素，各子元素的“minOccurs”“maxOccurs”基数也发生了变化。

```
<xs:complexType name="PersonNameType">
    <xs:annotation>
      <xs:documentation>A data type for a combination of names and/or titles by which a person is
      known.</xs:documentation>
    </xs:annotation>
    <xs:complexContent>
      <xs:extension base="structures:ObjectType">
        <xs:sequence>
          <xs:element ref="nc:PersonNamePrefixText" minOccurs="0" maxOccurs="unbounded"/>
          <xs:element ref="nc:PersonGivenName" minOccurs="0" maxOccurs="unbounded"/>
          <xs:element ref="nc:PersonMiddleName" minOccurs="0" maxOccurs="unbounded"/>
          <xs:element ref="nc:PersonSurName" minOccurs="0" maxOccurs="unbounded"/>
          <xs:element ref="nc:PersonNameSuffixText" minOccurs="0" maxOccurs="unbounded"/>
          <xs:element ref="nc:PersonMaidenName" minOccurs="0" maxOccurs="unbounded"/>
          <xs:element ref="nc:PersonFullName" minOccurs="0" maxOccurs="unbounded"/>
          <xs:element ref="nc:PersonNameCategoryAbstract" minOccurs="0" maxOccurs="unbounded"/>
          <xs:element ref="nc:PersonNameSalutationText" minOccurs="0" maxOccurs="unbounded"/>
```

图 6-17　NIEM 中“PersonNameType”类型的完整定义

```
            <xs:element ref="nc:PersonOfficialGivenName" minOccurs="0" maxOccurs="unbounded"/>
            <xs:element ref="nc:PersonPreferredName" minOccurs="0" maxOccurs="unbounded"/>
            <xs:element ref="nc:PersonSurNamePrefixText" minOccurs="0" maxOccurs="unbounded"/>
            <xs:element ref="nc:PersonNameAugmentationPoint" minOccurs="0" maxOccurs="unbounded"/>
         </xs:sequence>
         <xs:attribute ref="nc:personNameCommentText" use="optional"/>
      </xs:extension>
   </xs:complexContent>
</xs:complexType>
```

图 6-17　NIEM 中“PersonNameType”类型的完整定义（续）

```
<xs:complexType name="PersonNameType">
   <xs:annotation>
      <xs:documentation>A data type for a combination of names and/or titles by which a person is
      known.</xs:documentation>
   </xs:annotation>
   <xs:complexContent>
      <xs:extension base="structures:ObjectType">
         <xs:sequence>
            <xs:element ref="nc:PersonGivenName" minOccurs="1" maxOccurs="1"/>
            <xs:element ref="nc:PersonMiddleName" minOccurs="0" maxOccurs="unbounded"/>
            <xs:element ref="nc:PersonSurName" minOccurs="1" maxOccurs="1"/>
         </xs:sequence>
      </xs:extension>
   </xs:complexContent>
</xs:complexType>
```

图 6-18　“PersonNameType”类型的子集

子集模式是通过将交换业务模型与 NIEM 进行映射后形成的。子集模式在生成时既可以手动完成，也可以通过工具完成。不过，手动完成子集模式生成很容易出现错误，因此最好借助工具，如 Subset Schema Generation Tool（SSGT）[1]等。图 6-19 是利用 SSGT 生成子集模式的主界面。

子集模式通常需要引用核心域、结构域、业务域中的相关模式，以及涉及的代码表，因此子集模式在组织方式与结构上要与 NIEM 的组织方式与结构保持一致，即按照“模式文件方式存储”进行组织。

（2）受限模式。

NIEM 为用户进行信息交换提供了一种通用的语言，保证了语义的一致性。但是，NIEM 是面向各行各业用户的，在模式定义上不可能考虑到所有的限制与用法，也不期望准确规定用户的使用方法，因此 NIEM 在定义上具有冗余性。

---

[1] SSGT 网址为 https://tools.niem.gov/niemtools/ssgt/SSGT-SearchSubmit.iepd。

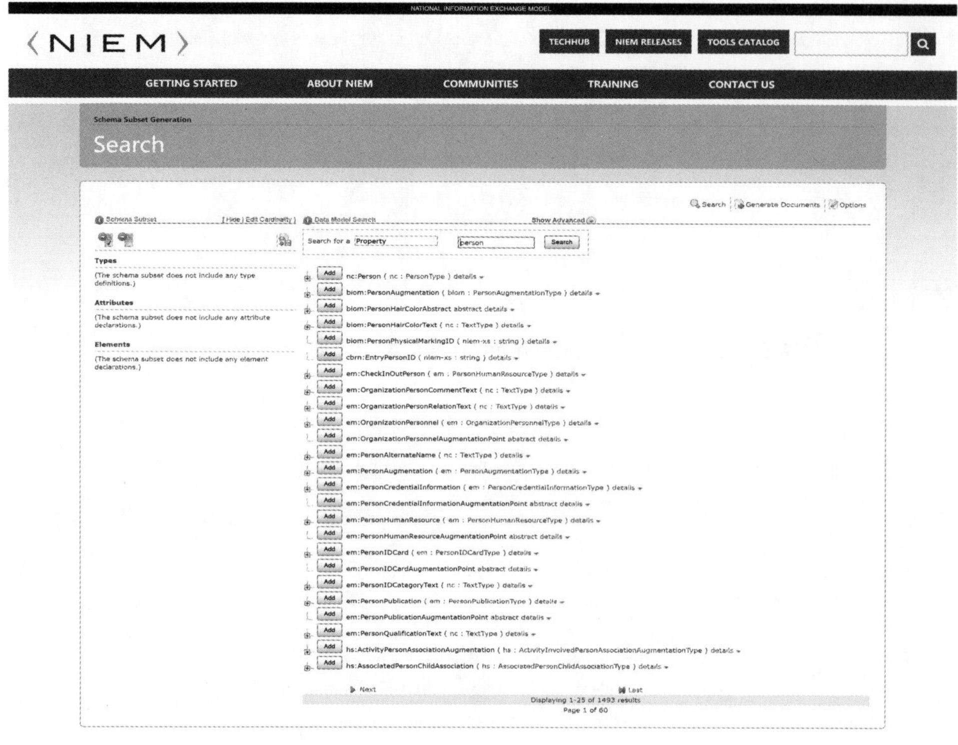

图 6-19　利用 SSGT 生成子集模式的主界面

正如前面所讨论的，子集模式包含了在信息交换过程中用到的且在 NIEM 中所定义的类型，但是这种类型在理论上仍然具有可有可无或者过度包含的特性。例如，所有元素的基数都是“从 0 到无穷大”，也就意味着这些元素的个数可能是 0 个、1 个，或者任意多个。而在很多情况下需要对其个数进行限制，那么，这种对元素的个数进行限制的业务规则需要定义在受限模式中。

受限模式提供了一种将业务规则嵌入模式文件的描述方法，因此需要通过 XML Schema 校验。要注意的是，受限模式并不是必需的，因此要由其他方式来检查这些业务规则，如通过应用程序来检查。无论这种限制是否满足，应用程序也会有办法从数据中获得所需数据而丢弃多余的数据。例如，一个机构需要获得“人员姓名”，但是限制最多有 30 个字符，如果接收到的数据长度超过了 30 个字符，那么程序会自动截取前 30 个字符作为人员姓名。因此，有许多种方法来实施这种业务规则。只不过，通过使用模式文件来进行限制比较有效、比较严格。

受限模式是一种最简单的定义业务规则的方法，它除如上面讨论的定义元素的基数外，还可以对子集模式做进一步的定义，如屏蔽掉类型的某些属性、代码表中的某些值等。要说明的是，受限模式并不改变元素的命名空间，也不需要引用子集模式。受限模式中元素的定义与 NIEM 中的类型处于同一个命名空间，仅增加了一些额外的限制。

① 改变元素的基数。NIEM 采取了一种可选的且过度包含的策略，以支持具有完全不同需求的需要。只要原始 NIEM 中的基数允许更新，就可以调整基数。例如，如果某个元素的基数 cardinality 是（1, unbounded），那么在子集中，该元素的基数不能调整设置为（0，1）或（0，unbounded），但可以调整设置为（1，1）或（2，10）。也就是说，在子集中新的基数值在原始基数范围内即可，同时"xs:element/@minOccurs"可以增大到小于等于"xs:element/@maxOccurs"的值，"xs:element/@maxOccurs"可以减小到大于等于"xs:element/@minOccurs"。

② 限制元素的可能值，如字符长度限制、最大值与最小值限制、字符格式限制、字符大小写限制等。

③ 属性相关性限制，如在填写个人信息时，要么填写身份证号码，要么填写个人的姓名与出生日期。

④ 根据类型的应用背景来对类型进行约束，如"PersonType"在描述一名司法人员时，规定使用个人姓名与徽章编号两个属性，而在描述普通人员时，要求使用所有属性。

受限模式并不增加或改变模式文件中元素的语义，也不会增加或改变扩展模式，它仅定义了在交换模型实例文件中涉及的业务规则。在实例文件进行合法性校验时，既要以受限模式为参考进行校验，也要以 NIEM 进行实例校验。因此，对受限模式的更改必须保证不会影响实例文件的合法性校验。这也意味着不能改变模式文件中元素的名称，不能改变类型定义中元素的顺序，不能改变类型的继承关系，也不能改变元素的语义。例如，将元素名称"PersonGivenName"改成"firstName"就是非法的，在任何实例文件中，用"firstName"替代"PersonGivenName"都不会通过合法性检查。尽管将实例文件以 NIEM 和子集模式为依据进行合法性校验显得格外重要，但是，以受限模式为依据对实例文件进行业务规则检查也很重要。这样，对实例文件需要进行两种检查，有时也把这种检查称为多重检查。模式校验可以通过相关工具来进行，以确保实例文件符合模式规范与业务规则。

因此，受限模式可以看成 NIEM 的一个副本或一个子集，与 NIEM 的唯一区别是增加了额外的约束与限制。信息交换模型在校验时也必须以受限模式为标准进行校验。

如图 6-20 所示的代码表示描述人员信息只需要姓名、性别、年龄、出生日期和出生地，其他信息则全部被屏蔽，并且姓名、性别、年龄、出生日期、出生地 5 个属性都被限制为有且仅有 1 个。

```
<xs:complexType name="PersonType">
  <xs:annotation>
    <xs:documentation>A data type for a human being.</xs:documentation>
  </xs:annotation>
  <xs:complexContent>
    <xs:extension base="structures:ObjectType">
      <xs:sequence>
        <xs:element ref="nc:PersonName" minOccurs="1" maxOccurs="1"/>
        <xs:element ref="nc:PersonSex" minOccurs="1" maxOccurs="1"/>
        <xs:element ref="nc:PersonAgeMeasure" minOccurs="1" maxOccurs="1"/>
        <xs:element ref="nc:PersonBirthDate" minOccurs="1" maxOccurs="1"/>
        <xs:element ref="nc:PersonBirthLocation" minOccurs="1" maxOccurs="1"/>
      </xs:sequence>
    </xs:extension>
  </xs:complexContent>
</xs:complexType>
```

图 6-20　受限模式举例

（3）扩展模式。

在信息交换建模过程中，当信息交换业务模型中的类（Class 和 Attribute）在 NIEM 发行版中不能找到完全相同的表达方式（Type 和 Element）时，信息交换包文档开发人员可以创建符合 NIEM 规范的新属性和类型，定义信息交换的结构和语义，这些新的属性和类型组成了扩展模式。扩展模式是以 NIEM 为基础，为映射过程中部分匹配或完全不匹配的类建立的类型集合，即通过引用 NIEM 中的类型和属性来进行类型定义或扩展。

扩展模式提供了一种模型重用的机制，当信息交换业务模型中的组件只在单个信息交换应用中使用时，将其定义在交换模式文件中。若这部分组件有可能在多个信息交换应用中重用，则将其定义在扩展模式文件中，这样其他的信息交换也可能通过引入这个扩展模式达到模型重用的目的。扩展模式并不是 NIEM 的一部分，通常需要定义一个特定的命名空间，如 local，避免其与 NIEM 混淆。

在扩展模式的编写过程中，最好通过引用 NIEM 中的命名空间，保证扩展模式中的所有类型都从 NIEM 中的类型衍生出来。这样做的好处是可以尽可能地保证语义的正确性和元数据描述的一致性。扩展模式中类型的构造方法大致有 3 种：①通过利用 NIEM 中的元素作为属性，构造一个新的数据类型；②对已有的数据类型进行扩充，为其增加新的属性来构造新的数据类型；③利用增强数据类型的方法，来构造新的数据类型。

如图 6-21 所示的代码是利用 NIEM 中的元素作为属性构造新的数据类型举例。

```
<xs:complexType name="EventType">
    <xs:annotation><xs:documentation>
        A data type for the existance of a process or object at a location during a time interval.
    </xs:documentation></xs:annotation>
    <xs:complexContent>
        <xs:extension base="structures:ObjectType">
            <xs:sequence>
                <xs:element ref="mo:EventID" minOccurs="1" maxOccurs="unbounded"/>
                    <!-增加属性-->
                <xs:element ref="mo:EventLocation"/><!-增加属性-->
                ...
            </xs:sequence>
        </xs:extension>
    </xs:complexContent>
</xs:complexType>
<xs:element name="EventID" type="nc:IdentificationType">
        <xs:annotation><xs:documentation>
            An identifier of an event.
        </xs:documentation></xs:annotation>
</xs:element>
<xs:element name="EventLocation" type="nc:LocationType">
    <xs:annotation><xs:documentation>
            The location of a process or object.
    </xs:documentation></xs:annotation>
</xs:element>
```

图 6-21　利用 NIEM 中的元素作为属性构造新的数据类型举例

如图 6-22 所示的代码是对已有数据类型增加新的属性来构造数据类型举例。

```
<xsd:complexType name="CargoType">
    <xsd:annotation>
        <xsd:documentation>A data type for a good or goods transported by a conveyance. </xsd:documentation>
    </xsd:annotation>
    <xsd:complexContent>
        <xsd:extension base="m:CargoType"><!-继承已有的类型-->
            <xsd:sequence>
                <xsd:element ref="mda:CargoPackagedIndicator" minOccurs="0"/>
                <xsd:element ref="mda:CargoResidueIndicator" minOccurs="0"/>
            </xsd:sequence>
        </xsd:extension>
    </xsd:complexContent>
</xsd:complexType>
```

图 6-22　对已有数据类型增加新的属性来构造数据类型举例

利用增强数据类型的方法构造新数据类型的举例参见 5.3.4 节。

（4）交换模式。

交换模式通过引用子集模式和扩展模式来对信息交换业务模型中的所有元素及其关系进行完整性描述，是信息交换业务模型与 NIEM 完整映射的结果。交换模式也必须符合 NIEM 规范，必须定义一个独立的命名空间。交换模式通常具有一个根节点，根节点的类型在很多情况下是 DocumentType 类型，根节点定义了信息交换实例的结构，图 6-23 是一个交换模式举例。

```
<xsd:element name="LOAReport" type="loaex:LOAReportType"><!- 根结点-->
    <xsd:annotation>
      <xsd:documentation>A level of awareness report.</xsd:documentation>
    </xsd:annotation>
</xsd:element>
<xsd:complexType name="LOAReportType"><!- 根结点类型（结构）-->
    <xsd:annotation>
      <xsd:documentation>A data type for a level of awareness report.</xsd:documentation>
    </xsd:annotation>
    <xsd:complexContent>
      <xsd:extension base="mda:DocumentType">
        <xsd:sequence>
          <xsd:element ref="loa:LevelOfAwarenessCode"/>
          <xsd:element ref="mda:Vessel" minOccurs="0"/>
          <xsd:element ref="mda:Position" maxOccurs="unbounded"/>
          <xsd:element ref="mda:Arrival" minOccurs="0"/>
          <xsd:element ref="mda:LastPortOfCall" minOccurs="0"/>
          <xsd:element ref="mda:NextPortOfCallList" minOccurs="0"/>
          <xsd:element ref="mda:PreviousForeignPortOfCallList" minOccurs="0"/>
          <xsd:element ref="mda:Interest" minOccurs="0" maxOccurs="unbounded"/>
          <xsd:element ref="mda:CDCCargoList" minOccurs="0"/>
          <xsd:element ref="mda:CrewNationalityList" minOccurs="0"/>
          <xsd:element ref="mda:NonCrewNationalityList" minOccurs="0"/>
        </xsd:sequence>
      </xsd:extension>
    </xsd:complexContent>
</xsd:complexType>
```

图 6-23　交换模式举例

2. 信息交换模型校验

信息交换模型校验是指对组成信息交换模型的子集模式、扩展模式和交换模式等文档进行合法性、正确性检查，主要检查其是否符合 XML 模式规范和 NIEM 规范。校验可以借助相关工具完成，确保模式文件的合法性与正确性。在一般情况下，支持 NIEM 建模的工具都能够自动地完成模式校验。

XML 模式校验。信息交换模型模式文件（.xsd）必须符合 NIEM 命名和设计规则（NDR）及模型包描述（MPD）规范中定义的预定义规则和准则，以提高信息交换中的互操作性和重用性。有些部分需要手动或通过工具来检验 XML 模式的一致性，因为当前不存在检验所有规则的工具。

XML 实例校验。XML 实例校验是指测试 XML 实例数据格式正确且符合 NIEM 的架构。每个 XML 元素都必须根据该元素的架构定义进行校验。

NIEM 一致性测试可以采用一致性测试助手（ConTesA）。该工具在使用时，需要上传 IEPD.zip 文件中的一组模式或单个模式。校验完成后该工具提供测试摘要报告，其中列出了已检查的 NDR 规则、已通过的 NDR 规则和失败的 NDR 规则。NIEM 一致性测试助于不会检查所有 NDR 规则，因为某些规则需要解释，需要进行手动检查，并要执行以下操作：①通过查看错误在架构中的位置，以及针对该错误而破坏的 NDR 规则，来解决每个校验错误；②修改适当的架构以解决每个校验错误；③通过一致性测试助手校验每个架构，以检查 NIEM 的一致性；④重复前面的步骤，直到解决所有一致性错误。

对每个文档进行手动检查，以解决在一致性验证工具中未检查的 NDR 规则。手动校验的步骤是：①查看符合性校验工具中的摘要报告，以识别未通过检查的 NDR 规则；②分析每个文档是否符合在一致性验证工具中未检查的每个 NDR 规则；③对文档进行适当的更改，以解决在手动检查中未发现的每个问题；④在一致性验证工具中再次校验文档。

6.2.5 组装与归档

信息交换模型建立过程中的其他文件，如用例图、业务规则文件、信息交换业务模型、模式文件的变更日志、信息交换模型的示例、数据显示规则文件、信息交换模型的元数据等都有助于理解信息交换模型，因此它们也可以成为信息交换包文档的一部分。组装过程实际上是将模式文件、相关的其他文件按照 NIEM IEPD 规范进行打包的过程。打包形成的信息交换包文档是一个自说明、自组织的压缩文件。如果一个信息交换包文档引用了 NIEM 中的数据类型，并保持了语义和结构上的一致性，那么这个信息交换包文档则是符合 NIEM 规范的文件。

尽管可以手动组装 IEPD，但是使用工具更为容易。SSGT 就具有组装功能，可以自动生成符合 NIEM 规范的特定文件 wantlist.xml 和 xml-catalog.xml 文件，以及子集文件压缩包文件。如图 6-24 所示为组装功能的首页，运用该功能能够很方便地生成符合 NIEM 规范的信息交换包。

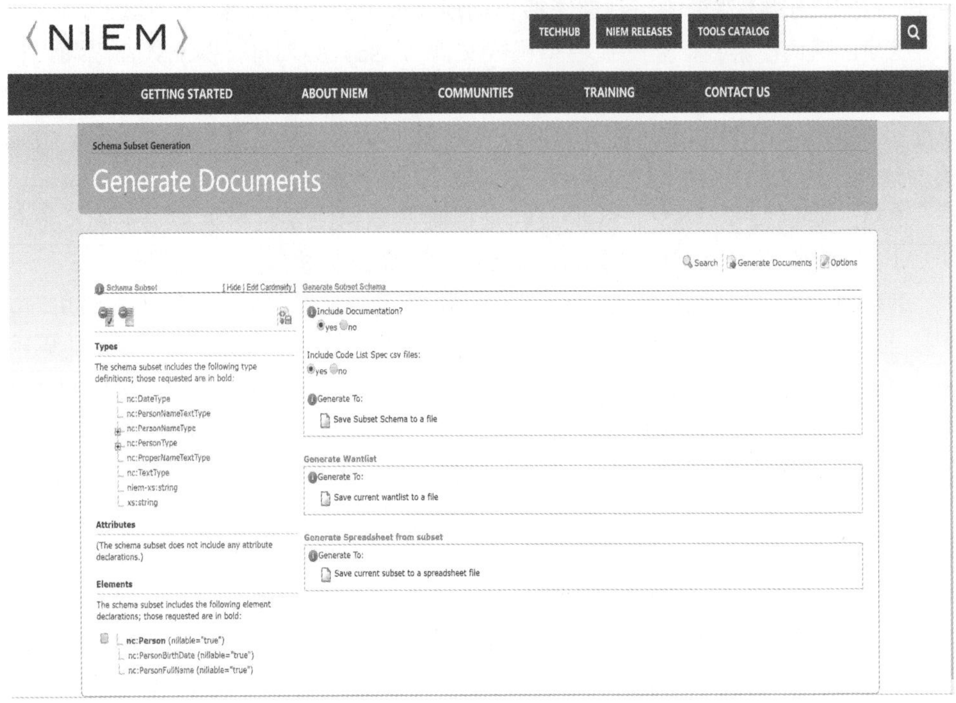

图 6-24　组装功能的首页

6.2.6　发布与实现

发布是将信息交换包文档向信息交换模型仓库进行注册、发布的过程。发布是保证其他用户能够对信息交换包文档进行搜索、发现和重用的关键环节。开发人员可以选择将其发布在各个业务领域的私有模型库中，也可以发布在公共的模型库，或者开源代码库及版本控制系统 github 中。例如，美国司法业务领域的信息交换包文档的发布过程大致可分为 4 个步骤[1]：①填写信息交换包文档主要元数据信息（如包名称、创建日期等）；②填写信息交换包文档创建者联系信息（姓名、地址等）；③上传各类文件，包括主要文件（如子集模式文件、扩展模式文件和交换模式文件等）和辅助文件（如信息交换业务模型、需求分析文件等）；④填写信息交换包文档提交者联系信息（如姓名、电子邮箱等）；

图 6-25 是司法领域信息交换包文档库系统的发布界面。

---

[1] 美国司法领域的信息交换包文档库网址为 https://it.ojp.gov/NISS/Form。

Home　IEPD　Knowledge Base　Contact Us

Submit IEPD/Standard

IEPD/Standard Information

Title*

Web Site Link

Description*　Please include the following in the IEPD description, if relevant: the system in which the IEPD is being used, the number of agencies utilizing it, and how long it has been in use.

NIEM/GJXDM Version　N/A

Other Standards

Draft Version

Participating Organizations

NIEM Domains*　Select all applicable domains:

Biometrics
Chemical, Biological, Radiological, and Nuclear
Children, Youth, and Family Services
Emergency Management
Human Services
Immigration
Infrastructure Protection
Intelligence
International Trade
Justice
Maritime
Military Operations
Screening
Surface Transportation
Emerging Communities

Read more about the communities represented by these domains at https://www.niem.gov/communities.

Contact

Name*
E-Mail Address*
Phone*
Organization*
Web Site
Street Address
City
State
Country
Zip Code

File(s) Related to IEPD/Standard

Upload filesize must be less than 10MB. For multiple files, please combine into a single .zip archive.

File Upload　选择文件　未选择任何文件

Submitter Information

This section is for the person submitting the IEPD/Standard. Please provide the following information so we may contact you with questions, if necessary. This information will **NOT** be displayed on the Web site with the IEPD/Standard.

Your Name*
Your Organization*
Your E-Mail Address*
Your Phone Number*

Submit

NISS Clearinghouse

Accessibility | Contact Us

© 2020

图 6-25　司法领域信息交换包文档库系统的发布界面

6.3　信息交换建模工具与运用

在运用 NIEM 实施跨领域信息交换方面，NIEM 开发了较完备的工具体系，如 NIEM 浏览器(NIEM Browser)和 NIEM Wayfarer、子集生成工具(Subset Schema Generation Tool，SSGT)、对象映射工具（Component Mapping Template，CMT)、代码表工具（Code List Schema Tool)、信息交换包编辑工具（IEPD Tool）等，这些工具为 NIEM 的运用提供了极大的方便。

为了基于 NIEM 的应用开发与计算机软件系统设计标准保持一致，NIEM 管理办公室主导推出了 NIEM UML。NIEM UML 是面向 NIEM 信息交换的统一建模语言。2011 年 7 月，对象管理组织（Object Management Group，OMG）接受了面向 NIEM 的 UML 申请。2011 年 11 月，NIEM UML 工作组提交了 NIEM UML 的第一个版本。2011 年 12 月召开的 OMG 技术大会对 NIEM UML 进行了讨论，并进行了修改完善。2013 年 9 月，NIEM UML 被 OMG 官方正式批准为 OMG 规范，NIEM UML 3.0 版本在 2017 年 4 月发布。NIEM UML 主要基于模型驱动体系架构（Model Driven Architecture，MDA），利用 UML 语言建立 NIEM 标准，为信息交换建模人员建立或修改模型提供一个集成开发环境，并支持信息交换建模全过程，从而提高信息交换建模效率。NIEM UML 规范主要组成如图 6-26 所示。其中，NIEM 平台无关模型（Platform Independent Model，PIM）概要文件提供支持 NIEM 业务建模人员建立与具体技术无关的信息交换业务模型，NIEM 平台相关模型（Platform Specific Model，PSM）概要文件提供支持 NIEM 技术建模者针对具体技术建立信息交换模型，NIEM 模型包描述（Model Package Description，MPD）概要文件是 NIEM 模型包的结构化描述。

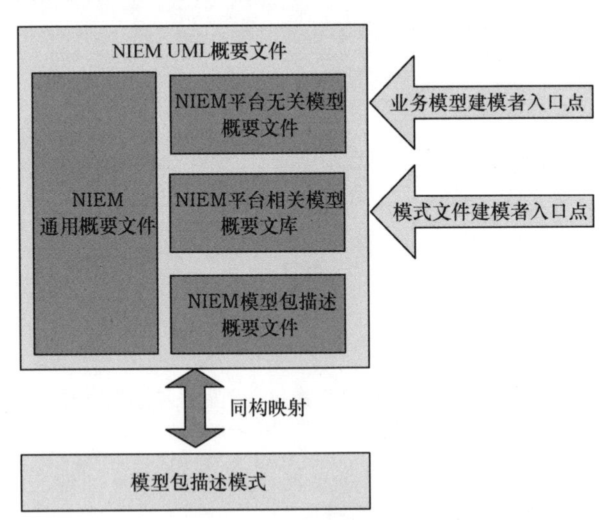

图 6-26　NIEM UML 规范主要组成

一些软件工程工具开发企业也开发了基于 NIEM UML 的商用建模工具，如 NoMagic 公司的 MagicDraw、Sparx Systems 公司的 Enterprise Architect（EA）等

建模工具。下面以 MagicDraw 和 Sparx EA 为例，介绍利用工具进行信息交换建模的过程。

6.3.1　信息交换建模工具

1. MagicDraw 工具

MagicDraw 是一款基于 Java 的 UML 系统分析设计与建模工具，它支持团队开发，适合业务分析师、软件分析员、程序员和项目管理者等使用。MagicDraw 几乎支持所有主流的语言与平台，如 J2EE、C#、C++、CORBA IDL、.NET、XML Schema、WSDL、SOA、DodAF 等，并且具有数据库建模、逆向工程等功能。MagicDraw 的第 17 个版本之后开始支持 NIEM 信息交换建模，提供了对 IEPD 从需求分析、交换建模到示例生成验证的全生命周期支持，是一款非常实用的集成化 NIEM 信息交换建模工具。

NoMagic 公司的 NIEM Plugin 是运用 NIEM UML 语言开发的专用插件，是进行信息交换建模的软件工具。利用 NIEM 插件，可以快速构建信息交换模型，而且构建的信息交换模型完全符合 NIEM 规范，可以有效降低 NIEM 的学习运用难度，促进 NIEM 的应用。

MagicDraw 的 NIEM 插件安装十分简单，首先需要在 NoMagic 公司的官方网站 http://www.nomagic.com/上下载 QVT_Plugin.zip 和 NIEM_plugin.zip 两个文件；然后在 MagicDraw 主窗口的 Help 菜单中，单击菜单项 Resource/Plugin Manager，弹出插件管理子窗口（见图 6-27）；最后单击 Import 按钮，完成 NIEM 插件的安装。

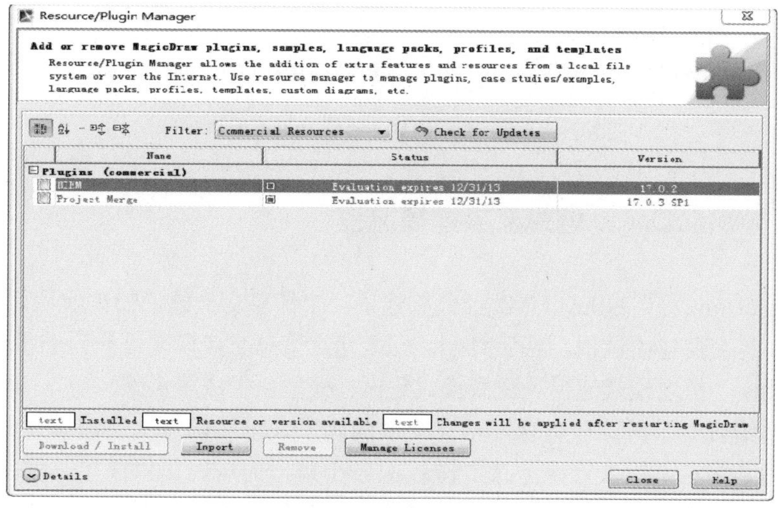

图 6-27　NIEM 插件的安装

2. Sparx EA 工具

Sparx EA 是澳大利亚 Sparx Systems 公司的 UML 工具产品，是一个完全的 UML 分析和设计可视化平台，支持从需求收集、模型设计到测试和维护整个软件开发过程。

Sparx EA 支持和实现了基于 OMG NIEM-UML 1.1 规范的信息交换包文档的开发。该软件采用向导的方式，通过内置的预格式化模型生成基于 UML 的信息交换包文档（IEPD）模型，包括基本模式文件、子集模式文件、目录文件，并能自动检测相互依赖性。开发人员可以在此基础上，进行进一步的开发，有效地提高了信息交换包文档的开发效率，如图 6-28 所示。

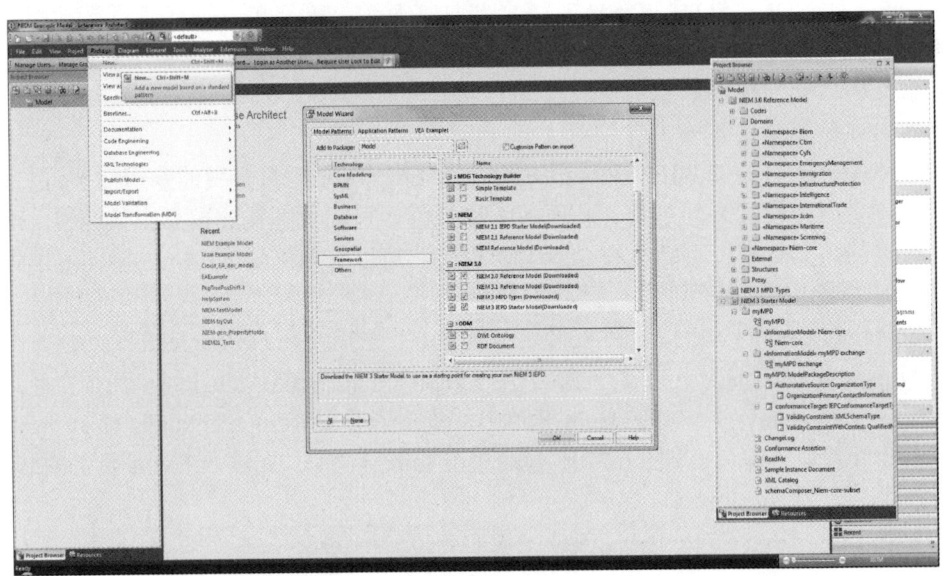

图 6-28　Sparx EA 信息交换包文档开发主界面

6.3.2　MagicDraw 信息交换建模流程

MagicDraw 利用 NIEM UML 插件构建了一个信息交换建模的集成化开发环境，简化了信息交换建模过程。运用 MagicDraw 建立信息交换模型可分为准备阶段、子集模式建模、扩展模式建模、交换模式建模、模型包生成等步骤。

下面结合一个医疗服务保障信息交换的例子来说明信息交换建模过程。医疗服务保障是指在基层（社区）成立医疗服务小组，为居民提供简单、便捷的医疗服务，在居民需要转诊、居住地迁移或其他特殊情况下，居民所在地的医疗服务小组需要与其他医疗服务小组或医疗机构进行医护保障信息交换，了解居民基本的医疗信息，包括医疗服务小组信息、医护工作人员信息、居民信息、医疗服务信息等。

其中，医疗服务小组作为一级组织独立存在，由 OrganizationType 来表示。医护保障对象（居民）与医疗工作人员遵循相同的规则，即他们都是独立的个体，可以通过 PersonType 来描述。但是，个人作为医护保障对象与医疗工作人员的状态是临时的，因此将其表示为一个角色，分别用 client（医护保障对象）和 serviceProvider（医疗工作人员）表示，并创建 client 和 serviceProvider 类的关联，将关联标记为 RoleOfPerson，以表明他们通过一个角色而不是一个常规关联相关；client 和 serviceProvider 之间的关系则建立一个关联类来描述。为了简化问题，在描述人员类时，仅描述人员的姓名与出生日期，而在描述医疗服务小组时，仅描述组织的名称。通过 MagicDraw 建模的过程如下。

1. 准备阶段

启动 MagicDraw 应用程序，新建一个工程文件。在 General-Purpose Modeling 栏中选定 NIEM IEPD-Core Project，在 Name 位置指定工程的名字，并设置好工程保存的位置（Projection location），如图 6-29 所示。

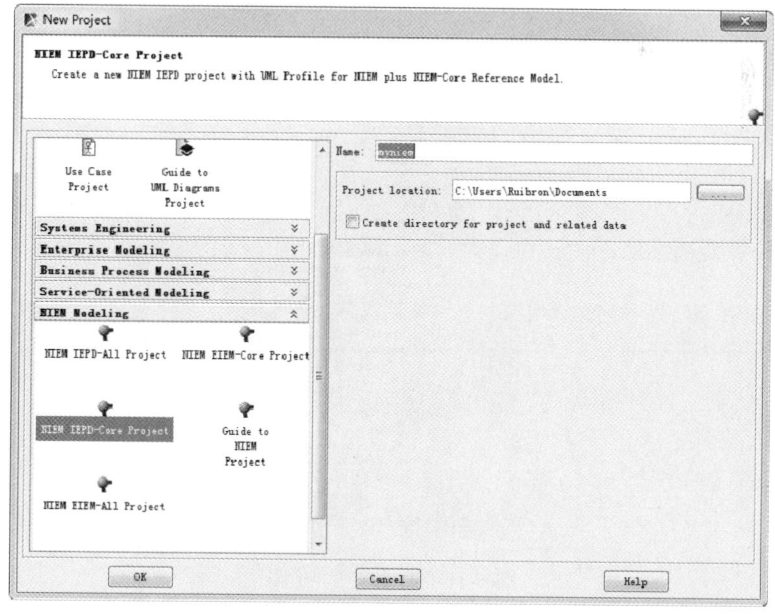

图 6-29　新建工程

工程文件建好之后，出现主窗口，如图 6-30 所示。在 Containment 区域出现了数据模型的组织结构，myNiemModel 节点下就是生成 IEPD 包中的所有文件。

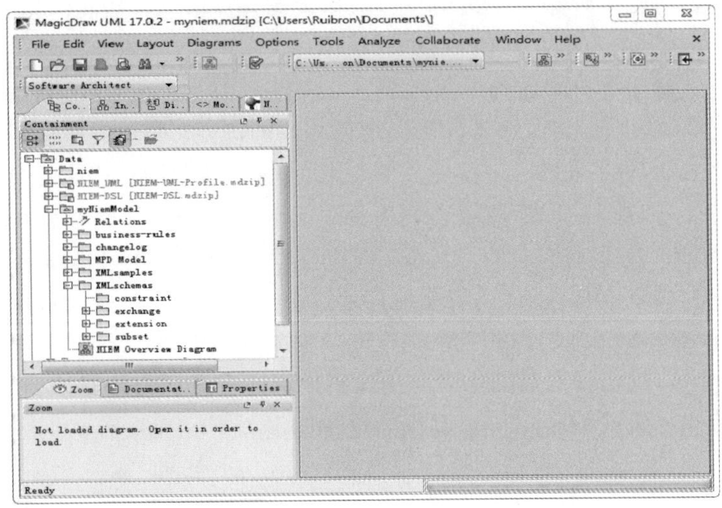

图 6-30　NIEM 建模主窗口

XML Schema 节点下包含 4 个文件夹，分别是受限模式（constraint）、交换模式（exchange）、扩展模式（extension）和子集模式（subset），每个文件夹下存放相应的文件，如图 6-31 所示。

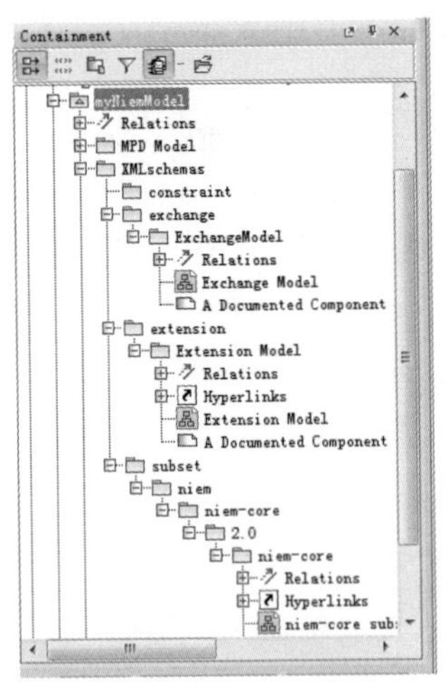

图 6-31　模式文件的组织

在工作区打开 MPD Model 视图，显示了各模式之间的关系与说明，是信息交换模型的总体概况，如图 6-32 所示。

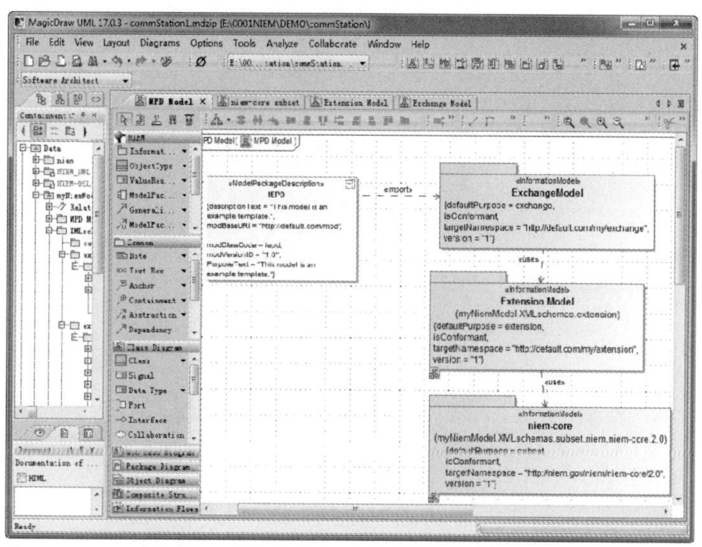

图 6-32　模式说明视图

2. 子集模式建模

子集模式建模的主要目的是导入在信息交换过程中需要使用的 NIEM 模型库中的数据元素。

在 Containment 窗口中选择 XMLSchemas→subset→niem→niem-core→2.0→niem-core，选择 niem-core subset 视图，双击将其打开，如图 6-33 所示。

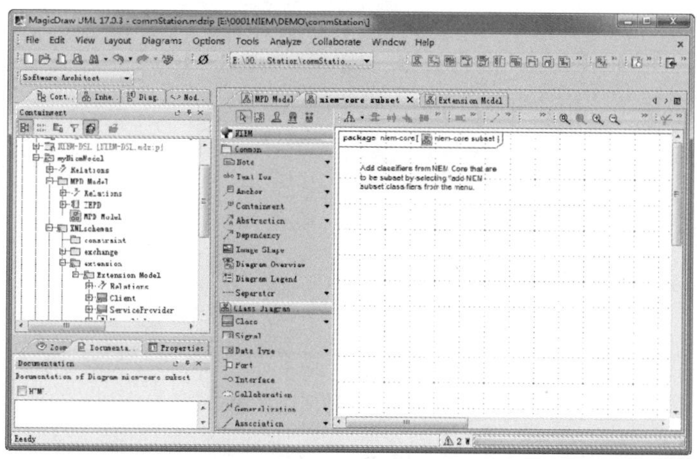

图 6-33　子集模式视图

在子集模式视图中单击鼠标右键，弹出菜单，选择 NIEM→add SubsetClassifiers，如图 6-34 所示。

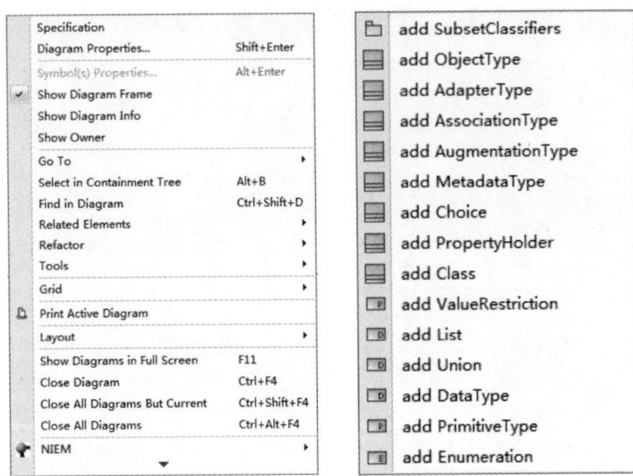

图 6-34　选择增加子集菜单

在弹出的数据类型选择窗口中会列出所有的 NIEM 核心数据类型和领域数据类型，可以通过搜索的方式查找所需要的数据类型，如在搜索框中输入“Organ”进行搜索，则会列出以“Organ”开头的所有数据类型，选择 Organization Type，将其添加到选中列表中，然后再添加 PersonType，如图 6-35 所示。

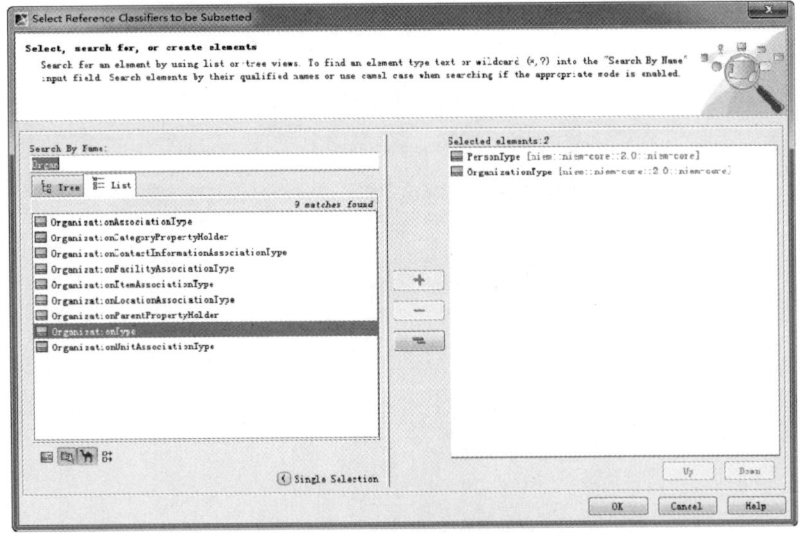

图 6-35　数据类型选择窗口

在数据类型选择窗口中分别选择 PersonType 和 OrganizationType，将这两个类型加入子集模式视图中，单击 OK 按钮，则在 niem-core subset 视图中出现如图 6-36 所示的两个类型。

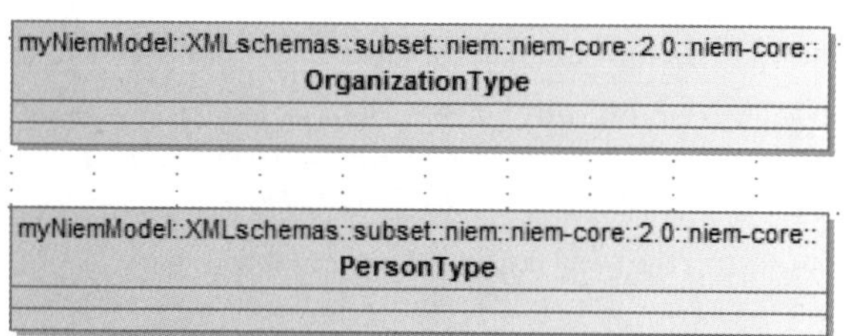

图 6-36　添加的类型

选择 PersonType 类型，单击鼠标右键，在弹出菜单中选择 NIEM→add SubsetProperties 项，为 PersonType 增加属性 PersonName 和 PersonBirthDate，如图 6-37 所示。选择 OrganizationType，为其增加属性 OrganizationName。

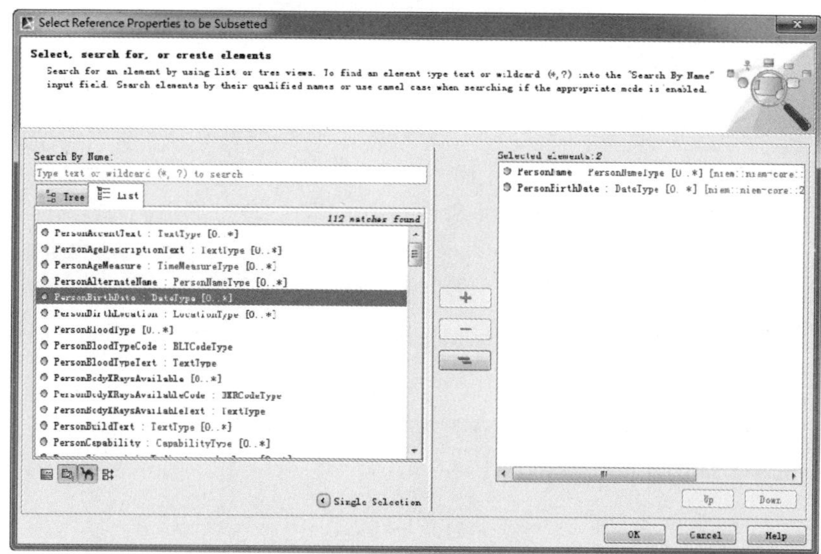

图 6-37　增加属性

增加属性之后的模型如图 6-38 所示。

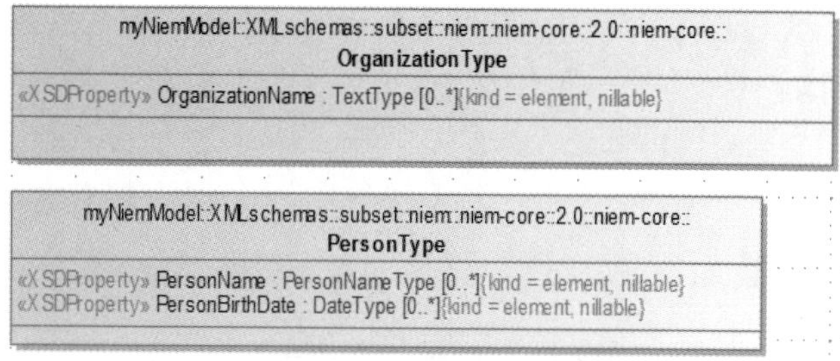

图 6-38　增加属性之后的模型

为 PersonName 增加属性 PersonFullName。将 PersonName 拖到 PersonType 外面，然后为其增加属性 PersonFullName。增加属性的过程与上一步一致，最终结果如图 6-39 所示。

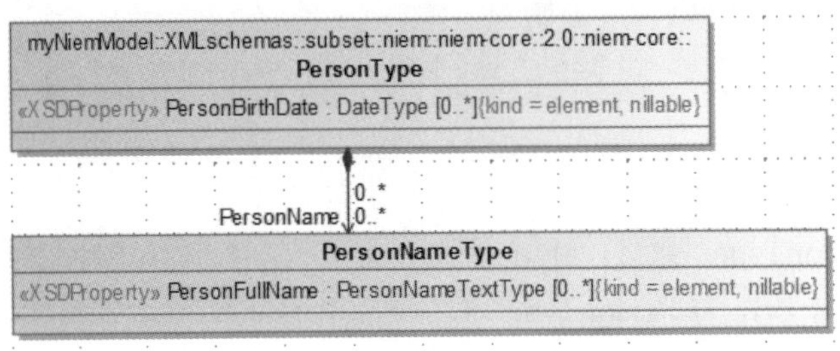

图 6-39　增加属性 PersonFullName

3．扩展模式建模

在 Containment 窗口中选择 XMLSchemas→extension→Extension Model，选择 Extension Model 视图，双击将其打开。

在视图中添加两个类 Client 和 ServiceProvider，并分别给两个类增加说明：分别选中 Client 和 ServiceProvider，在 Documentation 窗口中输入两个类的说明，如图 6-40 所示。Client 对应的是医护保障对象，ServiceProvider 对应的是医疗工作人员，为 Client 和 ServiceProvider 增加关系，并命名为 ServiceProvided，如图 6-41 所示。

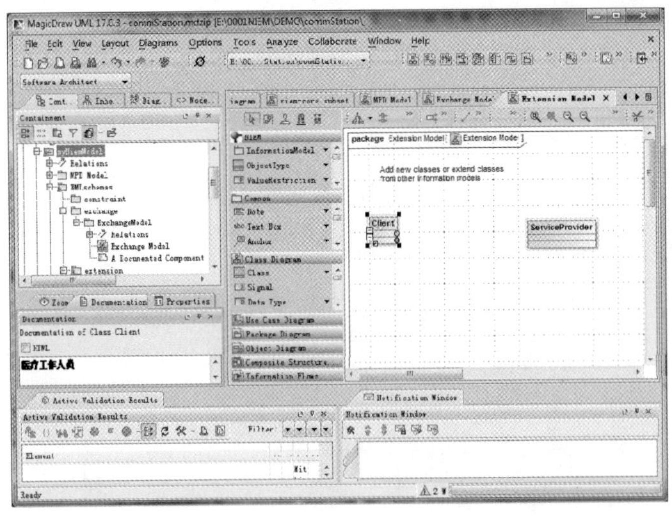

图 6-40　Extension Model 视图

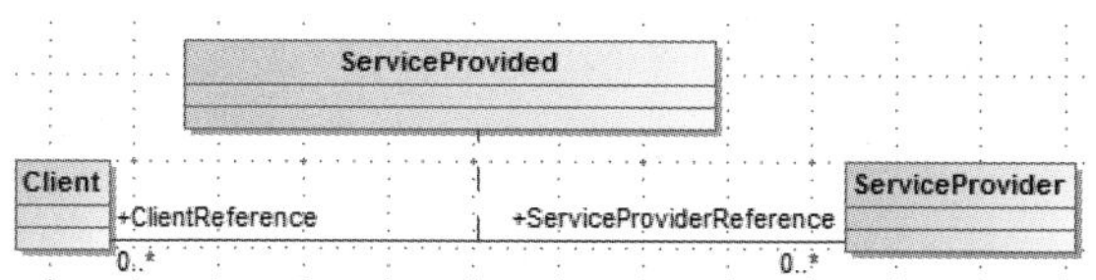

图 6-41　建立 Client 和 ServiceProvider 的关系

将 Containment 窗口中 Subset 文件夹中的 PersonType 拖到 Extension Model 视图，如图 6-42 所示。

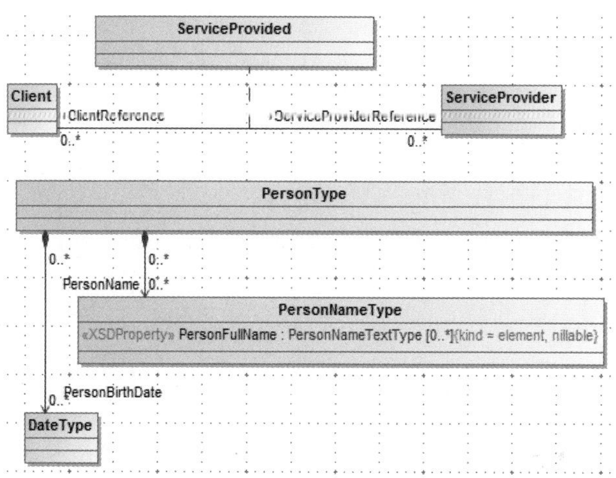

图 6-42　为 Extension Model 视图增加 PersonType

通过关系 RolePlayedBy 将 Client 和 ServiceProvider 连接起来，如图 6-43 所示。

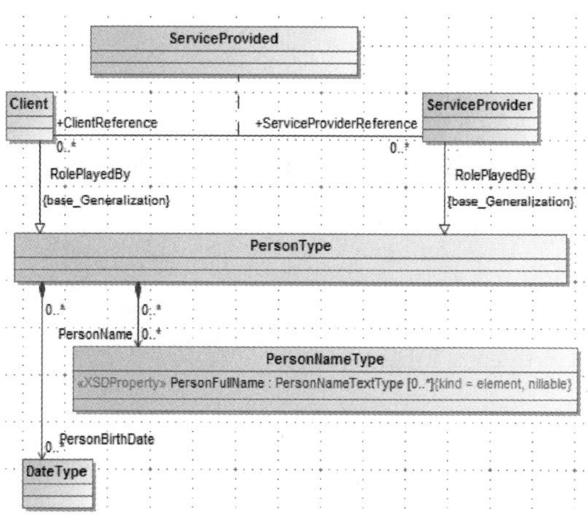

图 6-43　建立 Client 和 ServiceProvider 的关系

将 OrganizationType 拖入扩展模式视图中，并建立其与 ServiceProvider 的联系（Association），如图 6-44 所示。

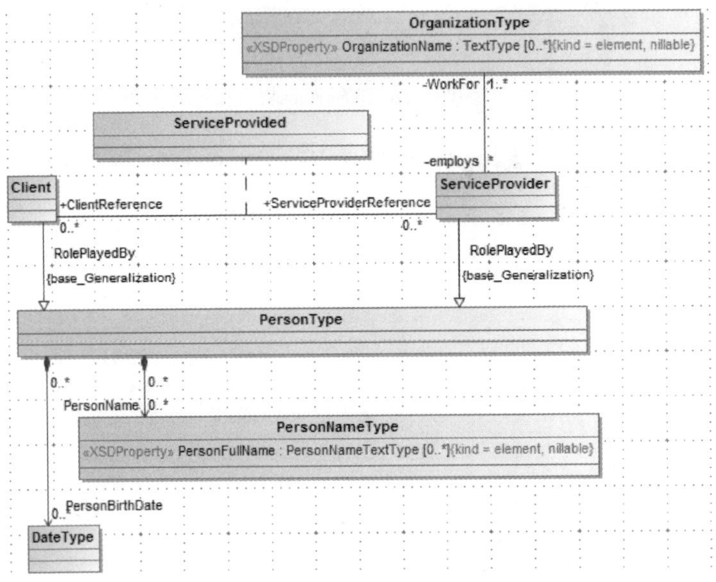

图 6-44 建立 OrganizationType 与 ServiceProvider 的关系

增加新的类型 ClientExchange，并将需要交换的数据元素加入其中，包括医护保障对象、医疗工作人员、医疗服务等，如图 6-45 所示。

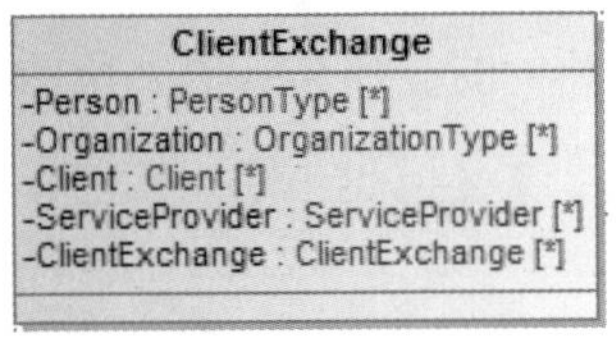

图 6-45 增加新的类型 ClientExchange

4. 交换模式建模

在交换模式视图中增加类型 PropertyHolder，然后将扩展视图中的 ClientExchange 加入 PropertyHolder 中，如图 6-46 所示。

5. 转换

信息交换模型建好之后，就可以直接生成相应的模式文件。选择主窗口的菜单 File→Export to→NIEM MPD，如图 6-47 所示，则会自动生成各类模式文件。

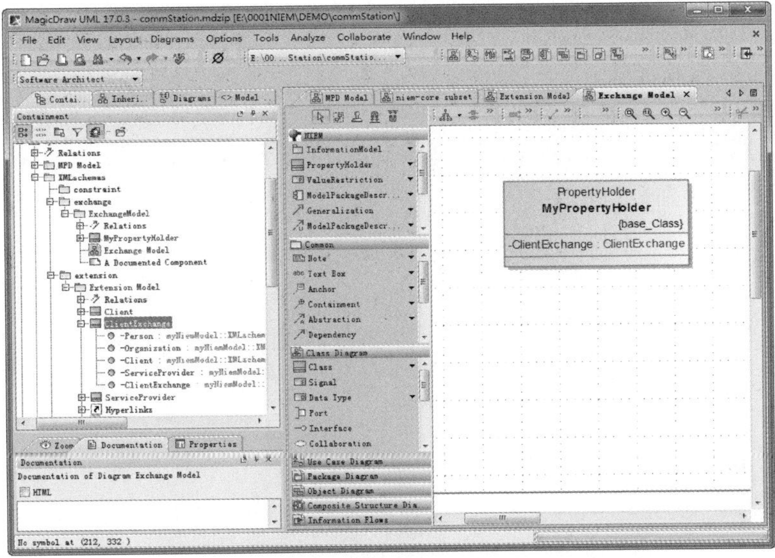

图 6-46 交换模式建模

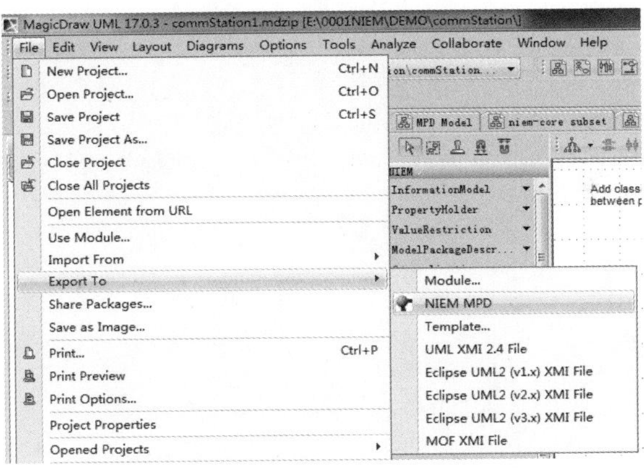

图 6-47 生成模式文件菜单

交换模式文件对应的源文件如图 6-48 所示。

```
<?xml version="1.0" encoding="UTF-8"?>
<xsd:schema xmlns:Q1="http://default.com/my/extension"    ...>
    .....
    <xsd:element name="DataExchange" type="Q1:DataExchangeType" abstract="false" nillable="false"/>
    <!—交换实体-->
</xsd:schema>
```

图 6-48 交换模式文件对应的源文件

子集模式文件代码片段如图 6-49 所示，主要描述了人员信息、组织信息。

```
<xsd:schema>
…
  <xsd:complexType abstract="false" mixed="false" name="PersonNameTextType">
    <xsd:annotation>
      <xsd:appinfo>
        <i:Base i:name="Object" i:namespace="http://niem.gov/niem/structures/2.0"/>
      </xsd:appinfo>
      <xsd:documentation source="">
           A data type for a name by which a person is known, referred, or addressed.
      </xsd:documentation>
    </xsd:annotation>
    <xsd:simpleContent>
      <xsd:extension base="nc:ProperNameTextType"/>
    </xsd:simpleContent>
  </xsd:complexType>
  <xsd:complexType abstract="false" mixed="false" name="ProperNameTextType">
    <xsd:annotation>
      <xsd:appinfo>
        <i:Base i:name="Object" i:namespace="http://niem.gov/niem/structures/2.0"/>
      </xsd:appinfo>
      <xsd:documentation source="">
        A data type for a word or phrase by which a person or thing is known, referred, or addressed.
      </xsd:documentation>
    </xsd:annotation>
    <xsd:simpleContent>
      <xsd:extension base="nc:TextType"/>
    </xsd:simpleContent>
  </xsd:complexType>
  <xsd:complexType abstract="false" mixed="false" name="TextType">
    <xsd:annotation>
      <xsd:appinfo>
        <i:Base i:name="Object" i:namespace="http://niem.gov/niem/structures/2.0"/>
      </xsd:appinfo>
      <xsd:documentation source="">A data type for a character string.</xsd:documentation>
    </xsd:annotation>
    <xsd:simpleContent>
      <xsd:extension base="niem-xsd:string"/>
    </xsd:simpleContent>
  </xsd:complexType>
  <xsd:complexType abstract="false" mixed="false" name="OrganizationType">
    <xsd:annotation>
      <xsd:appinfo>
```

图 6-49　子集模式文件代码片段

```
        <i:Base i:name="Object" i:namespace="http://niem.gov/niem/structures/2.0"/>
      </xsd:appinfo>
      <xsd:documentation source="">
          A data type for a body of people organized for a particular purpose.
      </xsd:documentation>
    </xsd:annotation>
    <xsd:complexContent>
      <xsd:extension base="s:ComplexObjectType">
        <xsd:sequence>
        <xsd:element maxOccurs="unbounded" minOccurs="0" ref="nc:OrganizationName"/>
        <xsd:element maxOccurs="unbounded" minOccurs="0" ref="nc:ServiceProviderReference"/>
        <xsd:element maxOccurs="1" minOccurs="1" ref="nc:Employees"/>
        </xsd:sequence>
      </xsd:extension>
    </xsd:complexContent>
  </xsd:complexType>
  <xsd:element abstract="false" name="OrganizationName" nillable="true" type="nc:TextType">
    <xsd:annotation>
      <xsd:documentation source="">A name of an organization.</xsd:documentation>
    </xsd:annotation>
  </xsd:element>
  <xsd:element abstract="false" name="ServiceProviderReference" nillable="false" type="s:ReferenceType">
    <xsd:annotation>
      <xsd:appinfo>
        <i:ReferenceTarget i:name="ServiceProviderType" i:namespace="http://default.com/my/extension"/>
      </xsd:appinfo>
      <xsd:documentation source="">A Documented Component</xsd:documentation>
    </xsd:annotation>
  </xsd:element>
  <xsd:complexType abstract="false" mixed="false" name="PersonType">
    <xsd:annotation>
      <xsd:appinfo>
        <i:Base i:name="Object" i:namespace="http://niem.gov/niem/structures/2.0"/>
      </xsd:appinfo>
      <xsd:documentation source="">A data type for a human being.</xsd:documentation>
    </xsd:annotation>
    <xsd:complexContent>
      <xsd:extension base="s:ComplexObjectType">
        <xsd:sequence>
          <xsd:element maxOccurs="unbounded" minOccurs="0" ref="nc:PersonBirthDate"/>
          <xsd:element maxOccurs="unbounded" minOccurs="0" ref="nc:PersonName"/>
        </xsd:sequence>
      </xsd:extension>
    </xsd:complexContent>
```

图 6-49 子集模式文件代码片段（续）

```
</xsd:complexType>
<xsd:element abstract="false" name="PersonBirthDate" nillable="true" type="nc:DateType">
  <xsd:annotation>
    <xsd:documentation source="">A date a person was born.</xsd:documentation>
  </xsd:annotation>
</xsd:element>
<xsd:complexType abstract="false" mixed="false" name="DateType">
  <xsd:annotation>
    <xsd:appinfo>
      <i:Base i:name="Object" i:namespace="http://niem.gov/niem/structures/2.0"/>
    </xsd:appinfo>
    <xsd:documentation source="">A data type for a calendar date.</xsd:documentation>
  </xsd:annotation>
  <xsd:complexContent>
    <xsd:extension base="s:ComplexObjectType">
    </xsd:extension>
  </xsd:complexContent>
</xsd:complexType>
<xsd:element abstract="false" name="PersonName" nillable="true" type="nc:PersonNameType">
  <xsd:annotation>
    <xsd:documentation source="">
        A combination of names and/or titles by which a person is known.
    </xsd:documentation>
  </xsd:annotation>
</xsd:element>
<xsd:complexType abstract="false" mixed="false" name="PersonNameType">
  <xsd:annotation>
    <xsd:appinfo>
      <i:Base i:name="Object" i:namespace="http://niem.gov/niem/structures/2.0"/>
    </xsd:appinfo>
    <xsd:documentation source="">
        A data type for a combination of names and/or titles by which a person is known.
    </xsd:documentation>
  </xsd:annotation>
  <xsd:complexContent>
    <xsd:extension base="s:ComplexObjectType">
      <xsd:sequence>
        <xsd:element maxOccurs="unbounded" minOccurs="0" ref="nc:PersonFullName"/>
      </xsd:sequence>
    </xsd:extension>
  </xsd:complexContent>
</xsd:complexType>
<xsd:element abstract="false" name="PersonFullName" nillable="true" type="nc:PersonNameTextType">
```

图 6-49　子集模式文件代码片段（续）

```
    <xsd:annotation>
      <xsd:documentation source="">A complete name of a person.</xsd:documentation>
    </xsd:annotation>
  </xsd:element>
  <xsd:element abstract="false" name="Employees" nillable="false" type="s:ReferenceType">
    <xsd:annotation>
      <xsd:appinfo>
        <i:ReferenceTarget i:name="ServiceProviderType" i:namespace="http://default.com/my/extension"/>
      </xsd:appinfo>
      <xsd:documentation source="">A Documented Component</xsd:documentation>
    </xsd:annotation>
  </xsd:element>
</xsd:schema>
```

图 6-49　子集模式文件代码片段（续）

扩展模式文件代码片段如图 6-50 所示。

```
<xsd:schema >
…
<xsd:complexType abstract="false" mixed="false" name="ServiceProviderType">
    <xsd:annotation>
      <xsd:appinfo>
          <i:Base i:name="Object" i:namespace="http://niem.gov/niem/structures/2.0"/>
      </xsd:appinfo>
    </xsd:annotation>
    <xsd:complexContent>
      <xsd:extension base="s:ComplexObjectType">
        <xsd:sequence>
          <xsd:element maxOccurs="1" minOccurs="0" ref="tns:OrganizationReference"/>
          <xsd:element maxOccurs="1" minOccurs="1" ref="tns:Workfor"/>
          <xsd:element maxOccurs="1" minOccurs="1" ref="tns:RoleOfPersonTypeReference"/>
        </xsd:sequence>
      </xsd:extension>
    </xsd:complexContent>
  </xsd:complexType>
  <xsd:element abstract="false" name="OrganizationReference" nillable="false" type="s:ReferenceType">
    <xsd:annotation>
      <xsd:appinfo>
        <i:ReferenceTarget i:name="OrganizationType" i:namespace="http://niem.gov/niem/niem-core/2.0"/>
      </xsd:appinfo>
      <xsd:documentation source="">A Documented Component</xsd:documentation>
```

图 6-50　扩展模式文件代码片段

```
    </xsd:annotation>
  </xsd:element>
  <xsd:element abstract="false" name="Workfor" nillable="false" type="s:ReferenceType">
    <xsd:annotation>
      <xsd:appinfo>
        <i:ReferenceTarget i:name="OrganizationType" i:namespace="http://niem.gov/niem/niem-core/2.0"/>
      </xsd:appinfo>
      <xsd:documentation source="">A Documented Component</xsd:documentation>
    </xsd:annotation>
  </xsd:element>
  <xsd:element abstract="false" name="RoleOfPersonTypeReference" nillable="false" type="s:ReferenceType">
    <xsd:annotation>
      <xsd:appinfo>
        <i:ReferenceTarget i:name="PersonType" i:namespace="http://niem.gov/niem/niem-core/2.0"/>
      </xsd:appinfo>
    </xsd:annotation>
  </xsd:element>
  <xsd:annotation>
    <xsd:appinfo>
      <i:ConformantIndicator>true</i:ConformantIndicator>
    </xsd:appinfo>
    <xsd:documentation source="">A Documented Component</xsd:documentation>
  </xsd:annotation>
  <xsd:complexType abstract="false" mixed="false" name="ServiceProvidedAssociationType">
    <xsd:annotation>
      <xsd:appinfo>
        <i:Base i:name="Association" i:namespace="http://niem.gov/niem/structures/2.0"/>
      </xsd:appinfo>
      <xsd:documentation source="">医疗工作人员与医护保障对象的关系</xsd:documentation>
    </xsd:annotation>
    <xsd:complexContent>
      <xsd:extension base="s:ComplexObjectType">
        <xsd:sequence>
          <xsd:element maxOccurs="1" minOccurs="1" ref="tns:ClientReference"/> <!—医护保障对象-->
          <xsd:element maxOccurs="1" minOccurs="1" ref="tns:ServiceProviderReference"/>
          <!—医疗工作人员-->
        </xsd:sequence>
      </xsd:extension>
    </xsd:complexContent>
  </xsd:complexType>
```

图 6-50　扩展模式文件代码片段（续）

```
<xsd:element abstract="false" name="ClientReference" nillable="false" type="s:ReferenceType">
    <xsd:annotation>
        <xsd:appinfo>
            <i:ReferenceTarget i:name="ClientType" i:namespace="http://default.com/my/extension"/>
        </xsd:appinfo>
        <xsd:documentation source="">A Documented Component</xsd:documentation>
    </xsd:annotation>
</xsd:element>
<xsd:complexType abstract="false" mixed="false" name="ClientType">
    <xsd:annotation>
        <xsd:appinfo>
            <i:Base i:name="Object" i:namespace="http://niem.gov/niem/structures/2.0"/>
        </xsd:appinfo>
    </xsd:annotation>
    <xsd:complexContent>
        <xsd:extension base="s:ComplexObjectType">
            <xsd:sequence>
                <xsd:element maxOccurs="1" minOccurs="1" ref="tns:RoleOfPersonTypeReference"/>
            </xsd:sequence>
        </xsd:extension>
    </xsd:complexContent>
</xsd:complexType>
<xsd:element abstract="false" name="ServiceProviderReference" nillable="false" type="s:ReferenceType">
    <xsd:annotation>
        <xsd:appinfo>
            <i:ReferenceTarget i:name="ServiceProviderType" i:namespace="http://default.com/my/extension"/>
        </xsd:appinfo>
        <xsd:documentation source="">A Documented Component</xsd:documentation>
    </xsd:annotation>
</xsd:element>
<xsd:complexType abstract="false" mixed="false" name="MyExchangeType">
    <xsd:annotation>
        <xsd:appinfo>
            <i:Base i:name="Object" i:namespace="http://niem.gov/niem/structures/2.0"/>
        </xsd:appinfo>
        <xsd:documentation source="">交换信息的定义，包括医疗服务小组、医护保障对象、医疗工作人员，
        医护保障对象和医疗工作人员通过 Person 描述，而医疗服务小组通过 Organization 描述
        </xsd:documentation>
    </xsd:annotation>
    <xsd:complexContent>
```

图 6-50　扩展模式文件代码片段（续）

```
        <xsd:extension base="s:ComplexObjectType">
          <xsd:sequence>
            <xsd:element maxOccurs="unbounded" minOccurs="0" ref="tns:Client"/>
            <xsd:element maxOccurs="unbounded" minOccurs="0" ref="tns:ServiceProvider"/>
            <xsd:element maxOccurs="unbounded" minOccurs="0" ref="tns:MyExchange"/>
            <xsd:element maxOccurs="unbounded" minOccurs="0" ref="tns:Person"/>
            <xsd:element maxOccurs="unbounded" minOccurs="0" ref="tns:Organization"/>
          </xsd:sequence>
        </xsd:extension>
      </xsd:complexContent>
    </xsd:complexType>
    <xsd:element abstract="false" name="Client" nillable="false" type="tns:ClientType">
      <xsd:annotation>
        <xsd:documentation source="">医护保障对象</xsd:documentation>
      </xsd:annotation>
    </xsd:element>
    <xsd:element abstract="false" name="ServiceProvider" nillable="false" type="tns:ServiceProviderType">
      <xsd:annotation>
        <xsd:documentation source="">医疗工作人员</xsd:documentation>
      </xsd:annotation>
    </xsd:element>
    <xsd:element abstract="false" name="MyExchange" nillable="false" type="tns:MyExchangeType">
      <xsd:annotation>
        <xsd:documentation source="">交换信息</xsd:documentation>
      </xsd:annotation>
    </xsd:element>
    <xsd:element abstract="false" name="Person" nillable="false" type="nc:PersonType">
      <xsd:annotation>
        <xsd:documentation source="">人员</xsd:documentation>
      </xsd:annotation>
    </xsd:element>
    <xsd:element abstract="false" name="Organization" nillable="false" type="nc:OrganizationType">
    <!--医疗服务小组-->
      <xsd:annotation>
        <xsd:documentation source="">A Documented Component</xsd:documentation>
      </xsd:annotation>
    </xsd:element>
```

图 6-50　扩展模式文件代码片段（续）

扩展模式中各元素的关系如图 6-51 所示。

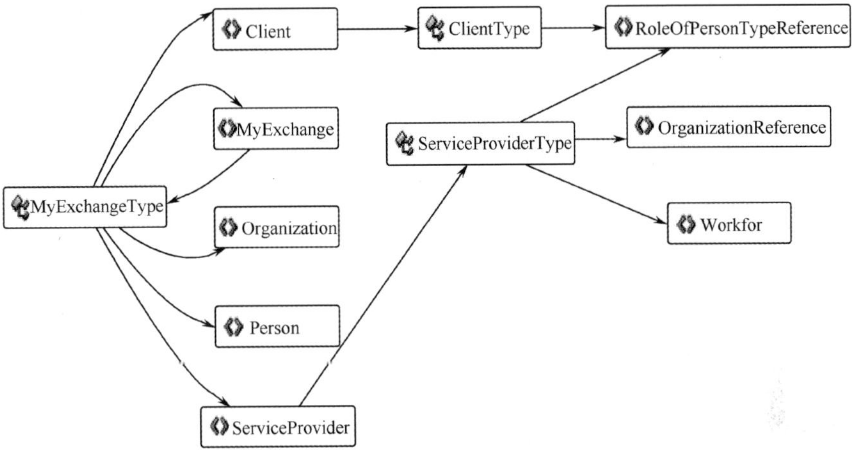

图 6-51　扩展模式中各元素的关系

6.3.3　Sparx EA 信息交换建模流程

Sparx EA 提供了信息交换包文档模板及生成向导。下面以创建包括一个人的出生日期和身份证号码的 NIEM 模式，并由此生成一个 IEPD 为例，介绍 Sparx EA 14.0 信息交换建模流程。

第 1 步，新建 1 个工程 myproject。

第 2 步，使用模型向导创建 NIEM 4 IEPD Starter Model。选择主菜单 Start→Perspective→Open Model Wizard（或按 Ctrl + Shift + M）打开模型向导，如图 6-52 所示，然后同时勾选 NIEM 4.0 Reference Model、NIEM MPD Types、NIEM 4 IEPD Starter Model，再单击“Create Pattern(s)”，系统自动创建 IEPD 模板及相应的文件。

第 3 步，打开 Schema Composer 界面，创建模型转换。从主菜单 Specialize→Schema Composer→Open Schema Composer，弹出 Schema Composer 窗口，在该窗口中再单击 NEW 键，选择 Model Transform，弹出 New Model Transform 窗口，如图 6-53 所示。

第 4 步，定义模型转换。在 New Model Transform 窗口中填写模型转换名称，从 Schema Set 选择 NIEM，再单击文件夹按键，选择存储转换模型存储的目录，再单击 OK 按钮，如图 6-54 所示。

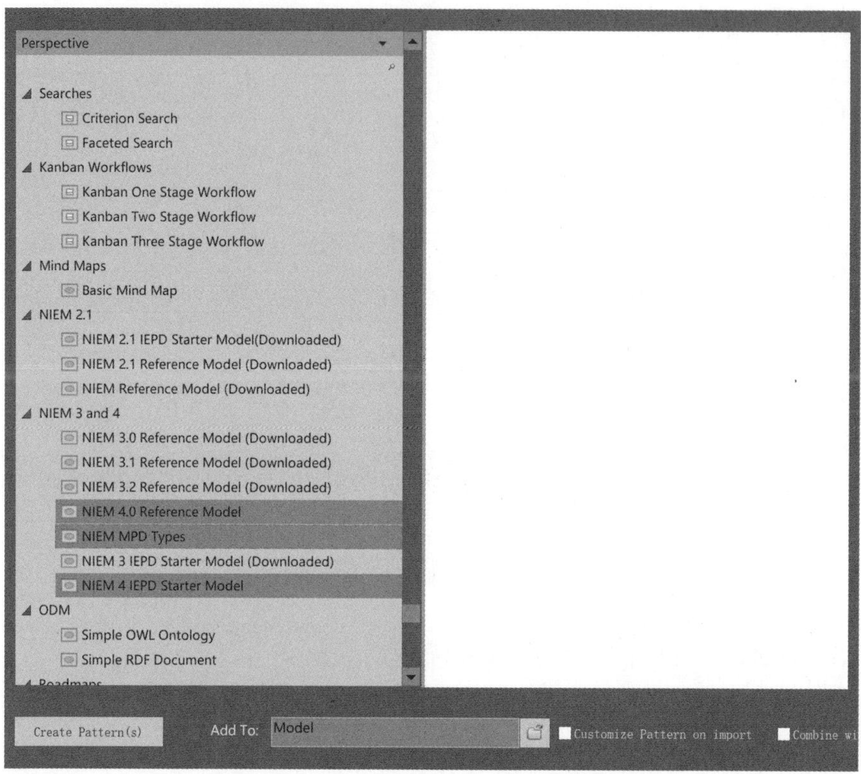

图 6-52　Sparx EA 选择模型框架

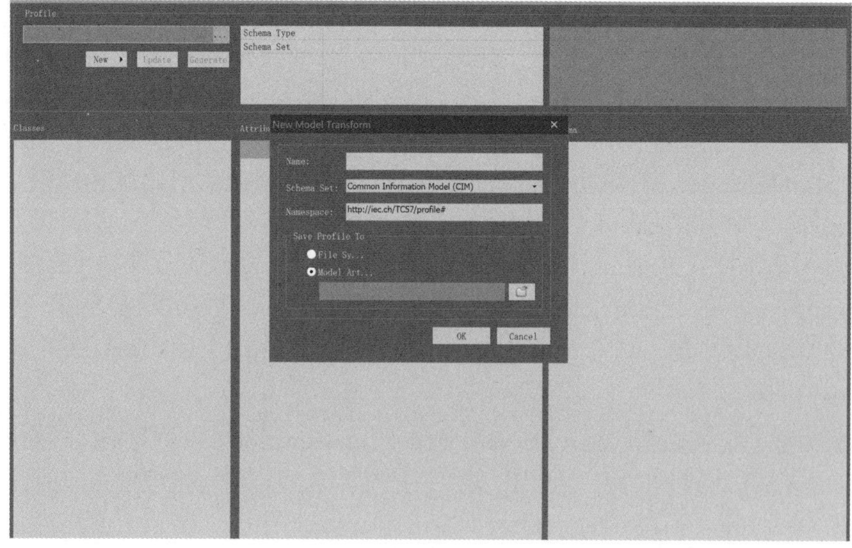

图 6-53　Schema Composer 窗口

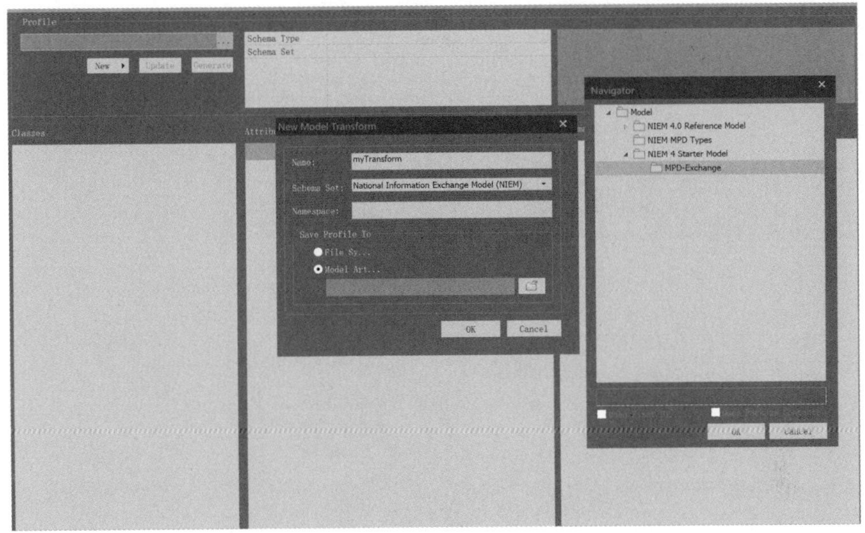

图 6-54　定义模型转换模型

第 5 步，设置 NIEM Classes 和 Classes Attributes。在 Project Browser 目录中的 InformationModel niem-core 选择 PersonType，拖到 Classes 栏中，然后在 Attributes 中选择 PersonBirthDate 和 PersonCitizenship，如图 6-55 所示。

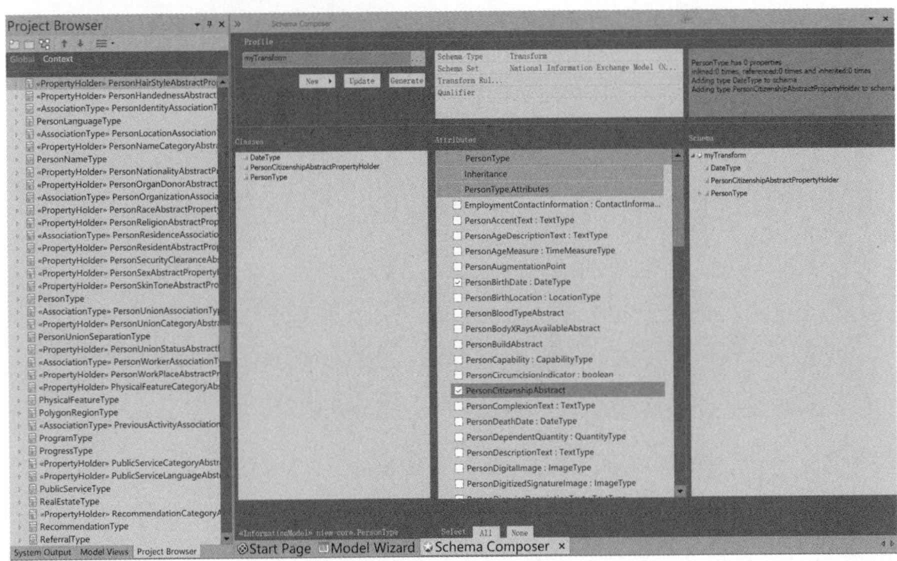

图 6-55　NIEM Classes 和 Classes Attributes

第 6 步，设置 Attribute References，如图 6-56 所示。

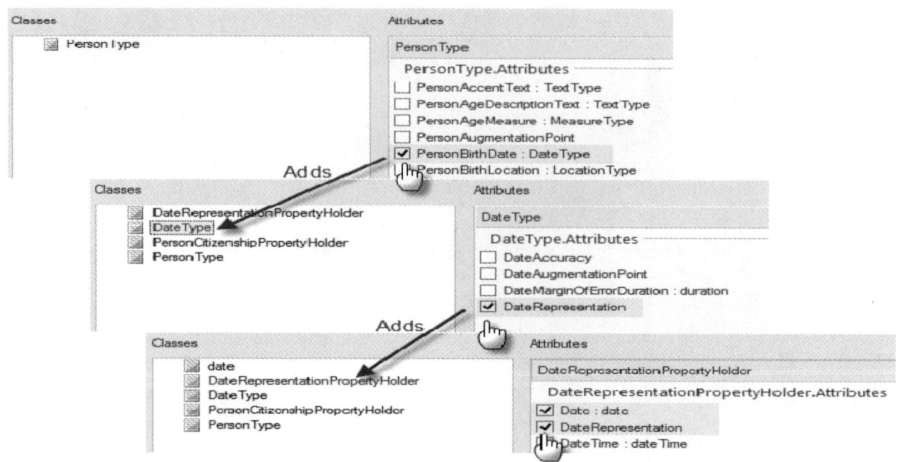

图 6-56　设置 Attribute References

第 7 步，生成 Schema。一旦选择了想要用于架构的类和属性的子集，就可以生成架构。单击第 5 步图中上部的 Update 按钮保存架构，单击 Generate，弹出生成窗口，如图 6-57 中左图所示；再在该窗口单击 Generate，弹出图 6-57 中的右图，选择目录，单击 OK 按钮。

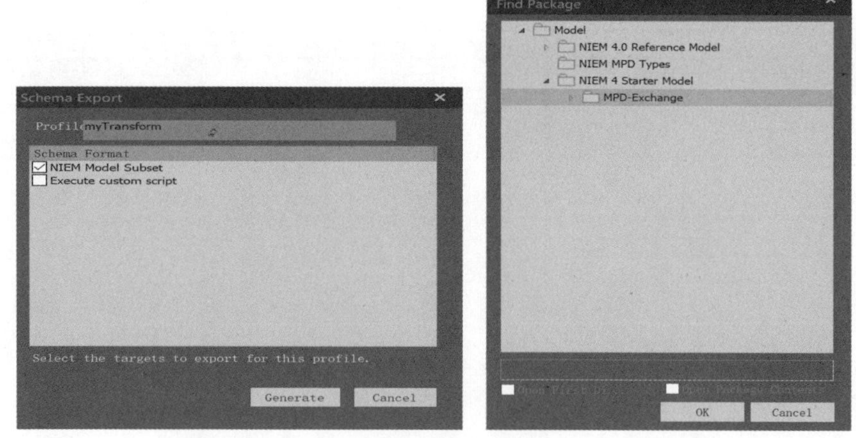

图 6-57　生成 Schema

第 8 步，查看模型子集。在 Project Browser 目录中的 InformationModel niem-core，可以看到 NIEM 子集中在步骤 7 生成的对象，然后选择 InformationModel niem-core 下的类型，拖到 MPD-exchange 视图中，如图 6-58 所示。

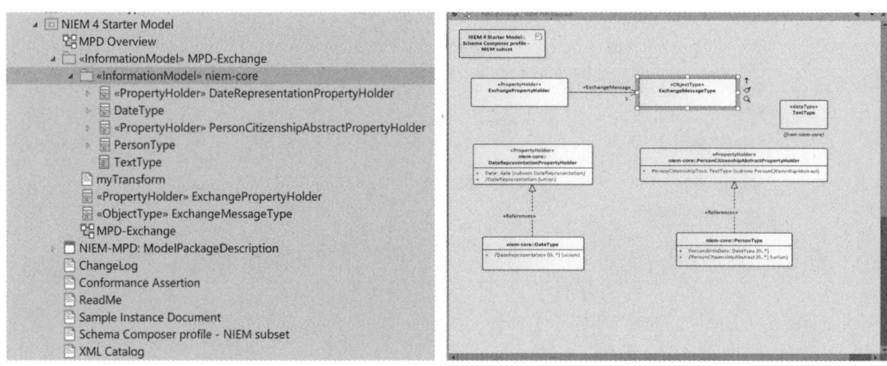

图 6-58　查看生成的 Schema

第 10 步，生成 IEPD。在 Project Browser 目录中的 NIEM-MPD:Model PackageDescription 鼠标右键单击，弹出菜单选择 Specialize→NIEM→Generate NIEM Schema，生成 NIEM MPD Schemas，再单点击 View Schema，生成的模式文件如图 6-59 所示。

```
<?xml version="1.0" encoding="UTF-8"?>
<xs:schema xmlns:xs="http://www.w3.org/2001/XMLSchema" targetNamespace="http://example.com/NIEM-MPD/exchange" xmlns:exch="http://example.com/NIEM-MPD/exchange" version="1" ct:conformanceTargets="http://reference.niem.gov/niem/specification/naming-and-design-rules/4.0/#ExtensionSchemaDocument" xmlns:ct="http://release.niem.gov/niem/conformanceTargets/3.0/"
xmlns:structures="http://release.niem.gov/niem/structures/4.0/"
xmlns:niem-xs="http://release.niem.gov/niem/proxy/xsd/4.0/"
xmlns:xsi="http://www.w3.org/2001/XMLSchema-instance"
xsi:schemaLocation="http://release.niem.gov/niem/conformanceTargets/3.0/../niem/utility/conformanceTargets/3.0/conformanceTargets.xsd">
    <xs:import namespace="http://release.niem.gov/niem/proxy/xsd/4.0/" schemaLocation="../niem/proxy/ xsd/4.0/xs.xsd"/>
    <xs:import namespace="http://release.niem.gov/niem/structures/4.0/" schemaLocation="../niem/utility/structures/4.0/ structures.xsd"/>
      <xs:complexType name="ExchangeMessageType">
            <xs:complexContent>
                  <xs:extension base="structures:ObjectType">
                      <xs:sequence/>
                  </xs:extension>
            </xs:complexContent>
      </xs:complexType>
      <xs:complexType name="DateType">
```

图 6-59　生成的 NIEM MPD Schema 模式文件

```
        <xs:annotation>
                <xs:documentation>A data type for a calendar date.</xs:documentation>
        </xs:annotation>
        <xs:complexContent>
                <xs:extension base="structures:ObjectType">
                        <xs:sequence>
                                <xs:element  minOccurs="0"  maxOccurs="unbounded"  ref="exch:
                                DateRepresentation"/>
                        </xs:sequence>
                </xs:extension>
        </xs:complexContent>
</xs:complexType>
<xs:complexType name="PersonType">
        <xs:annotation>
                <xs:documentation>A data type for a human being.</xs:documentation>
        </xs:annotation>
        <xs:complexContent>
                <xs:extension base="structures:ObjectType">
                        <xs:sequence>
                                <xs:element minOccurs="0" maxOccurs="unbounded" ref="exch:Person
                                BirthDate"/>
                                <xs:element minOccurs="0" maxOccurs="unbounded" ref="exch:Person
                                CitizenshipAbstract"/>
                        </xs:sequence>
                </xs:extension>
        </xs:complexContent>
</xs:complexType>
<xs:complexType name="TextType">
        <xs:annotation>
                <xs:documentation>A data type for a character string.</xs:documentation>
        </xs:annotation>
        <xs:simpleContent>
                <xs:extension base="niem-xs:string"/>
        </xs:simpleContent>
</xs:complexType>
<xs:element name="Date" substitutionGroup="exch:DateRepresentation" nillable="true" type="niem-xs:date">
        <xs:annotation>
                <xs:documentation>A full date.</xs:documentation>
        </xs:annotation>
</xs:element>
```

图 6-59　生成的 NIEM MPD Schema 模式文件（续）

```
    <xs:element name="DateRepresentation" abstract="true">
        <xs:annotation>
            <xs:documentation>A data concept for a representation of a date.</xs:documentation>
        </xs:annotation>
    </xs:element>
    <xs:element name="PersonCitizenshipText" type="exch:TextType">
        <xs:annotation>
            <xs:documentation>A country that assigns rights, duties, and privileges to a person because
            of the birth or naturalization of the person in that country.</xs:documentation>
        </xs:annotation>
    </xs:element>
    <xs:element name="ExchangeMessage" type="exch:ExchangeMessageType">
        <xs:annotation/>
    </xs:element>
    <xs:element name="PersonBirthDate" type="exch:DateType">
        <xs:annotation>
            <xs:documentation>A date a person was born.</xs:documentation>
        </xs:annotation>
    </xs:element>
    <xs:element name="PersonCitizenshipAbstract" abstract="true">
        <xs:annotation/>
    </xs:element>
</xs:schema>
```

图 6-59　生成的 NIEM MPD Schema 模式文件（续）

6.4　本章小结

信息交换包文档 IEPD 是针对具体的交换需求构建的描述信息交换业务背景、信息内容、语义和结构的压缩文件，是信息交换包 IEP 的语义和语法定义。信息交换包是符合 IEPD 的 XML 实例文档，携带交换的数据，是信息交换过程中信息交换双方之间交换的实际消息。

信息交换建模实际上通过对交换需求进行分析，明确信息交换的内容，并通过引用 NIEM 对交换需求进行描述，建立信息交换模型，生成信息交换包文档。信息交换模型开发过程包括方案规划、需求分析、映射与建模、构建与验证、组装与归档、发布与实施 6 个步骤。

信息交换建模工具包括开源和商用建模工具，商用建模工具主要有 NoMagic 公司的 MagicDraw、Sparx Systems 公司的 Enterprise Architect（EA）建模工具等。

第 7 章

Chapter 7

信息交换实现框架

信息交换包文档构建完成以后，信息提供者需要将待交换的数据依据信息交换包文档进行封装、发布，然后信息使用者通过搜索、订阅，获取所需数据。为了便于实现基于 NIEM 的信息交换，美国司法部司法信息共享项目组与乔治亚理工学院（Georgia Tech Research Institute，GTRI）开发了逻辑实体交换规范（Logical Entity eXchange Specifications，LEXS）。本章重点介绍 LEXS 的主要功能，并以海事态势报告为例，运用 LEXS 信息交换框架实现海事态势报告的发布、检索、显示和处理。

7.1　LEXS 简介

7.1.1　LEXS 信息交换框架

为了便于信息的发布、搜索、订阅、获取，简化基于 NIEM 的信息交换实施，美国司法部司法信息共享项目组与乔治亚理工学院对信息交换机制与过程进行了高度的概括与抽象，提出了统一词汇交换（Universal Lexical Exchange，ULEX）规范，定义了信息交换时的信息组织结构、信息参考模型、信息交换流程和信息交换接口，形成了一个能够满足不同信息交换需求的抽象的信息交换框架。ULEX 规范最新的版本是 ULEX 2.0，可以在 http://lexsdev.org/content/ulex 下载。逻辑实体交换规范 LEXS 遵循 ULEX 规范，通过引入 NEIM 部分核心数据模型和领域数据模型（简称“摘要数据模型”），提供基于.NET 和 Java 实现的信息发布、搜索、获取、订阅、通知服务等接口。目前 LEXS 的版本是 LEXS 5.0，可以在 http://lexsdev.org/下载。LEXS 主要解决信息共享存在的两个方面的问题：①定义和描述共享信息的基本单元；②定义信息分发接口和协议，包括数据生产者如何提供信息并被共享，数据消费者如何搜索、获取、订阅信息，以及当感兴趣的信息发生变化或被其他消费者搜索和访问信息时得到通知。

LEXS 信息交换框架如图 7-1 所示。LEXS 信息交换框架包括 LEXS 信息交换标准（LEXS 摘要数据模型、结构化负载数据模型）、LEXS 消息、LEXS 服务、LEXS 接口。

其中，结构化负载数据模型是指当 LEXS 摘要数据模型不满足信息交换需要时，按照 NIEM 规范进行扩展的数据类型；LEXS 消息是指交换数据的传递方式；LEXS 服务是指 LEXS 接口的实现。

在 LEXS 中，LEXS 摘要数据模型是通过引用 NIEM 形成的，LEXS 摘要数据模型共包括 356 个实体、角色和关联数据类型，主要描述了人员、位置、活动（事件）、网络地址、毒品、交通工具、组织等 35 类实体，如表 7-1 所示。

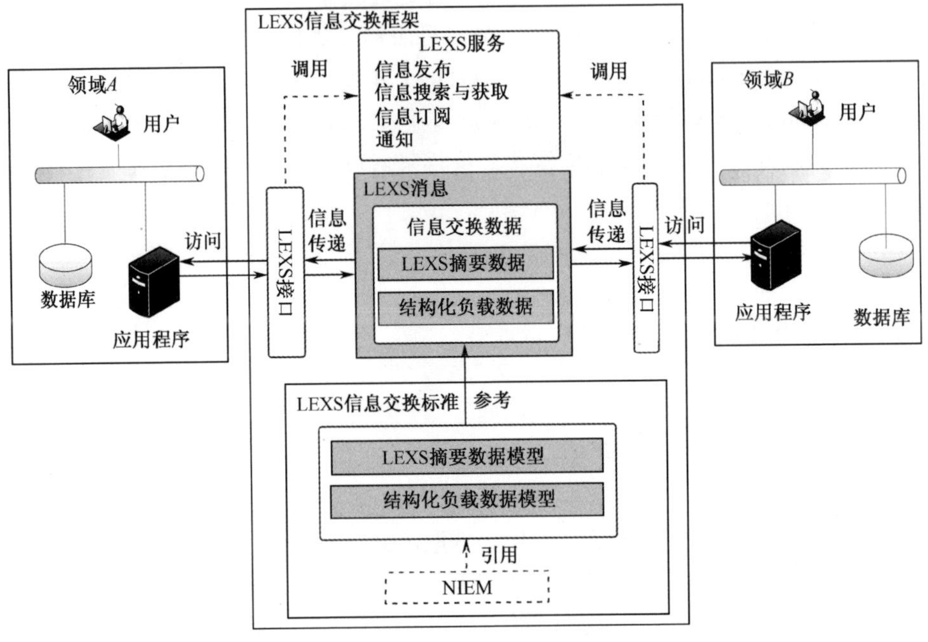

图 7-1　LEXS 信息交换框架

表 7-1　LEXS Digest 描述的实体类别

Activity	Firearm	Program
Aircraft	Hash	Prosecution
Arrest	Incident	Sentence
Booking	InstantMessenger	ServiceCall
Case	IntangibleItem	Substance
Citation	Location	Supervision
CourtActivity	NetworkAddress	TangibleItem
CreditCard	Notification	TelephoneNumber
Document	Offense	Vehicle
Drug	Organization	Vessel
E-mail	Other	Warrant
Explosive	Person	

在信息交换实施的过程中，如果确定采用 LEXS 信息交换框架作为信息交换的实现手段，那么首先需要判断 LEXS 摘要数据模型是否符合信息交换需求。如果 LEXS 摘要数据模型不满足需求，则需要在 LEXS 摘要数据模型的基础上进行类型扩展，扩展方式参考第 6 章的内容。

7.1.2　LEXS 信息共享环境

在运用 LEXS 进行信息交换时，信息生产者、信息使用者和信息共享空间共同组成 LEXS 信息共享环境。其中，信息共享空间是指为信息生产者和信息使用者提供综合服务的信息基础设施。信息共享空间具有为信息交换者提供信息发布、搜索、获取、订阅和通知等核心功能，还具有信息管理、权限管理、日志和审计等辅助功能。一个典型的 LEXS 信息共享环境如图 7-2 所示。

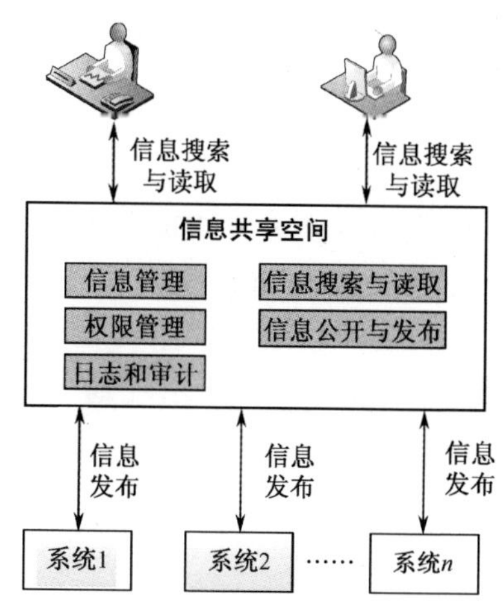

图 7-2　LEXS 信息共享环境

在 LEXS 信息共享环境中，信息共享空间扮演信息代理者的角色，即信息共享空间作为信息代理者，向信息使用者提供访问信息空间数据的能力。信息提供者（Submitter）通过发布服务将信息发布到信息共享空间的缓冲区中，信息共享空间可以通过搜索与获取服务向信息使用者提供访问缓冲区中数据的能力。在这种情况下，信息共享空间扮演了一个服务提供者的角色（Service Provider）。信息共享空间所提供的服务作为一种信息共享的综合环境，在信息交换模型的支持下才能实现相关服务。

信息发布是指对信息使用者发布或更新数据。信息发布者发布信息是通过发布服务来完成的，发布服务将共享信息发布到信息共享空间中，并保持数据是最新的。

信息搜索与读取是指信息使用者从信息共享空间搜索并获取数据的过程。搜索服务是指通过匹配搜索条件，返回所匹配的记录的 ID 和摘要；读取服务通过搜索获取指定 ID 的记录，返回的是记录的 IEPD 包。两者使用同一个接口，只是返回数据的详细程度不同。用户可以选择搜索、读取等服务完成简单的数据查询，也可以选择多种服务来完成复杂的信息处理。

订阅与通知是信息使用者和信息生产者之间信息共享的另一种方式。信息使用者可以向信息生产者订阅感兴趣的数据，而当订阅的数据产生或者更新时，信息生产者通知信息使用者，两者之间也是以消息的方式进行数据传递的。

7.2 LEXS 消息结构与格式

7.2.1 消息结构

消息结构定义了消息构成的各要素及组成关系。LEXS 消息结构如图 7-3 所示，消息主要由信息交换包（Package）和附件（Attachment）两部分组成。其中，信息交换包由摘要（Digest）数据、结构化负载（StructuredPayload）数据、非结构化数据容器（Narrative）和显示规则（RenderingInstructions）等构成。

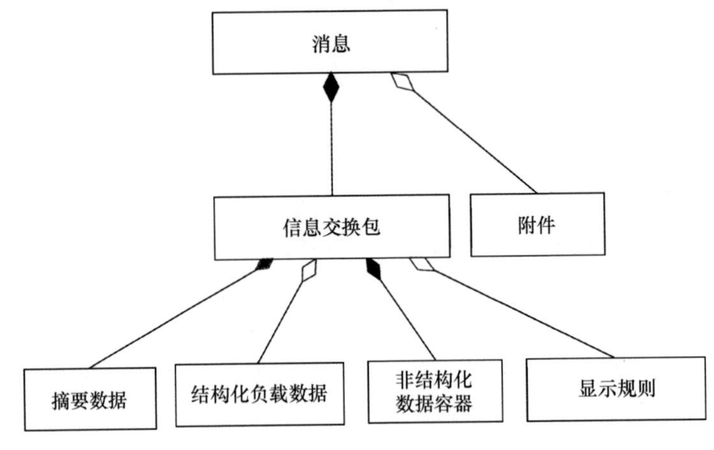

图 7-3　LEXS 消息结构

1. 消息

消息是信息交换双方在信息交换时请求与响应的基本数据结构。LEXS 中根据不同目的定义了不同的消息，如信息发布消息、数据搜索消息等，所有的消息格式都遵循 LEXS 消息结构，图 7-4 是发布消息结构。

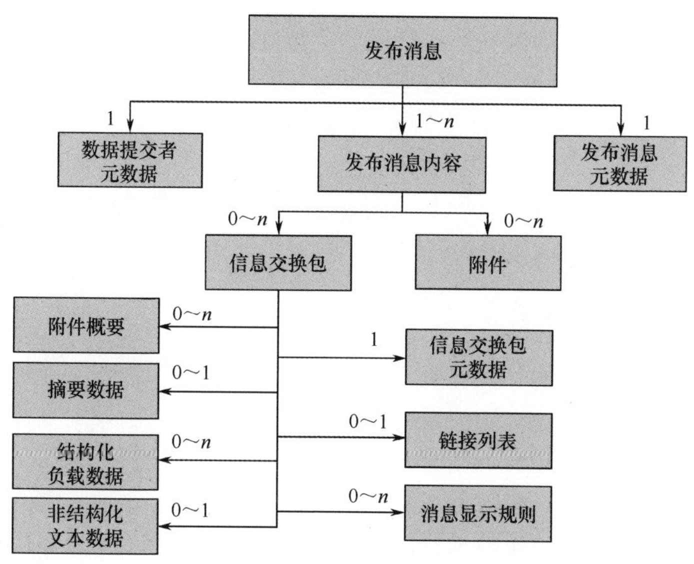

图 7-4　发布消息结构

2. 信息交换包

信息交换包是交换信息的逻辑单元，如包含时间、地点、人物和主要活动的一个交通事故报告就可以认为是一个信息交换包。在一般情况下，数据库中的一条记录可以转化成一个信息交换包。

3. 元数据

在 LEXS 消息中，消息的每个组成元素都有相应的元数据定义。如图 7-4 中发布消息元数据（PD Message Metadata），就用来描述消息的发送时间、发送序列及相应的 LEXS 版本等信息。在消息中，信息交换包的元数据（PackageMetadata）适用于包内的所有数据元素。

4. 摘要数据与结构化负载数据

由摘要数据模型生成的数据实例为摘要数据，而由结构化负载数据模型生成的数据实例为结构化负载数据。在信息交换包中摘要数据和结构化数据是分开组织的，即 LEXS 将摘要数据放在信息交换包的摘要数据节点中，而将结构化负载数据放在信息交换包的结构化负载数据节点中。

5. 非结构化数据容器

非结构化数据容器是对信息交换包的一个增强，它可以包含纯描述性文本数据，或者 LEXS 不支持的数据结构所描述的数据。当交换信息不足以用结构化负载数据进行描述时，可以将其放入非结构化数据容器中进行数据交换。

6. 显示规则

显示规则定义了信息交换包中交换数据的显示方式，如可以 XSLT 的方式规定交换数据在浏览器中的显示格式。

7. 附件和附件概要

附件是对交换消息的补充说明。典型的附件，如由二进制文件所描述的指纹信息，用户不可以直接读取这些数据，或者不能够通过显示规则直接进行数据显示。附件在消息框架中与消息在一个级别，而不是与信息交换包在一个级别。多个信息交换包可能共用一个附件。附件概要是附件与信息交换包中的元素关系的描述，例如，对指纹信息附件来说，附件概要描述了究竟是信息交换包中的哪个人的指纹，即指纹与人员的关系。

7.2.2 消息格式

LEXS 消息格式说明了构成消息的各部分类型属性及它们之间的关系，消息格式是通过 XSD 模式文件来描述的。以发布消息格式（PublishMessageType）为例，发布消息格式的定义如图 7-5 所示，具体含义见代码中注释。

```
<xsd:complexType name="PublishMessageType"><!-发布消息类型-->
  <xsd:annotation>
    <xsd:documentation>A data type for a publish message. </xsd:documentation>
  </xsd:annotation>
  <xsd:sequence>
    <xsd:element ref="ulex:PDMessageMetadata"/><!-发布消息元数据-->
    <xsd:element ref="ulex:DataSubmitterMetadata"/><!-数据提交者元数据-->
    <xsd:element ref="ulex:MessageItemAbstract" maxOccurs= "unbounded"/><!-消息内容，抽象数据类型-->
  </xsd:sequence>
</xsd:complexType>
<xsd:element name="MessageItemAbstract" abstract="true"><!-消息内容，抽象类型-->
    <xsd:annotation>
      <xsd:documentation>
```

图 7-5 发布消息格式的定义

```
            A data concept for an attachment or a Data Item package.
         </xsd:documentation>
      </xsd:annotation>
</xsd:element>
<xsd:element name="DataSubmitterMetadata" type="ulex:SystemMetadataType"
   nillable="false"><!-数据提交者元数据-->
         <xsd:annotation>
            <xsd:documentation>
                  Metadata about an organization and a system where data was submitted from.
            </xsd:documentation>
         </xsd:annotation>
</xsd:element>
<xsd:element name="PDMessageMetadata" type="ulex:PDMessageMetadataType"
   substitutionGroup="ulex:MessageMetadataAbstract" nillable="false">
   <!-发布消息元数据-->
      <xsd:annotation>
         <xsd:documentation>Metadata about a ULEX publish message.</xsd:documentation>
      </xsd:annotation>
</xsd:element>
<xsd:element name="DataItemPackage" type="ulex:DataItemPackageType"
   substitutionGroup="ulex:MessageItemAbstract" nillable="false">
   <!-数据包，消息内容的替代类型-->
      <xsd:annotation>
         <xsd:documentation>A Data Item package. </xsd:documentation>
      </xsd:annotation>
</xsd:element>
<xsd:complexType name="DataItemPackageType"><!-数据包定义-->
      <xsd:annotation>
         <xsd:documentation>A data type for a Data Item package.</xsd:documentation>
      </xsd:annotation>
      <xsd:complexContent>
         <xsd:extension base="ulex:PackageAbstractType"><!-抽象数据包-->
            <xsd:sequence>
                  <xsd:element ref="ulex:RenderingInstructions" minOccurs="0" maxOccurs="unbounded"/>
                  <xsd:element ref="ulex:NarrativeAbstract" minOccurs="0"/>
            </xsd:sequence>
         </xsd:extension>
      </xsd:complexContent>
</xsd:complexType>
      <xsd:complexType name="PackageAbstractType" abstract="true"><!-抽象数据包定义-->
         <xsd:annotation>
            <xsd:documentation>
                  A data type for a ULEX package. ULEX package is a base data structure for data exchange.
                  Logical group of data normally viewed as a whole, such as a report. Also referred to as a
                  Data Item. This structure includes elements that are common to all packages.
```

图 7-5　发布消息格式的定义（续）

```
        </xsd:documentation>
      </xsd:annotation>
    <xsd:sequence>
      <xsd:element ref="ulex:PackageMetadata"/><!-数据包元数据-->
      <xsd:element ref="ulex:DigestAbstract" minOccurs="0"/><!-摘要数据-->
      <xsd:element ref="ulex:StructuredPayload" minOccurs="0"
          maxOccurs="unbounded"/><!-结构化负载数据-->
      <xsd:element ref="ulex:AttachmentSummary" minOccurs="0"
          maxOccurs="unbounded"/><!-附件-->
      <xsd:element ref="ulex:Linkages" minOccurs="0"/>
    </xsd:sequence>
</xsd:complexType>
...
```

图 7-5　发布消息格式的定义（续）

根据发布消息格式的要求，信息发布时生成的消息如图 7-6 所示，从代码中可以看出，所有的消息是放在一个消息容器（PublishMessageContainer）内的，而消息则按照消息结构进行组织，并且消息的每个部分符合消息格式的定义。

```
<ulex:PublishMessageContainer>
   <ulex:PublishMessage>
       <ulex:PDMessageMetadata>…</ulex:PDMessageMetadata>
       <ulex:DataSubmitterMetadata>…</ulex:DataSubmitterMetadata>
       <ulex:DataItemPackage>
           <ulex:PackageMetadata>
               <ulex:DataItemID>12345678</ulex:DataItemID>
               <ulex:DataItemDate>1967-08-13</ulex:DataItemDate>
               <ulex:DataItemReferenceID>12345678</ulex:DataItemReferenceID>
               <ulex:DataItemPublishInstructionCode>Insert</ulex:DataItemPublishInstructionCode>
               <lexs:DataItemStatusText>Valid</lexs:DataItemStatusText>
               <ulex:DataOwnerMetadata>…</ulex:DataOwnerMetadata>
               …
               </ulex:PackageMetadata>
               <lexs:Digest>…</lexs:Digest>
               <ulex:StructuredPayload ulexlib:id="SP1">
               …
               </ulex:StructuredPayload>
               <ulex:AttachmentSummary ulexlib:id="PAttachment1"> </ulex:AttachmentSummary>
           …
         </ulex:DataItemPackage>
   </ulex:PublishMessage>
</ulex:PublishMessageContainer>
```

图 7-6　发布消息举例

7.3　LEXS 主要接口

7.3.1　信息发布接口

信息发布是指将信息和描述信息的元数据发布到信息共享空间的过程。通常，一次可以发布一个或者多个信息交换包。发布分为两种情况：一种是不需要对方响应，即无应答发布；另一种是需要对方响应，即有应答发布。

1．无应答发布

（1）发布消息结构。

无应答发布的消息结构是 doPublish，如图 7-7 所示。发布消息包含 3 个部分：发布消息元数据（PDMessageMetadata），数据提交者元数据（DataSubmitterMetadata），消息内容（MessageItemAbstract）。发布消息元数据包括 LEXS 的版本信息、发布消息的日期与时间、消息的发布者等内容。数据提交者（发布方）元数据，包括发布方所在组织、系统名称、提交者或者机构的联系方式等内容。消息内容可以是附件或者信息交换包。无应答发布可允许同时发送多个数据包，即消息容器可以包含多个发布消息。

（2）流程。

无应答发布流程如图 7-8 所示。信息发布者调用<doPublish>接口进行信息发布，不需要服务提供者响应。

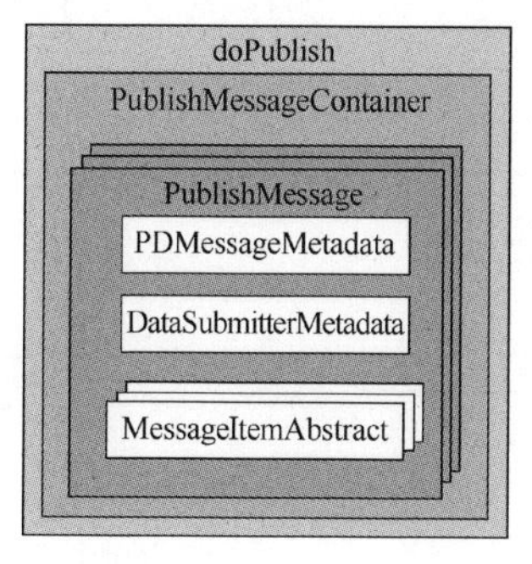

图 7-7　doPublish 结构

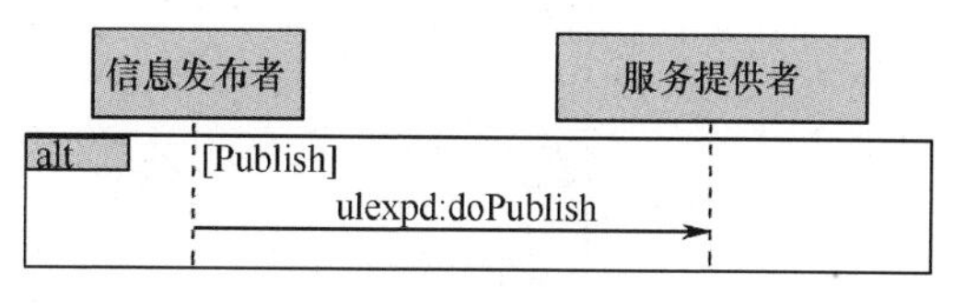

图 7-8　无应答发布流程

2．有应答发布

（1）请求消息结构。

有应答发布时需要信息使用者对发布进行应答。有应答发布的请求消息结构是 doPublishAcknowledgedRequest 结构，如图 7-9 所示，包含 3 个部分：发布消息元数据（PDMessageMetadata）、数据提交者元数据（DataSubmitterMetadata）和发布消息内容（MessageItemAbstract）。发布消息元数据、数据提交者元数据和无应答发布的定义一致。有应答发布只允许一次发布一个数据包，即 doPublishAcknowledgedRequest 只包含一个发布消息。

（2）响应消息结构。

响应消息结构是 doPublishAcknowledgedResponse 结构，如图 7-10 所示。响应消息包括 3 个部分：发布消息元数据（PDMessageMetadata）、发布消息应答参考（PublishMessageAcknowledgmentReference）和发布消息响应内容（PublishMessageAcknowledgmentDomainAttribute）。

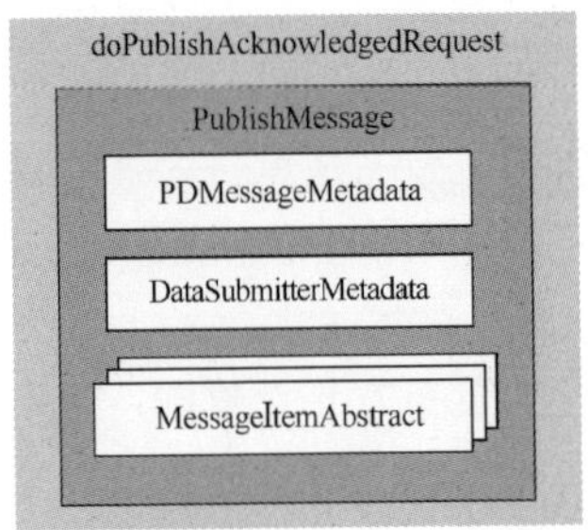

图 7-9　doPublishAcknowledgedRequest 结构

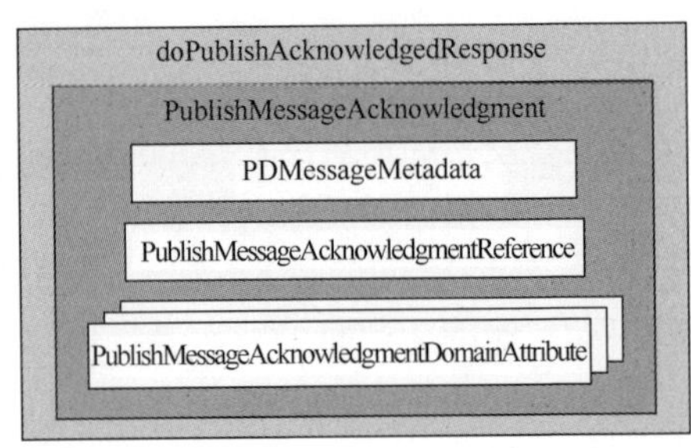

图 7-10　doPublishAcknowledgedResponse 结构

（3）流程。

有应答发布流程如图 7-11 所示。信息发布者调用<doPublishAcknowledgedRequest>进行信息发布，信息发布成功时返回消息 doPublishAcknowledgedResponse，否则根据具体情况返回相应的消息，如业务规则失败、无效的请求、网络错误、超时或者其他错误等，返回错误代码见 7.3.2 节。

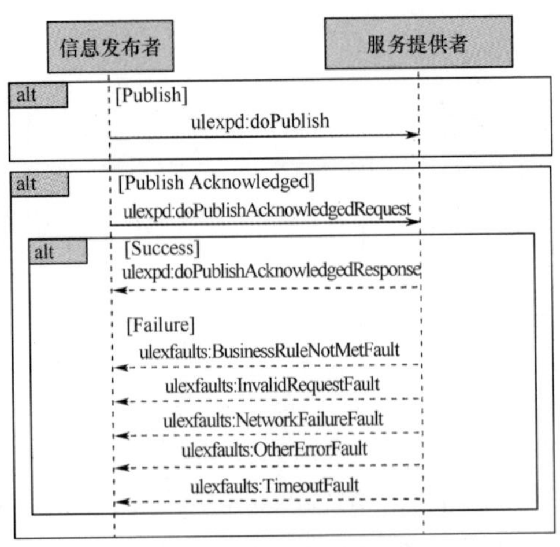

图 7-11　有应答发布流程

7.3.2 信息搜索与获取接口

信息搜索与获取接口共 11 个，每个接口的具体含义如表 7-2 所示。

表 7-2　信息搜索与获取接口

接口列表	内　容
<doTextSearchRequest>	文本搜索，在信息交换包 XML 文件全范围搜索
<doStructuredSearchRequest>	结构化搜索，在信息交换包 XML 文件中指定的节点进行搜索
<doAttachmentSearchRequest>	附件搜索，在信息交换包的附件范围内进行搜索
<doDataItemMetadataSearchRequest>	信息交换包元数据搜索，即在信息交换包的元数据范围内进行搜索
<getDataItemRequest>	获取数据包请求
<getRenderedDataItemRequest>	获取显示规则
<getDataItemWithAttachmentsRequest>	获取数据包及相关附件
<getAttachmentRequest>	获取附件
<getCapabilitiesRequest>	获取服务提供者性能，如支持搜索的类型、是否支持分页、所提供数据的种类等
<getDataOwnersRequest>	获取数据的所有者信息
<getAvailabilityRequest>	获取服务的状态

1. 文本搜索

doTextSearchRequest 用来搜索文本内容，它搜索的范围是整个 XML 文件，文本搜索类似于 Google 搜索，通过目标匹配来完成。文本搜索范围可以是结构化数据，也可以是非结构化数据。例如，搜索“John Smith”，那么搜索目标可能是非结构化数据，如事故报告，也可能是结构化数据，如节点“PersonFullName”。

（1）请求消息结构。

文本搜索请求消息结构 doTextSearchRequest 如图 7-12 所示。搜索范围可以是摘要数据，也可以是结构化负载数据，也可以是附件和显示规则等。搜索请求的内容包括搜索字符串、匹配的数量、返回数据的方式、数据的类别、数据的所有者、返回的结构化负载数据、返回数据的排列方式、请求的标识、LEXS 的版本号、请求的产生时间等。

doTextSearchRequest 请求消息结构包含 5 个部分：请求消息元数据（SRMessageMetadata，包括 LEXS 版本号、消息产生的日期与时间、消息的标识、消息源、消息传递目的地等）、提交请求者信息（UserAssertion Abstract，如请求者姓名、联系方式等）、请求响应者信息（UserAttention To，内容与提交请求者信息一致）、搜索请求元数据（SearchRequestMetadata，包括搜索匹配的数量、请求数据的种类、请求数据的所有者、返回结构化数据的类别、请求响应的最长时间、请求的标识等）、查询语句（QueryText，搜索条件的多种组合方式，如通配符匹配、全匹配、部分匹配等，可以通过逻辑运算 AND 和 OR 等符号连接多个查询条件）。

（2）响应消息结构。

响应消息结构如图 7-13 所示，共有 4 个部分：响应消息元数据（SRMessage Metadata，包括响应消息的时间、消息源、目的地、所使用的 LEXS 版本等）、响应元数据（ResponseMetadata，包括请求结果代码、请求警告、请求警告的描述等信息）、搜索响应元数据（SearchResponseMetadata，包括搜索匹配数量、返回结果数量等）和搜索结果（SearchResultPackage，包括匹配的数据、数据提交者信息、可能包含的附件信息等）。

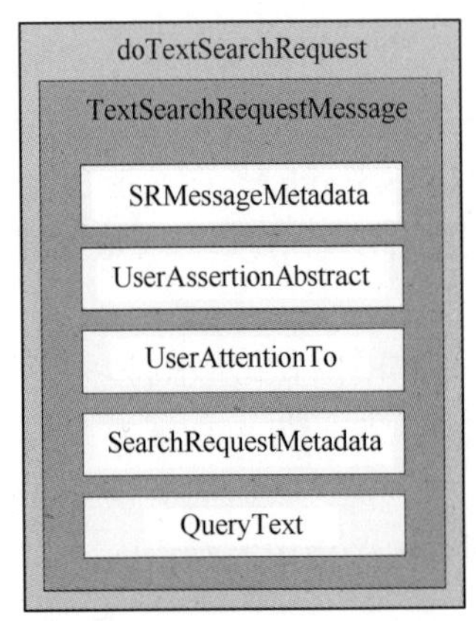

图 7-12　doTextSearchRequest 结构

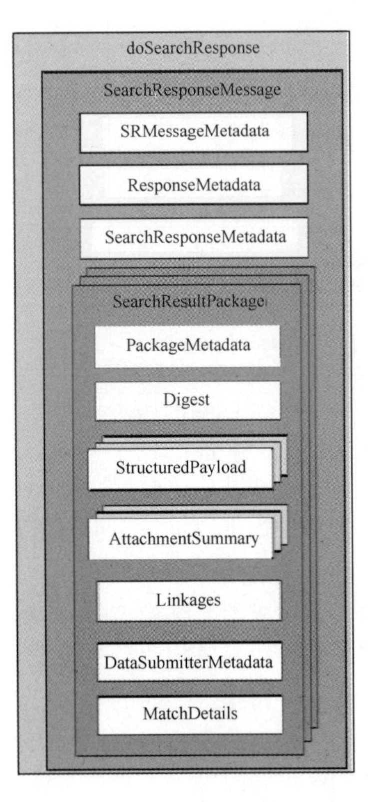

图 7-13　doTextSearchResponse 结构

（3）处理流程。

信息请求者通过调用<doTextSearchRequest>服务来进行文本搜索，搜索流程如图 7-14 所示。如果搜索成功，则返回正确的搜索结果 doSearchResponse；否则，根据具体情况返回相应的消息，如业务规则失败、无效的请求、逻辑操作错误、网络错误、上一个或下一个请求出现错误、超时、不支持短语搜索、不支持非结构化搜索、不支持通配符搜索或其他错误等。

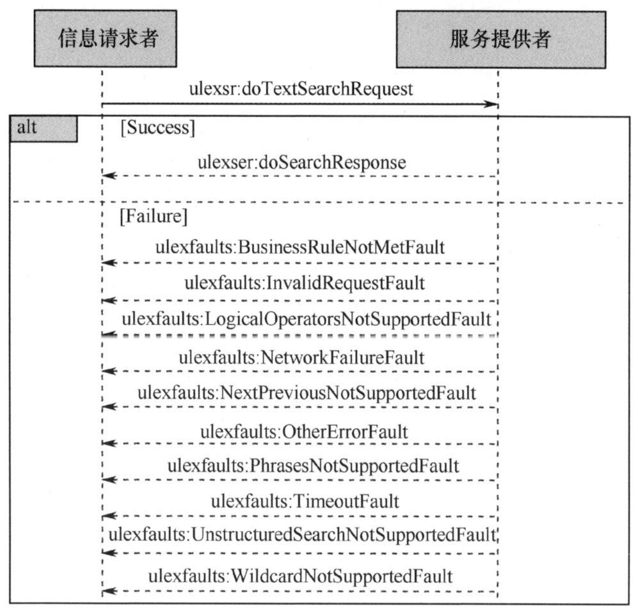

图 7-14　<doTextSearchRequest>搜索流程

2. 结构化搜索

结构化搜索只在指定的节点范围内进行搜索，如在“PersonFullName”节点搜索名字“John”。结构化搜索接口是<doStructuredSearchRequest>。

（1）请求消息结构。

结构化搜索的请求消息结构 doStructuredSearchRequest 如图 7-15 所示，包含 5 个部分：请求消息元数据（SRMessageMetadata，包括 LEXS 版本号、消息产生的日期与时间、消息的标识、消息源、消息传递目的地等）、提交请求者信息（UserAssertionAbstract，如请求者姓名、联系方式等）、请求响应者信息（User AttentionTo，内容与提交请求者信息一致）、搜索请求元数据（SearchRequest Metadata，包括搜索匹配的数量、请求数据的种类、请求数据的所有者、返回结构化数据的类别、请求响应的最长时间、请求的标识等）、查询语句（StructuredQuery，搜索条件的多种组合方式，如通配符匹配、全匹配、部分匹配等，可以通过逻辑运算 AND 和 OR 等符号连接多个查询条件）。

（2）响应消息结构。

结构化搜索的响应消息结构与文本搜索的响应消息结构一致。

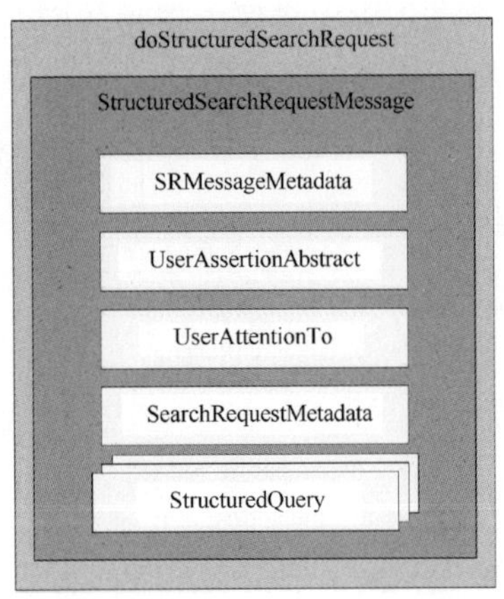

图 7-15　doStructuredSearchRequest 结构

（3）处理流程。

信息请求者通过调用<doStructuredSearchRequest>来进行文本搜索，流程如图 7-16 所示。如果搜索成功，则返回正确的搜索结果 doSearchResponse；否则，根据具体情况返回相应的消息，如业务规则失败、不支持模匹配、无效的请求、

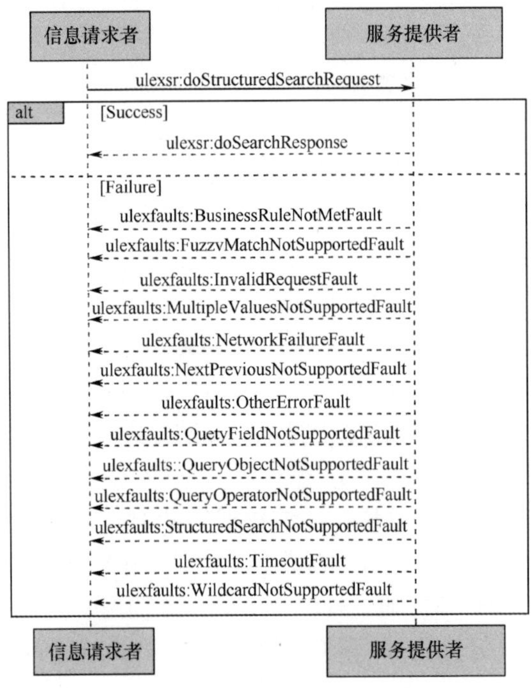

图 7-16　<doStructuredSearchRequest>搜索流程

不支持多参数搜索、网络错误、上一个或者下一个请求出现错误、不支持查询、不支持结构化搜索、不支持查询的对象、不支持短语搜索、不支持非结构化搜索、不支持通配符搜索或者其他错误等。

3. 附件搜索

附件搜索是指在附件中查找与搜索条件相匹配的信息交换数据包。附件搜索的接口是<doAttachmentSearchRequest>。

（1）请求消息结构。

附件搜索的请求消息 doAttachmentSearchRequest 包括 7 个部分：请求消息元数据（SRMessageMetadata，包括 LEXS 版本号、消息产生的日期与时间、消息的标识、消息源、消息传递目的地等）、提交请求者信息（UserAssertionAbstract，如请求者姓名、联系方式等）、请求响应者信息（UserAttentionTo，内容与提交请求者信息一致）、搜索请求元数据（SearchRequestMetadata，包括搜索匹配的数量、请求数据的种类、请求数据的所有者、返回结构化数据的类别、请求响应的最长时间、请求的标识等）、附件信息（Attachment，附件的连接、附件的大小等信息）、附件限制（AttachmentSummaryConnectionQName，允许请求限制返回附件的种类）、附件（AttachmentHashValue，由哈希表描述）。附件搜索的请求消息结构如图 7-17 所示。

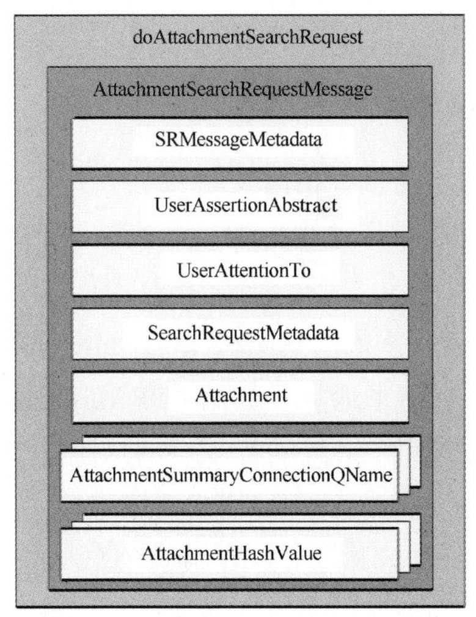

图 7-17　doAttachmentSearchRequest 结构

（2）响应消息结构。

与文本搜索的响应消息结构一致。

（3）处理流程。

信息请求者通过调用<doAttachmentSearchRequest>服务在附件中进行搜索，流程如图 7-18 所示。如果搜索成功，则返回正确的搜索结果 doSearchResponse；否则，根据具体情况返回相应的消息，如业务规则失败、无效的请求、网络错误、上一个或下一个请求出现错误、超时或其他错误等。

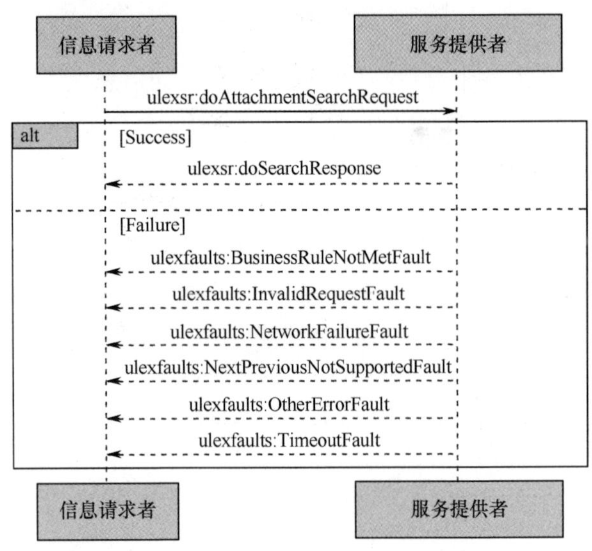

图 7-18　<doAttachmentSearchRequest>流程

4. 信息交换包元数据搜索

信息交换包元数据搜索是指在信息交换包的元数据中查找与搜索条件相匹配的信息交换包。搜索接口是<doDataItemMetadataSearchRequest>。

（1）请求消息结构。

信息交换包元数据搜索请求的消息结构 doDataItemMetadataSearchRequest 包含 13 个部分，如图 7-19 所示。请求消息元数据（SRMessageMetadata，包括 LEXS 版本号、消息产生的日期与时间、消息的标识、消息源、消息传递目的地等）、提交请求者信息（UserAssertionAbstract，如请求者姓名、联系方式等）、请求响应者信息（UserAttentionTo，内容与提交请求者信息一致）、搜索请求元数据（SearchRequestMetadata，包括搜索匹配的数量、请求数据的种类、请求数据的所有者、返回结构化数据的类别、请求响应的最长时间、请求的标识等）、附件限制（AttachmentSummaryConnectionQName，允许请求限制返回附件的种类）、搜索结果是否包含附件（AttachmentRequiredIndicator，布尔类型）、数据包生成的开始时间、数据包生成的结束时间、数据包相关标识（DataItemGroupCorrelationIdentifier）、数据包可能相关标识（DataItemGroupAggregationIdentifier）、数据包索引关键词

（DataItemKeywordsText）、数据包标识（DataItemReferenceID）、其他有用信息（PackageMetadataExtensionAbstract）。

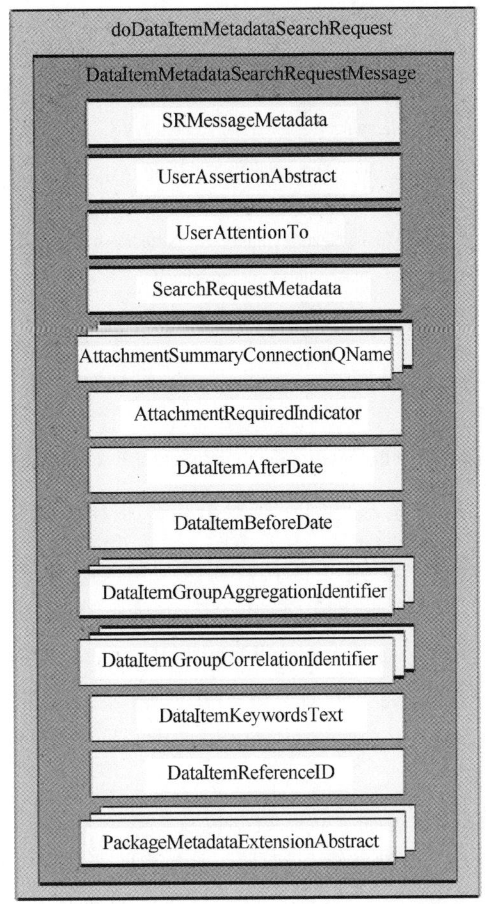

图 7-19　doDataItemMetadataSearchRequest 结构

（2）响应消息结构。

与文本搜索的响应消息结构一致。

（3）处理流程。

信息请求者通过调用<doDataItemMetadataSearchRequest>服务来获取数据包元数据信息，流程如图 7-20 所示。如果成功，则返回正确结果 doSearchResponse；否则，根据具体情况返回相应的消息，如业务规则失败、无效的请求、网络错误、上一个或下一个请求出现错误、超时或其他错误等。

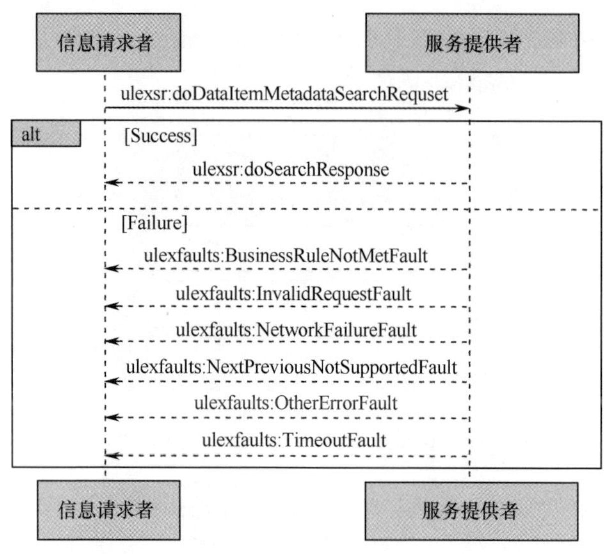

图 7-20 <doDataItemMetadataSearchRequest>流程

5. 获取数据包、获取显示规则、获取数据包及相关附件

获取数据包、获取显示规则、获取数据包及相关附件这 3 个接口所使用的请求消息结构是一样的。其中，获取数据包 getDataItemRequest 是指获取信息交换包的完整数据；获取显示规则 getRenderedDataItemRequest 是指获取信息交换包的显示方式，它指包含在附件中的 PDF、JPG、GIF 或其他格式的文件；获取数据包及相关附件 getDataItemWithAttachmentsRequest 是指获取数据包及其所有的附件。

（1）请求消息结构。

获取数据包、获取显示规则、获取数据包及相关附件这 3 个接口所使用的请求消息结构如图 7-21 所示，共包含 5 个部分：请求消息元数据（SRMessageMetadata，包括 LEXS 版本号、消息产生的日期与时间、消息的标识、消息源、消息传递目的地等）、提交请求者信息（UserAssertionAbstract，如请求者姓名、联系方式等）、请求响应者信息（UserAttentionTo，内容与提交请求者信息一致）、数据包标识（DataItemID）、结构化负载（StructuredPayloadsRequestedAbstract，响应中是否包含结构化负载或者包含哪些结构化负载）。

（2）响应消息结构。

获取数据包、获取显示规则、获取数据包及相关附件这 3 个接口的响应消息结构也基本一致，如图 7-22 所示。它们都包含响应消息元数据（SRMessage Metadata，响应消息的时间日期、消息源、目的地、所使用的 LEXS 版本等）、响应元数据（ResponseMetadata，包括请求结果代码、请求警告、请求警告的描述等信息）、数据提交者元数据（DataSubmitterMetadata，包括名称、联系方式、使用

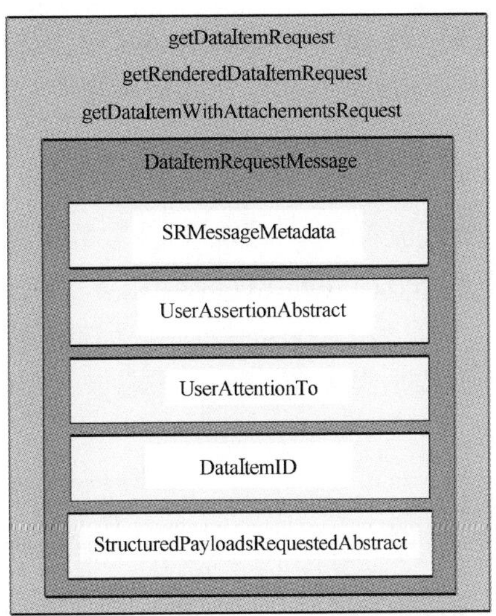

图 7-21　获取数据包、获取显示规则、获取数据包及相关附件请求消息结构

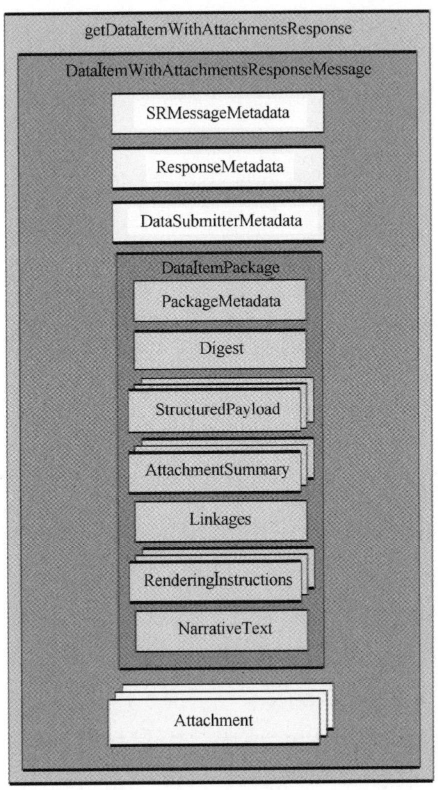

图 7-22　获取数据包、获取显示规则、获取数据包及相关附件响应消息结构

的系统信息等）、搜索结果（DataItemPackage，包括匹配的数据、摘要、结构化负载、显示规则、可能包含的附件连接信息及其他信息等）。获取数据包及相关附件还包含附件（Attachment）。

（3）处理流程。

这 3 个服务的消息处理流程基本一致。以获取数据包 getDataItemRequest 为例，信息请求者通过调用<getDataItemRequest>服务获取数据包信息，如果成功，则返回正确的结果 getDataItemResponse；否则，根据具体情况返回相应的消息，如业务规则失败、请求的数据包无效、无效的请求、网络错误、超时或其他错误等。

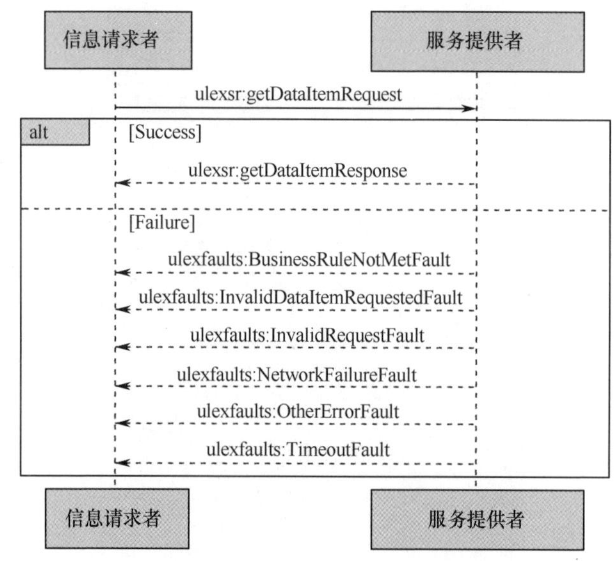

图 7-23　<getDataItemRequest>搜索流程

6. 获取附件

获取附件是指返回附件本身，调用接口是 getAttachmentRequest。

（1）请求消息结构。

getAttachmentRequest 可以获取附件，并且在一个请求消息中指定多个附件。getAttachmentRequest 结构如图 7-24 所示，包含 4 个部分：请求消息元数据（SRMessageMetadata，包括 LEXS 版本号、消息产生的日期与时间、消息的标识、消息源、消息传递目的地等）、提交请求者信息（UserAssertionAbstract，如请求者姓名、联系方式等）、请求响应者信息（UserAttentionTo，内容与提交请求者信息一致）、附件连接（AttachmentURI，符合统一资源标识的文本字符串）。

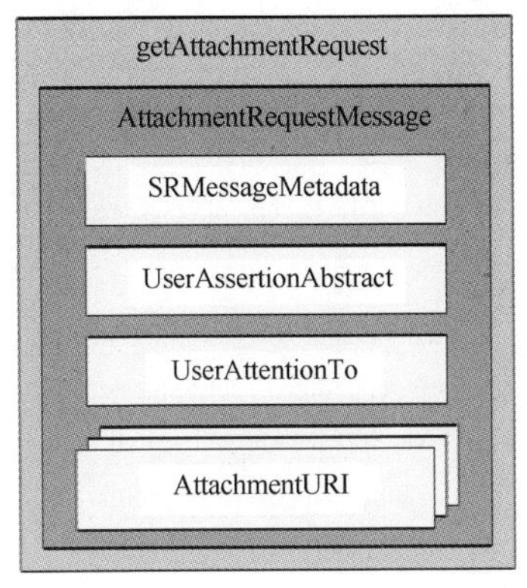

图 7-24　getAttachmentRequest 结构

（2）响应消息结构。

获取附件的响应消息 getAttachmentResponse 结构如图 7-25 所示，包含 3 个部分：响应消息元数据（SRMessageMetadata，响应消息的时间日期、消息源、目的地、所使用的 LEXS 版本等）、响应元数据（ResponseMetadata，包括请求结果代码、请求警告、请求警告的描述等信息）、附件（Attachment，附件的资源地址、附件的二进制表示和其他信息）。

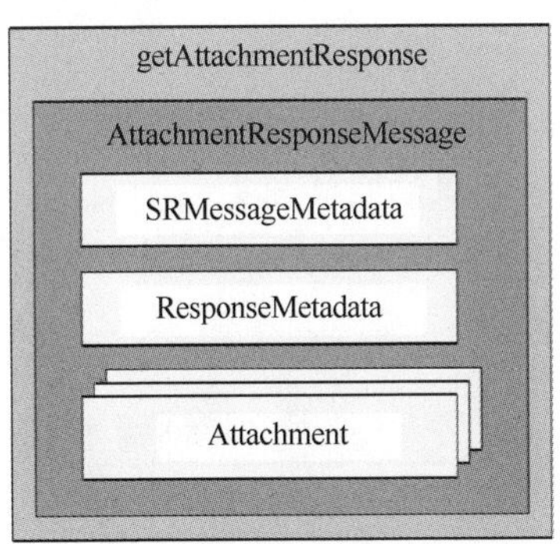

图 7-25　getAttachmentResponse 结构

（3）处理流程。

信息请求流程如图 7-26 所示。通过调用<getAttachmentRequest>服务来获取附件，如果成功，则返回正确的结果 getAttachmentResponse；否则，根据具体情况返回相应的消息，如业务规则失败、请求中的附件无效、无效的请求、网络错误、超时或其他错误等。

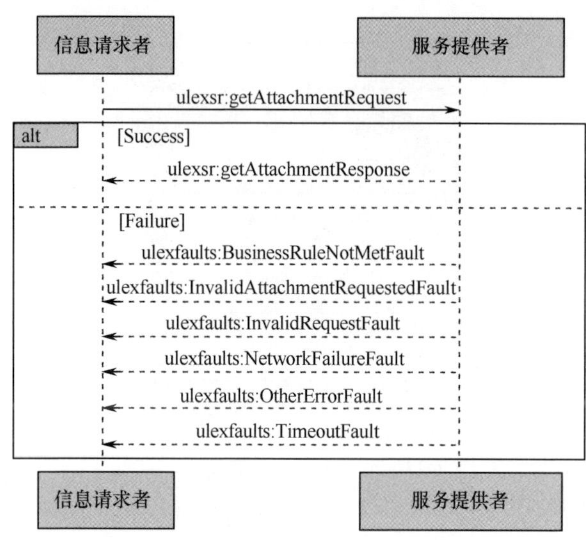

图 7-26　<getAttachmentRequest>流程

7. 获取服务提供者性能

获取服务提供者性能 getCapabilitiesRequest 允许用户查询服务提供者的性能，如是否支持文本搜索或结构化搜索、是否支持分页、能够提供的数据有哪些类别等。

（1）请求消息结构。

请求消息 getCapabilitiesRequest 结构如图 7-27 所示，只包含请求消息元数据（SRMessageMetadata，请求消息的时间日期、消息源、目的地、所使用的 LEXS 版本等）。

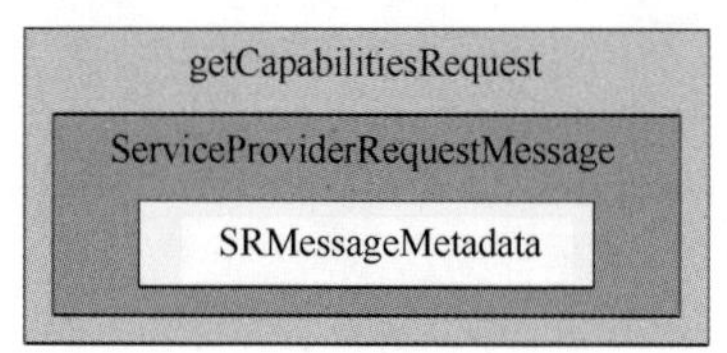

图 7-27　getCapabilitiesRequest 结构

（2）响应消息结构。

响应消息 getCapabilitiesResponse 结构如图 7-28 所示，包含 3 个部分：响应消息元数据（SRMessageMetadata，响应消息的时间日期、消息源、目的地、所使用的 LEXS 版本等）、响应元数据（ResponseMetadata，包括请求结果代码、请求警告、请求警告的描述等信息）、服务提供者性能（Capabilities）。性能描述的格式如图 7-29 代码所示。

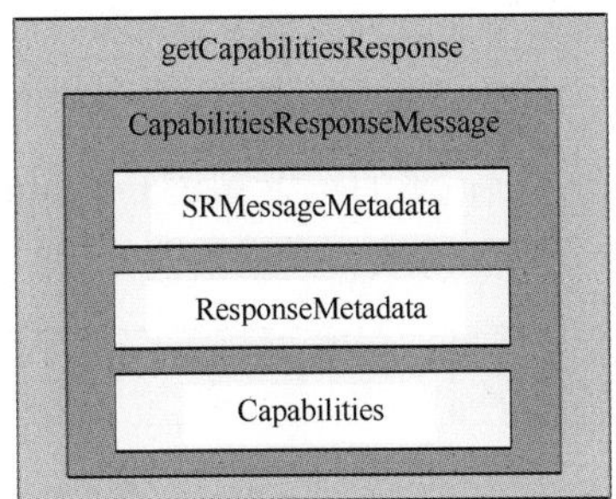

图 7-28　getCapabilitiesResponse 结构

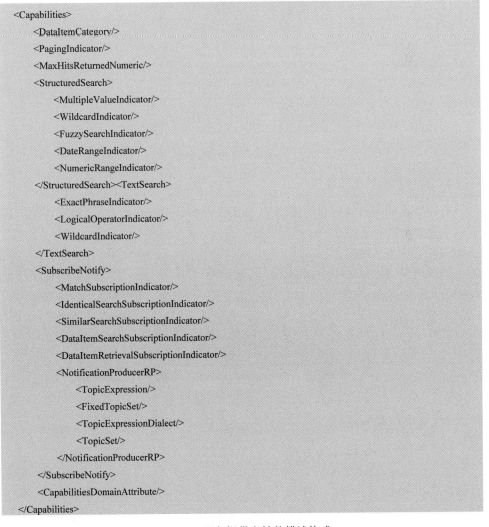

```
<Capabilities>
    <DataItemCategory/>
    <PagingIndicator/>
    <MaxHitsReturnedNumeric/>
    <StructuredSearch>
        <MultipleValueIndicator/>
        <WildcardIndicator/>
        <FuzzySearchIndicator/>
        <DateRangeIndicator/>
        <NumericRangeIndicator/>
    </StructuredSearch><TextSearch>
        <ExactPhraseIndicator/>
        <LogicalOperatorIndicator/>
        <WildcardIndicator/>
    </TextSearch>
    <SubscribeNotify>
        <MatchSubscriptionIndicator/>
        <IdenticalSearchSubscriptionIndicator/>
        <SimilarSearchSubscriptionIndicator/>
        <DataItemSearchSubscriptionIndicator/>
        <DataItemRetrievalSubscriptionIndicator/>
        <NotificationProducerRP>
            <TopicExpression/>
            <FixedTopicSet/>
            <TopicExpressionDialect/>
            <TopicSet/>
        </NotificationProducerRP>
    </SubscribeNotify>
    <CapabilitiesDomainAttribute/>
</Capabilities>
```

图 7-29　服务提供者性能描述格式

（3）处理流程。

信息请求者通过调用<getCapabilitiesRequest>来获取服务提供者的信息，流程如图 7-30 所示。如果成功，则返回正确的结果 getCapabilitiesResponse；否则，根据具体情况返回相应的消息，如无效的请求、网络错误、超时或其他错误等。

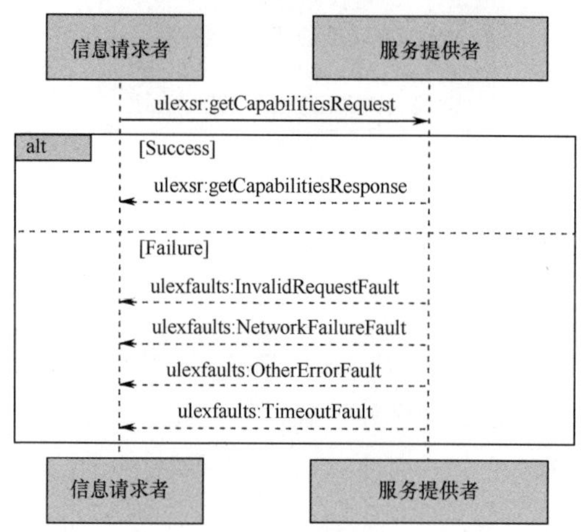

图 7-30　<getCapabilitiesRequest>流程

8. 获取数据的所有者信息

获取数据的所有者信息的接口是 getDataOwnersRequest，该接口允许用户获取信息交换包所有者信息。

（1）请求消息结构。

请求消息 getDataOwnersRequest 结构如图 7-31 所示。它只包含消息元数据（SRMessageMetadata，消息的时间日期、消息源、目的地、所使用的 LEXS 版本等）。

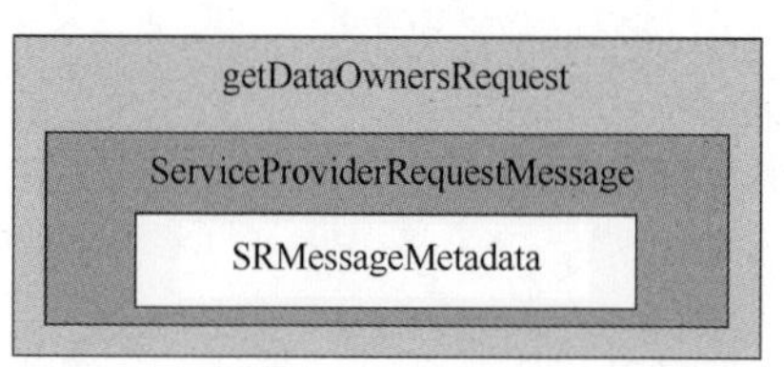

图 7-31　getDataOwnersRequest 结构

（2）响应消息结构。

响应消息 getDataOwnersResponse 结构如图 7-32 所示，包含 3 个部分：响应消息元数据（SRMessageMetadata，响应消息的时间日期、消息源、目的地、所使用的 LEXS 版本等）、响应元数据（ResponseMetadata，包括请求结果代码、请求警告、请求警告的描述等信息）、数据所有者信息（DataOwnerInformation）。

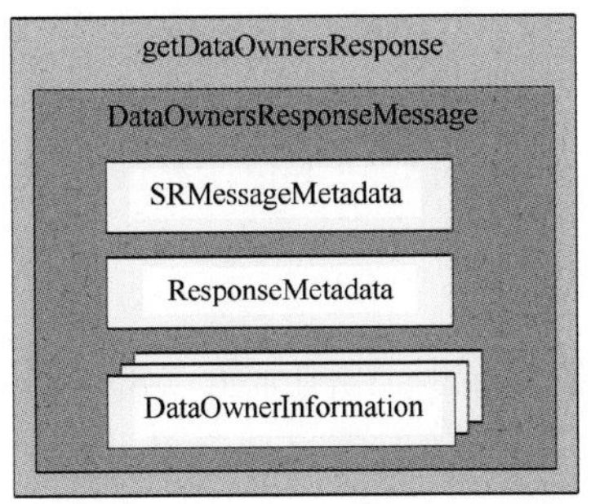

图 7-32 getDataOwnersResponse 结构

数据所有者信息描述格式如图 7-33 所示。

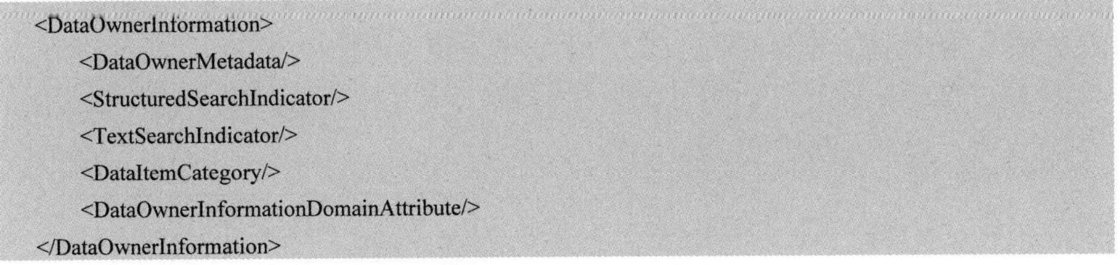

```
<DataOwnerInformation>
    <DataOwnerMetadata/>
    <StructuredSearchIndicator/>
    <TextSearchIndicator/>
    <DataItemCategory/>
    <DataOwnerInformationDomainAttribute/>
</DataOwnerInformation>
```

图 7-33 数据所有者信息描述格式

（3）处理流程。

信息请求者通过调用<getDataOwnersRequest>来获取数据所有者的信息，流程如图 7-34 所示。如果成功，则返回正确的结果 getDataOwnersResponse；否则，根据具体情况返回相应的消息，如无效的请求、网络错误、超时或其他错误等。

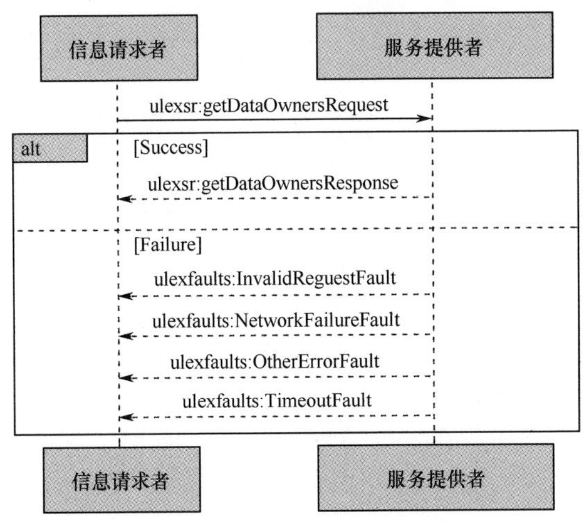

图 7-34 <getDataOwnersRequest>流程

9. 获取服务的状态

获取服务的状态的接口是 getAvailabilityRequest，该接口允许用户了解提供相关服务的服务器的状态。

（1）请求消息结构。

请求消息 getAvailabilityRequest 结构如图 7-35 所示，只包含请求消息元数据（SRMessageMetadata，请求消息的时间日期、消息源、目的地、所使用的 LEXS 版本等）。

（2）响应消息结构。

响应消息 getAvailabilityResponse 结构如图 7-36 所示，包含 4 个部分：响应消息元数据（响应消息的时间日期、消息源、目的地、所使用的 LEXS 版本等）、响应元数据（包括请求结果代码、请求警告、请求警告的描述等信息）、服务指示器（布尔型，True 表示服务可用，False 表示服务不可用）其他信息（当服务指示器为 False 时，提供其他补充信息）。

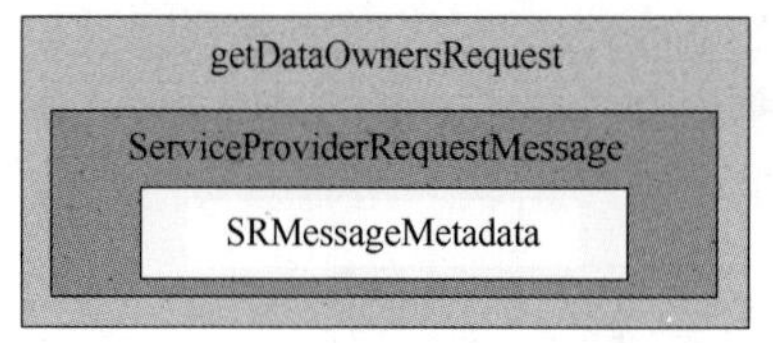

图 7-35　getAvailabilityRequest 结构

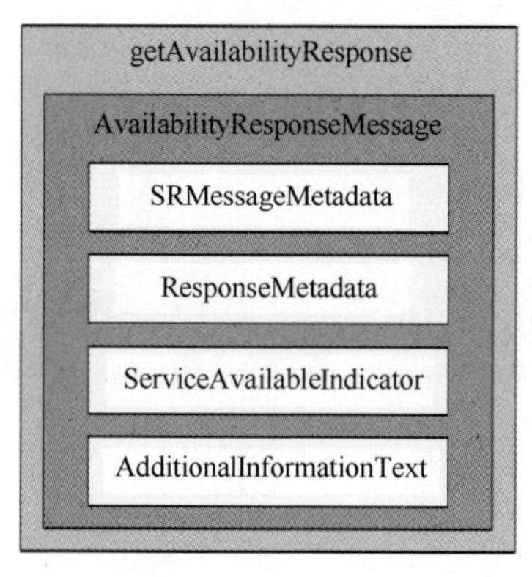

图 7-36　getAvailabilityResponse 结构

（3）处理流程。

信息请求者通过调用<getAvailabilityRequest>来获取服务状态的信息，流程如图 7-37 所示。如果成功，则返回正确的结果 getAvailabilityResponse；否则，根据具体情况返回相应的消息，如无效的请求、网络错误、超时或其他错误等。

10. 错误消息列表

在 LEXS 服务请求中，如果成功响应，则会返回相应格式的消息；如果服务请求不成功，则会返回相应的错误代码。LEXS 错误代码是通过模式文件来定义的，返回的错误代码含义如表 7-3 所示。

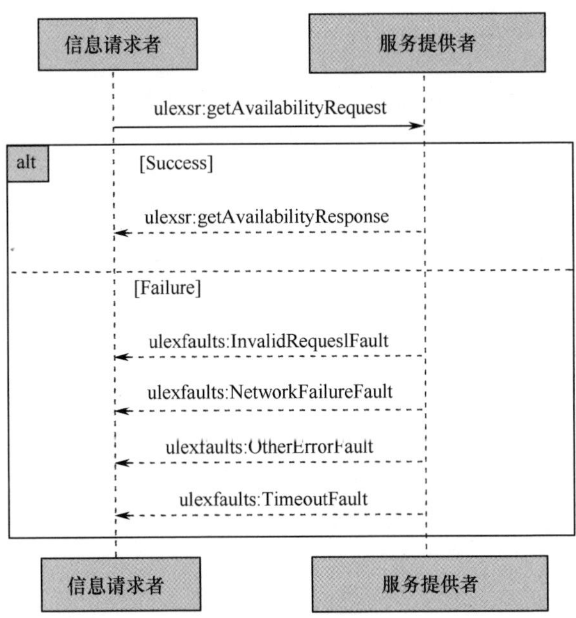

图 7-37　<getAvailabilityRequest>流程

表 7-3　错误代码含义

错误代码	含　义
BusinessRuleNotMetFault	不满足业务规则，如服务提供者需要信息请求者提供 SSN 值，但是在请求语句中并没有提供
FuzzyMatchNotSupportedFault	模糊匹配不支持
InvalidAttachmentRequestedFault	请求中的附件无效
InvalidDataItemRequestedFault	请求中的数据包无效
InvalidRequestFault	请求无效
LogicalOperatorsNotSupportedFault	逻辑操作错误
MultipleValuesNotSupportedFault	不支持多参数请求
NetworkFailureFault	网络错误，如连接错误
NextPreviousNotSupportedFault	上一个或下一个请求出现错误
OtherErrorFault	其他错误
PhrasesNotSupportedFault	在非结构化搜索中，不支持短语
QueryFieldNotSupportedFault	服务提供者不支持查询
QueryObjectNotSupportedFault	不支持的搜索对象，如查询“交通工具”，但是服务提供者不支持这个关键词
QueryOperatorNotSupportedFault	不支持的查询操作

（续表）

错误代码	含　义
StructuredSearchNotSupportedFault	不支持结构化搜索
TimeoutFault	超时错误
UnstructuredSearchNotSupportedFault	不支持非结构化搜索
WildcardNotSupportedFault	不支持通配符搜索

7.4 LEXS 应用

在跨领域信息交换实现的过程中，由于系统之间的异构性，一般采取基于 SOA 的体系架构，利用企业服务总线（Enterprise Service Bus，ESB）来实现，如图 7-38 所示。

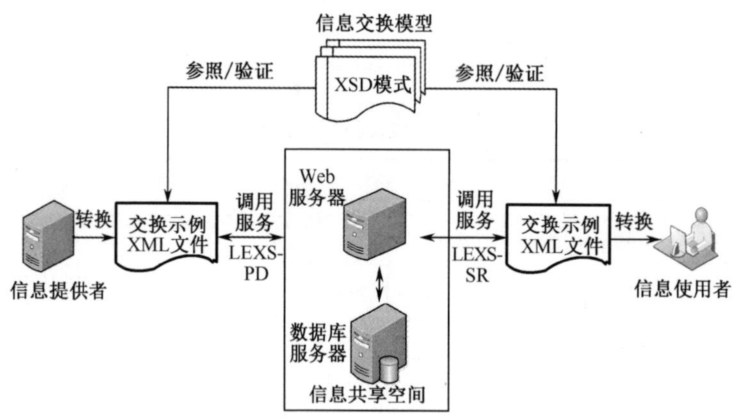

图 7-38　信息交换实现示意

下面以 LEXS 为基础，以“海事信息共享”（详见第 7 章）中的“海事态势等级”（Levels of Awareness，LOA）为例来说明如何运用 LEXS 来实现数据交换。基于 LEXS 消息框架实现跨领域信息交换的过程，大致可以分为 4 个步骤：信息交换建模、数据发布、数据搜索、数据处理与显示。

为了对海事态势进行灵活管理，MISE 将海事态势按照信息重要程度分为 4 个等级：监视级、分类级、识别级、行动级，如表 7-4 所示。从第 4 级监视级态势信息到第 1 级行动级态势信息表示描述船舶信息越来越详细，并且高级别数据是以低级别数据为基础扩展的。所有级别的数据组成了一个完整的海事态势等级 LOA 数据交换模型，在不同等级中只需要对 LOA 数据交换模型进行适当的裁剪就可以满足数据交换要求。

表 7-4　海事态势等级分类

	监视级（4）	分类级（3）	识别级（2）	行动级（1）
定义	海事态势信息的最小单元，主要描述船舶在特定时间所处的位置	识别船舶的类型，包括船舶的大小与分类（如是货船还是客船）	识别船舶的详细信息，如船舶的国籍、航向、航速等	提供完整的船舶 CCDR EEIs 信息
主要参数	时间 位置（经度、纬度）	船舶大小 船舶类型	航向 航速 国际海事组织（IMO）代码 海事移动目标服务标识代码（MMSI） 船舶控制代码（SCONUM） 货物种类 船舶名称	危险货物 船员和乘客国籍 上一个和下一个港口
可能参数	感兴趣的船舶类别	甲板构造 船舶体积（长、宽、高） 负载情况 到达港口评估时间 与船舶相关的变更历史	5 年内的航行历史 国际无线电联络频段 国际船舶安全证书 航行状态 发生事故记录 相关图片	船舶执照 船舶所有者 预计到达的港口（最近 3 个） 已经到达的港口（最近 3 个）
说明	每级的数据是下一级数据的基础			

7.4.1　信息交换建模

1. 扩展模式

扩展模式文件结构如图 7-39 所示，扩展模式中包含数据类型结构与类的定义，主要的扩展数据模型结构有货物类型（CargoType）、位置类型（PositionType）、船舶类型（VesselType）等 19 个数据类型。

complexType	**CargoType**	ann:A data type for a good or goods transported by a conveyance.
complexType	**CDCCargoListType**	ann:A data type for a list of certain dangerous cargo (CDC).
simpleType	**CountryCodeListSimpleType**	ann:A data type for a space-separated list of country codes.
complexType	**CrewNationalityCountType**	ann:A data type for a nationality of one or more crew members on a vessel
complexType	**CrewNationalityListType**	ann:A data type for a list of the nationalities of all the crew on the vessel
complexType	**DataFieldType**	ann:A data type for a single piece of additional data.
complexType	**DocumentType**	ann:A data type for a document. Serves as the base from which to derive the type of an exchange root element.
complexType	**ExpansionType**	ann:A data type for a set of arbitrary additional data.
complexType	**ICISMMarkingsType**	ann:A data type for a set of markings as defined by the Intelligence Community Metadata Standard for Information Security Marking (IC-ISM
complexType	**InterestType**	ann:A data type for an item of interest, for example a potential risk or threat.
complexType	**NextPortOfCallListType**	ann:A data type for a list of ports that will be visited subsequently.
complexType	**NonCrewNationalityCountType**	ann:A data type for a nationality of one or more passengers on a vessel
complexType	**NonCrewNationalityListType**	ann:A data type for a list of the nationalities of all the passengers on the vessel
complexType	**NoticeType**	ann:A data type for a notice of arrival.
complexType	**PortVisitType**	ann:A data type for an actual or expected visit of a vessel to a port.
complexType	**PositionType**	ann:A data type for a geospatial position, course, heading, speed, and status of a vessel at a given time.
complexType	**PreviousForeignPortOfCallListType**	ann:A data type for a list of foreign ports previously visited.
complexType	**VesselType**	ann:A data type for a vessel.
complexType	**VoyageType**	ann:A data type for a journey from one place to another.

图 7-39　扩展模式文件结构

其中，货物类型（CargoType）结构如图 7-40 所示，它主要是通过引用海事域（m）中的 m:CargoType 数据类型来实现的。

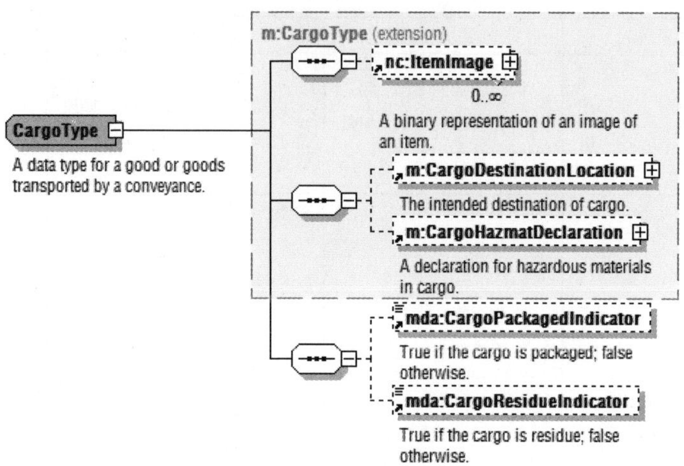

图 7-40 CargoType 结构

位置类型（PositionType）结构如图 7-41 所示，它是通过引用地理信息标准（gml）中的位置信息（gml:Point）来实现的。

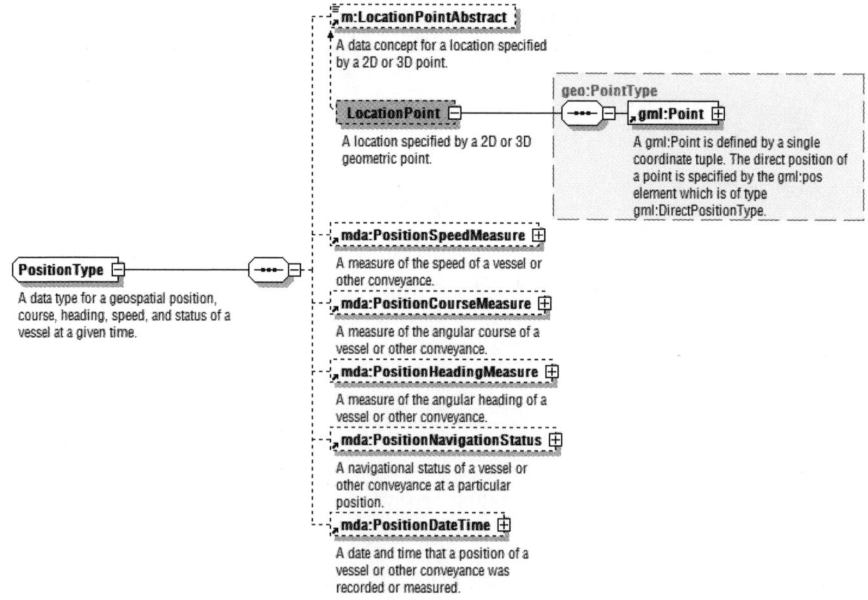

图 7-41 PositionType 结构

船舶类型（VesselType）结构如图 7-42 所示，它是通过对核心域（nc）中的 nc:VesselType 进行扩展形成的。

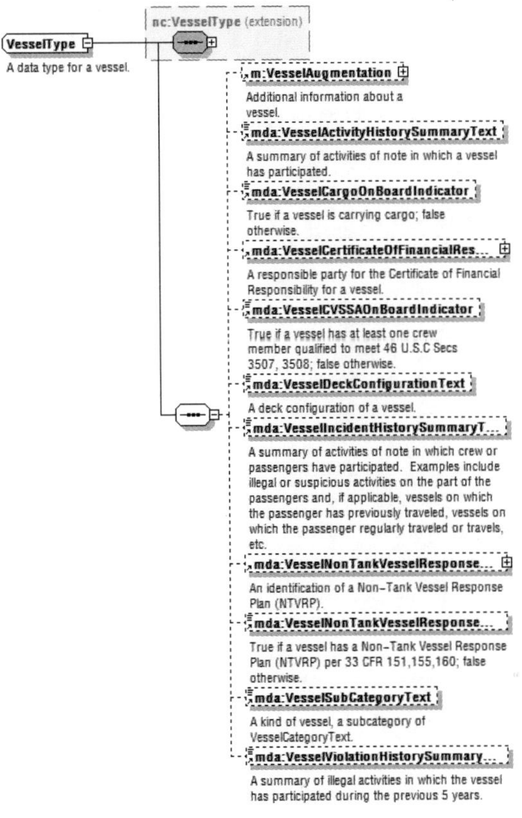

图 7-42　VesselType 结构

2. 交换模式

交换模式文件组成如图 7-43 所示，其主要通过引用子集模式和扩展模式形成数据类型结构 LOAReportType，数据元素是 LOAReport。

annotation	A level of awareness report on a vessel (LOA)	
import	loc:../../subset/niem/appinfo/2.0/appinfo.xsd	ns:http://niem.gov/niem/appinfo/2.0
import	loc:../../subset/niem/structures/2.0/structures.xsd	ns:http://niem.gov/niem/structures/2.0
import	loc:../../extension/mda/3.2/mda.xsd	ns:http://niem.gov/niem/domains/maritime/2.1/mda/3.2
import	loc:../../extension/loa/3.2/loa.xsd	ns:http://niem.gov/niem/domains/maritime/2.1/loa/extension/3.2
element	**LOAReport**	ann:A level of awareness report.
complexType	**LOAReportType**	ann:A data type for a level of awareness report.

图 7-43　交换模式文件组成

LOAReportType 构成如图 7-44 所示，它完整地描述了第 1 级 LOA 信息交换模型（所有 LOA 信息）。

3. 子集模式

子集模式由不同的文件组成。在描述海事态势等级的信息中，引用的地理信息标准模式文件存放在文件夹 geospatial 中，domains 文件夹下则存放了引用的海事域（Maritime）中的数据模型，引用 s 域中的基础数据类型相关的模式存放在 structures 文件夹中，appinfo 文件夹中存放的是对模型中数据类型的补充说明。图 7-45 是一个子集模式文件组织结构。

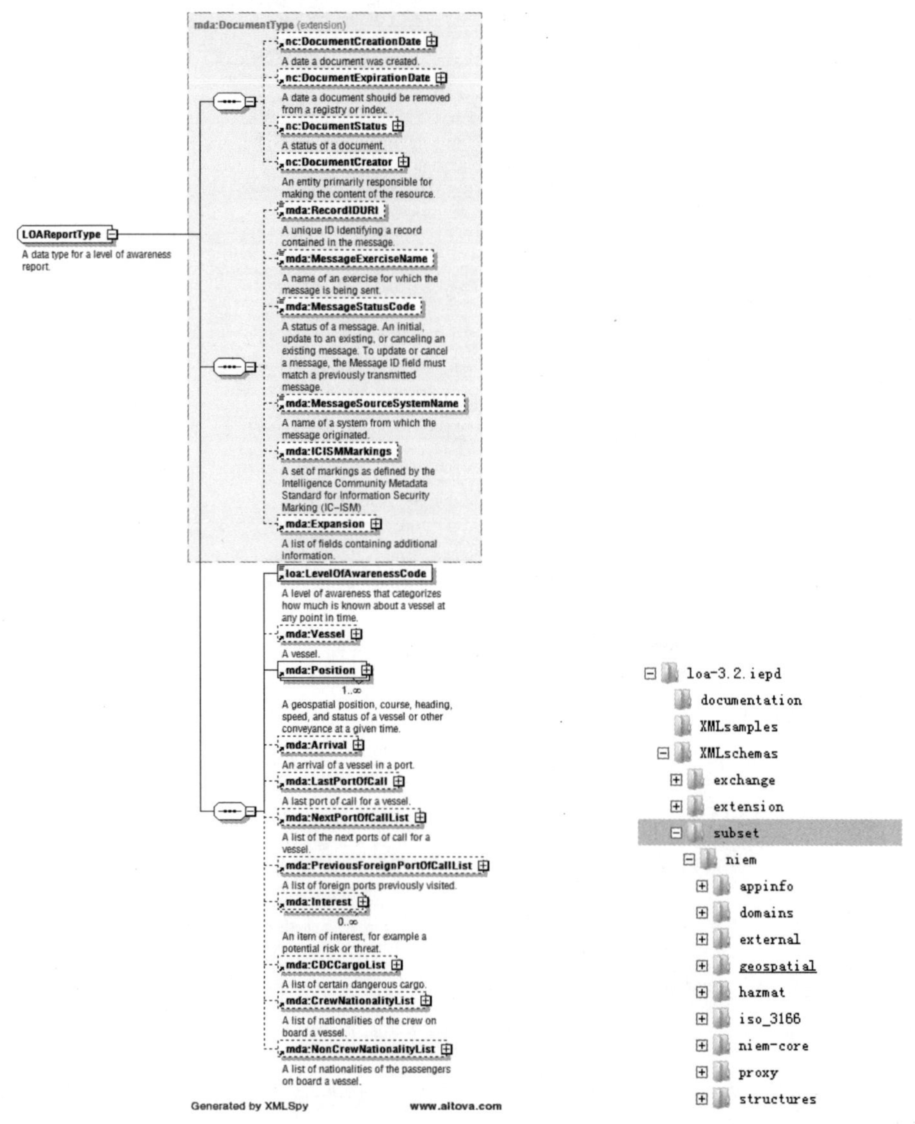

图 7-44 LOAReportType 构成

图 7-45 子集模式文件组织结构

7.4.2　数据发布

数据发布主要根据信息交换模型生成实例文件，并调用 LEXS 服务接口 doPublish 完成数据的发布，下面以.NET 平台为例来说明具体过程。

1. 实例文件生成

在数据发布中，实例文件生成通过将模式文件转换成程序设计语言中对应的类，由类定义对象，然后通过对对象的初始化形成实例对象。实例对象的序列化就可以生成 XML 实例。

（1）完成模式文件到类文件的转换。

将信息交换模型中所有的模式文件转换成相应的类文件，建立模式文件中的数据类型结构，如信息交换模型 LOAReportType 转换成类文件的定义，如图 7-46 所示（保持类型结构名称与类名称一致），程序如图 7-47 所示。

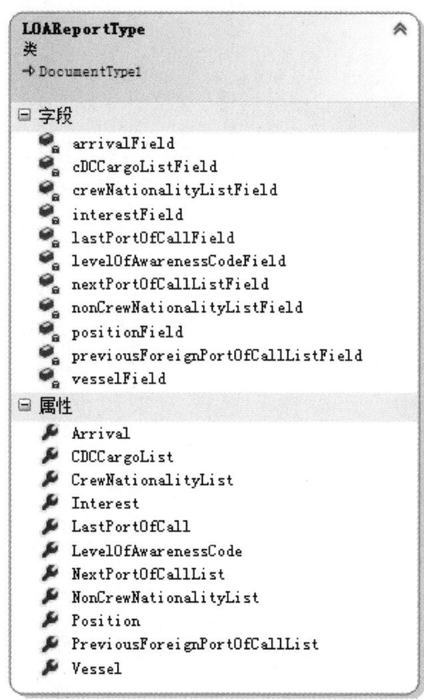

图 7-46　LOAReportType 类文件的定义

（2）由类定义对象。

```
LOAReportType aLOAReport;
```

```
public partial class LOAReportType : DocumentType1
    {
        //海事态势级别
        private LevelOfAwarenessCodeType levelOfAwarenessCodeField;
        //船舶类别
        private VesselType1 vesselField;
        //船舶位置（包括航向、航速、经度、纬度、方位角等）
        private System.Collections.Generic.List<PositionType> positionField;
        //到达港口
        private PortVisitType arrivalField;
        //已经到达的港口
        private PortVisitType lastPortOfCallField;
        //预期到达的港口
        private NextPortOfCallListType nextPortOfCallListField;
        //曾经到达的国外港口
        private PreviousForeignPortOfCallListType previousForeignPort OfCallListField;
        //关注目标列表
        private System.Collections.Generic.List<InterestType> interestField;
        //货物列表
        private CDCCargoListType CDCCargoListField;
        //船员列表
        private CrewNationalityListType crewNationalityListField;
        //乘客列表
        private NonCrewNationalityListType nonCrewNationalityListField;
…
```

图 7-47　LOAReportType 类文件的定义程序

（3）对象初始化。

```
aLOAReport = new LOAReportType( );
```

对象初始化完成之后可以对对象属性进行数据填充，完成对象的赋值。如果数据源保存在数据库中，可以建立数据库中数据与对象的映射，实现数据自动填写。

（4）对象序列化。

将上一步已经赋值的对象进行序列化，即将对象数据转变成 XML Schema 的数据，代码如图 7-48 所示。

```
XmlSerializer x = new XmlSerializer(typeof(LOAReportType));
x.Serialize(wr, aLOAReport, ns);
```

图 7-48　对象序列化

2. 数据发布

数据发布是指通过调用 LEXS 服务接口完成数据的公开与发布。这里以将数据发布到服务器指定位置为例来说明数据发布接口的实现。

调用 LEXS 服务接口进行数据发布，本质上是按照 LEXS 规定的消息协议，构造 LEXS 信息交换包。构造 LEXS 信息交换包包括两个主要内容：一是元数据的填写，二是信息交换包 DataItemPackage 的填充。将交换数据加载进信息交换包的 DataItem 部分，即将序列化的数据 aLOAReport 变成 DataItem 中结构化负载的一部分；然后调用 doPublish 服务，将数据发布到信息共享空间。

LEXS 发布服务的接口定义程序如图 7-49 所示。

```
public interface ILEXSPublishDiscoverPortType
    {
        [System.ServiceModel.OperationContractAttribute(IsOneWay=true, Action="http://usdoj.gov/
        leisp/lexs/publishdiscover/3.1/doPublish")]
        [System.ServiceModel.XmlSerializerFormatAttribute(SupportFaults=true)]
        [System.ServiceModel.ServiceKnownTypeAttribute(typeof(SRMessageType))]
        [System.ServiceModel.ServiceKnownTypeAttribute(typeof(PayloadObjectReferenceType))]
        [System.ServiceModel.ServiceKnownTypeAttribute(typeof(AugmentationType))]
        [System.ServiceModel.ServiceKnownTypeAttribute(typeof(DoPublishType))]
        [System.ServiceModel.ServiceKnownTypeAttribute(typeof(ComplexObjectType))]
        [System.ServiceModel.ServiceKnownTypeAttribute(typeof(MetadataType))]
        void doPublish(doPublish request);
    }
```

图 7-49　LEXS 发布服务的接口定义程序

doPublish 服务接口的实现如图 7-50 所示。

```
[System.ServiceModel.ServiceBehaviorAttribute(InstanceContextMode=System.
ServiceModel.InstanceContextMode.PerCall,ConcurrencyMode=System.ServiceModel.Concurrency
Mode.Single)] public class LEXSPublishDiscoverPortType: ILEXSPublishDiscoverPortType
{
    public virtual void doPublish(doPublish request)
        {
            //初始化 DoPublishType 消息
            DoPublishType publish = new DoPublishType();
            publish.PublishMessageContainer = request.PublishMessageContainer;
            //将消息请求进行序列化
            string xmlPublish = SerializationUtils.SerializeToXmlString(publish,
                "doPublish", "http://usdoj.gov/leisp/lexs/publishdiscover/3.1");
            //获取服务器上相应的目录
             string appDataDir = HostingEnvironment.Application PhysicalPath;
             string samplesFolder = ConfigurationManager.AppSettings ["SamplesFolder"];
             string samplesDir = string.Empty;
```

图 7-50　doPublish 服务接口的实现

```
            if (appDataDir == null)
            {
                samplesDir = samplesFolder;
            }
            else
            {
                samplesDir = appDataDir + Path.DirectorySeparatorChar + samplesFolder;
            }
            string xmlFilePath = samplesDir + Path.DirectorySeparator
            Char + "PublishDiscoverRequest.xml";
            XmlDocument outputXmlDoc = new XmlDocument();
            outputXmlDoc.LoadXml(xmlPublish);
            //将数据发布到服务器上指定的位置
            outputXmlDoc.Save(xmlFilePath);
        }
}
```

图 7-50　doPublish 服务接口的实现（续）

3. 服务调用

发布服务的调用方法如图 7-51 所示。

```
private static void DoPublishDiscover(ILEXSPublishDiscoverPortType proxy,
        string sampleInstancePath, string sampleXmlInstance)
        {
            //初始化发布消息格式对象
            DoPublishType requestType = new DoPublishType()
            //给对象赋值（将信息交换数据加载到结构化负载中）
            //构造发布消息
            doPublish message = new doPublish(requestType.Publish MessageContainer);
            //构造发布服务的客户端代理
            ILEXSPublishDiscoverPortType proxy = CreateChannelProxy();
            //调用服务
            proxy.doPublish(message);
        }
```

图 7-51　发布服务的调用方法

7.4.3 数据搜索

数据搜索是指根据需要在信息共享空间搜索所需要信息的过程。数据搜索过程主要通过调用 LEXS 的相关搜索服务来实现。下面以结构化搜索 doStructuredSearch 为例来说明搜索的实现过程。

1. 构造 doStructuredSearch 消息

doStructuredSearch 消息的构造是指初始化一个结构化搜索消息对象，并填写具体的搜索参数的过程，如图 7-52 所示。

```
//构造搜索对象
doStructuredSearchRequestType requestType= new doStructuredSearchRequestType();
doStructuredSearchRequest request =
        new doStructuredSearchRequest(requestType.StructuredSearchRequestMessage);
//搜索对象初始化，完成搜索条件的填写
```

图 7-52　构造 doStructuredSearch 消息

如果需要搜索名字为 Smith James 的船员，那么构造的搜索消息如图 7-53 所示。在搜索条件中，Smith 是完全匹配的，James 是部分匹配的。

```
<LEXS:StructuredQuery>
    <LEXS:DigestQueryStatement>
        <lexs:DigestQueryField>
            <lexsdigest:EntityPerson>
                <lexsdigest:Person>
                    <nc:PersonName>
                        <nc:PersonGivenName>Smith</nc:PersonGivenName>
                    </nc:PersonName>
                </lexsdigest:Person>
            </lexsdigest:EntityPerson>
        </lexs:DigestQueryField>
        <LEXS:QueryMatchCode>Exact</LEXS:QueryMatchCode><!--完全匹配-->
    </LEXS:DigestQueryStatement>
    <LEXS:DigestQueryStatement>
        <lexs:DigestQueryField>
            <lexsdigest:EntityPerson>
                <lexsdigest:Person>
                    <nc:PersonName>
                        <nc:PersonSurName>James</nc:PersonSurName>
                    </nc:PersonName>
                </lexsdigest:Person>
            </lexsdigest:EntityPerson>
        </lexs:DigestQueryField>
        <LEXS:QueryMatchCode>Fuzzy</LEXS:QueryMatchCode><!--部分匹配-->
    </LEXS:DigestQueryStatement>
</LEXS:StructuredQuery>
```

图 7-53　构造 doStructuredSearch 消息举例

2. 调用结构化搜索服务 doStructuredSearch

在准备好搜索请求消息之后，就可以调用 LEXS 搜索服务来完成交换数据的搜索了，具体过程如图 7-54 所示。

```
//创建服务代理  CreateChannelProxy
ILEXSSearchRetrievePortType proxy = CreateChannelProxy();
//初始化搜索消息结构
doStructuredSearchRequestType requestType =new doStructuredSearchRequestType();
//初始化搜索消息条件
doStructuredSearchRequest request =
       new doStructuredSearchRequest(requestType.StructuredSearchRequestMessage);
//调用结构化搜索服务，返回响应消息
doStructuredSearchResponse reponse = proxy.doStructuredSearch(request);
```

图 7-54　调用 LEXS 搜索服务

3. 读取数据

搜索过程仅发现信息共享空间中是否有用户感兴趣的数据，如查找某国国籍的船舶，可以通过调用 LEXS 的 getDataItemRequest 和 getAttachmentRequest 服务来取得船舶相关数据。

7.4.4 数据处理与显示

数据处理与显示主要是指在搜索返回的响应消息中获取交换数据，并进行处理与显示的过程。如果要对数据进行处理，就必须要将信息交换包中的数据反序列化成对象，然后进行处理。由于信息交换包文档中的附件带有数据显示规则，在用户接收到数据之后可以直接通过显示规则呈现数据，或者在数据处理之后按照需求进行数据显示。

1. 获取实例文件

获取实例文件与数据发布中数据的序列化是相反的过程，即需要将 doStructuredSearchRequest 中的信息交换包数据进行反序列化，形成对象类。反序列化的类是由模式文件 LOAReportType 转化为类文件生成的，即信息交换数据在序列化与反序列化过程中保证数据的一致性，如图 7-55 所示。

```
//获取搜索响应消息的数据包
ComplexObjectType[] dataItem =searchResponseMessage[i].Items;
//获取信息交换包中的数据
SearchResultPackageType dataItemPackage = (SearchResultPackageType) dataItem[j];
StructuredPayloadType[] structuredPayload = dataItemPackage.StructuredPayload;
String ss = structuredPayload[0].Any.InnerXml;
//对数据进行反序列化，得到信息交换数据对象
LOAReportType    aLOAReport = new LOAReportType ();
aLOAReport = (LOAReportType)SerializationUtils.DeserializeFromXmlString(ss, " LOAReportType ",
             "http://andi.edu/c3is/c3is-comm", typeof(LOAReportType));
```

图 7-55　获取实例文件

2　数据显示

一种方法是通过获取信息交换包中的显示指令，并根据显示指令显示数据。这种方法需要调用 LEXS 中的 getRenderedDataItemRequest 服务来完成。另一种方法是根据需要对数据进行处理之后按照自身需求显示数据。

数据实例文件如图 7-56 所示。

```
<?xml version="1.0" encoding="UTF-8"?>
<?xml-stylesheet type="text/xsl" href="loa.xsl" ?>
…
 <nc:DocumentCreationDate>
     <nc:Date>2012-12-07</nc:Date>
 </nc:DocumentCreationDate>
 <loa:LevelOfAwarenessCode>1</loa:LevelOfAwarenessCode>
 <mda:Vessel>
  <nc:ItemImage>
      <nc:BinaryLocationURI>http://example.org/picture12345</nc:BinaryLocationURI>
  </nc:ItemImage>
  <m:VesselAugmentation>
   <m:VesselBeamMeasure>
       <nc:MeasureText>120.0</nc:MeasureText>
   </m:VesselBeamMeasure>
   <m:VesselCallSignText>XXX33421</m:VesselCallSignText>
   <m:VesselCargoCategoryText>OIL</m:VesselCargoCategoryText>
   <m:VesselCategoryText>Bulk Liquefied Gas Barge</m:VesselCategoryText>
   <m:VesselCharterer>
   <nc:EntityOrganization>
   <nc:OrganizationLocation>
   <nc:LocationAddress>
 </mda:Vessel>
```

图 7-56　数据实例文件

```
<mda:Position>
  <mda:PositionSpeedMeasure>
        <nc:MeasureText>12</nc:MeasureText>
        <nc:SpeedUnitCode>kt</nc:SpeedUnitCode>
  </mda:PositionSpeedMeasure>
  <mda:PositionCourseMeasure>
        <nc:MeasureText>180</nc:MeasureText>
  </mda:PositionCourseMeasure>
  <mda:PositionDateTime>
        <nc:DateTime>2011-12-01T00:00:00Z</nc:DateTime>
  </mda:PositionDateTime>
</mda:Position>
```

图 7-56 数据实例文件（续）

在上面的实例文件中，如果在信息交换数据发布时附带了显示指令，即填充了发布消息中的数据包 DataItemPackage 中的 RenderingInstructions 属性，内容如图 7-57 所示。

```
<xsl:stylesheet version="1.0" .../><xsl:template match="loaex:LOAReport">
        <html>
            <style type="text/css">
              body {font-family:Arial}
              th {padding:5px;vertical-align:top;font-size:12pt;text-align:right;font-weight:bold}
              td {padding:3px;vertical-align:top;font-size:10pt}
        </style>
            <body>
                <h1>
                    <xsl:text>海事态势感知报告： </xsl:text>
                    <xsl:call-template name="format-date">
                        <xsl:with-param name="date" select="nc: DocumentCreationDate/nc:Date"/>
                    </xsl:call-template>
                </h1>
                <table>
                    <tr><th> <xsl:text>报告级别： </xsl:text></th>
                    <td>
                      <xsl:call-template name="TempLevelOfAwarenessCode">
                      <xsl:with-param name="value" select="loa:LevelOfA warenessCode"/>
                       </xsl:call-template>
                       <xsl:apply-templates select="//mda:Vessel"/>
                       <xsl:apply-templates select="//mda:Position"/>
                    </td>
                    </tr>
                </table>
```

图 7-57 数据发布时附带显示指令举例

```
            </body>
        </html>
        </xsl:template> <xsl:template match="mda:Position">
        <tr>
        <th> </th>
            <td>
                <b>船舶速度</b>:
                    <xsl:value-of select="mda:Position SpeedMeasure/nc:MeasureText"/>
                    <xsl:value-of select="mda:PositionSpeed Measure/nc:SpeedUnitCode"/><br/>
                <b>船舶航向</b>:
                    <xsl:value-of select="mda:Position CourseMeasure/nc:MeasureText"/><br/>
                <b>时间</b>: <xsl:value-of select="mda:Position DateTime/nc:DateTime"/><br/>
            </td>
        </tr>
    </xsl:template>
    <xsl:template match="mda:Vessel">
        <tr>
            <th>船舶信息：</th>
            <td>
                <b>船舶图片</b>:
                <image>
                    <xsl:attribute name="src">
                        <xsl:value-of select="nc:ItemImage/nc:BinaryLocationURI" />
                    </xsl:attribute>
                </image><br/>
                <b>船舶呼号代码</b>:
                    <xsl:value-of select="m:VesselAugmentation/m:VesselCallSignText"/><br/>
                <b>船舶装载货物分类代码</b>:
                    <xsl:value-of select="m:VesselAugmentation/m:VesselCargoCategoryText"/><br/>
                <b>船舶分类代码</b>:
                    <xsl:value-of select="m:VesselAugmentation/m:VesselCategoryText"/><br/>
            </td>
        </tr>
    </xsl:template>
    <xsl:template name="TempLevelOfAwarenessCode">
        <xsl:param name="value"/>
        <xsl:choose>
            <xsl:when test="$value='1'">监视级</xsl:when>
            <xsl:when test="$value='2'">分类级</xsl:when>
            <xsl:when test="$value='3'">识别级</xsl:when>
            <xsl:when test="$value='4'">行动级</xsl:when>
            <xsl:otherwise>
                <xsl:value-of select="$value"/>
            </xsl:otherwise>
```

图 7-57　数据发布时附带显示指令举例（续）

```
            </xsl:choose>
        </xsl:template>
        <xsl:template name="format-date">
            <xsl:param name="date"/>
            <xsl:value-of select="concat(
                substring($date,6,2), '/',
                substring($date,9,2), '/',
                substring($date,1,4))"/>
        </xsl:template>
    </xsl:stylesheet>
```

图 7-57　数据发布时附带显示指令举例（续）

那么通过 getRenderedDataItemRequest 服务能够获取到 RenderingInstructions 的内容，即显示规则，最后的数据显示结果如图 7-58 所示。

海事态势感知报告：12/07/2012

报告级别：　监视级

船舶信息：

船舶图片：
船舶呼号代码：×××33421
船舶装载货物分类代码：OIL
船舶分类代码：Bulk Liquefied Gas Barge
船舶速度：22.22km/h
船舶航向：180
时间：2011-12-01T00:00:00Z

图 7-58　数据显示举例

7.5　本章小结

统一词汇交换 ULEX 定义了信息交换的消息组织结构、消息参考模型、消息交换流程和消息交换接口，是一个能够满足不同信息交换需求的、抽象的消息交换框架。逻辑实体交换规范框架 LEXS 遵循 ULEX 规范，通过引入 NEIM 部分核心数据模型和领域数据模型，提供了基于.NET 和 Java 实现的信息发布、搜索、获取、订阅、通知服务等接口，是一个基于 NIEM 的应用开发的一个通用框架。

第 8 章

Chapter 8

日本多层互操作框架通用词汇表及其应用

由日本经济产业省和信息振兴厅发起的多层互操作框架（Infrastructure for Multilayer Interoperability，IMI）是日本新 IT 战略实施计划的一部分，是一个面向数字政府和政府数据开放的互操作框架，为日本数字政府实现基于统一语义的信息共享和利用提供支撑环境。IMI 通用词汇表（IMI Core Vocabulary）旨在提供一种统一的客观世界对象、概念及其关系的描述方法，提高政府开放数据、电子政务数据及私有数据的互操作性。

本章主要介绍日本多层互操作框架通用词汇表组成、描述方法，以及基于 IMI 通用词汇表的信息交换实现方法。

8.1 日本多层互操作框架通用词汇表组成

IMI 通用词汇表包括 3 个层次[15]，如表 8-1 所示。第 1 层是核心词汇，它是所有领域都会使用的词汇，是其他词汇的基础，如人员、地址、组织机构等。第 2 层是领域词汇，它是以核心词汇为基础，在某个领域或多个领域使用的词汇，按照应用范围，它分为领域通用词汇和领域专用词汇。第 3 层是应用词汇。它是核心词汇和领域词汇尚未涵盖的词汇，需要在描述具体数据时在核心词汇基础上定义。从同一领域的多个应用词汇抽取通用词汇可以组织成一个领域词汇表。目前核心词汇 2.4.2 版本包含大约 60 个类概念、250 个属性概念及其关系的词汇[1]。

表 8-1 IMI 通用词汇表的 3 层结构描述及举例

分类		描述		举例
核心词汇		所有领域的基本通用词汇，在 IMI 通用词汇表中居核心地位		人员、物品、机构、位置等
领域词汇	领域通用词汇	以核心词汇为基础进行扩展，形成描述特定领域的词汇	多个领域均会使用的词汇	设施、设备等
	领域专用词汇		单个领域使用的词汇	呼吸机、心电图机等
应用词汇		以核心词汇为基础，描述具体应用的词汇，可以通过抽取领域词汇获得		医院地址、床位数等

[1] IMI 通用词汇表：https://imi.go.jp/ns/core/Core242.html。

8.2　通用词汇表建模与描述方法

8.2.1　通用词汇表建模方法

1. 类和属性

IMI 通用词汇表采用面向对象的建模方法，包括类和属性。类是某一类事物概括术语，属性是某类事物的性质或事物之间关系的术语。一个类可以具有一个或多个可组合的属性；属性既可以有数据值，也可以与其他类相关联。

核心词汇表提供了每个类表示的含义、继承关系、包含的属性和结构关系，以及每个属性的识别符、所属类型和属性表示的含义。其中，类由它的属性及属性的组合术语来定义，属性由值类型、使用属性次数和属性的说明来定义。属性的值类型包括文本、日期等数据格式，如 xsd:string（字符串）、xsd:date（日期），以及其他标准化的数据类型，在这种情况下属性为具体的值或类属性，类属性包含多个属性，这样构成词汇的层次结构。属性基数表示在一个类中使用同一个属性的次数。属性的说明是对属性含义的描述。

图 8-1 表示了 IMI 核心词汇表中“人员类”与属性的关系，“人员类”包含性别属性和地址属性。性别属性的值类型是字符串，值为“女”；而地址属性的值类型是类，它具有多个属性，包括国家属性和邮政编号属性。IMI 核心词汇表还规定了每个属性值的个数，例如，“人员类”中性别属性出现的次数为 0 或 1 次，而地址属性出现的次数为 0～*n* 次，即该属性值的个数不限。表 8-2 为 IMI 核心词汇表中“人员类”的部分属性。

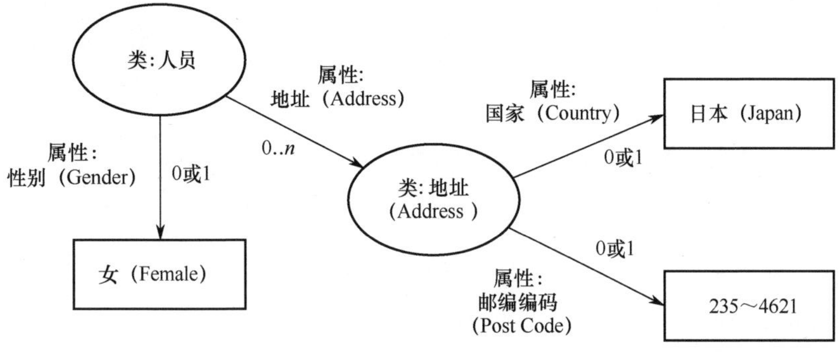

图 8-1　IMI 核心词汇表中“人员类”与属性的关系

表 8-2　IMI 核心词汇表中“人员类”部分属性的描述

属性名称	数据类型	基　数
ic:性别	xsd:string	0 或 1
ic:性别代码	ic:代码类型	0 或 1
ic:地址	ic:地址类型	0..n
ic:名称	ic:名称类型	0..n
ic:出生日期	ic:日期类型	0 或 1
…	…	…

2. 类的层次结构

IMI 通用词汇表采用面向对象方法中的继承机制，即一个新的类通过继承通用词汇表中已有的类来定义。继承有两种情况，一是“扩展”，即新的类从其基类继承属性和添加更多属性，而不删除从基类继承的属性；二是“限制”，即新的类从其基类继承部分属性或对属性进行部分修改。在创建新的词汇（如领域词汇或应用词汇）时，必须通过继承核心词汇的类来定义新的类，或者其基类必须来源于核心词汇，以保持类的互操作性。在定义应用词汇时，通常使用“扩展”或“限制”继承机制。

如图 8-2 所示为 IMI 核心词汇表中的“人员类”及其相关类的层次结构，其中箭头表示继承关系。“概念类”是核心词汇表中所有类的基类，是所有 IMI 通用词汇表的基类；“事物类”是由“概念类”派生而来的，表示可识别的事物的类；

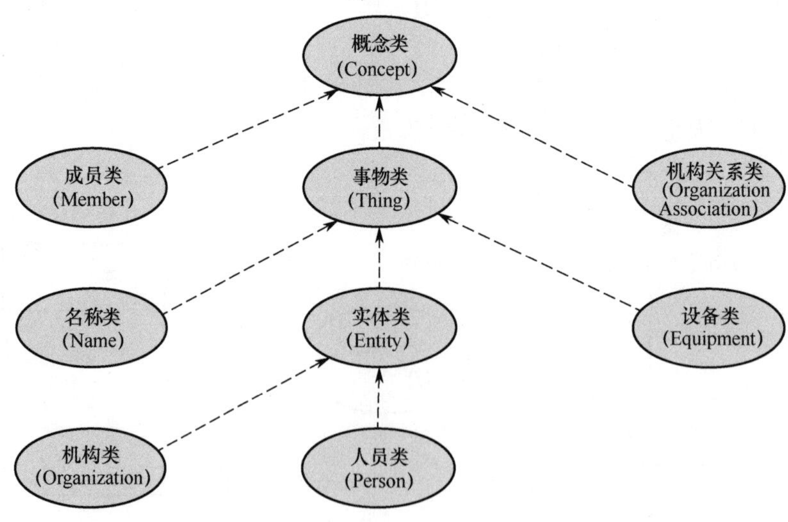

图 8-2　IMI 核心词汇表中的“人员类”及其相关类的层次结构

“成员类”和“机构关系类”也由“概念类”派生而来；“名称类”“实体类”“设备类”由“事物类”派生而来；“人员类”和“机构类”由“实体类”派生而来。表 8-3 为 IMI 核心词汇表部分类的描述。

表 8-3　IMI 核心词汇表部分类的描述

类的日语名称	类的英语名称	类的描述
概念型	Concept	所有类的基类
構成員型	Member	机构的组成成员
事物型	Thing	事物
組織関連型	Organizationassociation	机构间的关系
名称型	Name	机构或属性的名称
実体型	Entity	一个客观实体
設備型	Equipment	安装在设施或建筑物中的设备
組織型	Organization	机构
人型	Person	人员信息
…	…	…

8.2.2　通用词汇表描述方法

IMI 通用词汇表采用 XML Schema、RDF Schema 和 JSON Schema 共 3 种数据格式对通用词汇进行描述。

1. XML Schema 描述方法

XML Schema 是 W3C 制定的数据格式标准，具有严格的格式约束和可扩展性，通常用于信息系统之间的数据交换模型描述。IMI 通用词汇表描述与 XML Schema 语言表示的对应关系如表 8-4 所示。

表 8-4　IMI 通用词汇表描述与 XML Schema 语言表示的对应关系

IMI 通用词汇表	IMI 通用词汇表日文版	XML Schema 语言表示
类	クラス用語	xsd:complexType
属性	プロパティ用語	xsd:element
值类型	値型	xsd:elementType
继承	継承	xsd:extension
类概念使用某个属性的次数	クラス用語が使うプロパティ用語	maxOccurs，minOccurs

图 8-3 是核心词汇表中“人员类”使用 XML Schema 描述举例，其中包含“人员类”的描述、继承关系等内容。

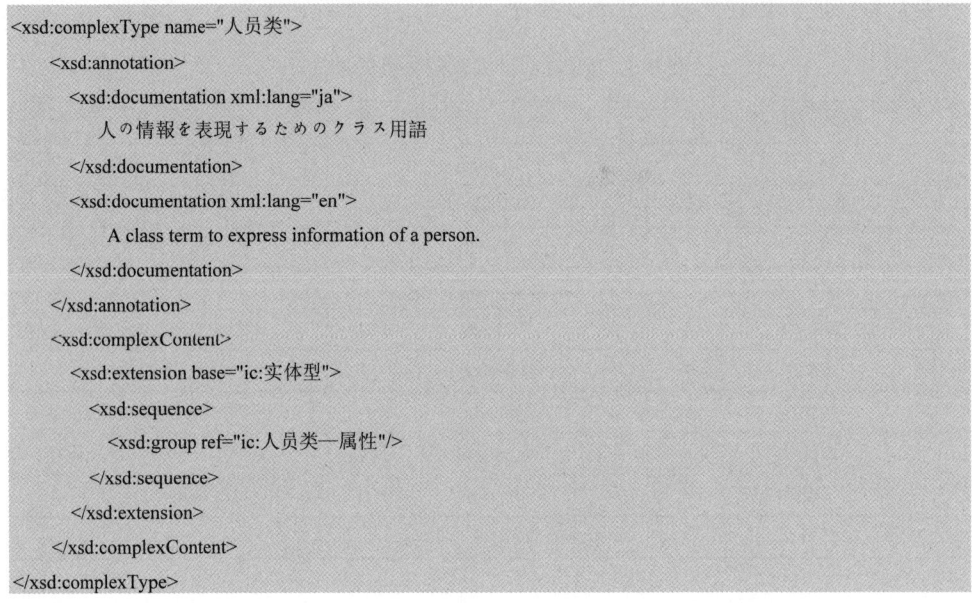

```
<xsd:complexType name="人员类">
    <xsd:annotation>
      <xsd:documentation xml:lang="ja">
          人の情報を表現するためのクラス用語
      </xsd:documentation>
      <xsd:documentation xml:lang="en">
          A class term to express information of a person.
      </xsd:documentation>
    </xsd:annotation>
    <xsd:complexContent>
      <xsd:extension base="ic:实体型">
        <xsd:sequence>
          <xsd:group ref="ic:人员类—属性"/>
        </xsd:sequence>
      </xsd:extension>
    </xsd:complexContent>
</xsd:complexType>
```

图 8-3 “人员类”使用 XML Schema 描述举例

2. RDF Schema 描述方法

RDF 是用于描述开放数据的标准，其结合本体描述语言（Web Ontology Language，OWL）可以用来表达词汇的语义。IMI 通用词汇表描述与 RDF/OWL 描述的对应关系如表 8-5 所示。

表 8-5 IMI 通用词汇表描述与 RDF/OWL 描述的对应关系

IMI 通用词汇表	IMI 通用词汇表日文版	RDF/OWL 描述
类	クラス用語	owl:Class 或 rdfs:Class
属性	プロパティ用語	owl:ObjectProperty、owl:DatatypeProperty 或 rdf:Property
值类型	値型	rdfs:range
继承	継承	rdfs:subClassOf 或 rdfs:subPropertyOf
属性所属类	定義域	在属性的定义中，用 schema:domainIncludes 或 rdfs:domain 表示属性所属的类

图 8-4 是核心词汇表中“姓氏”属性使用 RDF 定义举例，其中包含“姓氏”属性的定义、属性的日语、英语标签名称和描述，属性隶属的类及值类型等内容。

```
ic:姓
  a owl:DatatypeProperty ;
  rdfs:label "姓"@ja, "Family name"@en ;
  rdfs:comment "氏名の姓の表記を記述するためのプロパティ用語"@ja, "The family name expressed as text."@en ;
  schema:domainIncludes ic:名称 ;
  rdfs:range xsd:string
```

图 8-4　“姓氏”属性使用 RDF 定义举例

3. JSON Schema 描述方法

JSON 是一种简单的数据格式，基本结构是键值对。JSON-LD 是一种基于 JSON 表示和关联数据的方法，通过把概念与网络上具有明确定义的概念相链接的方式，表达概念之间的语义关系。

IMI 提供了用于核心词汇的 JSON-LD 格式文档，便于使用 JSON 格式的数据集可以引用上下文文档来扩展词汇。如图 8-5 所示为使用 JSON Schema 描述核心词汇表的类和属性举例。其中，第 1～7 行描述核心词汇表使用到的词汇、语言和数据类型的命名空间；第 8 行是定义“人员类”，并明确其识别符；第 9 行是定义“姓名”属性，并明确识别符和数据类型。

```
{
  "@context": {"owl": "http://www.w3.org/2002/07/owl#",
  "rdfs": "http://www.w3.org/2000/01/rdf-schema#",
  "xsd": "http://www.w3.org/2001/XMLSchema#",
  "schema": "http://schema.org/",
  "dct": "http://purl.org/dc/terms/",
  "foaf": "http://xmlns.com/foaf/0.1/",
  "ic": "http://imi.go.jp/ns/core/rdf#",
  "人员类": {"@id": "ic:人员类"},
  "姓名": {"@id": "ic:姓名","@type": "xsd:string"}
}
```

图 8-5　“人员类”的 JSON Schema 描述举例

4. IMI 专用描述方法

IMI 专用描述方法是 IMI 创建定义术语概念及其结构的方法，基本结构是一组键值对。图 8-6 是 IMI 核心词汇表 2.4.2 版本中“姓名类”的描述举例。第 1 行描述“姓名类”的日语名称，第 2 行描述英语名称，第 3 行是日语说明，第 4 行是英语说明，第 5 行声明“姓名类”继承于“事物类”，前缀 ic 表示核心词汇表，第 6 行使用层次结构描述方法表示“姓名类”具有“姓氏”属性，属性数据类型为字符串，可以使用的次数为 0 或 1 次。

```
#name "氏名型"
#name@en "Name of person"
#description "人の氏名を表現するためのクラス用語"
#description@en "A class term to express the name of a person."
class ic:姓名类 {@ic:事物类} ;
set ic:姓名类>ic:姓氏 {@xsd:string} {0..1} ;
```

图 8-6　IMI 核心词汇表 2.4.2 版本中“姓名类”的描述举例

层次结构描述方法是 IMI 创建的专用描述方法，通过一组字符串来表示词汇概念的层次结构。该方法不仅可以表示概念之间的层次结构，而且能够利于计算机自动提取概念，便于实现数据的自动转换。

层次结构描述方法的基本结构是以一个类概念作为起始节点，而后通过“>”连接任意数量的属性概念，例如，类概念>属性概念>属性概念>…，其中，具有属性概念的值类型为“类”，它与前一个概念是继承关系。

图 8-7 是“人员类”层次结构描述举例，第 1 行字符串表示以“人员类”概念作为起始节点，并且具有“住址”属性，“住址”属性具有“国家”属性；而第 2 行字符串“住址”属性具有“邮政编码”属性；第 3 行、第 4 行分别是对“人员类”的“性别”和“联络地址”属性的描述。

```
人员类>住址>国家
人员类>住址>邮政编码
人员类>性别
人员类>联络地址
```

图 8-7　“人员类”层次结构描述举例

8.3　基于 IMI 通用词汇表的信息交换实现方法

8.3.1　信息交换模型组成

数据模型描述（Data Model Description，DMD）是针对具体交换需求，以 IMI 通用词汇为基础，描述数据提供者和数据使用者之间信息共享的信息模型（Information Exchange Model），类似于美国 NIEM 中的信息交换包文档（Information Exchange Package Documentation，IEPD）。其主要对交换共享数据的内容和结构进行描述，包括对各元素的数据类型、范围和格式等进行说明。目前，IMI 建立了 12 个参考数据模型描述，包括避难场所、法人活动信息、法人基本信息、设施、设备、避难设施、医疗机构、名称、活动、地址、组织、特征等[1]。

数据模型描述是一个压缩文件，主要包括头文件（header.xml）、信息交换模型定义文件（shapes.ttl、schema.xsd）、映射文件（metadata.json）、样本数据（sample.xml、sample.ttl）、说明文件（document.pdf）等，如图 8-8 所示。

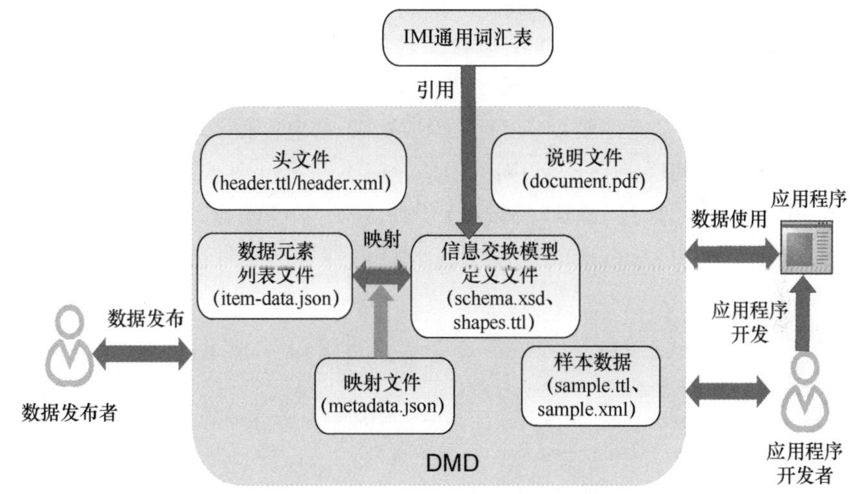

图 8-8　数据模型描述的组成示意

下面以医疗机构信息数据模型描述为例说明数据模型描述组成。医疗机构包括医院、诊所、药房等机构。各家医疗机构的描述信息的数据内容和格式可能各不相同，医疗机构信息数据模型描述通过建立不同用户创建的医疗机构数据元素与核心词汇表词汇的对应关系，将原本数据结构不同的数据转换为具有相同数据结构的、可以直接交换共享的数据。如图 8-9 所示为医疗机构信息数据模型描述的作用示意。

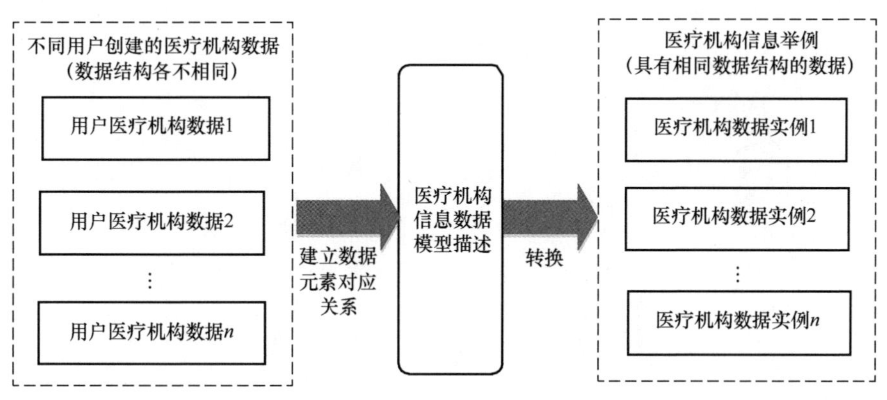

图 8-9　医疗机构信息数据模型描述的作用示意

[1] IMI DMD网址：https://imi.go.jp/dmd/。

医疗机构信息数据模型描述通过扩展设施信息而形成的数据模型，主要组成文件说明如下。

1. 头文件

DMD 头文件（header.ttl 或 header.xml）包括 DMD 本身的元数据，诸如 DMD 的创建者、版本号，以及 DMD 中包含文件的列表，可用于描述 DMD 本身及用于 DMD 检索的信息。图 8-10 是医疗机构信息 DMD 的头文件内容，第 1 行描述 XML 版本号和编码方式；第 2～3 行描述 DMD 命名空间；第 4 行描述 DMD 链接；第 5 行描述 DMD 的日语名称；第 6 行描述创建日期；第 7 行描述最后的修改日期；第 8～15 行描述 DMD 的说明；随后描述了创建者、许可证号、版本号。“<Component>…</Component>”描述 DMD 所包含的文件的基本信息。

```
<?xml version="1.0" encoding="UTF-8"?>
<DMD xmlns="http://imi.go.jp/ns/dmd" xmlns:xsi="http://www.w3.org/2001/XMLSchema-instance"
xsi:schemaLocation= "http://imi.go.jp/ns/dmd DMD-header.xsd">
  <URI>http://imi.go.jp/dmd/0000006</URI>
  <Name xml:lang="ja">医療機関 DMD</Name>
  <CreationDate>2016-09-01</CreationDate>
  <LastModificationDate>2018-09-05</LastModificationDate>
  <Description xml:lang="ja">医療機関とは、病院、一般診療所、歯科診療所、薬局等の医療関連の機関である。
  </Description>
  <Publisher>
    <URI>http://www.ipa.go.jp/</URI>
    <Name xml:lang="ja">独立行政法人情報処理推進機構</Name>
    <Name xml:lang="en">Information-technology Promotion Agency, Japan.</Name>
  </Publisher>
  <License>
    <URI>http://creativecommons.org/licenses/by/4.0/</URI>
    <Name>CC-BY</Name>
  </License>
  <Version>1.0.0</Version>
  <Component file="header.xml" media-type="text/xml" type="header">
    <Description xml:lang="ja">医療機関 DMD のヘッダー (XML 版)</Description>
  </Component>
  <Component file="schema.xsd" media-type="text/xml" type="schema">
    <Description xml:lang="ja">医療機関 DMD の XML データスキーマ</Description>
  </Component>
  <Component file="shapes.ttl" media-type="text/turtle" type="data-shape">
```

图 8-10　医疗机构信息 DMD 的头文件 header.xml

```
    <Description xml:lang="ja">医療機関 DMD の RDF データモデル記述</Description>
  </Component>
  …
  <Component file="metadata.json" media-type="application/json" type="mapping">
    <Description xml:lang="ja">医療機関 DMD の項目マッピング</Description>
  </Component>
</DMD>
```

图 8-10　医疗机构信息 DMD 的头文件 header.xml（续）

2. 数据元素列表文件

数据元素列表文件是源数据表格的数据元素的列表。如图 8-11 是医疗机构信息 DMD 数据元素列表文件部分内容，不仅列出源数据表格数据元素，还列出了数据元素所使用的字符集，如“名称”元素使用的字符集包括 285、371，即日语基础词汇和扩展词汇。

```
{
  "itemList": [
    {
      "name": "名称",
      "charCollection": [285, 371]
    },
    {"name": "俗称"},
    {
      "name": "住址标记",
      "charCollection": [285, 371] },
      { "name": "邮政编码"},
      { "name": "纬度"},
      …
]}
```

图 8-11　医疗机构信息源数据表格数据元素列表文件部分内容

3. 信息交换模型定义文件

信息交换模型定义文件主要描述交换数据的格式，IMI 提供了 XML 格式、RDF 格式、IMI 自定义格式。

（1）XML Schema 描述文件。

XML Schema 描述文件是使用 XML Schema 描述数据模型，包括数据模型定义和词汇定义。图 8-12 是医疗机构信息 DMD 的 XML Schema 描述文件的内容，第 1 行为 XML 版本号和编码格式，第 2～4 行分别为 XML 数据类型、核心词汇、扩展词汇的命名空间，第 6 行定义元素“医疗机构列表”，数据类型为医疗机构列表类。

而后是对医疗机构列表类型的定义，接着是对它的日语描述，它的基类是事物类，包含医疗机构元素，并且使用该元素的次数不限。

```
<?xml version="1.0" encoding="utf-8"?>
<xsd:schema xmlns:xsd="http://www.w3.org/2001/XMLSchema" xmlns:ic=http://imi.go.jp/ns/core/2
    xmlns:mf=http://imi.go.jp/ns/application/imi/medical_facility
    targetNamespace="http://imi.go.jp/ns/application/imi/medical_facility">
    <xsd:import namespace="http://imi.go.jp/ns/core/2" schemaLocation="Core232.xsd"/>
    <xsd:element name="医疗机构列表" type="mf:医疗机构列表类"/>
    <xsd:complexType name="医疗机构列表类">
      <xsd:annotation>
          <xsd:documentation xml:lang="ja">
          医療機関のリストを表現するためのクラス用語</xsd:documentation>
      </xsd:annotation>
        <xsd:complexContent>
            <xsd:extension base="ic:事物类">
                <xsd:sequence>
                    <xsd:element ref="mf:医疗机构" minOccurs="0" maxOccurs="unbounded"/>
                </xsd:sequence>
            </xsd:extension>
        </xsd:complexContent>
      </xsd:complexType>
      <xsd:element name="医疗机构"type="mf:医疗机构类"/>
      <xsd:complexType name="医疗机构类">
        <xsd:annotation>
          <xsd:documentation xml:lang="ja">医療機関を表現するためのク
          ラス用語</xsd:documentation>
        </xsd:annotation>
      <xsd:complexContent>
          <xsd:extension base="ic:设施类">
              <xsd:sequence>
                  <xsd:element ref="mf:设施出入口" minOccurs="0" maxOccurs="unbounded"/>
                  <xsd:element ref="mf:诊疗科目" minOccurs="0" maxOccurs="unbounded"/>
                  <xsd:element ref="mf:诊疗科目列表" minOccurs="0" maxOccurs="unbounded"/>
                  <xsd:element ref="mf:诊察时间" minOccurs="0" maxOccurs="unbounded"/>
                  <xsd:element ref="mf:病床数" minOccurs="0" maxOccurs="unbounded"/>
                  <xsd:element ref="mf:是否有夜间急诊" minOccurs="0" maxOccurs="unbounded"/>
                  <xsd:element ref="mf:是否有周末急诊" minOccurs="0" maxOccurs="unbounded"/>
                  <xsd:element ref="mf:急救医疗体制" minOccurs="0" maxOccurs="unbounded"/>
                  <xsd:element ref="mf:灾害定点医院" minOccurs="0" maxOccurs="unbounded"/>
```

图 8-12　医疗机构信息 DMD 的 XML 描述文件 schema.xsd

```
            </xsd:sequence>
        </xsd:extension>
      </xsd:complexContent>
    </xsd:complexType>
    ...
</xsd:schema>
```

图 8-12　医疗机构信息 DMD 的 XML 描述文件 schema.xsd（续）

（2）RDF 描述文件。

RDF 描述文件使用 RDF 数据格式定义数据模型，包括数据模型定义和词汇定义。图 8-13 是医疗机构信息 DMD 的 RDF 描述文件部分内容摘录，使用 RDF 和 OWL 语言描述，前 7 行是引用描述语言的命名空间，第 8 行开始描述医疗机构类由设施类派生，而后定义了设施出入口、诊疗科目等属性及属性类型，如属性诊疗科目的值类型为字符串。

```
@prefix rdf: <http://www.w3.org/1999/02/22-rdf-syntax-ns#> .
@prefix rdfs: <http://www.w3.org/2000/01/rdf-schema#>.
@prefix owl: <http://www.w3.org/2002/07/owl#> .
@prefix xsd: <http://www.w3.org/2001/XMLSchema#> .
@prefix sh: <http://www.w3.org/ns/shacl#>.
@prefix ic: <http://imi.go.jp/ns/core/rdf#>.
@prefix mf: <http://imi.go.jp/ns/application/imi/medical_facility#> .
mf:医疗机构类  a owl:Class, sh:Shape ;
  rdfs:subClassOf ic:设施类;
  sh:constraint [
    sh:nodeKind sh:IRI ] ;
    sh:property [
    rdfs:label "设施出入口";
    sh:predicate mf:设施出入口;
    sh:class mf:设施出入口类;   ] ;
    sh:property [
    rdfs:label "诊疗科目" ;
    sh:predicate mf:诊疗科目;
    sh:datatype xsd:string ; ] ;
    ...
```

图 8-13　医疗机构信息 DMD 的 RDF 描述文件 shapes.ttl

4. 映射文件

映射文件用于将待交换或发布数据的元素与核心词汇表中的词汇概念一对一地进行关联。图 8-14 是医疗机构信息 DMD 映射文件部分内容摘录，第 1 行描述模式使用的词汇命名空间的上下文；第 2 行指定源数据表格文件；从第 3 行开始是映射的具体内容。第 1 个数据元素名称为 ID，用于标识医疗机构，每个 ID 对应于“医疗机构类”的一个实例；第 2 个数据元素名称为“名称”，指向表格数据中“name”栏，对应于核心词汇表中的“标记”；第 3 个数据元素名称为“俗称”，对应于核心词汇表中的“俗称”。

```
{ "@context": ["http://www.w3.org/ns/csvw", {"@language": "ja"}],
  "url": "sample.csv",
  "tableSchema": {
    "columns": [
      {"name": "medicalFacility",
        "titles": "ID",
        "aboutUrl": "http://example.org/{medicalFacility}",
        "propertyUrl": "rdf:type",
        "valueUrl": "http://imi.go.jp/ns/application/imi/medical_facility#医疗机构类"},
      {"name": "name",
         "titles": "名称",
         "aboutUrl": "genid:name{medicalFacility}",
         "propertyUrl": "http://imi.go.jp/ns/core/rdf#标记" },
      {"titles": "俗称",
         "aboutUrl": "http://example.org/{medicalFacility}",
         "propertyUrl": "http://imi.go.jp/ns/core/rdf#俗称" },
       …
      ]}
}
```

图 8-14　医疗机构信息 DMD 映射文件部分内容摘录

5. 说明文件

说明文件（document.doc）对 DMD 的目的、设想的使用场景、数据元素的构造规则，以及注意事项等进行简要说明。医疗机构信息 DMD 的说明文件内容包括 DMD 的目的、数据元素名称和描述、使用的流程、代码标识等。

6. 样例数据

样例数据是根据 DMD 所定义的数据模型生成的数据范例，以帮助数据创建者理解并参照使用。图 8-15 是医疗机构信息 DMD 的样例数据部分内容摘录，使用 XML 格式，从第 7 行开始对医疗机构的名称、地址、地理坐标等属性进行具体描述。

```xml
<?xml version="1.0" encoding="UTF-8"?>
<mf:医疗机构信息 xsi:schemaLocation="http://imi.go.jp/ns/application/imi/medical_facility schema.xsd"
  xmlns:ic="http://imi.go.jp/ns/core/2"
  xmlns:mf="http://imi.go.jp/ns/application/imi/medical_facility"
  xmlns:xsi="http://www.w3.org/2001/XMLSchema-instance">
  <mf:医疗机构>
      <ic:名称><ic:标记>横滨市立大学附属医院</ic:标记></ic:名称>
      <ic:俗称>横滨市立大学附属医院</ic:俗称>
      <ic:地理位置></ic:地理位置>
      <ic:住所>
        <ic:标记>神奈川县横滨市金沢区福浦 3-9</ic:标记>
        <ic:邮政编码>236-0004</ic:邮政编码>
      </ic:住所>
      <ic:地理坐标>
          <ic:纬度>35.344264</ic:纬度>
          <ic:经度>139.650289</ic:经度>
      </ic:地理坐标>
      …
  </mf:医疗机构>
</mf:医疗机构信息>
```

图 8-15 医疗机构信息 DMD 的样例数据部分内容摘录

8.3.2 IMI 信息交换实现工具

IMI 开发了用于支持用户创建和使用通用词汇的 DMD 工具，主要包括词汇创建、DMD 创建、DMD 验证、代码 / 代码列表创建、数据格式转换、数据验证 6 个功能。IMI 6 个功能之间的关系如图 8-16 所示。

1. 词汇创建

IMI 工具支持通过 IMI 专用的层次结构描述方法创建核心词汇之外的应用词汇。IMI 工具支持创建新词汇，或者修改 IMI 定义文件及 IMI 工具支持的表格形式文件。在创建词汇时，首先需要编辑应用词汇元数据，包括词汇名称、说明、命名空间、发行人、版本等信息；然后使用层次结构描述方法定义新词汇，还可以增加、删除词汇；最后将应用词汇保存为 IMI 定义文件或 IMI 工具支持的表格形式文件。

2. DMD 创建

设计人员利用 IMI 工具创建 DMD。创建的方式有 3 种：一是如果没有准备好含有数据元素的表格数据，则再次创建 DMD；二是上传包含数据元素的 Excel、

CSV 等表格数据创建 DMD；三是基于已有的 DMD 创建 DMD。IMI 工具支持继承核心词汇表或应用词汇表的一个类来创建数据模型，通过增加、删除、修改类的属性，编辑属性出现的次数、属性的限制条件和属性的名称等要素，建立与数据元素的对应关系。编辑 DMD 的元数据信息，即可下载和使用 DMD。

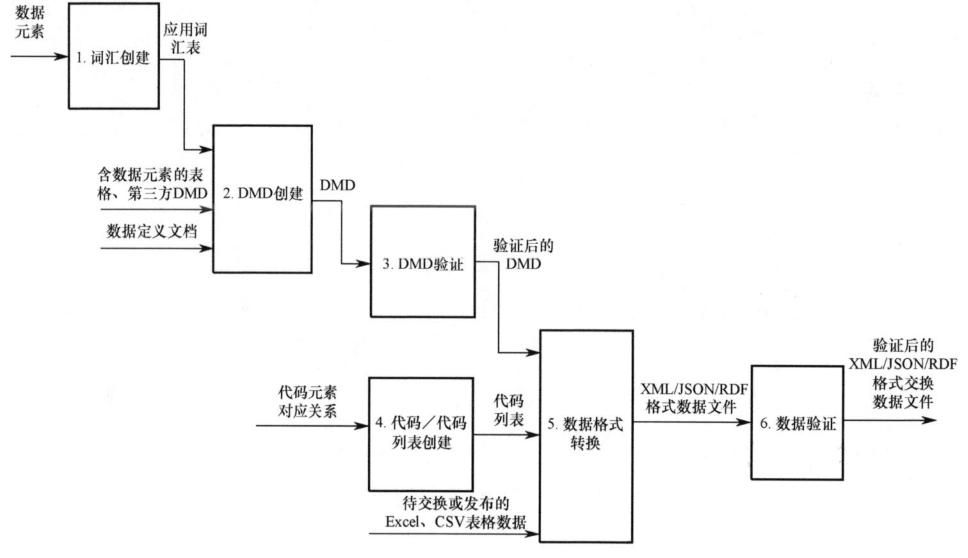

图 8-16　IMI 6 个功能之间的关系

3. DMD 验证

IMI 工具支持对创建 DMD 的内容是否符合通用词汇和 DMD 规范进行验证。该功能用于待验证的 DMD 文件包，通过验证以后，显示 DMD 是否符合通用词汇和 DMD 规范的结果，并显示不符合通用词汇和 DMD 规范的数据元素。

4. 代码／代码列表创建

IMI 工具支持数据制作者创建代码或代码列表，用于支持结构化数据的创建。代码是用于指代术语，并且使信息表达简单而编制的符号（如字母、数字等）。代码列表是代码及其术语对应关系的表。代码主要用于识别、分类和排序。IMI 工具支持输入代码表格格式文件，编辑代码列表的元数据，包括名称、URI、发行人、版本、命名空间，然后通过增加、编辑和删除代码创建代码列表，并可查看代码与代码之间的层级关系、关联关系和关系图，最后编辑完成并保存代码表格。

5. 数据格式转换

IMI 工具支持数据制作者将 Excel、CSV 等格式数据根据 DMD 转换为 XML、

JSON-LD、RDF 和 Turtle 等结构化数据。首先输入转换数据的 DMD 文件包或 URL 地址，以及需要转换数据格式的表格数据或 URL 地址；然后通过 DMD 中的数据映射关系实现数据的转换，并输出所选择数据格式的数据。

6. 数据验证

IMI 工具支持对 XML、JSON-LD、RDF 等结构化数据的验证，验证是否与某个 DMD 匹配。首先输入用于数据验证的 DMD 文件包或 URL 地址，以及需要验证的数据，系统通过匹配数据元素与 DMD 数据模型之间的关系，显示数据元素和 DMD 的匹配结果。

8.3.3 IMI 信息交换框架

如图 8-17 所示是基于 IMI 通用词汇表的信息交换框架。信息交换的基础是 IMI 通用词汇表，包括核心词汇、领域词汇和用户自定义的应用词汇。信息交换模型以 IMI 通用词汇表为基础，建立交换数据与通用词汇的映射，建立统一的信息交换内容和格式，通常由开发人员利用 IMI 等开发工具设计。

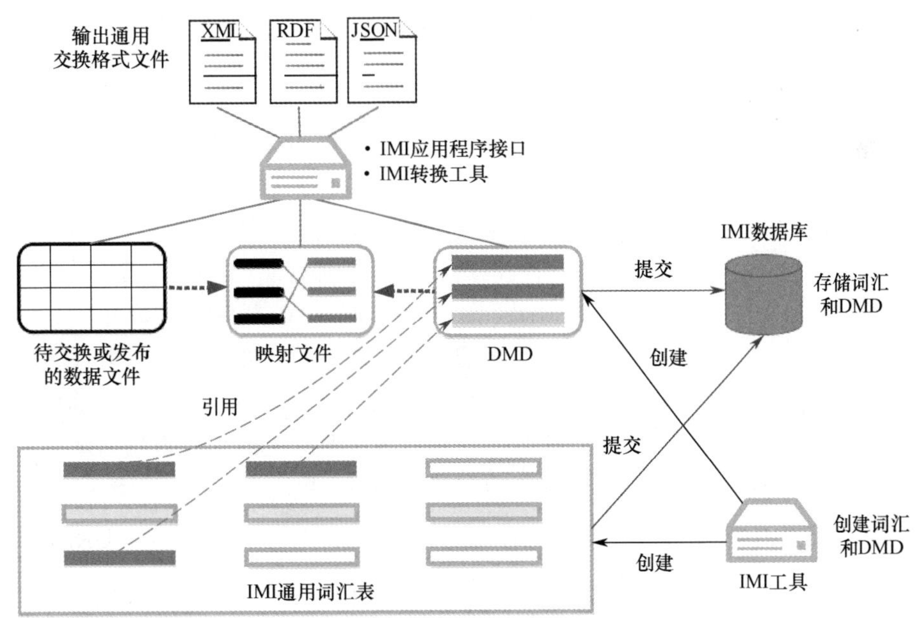

图 8-17　基于 IMI 通用词汇表的信息交换框架

IMI 实现信息交换的流程如下。

（1）准备数据。信息提供者对需要公开的数据进行充分分析，明确数据元素名称、类型和值的范围等，完成数据定义文档制作。

（2）创建应用词汇。将数据元素与核心词汇进行比较，若部分数据元素未包含在核心词汇中，则使用 IMI 工具创建应用词汇。创建的应用词汇可以提交至 IMI 数据库供更多人使用。

（3）选择或创建 DMD。通过 IMI 工具，首先确定发布或交换的数据是否具有常用的 DMD 可以使用。如果数据与已有的 DMD 中的数据模型匹配，则可以直接使用；如果不匹配，则可以采取自建或修改第三方 DMD 包的方式创建 DMD。创建的 DMD 提交至 IMI 数据库，可供其他类似的应用在创建 DMD 时参考。

（4）输入数据。信息提供者根据数据元素值的类型、格式和取值范围在表格中输入数据。

（5）数据格式转换。根据创建的 DMD，将 Excel、CSV 表格数据转换为通用交换数据格式，如 XML、RDF、JSON-LD 等。

（6）数据使用。数据使用者基于通用交换数据格式，进行应用程序开发，或者进行数据分析等。

8.4 本章小结

日本多层互操作框架通用词汇表是指对客观世界中常用的事物、概念及其关系进行抽象，形成统一语义和格式的数据模型标准，为数据发布或交换提供统一的格式规范，主要包括核心词汇、领域词汇和应用词汇。核心词汇是适用于所有业务领域的词汇；领域词汇和应用词汇通过采用面向对象的方法在核心词汇的基础上进行扩展派生，并采用 XML Schema、RDF Schema、JSON Schema 和 IMI 专用描述方法进行形式化表示。信息交换模型 DMD 对待发布或待交换数据的格式进行描述，将来自不同数据源、不同数据格式的数据转换为统一的数据格式，以便满足各类应用的使用需求。IMI 提供了信息交换实现工具，为用户提供了通用词汇管理、信息交换模型设计、数据转换、数据验证的一站式解决方案。

第 9 章

Chapter 9

欧盟电子政务核心词汇表及其应用

欧盟作为一个区域性的国际组织，组织内部成员复杂，由于各个成员国的行政管理过程和法律法规不一致，缺乏统一的数据模型和通用数据标准等原因，欧盟各成员在执行公共服务时产生许多语义互操作冲突问题。为了有效解决这些冲突问题，确保欧洲行政机构、商业企业和公民之间的互操作性，欧盟委员会自 2010 年起实施了《欧洲公共管理、企业和公民互操作方案》(*Interoperability Solutions for European Public Administrations, Businesses and Citizens*，ISA)；从 2011 年 11 月到 2012 年 5 月，来自 18 个欧盟成员国和 4 个非欧盟国家的 69 名专家制定了核心业务、核心人员和核心位置词汇表；2012 年 5 月 23 日，ISA 协调小组批准了核心业务、核心人员和核心位置词汇表；2012 年 12 月到 2013 年 3 月，制定了核心公共服务词汇表；2016 年 2 月到 2016 年 12 月，制定了核心标准和核心证据词汇表。本章主要介绍欧盟电子政务数据模型描述及构建方法、欧盟电子政务核心词汇表组成及应用情况、欧盟电子政务核心词汇表应用方法。

9.1 欧盟电子政务数据模型描述及构建方法

9.1.1 欧盟电子政务数据模型架构

按照对客观世界描述的抽象程度，欧盟电子政务对客观世界描述的数据模型划分为核心数据模型、领域数据模型和信息交换数据模型[16]，如图 9-1 所示。

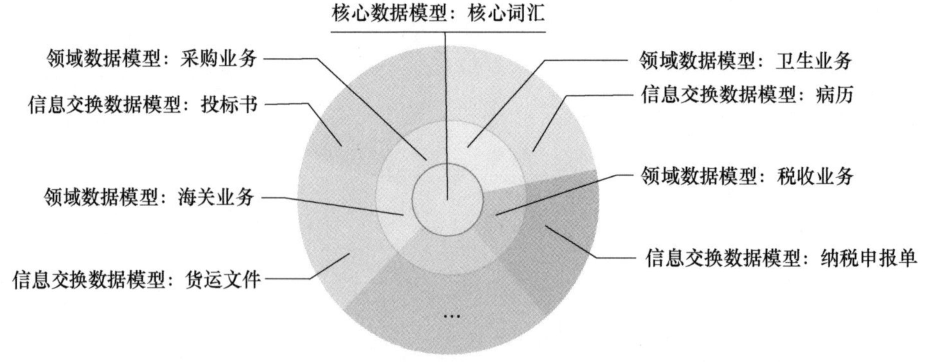

图 9-1　欧盟电子政务数据模型层次结构

核心数据模型（Core Data Model）描述客观世界实体的基本特征，与具体的业务领域无关，其抽象层级最高，电子政务核心词汇（e-Government Core Vocabularies）属于这个层次。核心词汇由 6 类通用的、可重用的、可扩展的、独立于具体业务领域的数据模型组成。

领域数据模型（Domain Data Model）描述特定领域的实体及关系，它的抽象级别次之，通过核心数据模型扩展而来，如卫生、税收、海关、采购等业务领域数据模型。

信息交换数据模型描述满足具体交换需求的交换数据的结构和内容，它的抽象程度最低，由领域数据模型或核心数据模型扩展而来，如卫生领域的病历、税收领域的纳税申报单、海关领域的货运文件、采购领域的投标书等信息交换数据模型。

9.1.2 欧盟电子政务数据模型描述方法

欧盟电子政务数据模型采用面向对象的描述方法，与 UML 概念模型、ISO 11179-3 数据元模型、联合国贸易便利化与电子商务中心（United Nations Centre for Trade Facilitation and Electronic Business，UN/CEFACT）核心构件（Core Components，CT）、NIEM 等描述方法类似，其对应关系如表 9-1 所示。

表 9-1　核心词汇与 UML、ISO 11179-3、UN/CEFACT 核心构件、NIEM 等描述方法的对应关系

核心词汇	UML	ISO 11179-3	UN/CEFACT 核心构件	NIEM
类（Class）	类（Class）	对象类（Object Class）	复合核心构件（Aggregate Core Component，ACC）或复合核心业务信息实体（Aggregate Business Information Entity，ABIE）	数据类型（Type）
对象（Object）	对象（Object）			对象（Object）
属性（Property）	属性（Property）	数据元概念（Data Element Concept）	基本核心构件（Basic Core Component，BCC）或基本业务信息实体（Basic Business Information Entity，BBIE）	属性（Property）
关联（Association）	关联（Association）	概念关系（Concept Relationship）	关联核心构件（Association Core Component，ASCC）	关联（Association）
数据类型（Data Type）	数据类型（Data Type）	概念域（Conceptual Domain）		

（续表）

核心词汇	UML	ISO 11179-3	UN/CEFACT 核心构件	NIEM
基本数据类型（Primitive Type）	基本数据类型（Primitive Type）		基本数据类型（Primitive Type）	
复合数据类型（Composite Type）			核心数据类型（Core Data Type，CDT）	
特征（Attribute）	特征（Attribute）		核心数据内容/补充构件（CDT Content /Supplementary Component	特征（Attribute）

欧盟电子政务数据模型由描述客观世界事物和概念的类（Class）组成，如人员、法人、地理位置等。

类是对具有相同属性、关联关系和语义的事物的描述，如“Person”表示一组自然人。对象（Object）是类实例，在对象中，属性和关联关系具有具体的值。例如，一个名称为“Gottlob Frege”的人是类“Person”的实例。

每个类（Class）由多个属性（Property）和（或）关联关系（Association）组成。属性描述该类的某个特征，例如，属性“PersonFullName”是类“Person”的属性。关联关系表示两个类之间的语义关系，如关联关系“PersonAddress”是类“Person”和类“Address”的关联关系。

属性的数据类型包括基本数据类型（Primitive Types）和复合数据类型（Composite Types）。基本数据类型是原子数据类型，只能存储单个值，如 String（字符串）、URIs（统一资源标识符）、Date（日期）。复合数据类型由多个不同属性组成，如文本数据类型由内容项和语言组成，两者都用基本数据类型 String 表示。

复合数据类型在结构上与类相似，只是复合数据类型中没有关联关系，区别在于它们的语义。类的对象对应真实世界的事物，其属性和关联关系的数量根据信息描述的需要确定，可能不是完整的。复合数据类型的值是独立存在的，完全由它们的属性值定义。

“Attribute”是数据类型中的属性。例如，属性“currencyID”是数据类型“Amount”中的一个属性。

欧盟电子政务数据模型采用 UML 概念模型、RDF Schema、XML Schema 等方法描述。如图 9-2 所示为核心人员词汇 XML Schema 描述举例。

```
<?xml version="1.0" encoding="UTF-8"?>
<xsd:schema xmlns="http://www.w3.org/ns/corevocabulary/person"
   xmlns:cva="http://www.w3.org/ns/corevocabulary/AggregateComponents"
   xmlns:cvb="http://www.w3.org/ns/corevocabulary/BasicComponents"
```

图 9-2　核心人员词汇 XML Schema 描述

```
  xmlns:cbc="urn:oasis:names:specification:ubl:schema:xsd:CommonBasicComponents-2"
  xmlns:ext="urn:oasis:names:specification:ubl:schema:xsd:CommonExtensionComponents-2"
  xmlns:xsd="http://www.w3.org/2001/XMLSchema"
  targetNamespace="http://www.w3.org/ns/corevocabulary/person"
  elementFormDefault="qualified" attributeFormDefault="unqualified" version="1">
  <xsd:import namespace="http://www.w3.org/ns/corevocabulary/AggregateComponents"
     schemaLocation="CoreVocabularyAggregateComponents-v1.00.xsd"/>
  <xsd:import namespace="http://www.w3.org/ns/corevocabulary/BasicComponents"
     schemaLocation="CoreVocabularyBasicComponents-v1.00.xsd"/>
  <xsd:import namespace="urn:oasis:names:specification:ubl:schema:xsd:CommonBasicComponents-2"
     schemaLocation="../common/UBL-CommonBasicComponents-2.0.xsd"/>
  <xsd:import namespace="urn:oasis:names:specification:ubl:schema:xsd:CommonExtensionComponents-2"
     schemaLocation="../common/UBL-CommonExtensionComponents-2.0.xsd"/>
  <xsd:element name="Cvperson" type="CvpersonType"/>
  <xsd:complexType name="CvpersonType">
    <xsd:sequence>
      <xsd:element ref="ext:UBLExtensions" minOccurs="0"/>
      <xsd:element ref="cbc:UBLVersionID" minOccurs="0"/>
      <xsd:element ref="cbc:CustomizationID" minOccurs="0"/>
      <xsd:element ref="cbc:ProfileID" minOccurs="0"/>
      <xsd:element ref="cvb:FullName" minOccurs="0" maxOccurs="unbounded"/>
      <xsd:element ref="cbc:FamilyName" minOccurs="0" maxOccurs="unbounded"/>
      <xsd:element ref="cvb:GivenName" minOccurs="0" maxOccurs="unbounded"/>
      <xsd:element ref="cvb:PatronymicName" minOccurs="0" maxOccurs="unbounded"/>
      <xsd:element ref="cvb:AlternativeName" minOccurs="0" maxOccurs="unbounded"/>
      <xsd:element ref="cvb:GenderCode" minOccurs="0" maxOccurs="unbounded"/>
      <xsd:element ref="cvb:BirthName" minOccurs="0" maxOccurs="unbounded"/>
      <xsd:element ref="cvb:BirthDate" minOccurs="0" maxOccurs="unbounded"/>
      <xsd:element ref="cvb:DeathDate" minOccurs="0" maxOccurs="unbounded"/>
      <xsd:element ref="cva:Cvidentifier" minOccurs="0" maxOccurs="unbounded"/>
      <xsd:element ref="cva:ResidencyJurisdiction" minOccurs="0" maxOccurs="unbounded"/>
      <xsd:element ref="cva:CitizenshipJurisdiction" minOccurs="0" maxOccurs="unbounded"/>
      <xsd:element ref="cva:DeathPlaceCvlocation" minOccurs="0" maxOccurs="unbounded"/>
      <xsd:element ref="cva:DeathCountryCvlocation" minOccurs="0" maxOccurs="unbounded"/>
      <xsd:element ref="cva:BirthPlaceCvlocation" minOccurs="0" maxOccurs="unbounded"/>
      <xsd:element ref="cva:BirthCountryCvlocation" minOccurs="0" maxOccurs="unbounded"/>
    </xsd:sequence>
  </xsd:complexType>
</xsd:schema>
```

图 9-2　核心人员词汇 XML Schema 描述（续）

9.1.3　欧盟电子政务数据模型构建方法

欧盟电子政务数据模型的层次关系如图 9-3 所示。核心数据模型中核心词汇仅为领域数据模型和信息交换数据模型的语义一致性提供了基础，但并不能完全满足领域数据模型和信息交换数据模型建模的需要，还需要在核心词汇的基础上进行扩展和映射。

1）扩展方法

在进行领域数据模型或信息交换数据模型建模过程中，需要基于核心词汇，根据实际情况对核心词汇表进行扩展或限制，主要包括以下 4 种方法。

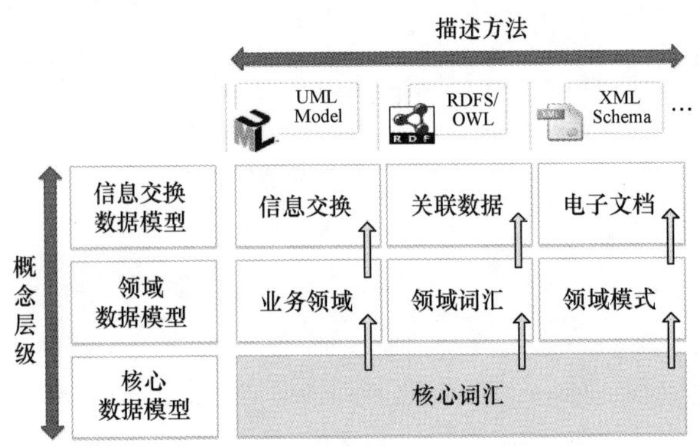

图 9-3　欧盟电子政务数据模型的层次关系

（1）向类中添加新属性和关联关系。在现有类中添加新的属性和关联关系是常用的扩展方法。例如，数据模型可能需要一个新的属性，用于指示一个人是否有驾驶执照，则可以在“Person”类中添加一个新的属性用于指示该对象是否有驾驶执照。

（2）从类中删除无关的属性和关联关系。某些属性或关联关系可能与特定域或特定的信息系统无关，在领域数据模型或信息交换数据模型中就可以删除这些属性或关联关系。例如，在为自然人提供服务时，“人的死亡日期”将不会有用，在应用核心词汇建模时，就可以删除“人的死亡日期”属性。

（3）对类、属性或关联关系具体化。因为上下文关系，在不同信息系统或信息交换数据模型中核心词汇中的元素的含义可能有所不同。例如，在临床医学中，一个“人”可以指代病人或医生，两者在核心词汇中共享“Person”类的共同属性，可以根据不同业务的上下文，增加不同的附加属性和关联关系。

（4）替换类、属性或关联关系。有时核心词汇中的元素可能接近数据模型的需求，但仍然不能完全匹配它们。在这种情况下，可以用新元素替换该元素，以保证完全符合数据模型的需求。

2）映射方法

映射通过对数据模型与核心词汇表的对照，分析数据模型之间的现有关系，发现可能存在的相似之处，解决不同数据模型之间的语义互操作性冲突问题。如

图 9-4 所示为核心词汇与瑞典企业数据模型之间的映射示意。

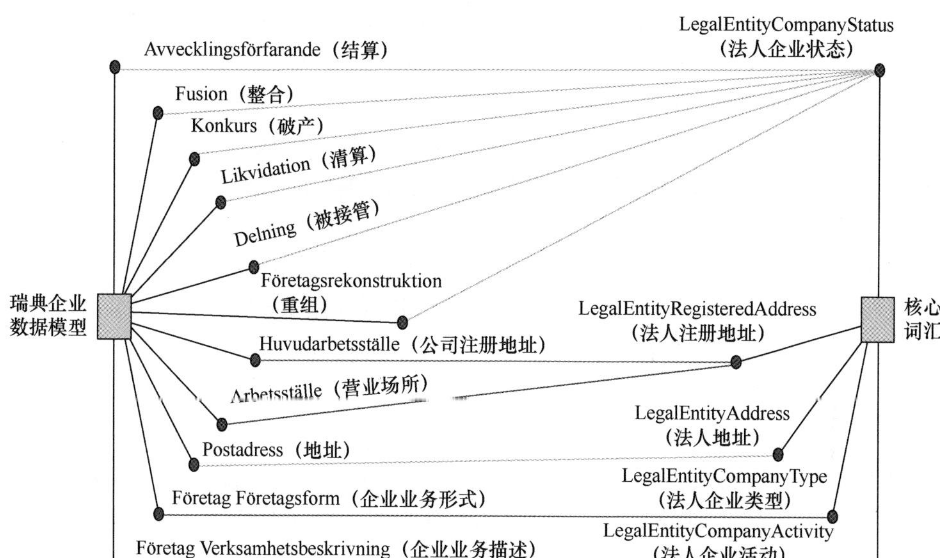

图 9-4　核心词汇与瑞典企业数据模型之间的映射示意

从核心词汇表映射到其他数据类型，主要包括核心词汇表的类、属性、关联关系、数据类型，以及元素之间的映射关系。核心词汇表借鉴了 SKOS（Simple Knowledge Organization System）词汇表的精确匹配（Exact Match）、近似匹配（Close Match）、关联匹配（Related Match）、宽匹配（Broad Match）、窄匹配（Narrow Match）等映射关系，如图 9-5 所示。

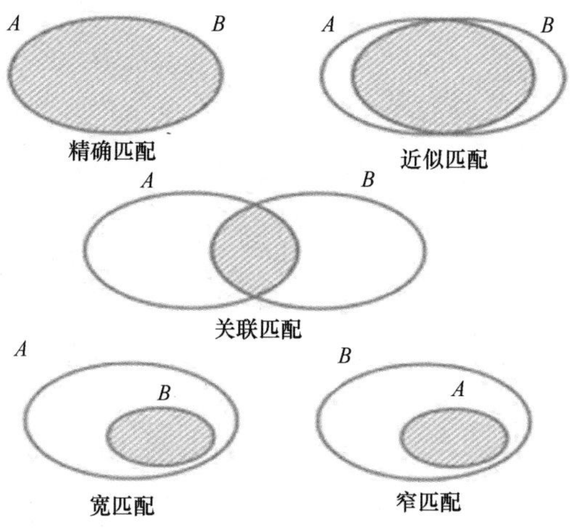

图 9-5　欧盟电子政务数据模型映射示意

（1）精准匹配。

如果 A 的集合等于 B 的集合，那么 A 和 B 的定义是等价的，A 和 B 精确匹配，表示 A、B 两个元素的定义完全相同。例如，类“Person”在核心词汇表中定义为“自然人”，在 UN/CEFACT 核心构件中定义为“个人”。这两个类表示同样的个体，因此是精确匹配。注意，精确匹配并不意味着类“Person”在结构上是完全一样的，它们可能定义额外的属性和关联关系，或删除现有的属性和关联关系。

具有精确匹配关系的元素（类、属性或关联关系），可以在数据模型之间进行双向转换，而不会失去语义。例如，元素“foaf:familyName”和元素“nc:PersonSurName”之间存在精确匹配关系，那么使用 foaf 或 NIEM 核心数据模型的数据元素可以双向转换，而不会失去语义。

（2）近似匹配。

如果 A 的集合与 B 的集合基本相等，那么 A 的集合中部分不包含在 B 中，B 的集合中部分不包含在 A 中，它们之间的差别可以忽略不计，则 A 和 B 近似匹配。例如，“Address Post Name”（城市中的通信地址）与 UN/CEFACT 核心构件的“Address.CityName.Text”非常匹配。在大多数情况下，这两个属性包含相同的值，但可能存在通信地址既不是城市，也不是城镇或村庄的情况。

具有近似匹配关系的元素可以在数据模型之间双向转换，对某些个体而言，会造成较小的语义损失。

（3）关联匹配。

如果 A 的集合和 B 的集合之间具有有意义的交集，则 A 和 B 关联匹配。关联匹配是最松散的映射关系。因为任何元素都可以某种方式与任何其他元素关联，所以只有在这种关联关系存在时才应该使用关联匹配。例如，“PersonBirthName”（某人在出生时的全名，不论其后有任何更改）与 UN/CEFACT 核心构件的“Person.MaidenName.Text”（某人在第一次结婚前的姓）关联匹配。因为很多人在第一次结婚前不会改变名字。

具有关联匹配关系的元素之间进行转换，会产生错误，因此不建议转换。

（4）宽匹配、窄匹配。

如果 A 的集合大于 B 的集合，则 A 的定义涵盖了 B 的定义，A 和 B 宽匹配；反之，如果 B 的集合大于 A 的集合，则 B 的定义涵盖了 A 的定义，A 和 B 窄匹配。

具有宽匹配、窄匹配关系的元素之间的转换，只能向更通用的数据元素方向转换。例如，电子政务核心词汇表中的“LegalEntity”（法人实体）类与 UN/CEFACT 核心构件库中的“Organization”（机构）有宽匹配、窄匹配关系。这意味着一个数据源中“LegalEntity”实例可以转换为“Organization”实例，相反的转换则是不正确的。

9.2　欧盟电子政务核心词汇表组成及应用情况

核心词汇表是简化的、可重用的、可扩展的数据模型，具有技术独立性、可扩展性，不依赖任何特定的技术手段就可以进行表示。核心词汇表仅单纯用于捕获、记录所要描述的数据实体的基本特征、定义等内容，可以任意应用到信息系统数据模型、信息交换数据模型、关联数据模型的创建。核心词汇表包括核心业务词汇、核心准则和证据词汇、核心位置词汇、核心人员词汇、核心公共机构词汇、核心公共服务词汇及应用规范 6 类，目前核心词汇表的版本是 2.0.1[1]。核心词汇表的主要特点如下。①不包含受控词。核心词汇表没有预先定义的代码列表、分类法等受控词，需要在应用时根据具体应用场景来指定。②没有范围约束。核心词汇表没有定义属性和关联关系可以出现次数的约束，需要在应用时根据具体应用场景的业务规则来指定。③没有时间关联约束。核心词汇表没有时间方面的约束。例如，学生的身高测量值随着年龄增长发生变化，核心词汇表不定义在特定时间点记录的一个人的身高，需要根据具体的业务场景来指定。④不包含管理元数据。核心词汇表不包含任何关于应该如何处理数据的管理元数据。如果在核心词汇表中没有说明处理个人身份信息的隐私保护相关法规，需要在应用时根据具体业务场景来指定。

9.2.1　核心业务词汇

核心业务词汇（Core Business）是用于描述通过正式登记程序取得法人地位的组织机构（Registered Legal Organizations，RegORG）特性的一个简化的、可重用的、可扩展的数据模型，主要包括对机构名称、活动、地址、机构标识符、机构类型及其活动的描述，描述的对象是正式注册的组织机构，而不是自然人、虚拟组织和其他类型的法人实体或“代理人”。2013 年 8 月 1 日，基于 RDF 表示的核心业务词汇表标准草案已被 W3C 标准组织发布，并通过政府关联数据工作组（Government Linked Data Working Group，GLD WG）进一步开发、审查和修订。核心业务词汇概念模型如图 9-6 所示。

核心业务词汇包括一组最小的类和属性，这些类和属性涵盖了业务注册数据库中的基本数据元素，可以整合来自不同来源的业务相关数据，并允许不同系统之间进行信息交换。例如，欧盟商业注册互联系统（Business Registers Interconnection

[1] 核心词汇表下载网址：https://joinup.ec.europa.eu/solution/e-government-core-vocabularies/release/201。

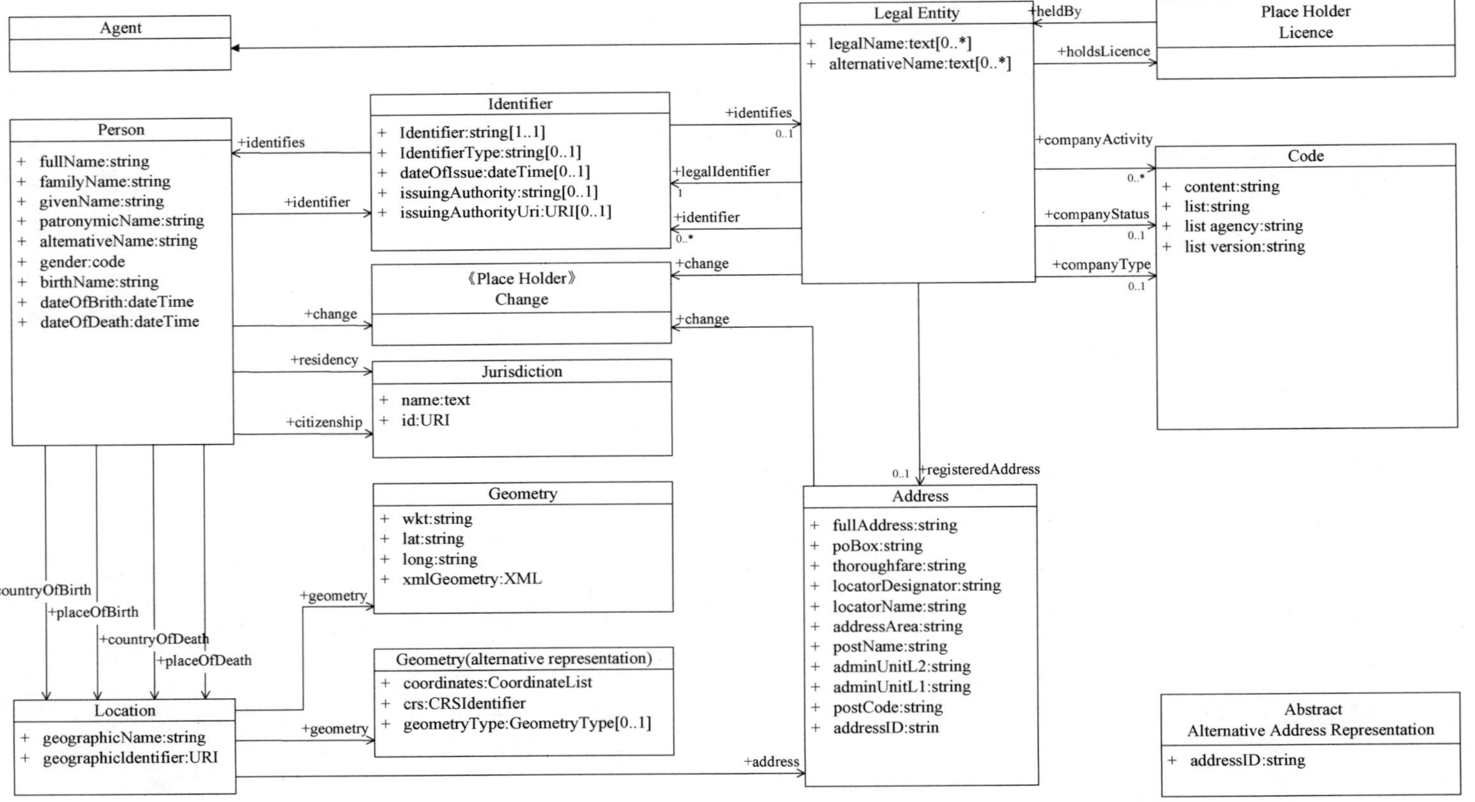

图 9-6 核心业务词汇概念模型

System，BIRS）基于核心业务词汇，实现了欧盟各成员国之间跨境的数据交换。BIRS 允许不同国家的系统和企业注册库之间安全地进行电子通信，并允许访问欧洲企业的信息。目前，BIRS 连接了来自 31 个国家（欧盟成员国和欧洲经济区）的 350 个欧洲企业注册库，每天进行 10 万条信息交换。另外，OpenCorporates 门户网站是世界上最大的企业开放数据库之一，目前已有 1 亿多家企业注册，该门户网站是核心业务词汇最早的应用之一。

核心业务词汇最关键的类包含 Legal Entity 类。Legal Entity 类的具体内容如表 9-2 所示。

表 9-2　Legal Entity 类

属　　性	属性英文名	数据类型	基　　数
法人名称	legalName	Text	[0..*]
其他名称	alternativeName	Text	[0..*]
公司类型	companyType	Code	[0..1]
公司状态	companyStatus	Code	[0..1]
公司活动	companyActivity	Code	[0..*]
法人标识符	legalIdentifier	Identifier	[1..1]
标识符	identifiers	Identifier	[0..*]
注册地址	registeredAddress	Address	[0..1]
法人实体	legalEntity	Legal Entity	[0..1]

9.2.2　核心准则和证据词汇

核心准则和证据词汇（Core Criterion and Core Evidence Vocabulary，CCCEV）描述了私营实体满足履行公共服务必须具备的条件和资质。准则是用来判断、评估或测试私营实体资格的规则或原则；证据是证明符合某个准则的依据。对于公共采购而言，在电子招标过程中，招标方需要确定一套评标标准来评价投标方，并确定中标单位。尽管标准和依据的数据在组织、部门和边界中被广泛使用，但这些数据在不同单位之间并没有得到协调，在不同的背景下会产生不同的理解。为消除跨境流程和交流的理解障碍，促进认证和证据提供者之间及不同成员国之间准则和证据的规范性，完善评估过程和手段，欧盟于 2016 年 12 月 15 日发布了核心准则和证据词汇 1.0 版。

利用核心准则和证据词汇，公共行政机构可以在其信息系统中实现的功能包括：①允许用户从公共库中选择准则和证据，使不同部门和领域使用的准则和证据标准化；②实现对准则的自动响应，降低跨境处理和交换的语言障碍；③实现准则和证据的自动分析评估；④在认证和证据提供者之间，以及不同的成员国之间，促进准则和证据的标准化；⑤增加评估和甄选过程的透明度，减少投诉和主观评估。

欧洲单一采购文件（European Single Procurement Document，ESPD）以 CCCEV 为基础，针对跨领域、不确定性业务需求进行了扩展，以满足特殊的采购流程。ESPD 是一种用于公共采购流程的自我描述表格，最初是纸质的，现在完全实现了电子化，可由欧盟各地的买家和企业提供证明材料，以满足跨境公共采购流程所需的条件。ESPD 通过一种统一的、多语言的形式，而不是以前满足投标条件要求的各种纸质文档，大大简化了跨境投标流程，减轻了参与企业的行政负担。ESPD 可以导出、存储、提交和重用数据，并与国家电子采购门户（e-Certis）进行集成。e-Certis 为用户提供了多种语言搜索、查询、导出采购流程中各种不同证明材料信息的工具。

核心准则和证据词汇概念模型如图 9-7 所示，主要包含准则（Criterion）和证据（Evidence）两个核心类。准则和证据两个核心类的定义如表 9-3 和表 9-4 所示。

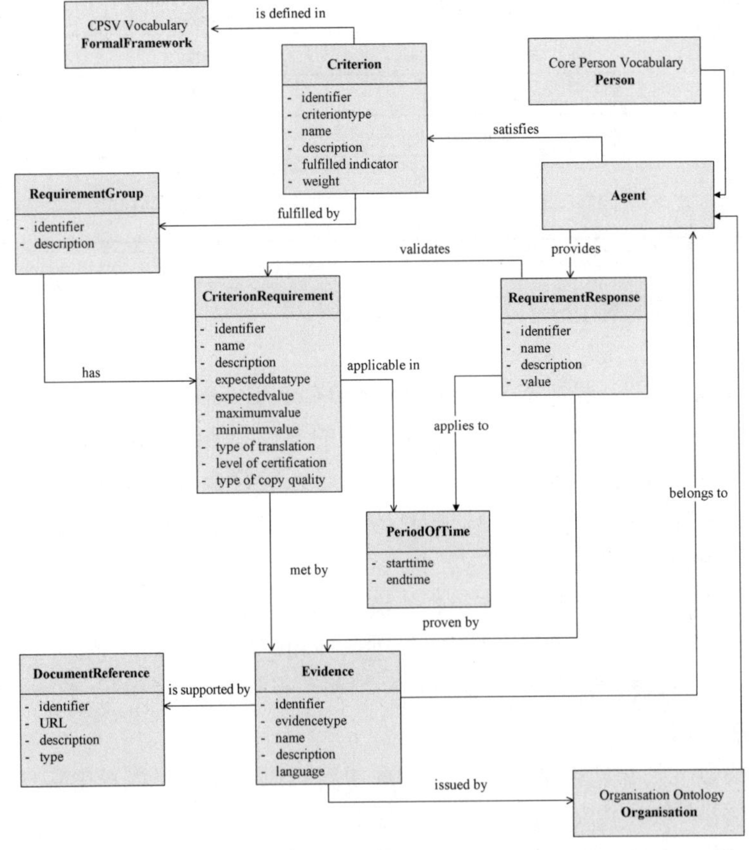

图 9-7　核心准则和证据词汇概念模型

（1）准则类。

准则类表示用于判断、评价或评估企业具备的条件和资质的规则或原则。准则类包含的主要属性如表 9-3 所示。

表 9-3　准则类包含的主要属性

属　　性	属性英文名	说　　明
标识符	identifier	为准则提供正式发布的标识符
准则类型	criterion type	为允许分类和自动转换，必须根据编码类型定义准则；准则类型应该基于受控词汇表
名称	name	准则名称
描述	description	对准则的文本描述，以便增加准则的细节和进一步的解释
是否满足该规则	fulfilled indicator	企业认为已满足该准则，为 True，未满足该准则为 False
权重	weight	表示在存在标准集的情况下其中一个准则的重要程度

（2）证据类。

证据类包含证明准则存在，或者为真的依据信息，特别是用来证明满足特定准则的证据。证据类包含的主要属性如表 9-4 所示。

表 9-4　证据类包含的主要属性

属　　性	属性英文名	说　　明
标识符	identifier	为证据提供正式发布的标识符
证据类型	evidence type	对证据进行分类，并允许创建能够促进自动翻译的受控词汇表
名称	name	证据名称
描述	description	证据的解释性描述
语言	language	证据所用的语言
签发机构	issued by organisation	出具证明或证据文件的机构

9.2.3　核心位置词汇

核心位置词汇（Core Location Vocabulary）主要对地址、地理名称、地形等位置信息进行描述，使土地登记和任何其他基于信息通信技术的解决方案之间交换和处理位置信息，实现互操作性。核心位置词汇第 1 版于 2012 年 5 月 7 日发布。

不同公共行政机构的系统基于核心位置词汇，可以电子方式交换有关位置数据。例如，比利时政府以核心位置词汇为基础，集成了国家和地区的公共管理机构登记库。该项目的实施证明，利用核心位置词汇整合和融合来自不同系统、组织的地址数据是可行的。其主要的好处包括：①基于核心位置词汇，实现分散和异构的位置数据的互操作和关联；②采用统一标准的 Web 界面和搜索工具，简化位置数据的使用；③通过推广位置数据的使用，提高位置数据的质量；④促进数据驱动的服务和应用程序开发；⑤发布关联核心位置数据，提高跨境公共服务供给效率。该项目解决了以往在位置数据应用方面存在的问题：①比利时联邦和 3 个地区的位置数据分别存放在相互独立的登记中心，导致位置数据碎片化；②位置数据使用不同的标准，导致位置数据异构问题；③由于地址、行政单位、道路、建筑物和包裹地址缺少统一、规范的位置标识符，导致很难识别来自不同来源的同一机构的数据。

另外，希腊税务机关也基于核心位置词汇来描述在希腊税务机关业务注册中心注册的数千家公司，并利用核心业务词汇和核心位置词汇作为链接公开数据发布。

核心位置词汇中的位置主要有 3 种描述方式。

（1）地名形式。例如，“华盛顿”“伦敦”等都是地名，通过一个简单的、公认的名称，采用简单的字符串形式即可描述地理位置信息。除位置的简单标签或名称外（字符串），Location 类还定义了地理标识符属性，允许通过统一资源标识符 URI（如 GeoNames 或 DBpedia URI）定义位置，具体内容如表 9-5 所示。

表 9-5　Location 类包含的主要属性

属　　性	属性英文名	数据类型
地名	geographicName	String
地理标识符	geographicIdentifier	URI
地址	address	Address
几何结构	geometry	Geometry
位置	location	Location

（2）几何图形形式。采用几何图形的形式，通过设置不同的坐标参考系，采用坐标值表示某个具体的地理位置，包含的主要属性如表 9-6 所示。

表 9-6　Geometry 类

属　　性	属性英文名	数据类型
坐标	coordinates	CoordinateList
坐标参考系统标识符	crs	CRSIdentifier
几何图形	geometryType	GeometryType

（3）地址形式。地址形式主要指邮政系统使用的地址，如通过描述具体某条街道、某个小区、门牌编号定义某个具体的地理位置。因为不同国家的邮政系统差别较大，ISO 19160-1 定义了统一的概念模型转换方法规范，便于不同国家的地址信息交换，包含的主要属性如表 9-7 所示。

表 9-7 Address 类

属　性	属性英文名	数据类型
地址全称	fullAdress	String
邮政信箱	poBox	String
所在街道	thoroughfare	String
定位指示器	locatorDesignator	String
定位名称	locatorName	String
地址区域	addressArea	String
邮政名称	postName	String
所在地区 1	adminUnitL1	String
所在地区 2	adminUnitL2	String
邮政编码	postCode	String
地址标识	addressID	String

9.2.4 核心人员词汇

核心人员词汇（Core Person Vocabulary）用于描述各类业务活动中自然人的基本特征，由欧洲检察官组织（Eurojust）负责开发，为刑事案件库或其他信息系统交换、处理有关人员信息提供解决方案，以促进司法领域的互操作性。核心人员词汇与 2012 年 5 月 7 日发布了 1.0 版。

公共行政机构之间可以基于核心人员词汇实现有关人员数据的电子交换。例如，“e-CODEX”项目以核心人员词汇为基础，在电子司法领域通过连接成员国和欧洲的信息系统，促进与案件有关数据（包括有关人员的数据）的数字交换，使跨境司法合作成为可能。其用户包括欧洲检察官组织、欧洲检察官办公室等单位。

核心人员词汇主要包括人员的各类名称、姓氏、性别、出生日期、死亡日期等属性，以及出生地点、死亡地点、居住地点等关系，具体内容如表 9-8 所示。Person 类关注的是自然人的基本特征定义，例如，用一个字符串表示的“姓名”描述一个自然人及其各类基本信息；不包括自然人的社会关系及在社会中的身份内容，例如，无法表示某个自然人与其他自然人之间的关系，以及在某项业务活动中的身份等。

表 9-8　Person 类具体内容

属　　性	属性英文名	数据类型
姓名全称	fullName	String
名字	givenName	String
姓氏	familyName	String
父名	patronymicName	String
替代名称	alternativeName	String
性别	gender	String
出生时起的名字	birthName	String
出生日期	dateOfBirth	dateTime
死亡日期	dateOfDeath	
出生地所在国家	countryOfBirth	Location
死亡地所在国家	countryOfDeath	
出生地点	placeOfBirth	Location
死亡地点	placeOfDeath	
居住地点	citizenship residency	Jurisdiction
标识符	identifier	Identifier

9.2.5　核心公共机构词汇

公共机构作为管理社会公共事务，提供公共产品和公共服务，具有法定的或授予的公共权力的组织实体，是民间机构、政府行政部门发挥职能的重要组织形式。欧盟于 2016 年 12 月 19 日发布了核心公共机构词汇（Core Public Organization Vocabulary，CPOV），作为描述公共机构本身及其功能的简化的、可重用的、可扩展的数据模型，形成一个欧盟范围内共同的、稳定的方式来描述公共机构的基本特征。基于 CPOV 开发通用的信息系统或跨境的公共服务和机构数据库，可以实现公共机构数据的发布。例如，欧洲公共管理部门基于核心人员词汇、核心公共机构词汇等开发了信息发布门户。核心公共机构词汇的概念模型如图 9-8 所示。

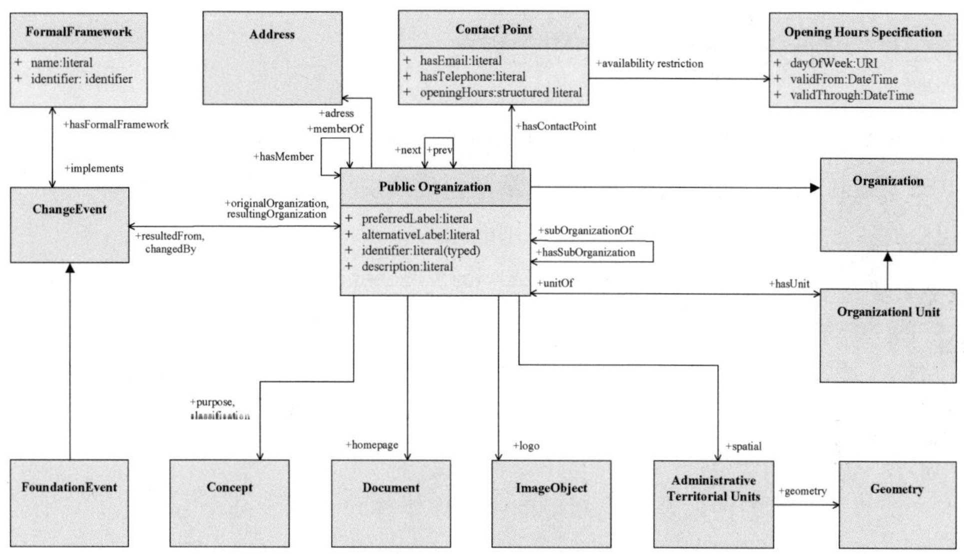

图 9-8　核心公共机构词汇的概念模型

Public Organization 类主要包括公共机构相关信息的定义，如表 9-9 所示。

表 9-9　Public Organization 类的主要属性

属　性	属性英文名	说　明
标识符	identifier	公共机构正式发布的标识符
名称	preferred label	公共机构的其他合法名称
非正式名称	alternative label	公共机构的替代名称或非正式名称
描述	description	关于公共机构的文本描述
关心区域	spatial	公共机构覆盖的行政区域
职责	purpose	公共机构的职责
类型	classification	公共机构的类型
机构主页	homepage	公共机构的主页
机构标识符号	logo	公共机构的徽标
子组织	hasSubOrganization	公共机构在层级结构中的关系
下级部门	hasUnit	下级部门
成员机构	memberOf	公共机构之间的成员关系
联络信息	contactPoint	公共机构的联络信息（电话号码和电子邮件等）
地址	address	公共机构的地址
机构序号	prev/next	公共机构序列中机构之间的先后关系

9.2.6 核心公共服务词汇及应用规范

公共服务是由公共组织或公共组织的代理执行的，由公共财政资助的，由公共政策强制产生的或可选择的一系列活动，包括由欧洲公共管理机构或代理机构向企业、公民或其他公共管理机构提供的任何服务。

核心公共服务词汇（Core Public Service Vocabulary，CPSV）及应用规范（Core Public Service Vocabulary Application Profile，CPSV-AP）主要描述服务本身的类和属性，包括必要的输入、可能的输出、主责公共机构、触发服务的事件、服务的上下文的类和属性（包括有关该服务的立法和操作规则），以及服务和用户之间的接口。

核心公共服务词汇及应用规范的主要作用体现在以下几个方面：①基于公共服务数据模型实现对公共服务的统一描述和逻辑分组，简化了对公共服务信息的访问；②在各级行政机构（欧洲、国家、地区）建立以用户为中心的公共服务目录，促进不同层级政府一站式服务机构之间公共服务信息的交换和整合；③实现一站式的业务事件和相关公共服务信息的发布和访问。例如，比利时将 CPSV-AP 作为公共词汇，协调来自不同地区的公共服务数据，并将它们集成到一个共同的系统中，实现了一个以用户为中心的可视化门户。又如，爱弗兰德斯地区将 CPSV-AP 作为描述公共服务的区域模型，并在此基础上编制了公共服务目录；葡萄牙和西班牙正在进行试点合作，使用 CPSV-AP 和工具创建了一个跨国界的公共服务目录，开发了以用户为中心的网站，实现了数据的可视化。

总之，通过核心公共服务词汇及应用规范的应用，对公共行政机构而言，明显的好处包括减轻行政负担（因为只需要描述一次公共服务）、改善公共服务信息的管理，以及使公民可以更有效沟通；对公民来说，最明显的好处包括增加获得与公共服务有关信息的机会，提高服务效率，从而改善对公共行政机构提供服务的认识。

核心公共服务词汇及应用规范的概念模型如图 9-9 所示。

Public Service 类主要包括公共服务相关信息的定义，如表 9-10 所示。

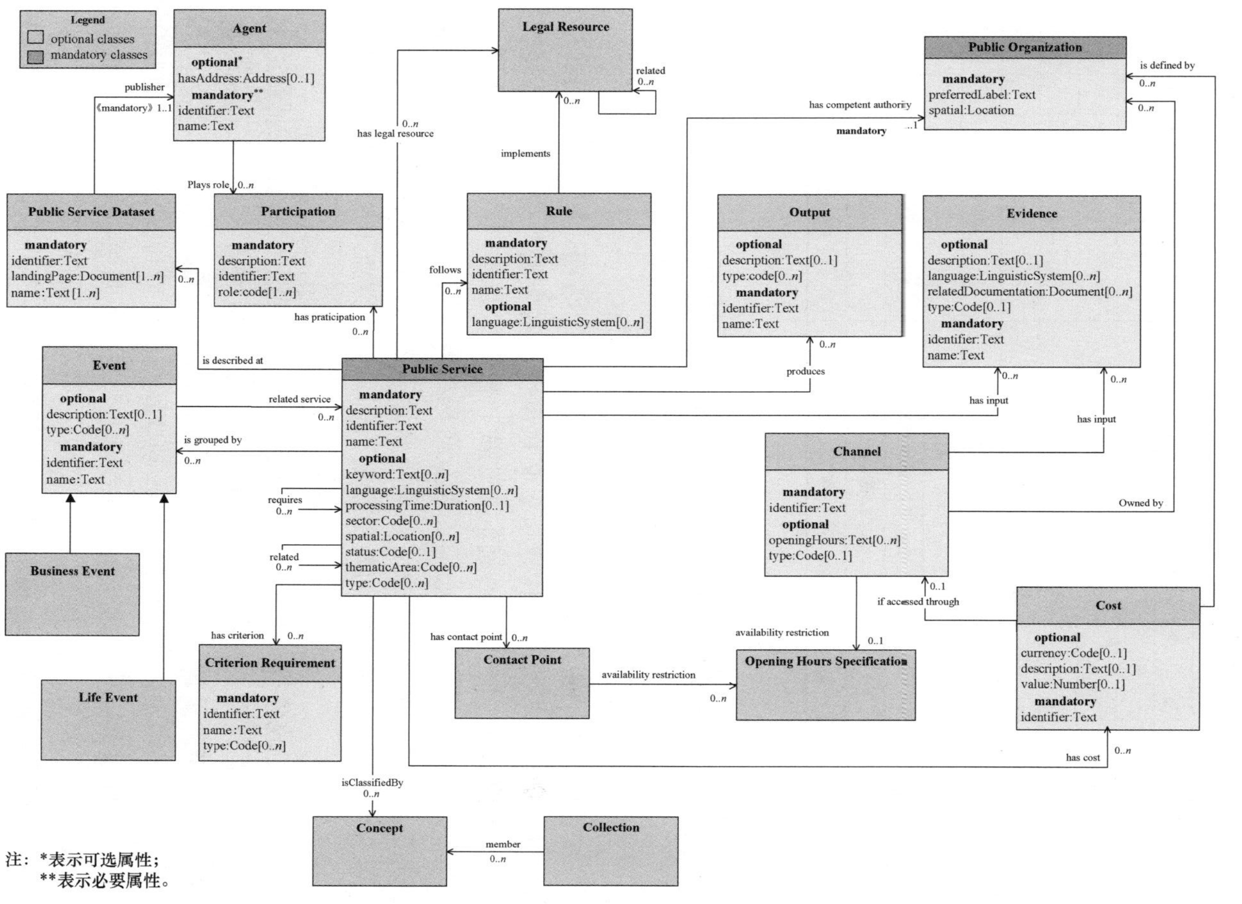

注：*表示可选属性；
**表示必要属性。

图 9-9　核心公共服务及应用规范的概念模型

表 9-10　Public Service 类的主要属性

属　性	说　明	数据类型	基　数
identifier	公共服务唯一标识符	Identifier	1..1
description	对公共服务的解释性描述	Text	1..1
name	公共服务名称	Text	1..1
executionStatuses	公共服务执行状态	Text	0..*n*
keyword	描述公共服务的关键词	Text	0..*n*
language	公共服务所使用的语言	Code	0..*n*
processingTime	公共服务的处理时间	Duration	0..1
sector	公共服务执行所涉及的部门	Code	0..*n*
spatial	包含该公共服务的行政区域	Code	0..*n*
status	公共服务状态	Code	0..1
type	公共服务类型	Code	0..*n*

9.3　欧盟电子政务核心词汇表应用方法

核心词汇表的主要作用及应用包括如下 4 个方面。①系统之间的信息交换。以核心词汇表为基础构建信息交换模型，实现现有信息系统之间交换数据。②数据集成。利用核心词汇表集成、融合来自不同数据源的数据。③数据发布。公共机构按照核心词汇表发布机构开放数据。④新系统的开发。核心词汇表可以作为新开发的信息系统概念和逻辑数据模型设计的起点。本节以基于核心词汇表构建新的数据模型为例，介绍欧盟电子政务核心词汇表的应用方法。

基于电子政务核心词汇表构建数据模型主要解决两个方面的问题。①构建一个新的数据模型，并将其绑定到现有的语法或新的语法中。核心词汇表作为新的数据模型的设计起点，在具体应用时需要对核心词汇表进行扩展或限制，从而保证数据模型和语法的绑定。②创建从数据模型到核心词汇表的概念模型映射，主要是数据模型的元素与核心词汇表中类、属性、关联关系、数据类型等内容之间的映射。基于核心词汇表构建数据模型的具体步骤包括需求收集、信息建模、业务规则定义、语法绑定或新语法创建、模型映射及校验，如图 9-10 所示。

图 9-10　基于核心词汇表构建数据模型步骤

下面以基于核心词汇表的电子订单文档设计为例，阐述将业务信息需求绑定到统一业务语言 UBL 订单文件格式的方法。

电子订单文档设计涉及的业务流程是买方向卖方提交电子订单，卖方根据情况返回接受或拒绝订单的响应，具体流程如图 9-11 所示。该项目由卖方牵头设计，卖方向国际买家提供统一的电子订单格式和内容标准，以便统一订单语义，并改进与其他项目的互操作性。

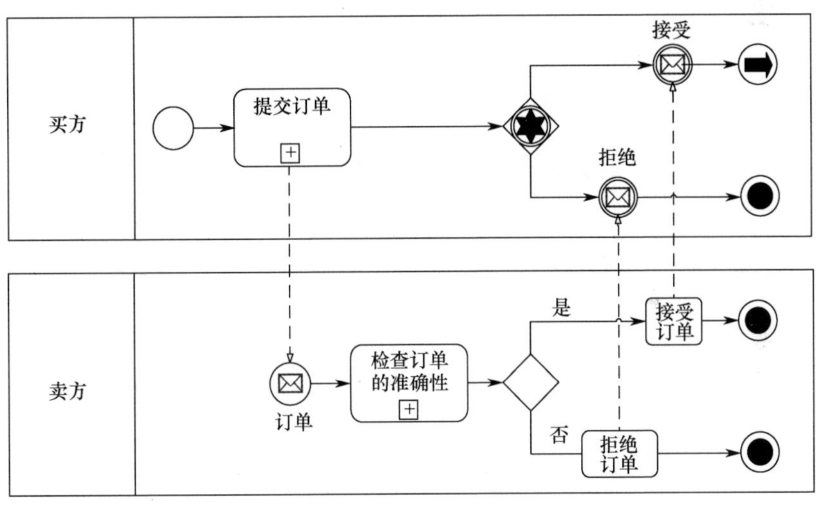

图 9-11　电子订单审核流程

9.3.1　需求收集

需求收集环节的任务是分析业务背景，准确地确定业务目标、范围、流程，得到一组与技术无关的需求。

（1）分析业务背景。为保证数据模型中各方面术语的精确表达，避免产生语义上的歧义，数据模型通过声明或针对某特定领域的书面规范对模型内部元素的语境和环境进行指定。例如，地缘政治、行政程序、适用的法规和政策等，在不同的语境下会产生不同的理解，所以需要对数据模型应用环境进行说明。当没有指定上下文语境时，核心词汇表中“Person”类可以被广泛解释：在一般层面上进行理解，它描述为自然人的概念，包含该对象的一般属性，如姓名、出生日期、性别等；在考虑具体情况时，例如，在欧盟成员国之间病人和保健人员的电子健康记录的跨境交换服务中，需要将基本术语“人”指定为“病人”，以确保做出明确的解释。

（2）确定信息需求。不考虑技术实现因素，分析提取数据模型设计所要求达到的目标，确定信息需求。其可以采用通用的需求分析技术来实现，主要包括业务流程模型设计、数据模型建设目标规划、实际案例描述，以及收集其他相关需求。

在电子订单审核流程中，电子订单审核流程的目标、业务范围及其他需求描述分别如表 9-11、表 9-12、表 9-13 所示。

表 9-11　电子订单审核流程的目标

业务目标标识	目标内容	说　明
G1	改进业务流程性能	简化分销商的订购流程
G2	提高互操作性	通过使用国际标准来规范买方业务流程，以获得更多的潜在买家

表 9-12　电子订单审核流程的业务范围

范围描述
分销商使用自己的信息系统将电子订单发送给卖方，卖方接收电子订单并进行自动处理。 （1）卖方信息系统评估电子订单所列产品是否准确，若准确则发送回复信息； （2）如果发现电子订单中存在错误，卖方向分销商发送拒绝信息，并重新启动订购流程； （3）卖方在接受电子订单时，应按电子订单所规定的条件交付产品，分销商根据电子订单条款和条件支付产品费用

表 9-13　电子订单审核流程的其他需求

需求标识	需求名称	需求说明	用　途	对应目标
R1	标识符	订单能被正确识别	为后续发货和发票提供识别标识	G1、G2
R2	买家	买家能被正确识别	卖方通过买家标识符了解买方是否是自己熟知的经销商	G1、G2
R3	顾客	货物的最终接收者	最终客户的名称，便于后续货物的交付	G1
R4	交货地点	交付地点能被正确识别	必须确定位置，以保证货物顺利交接	G1、G2

9.3.2 信息建模

信息建模阶段创建一个覆盖需求收集阶段得到的信息需求，并与核心词汇表保持一致的概念数据模型。

1. 概念数据模型的主要内容

概念数据模型的内容包括信息需求标识符、业务术语的类型、业务术语的名称、业务术语的定义和核心词汇标识符。

（1）信息需求标识符，是信息需求的唯一标识符，用于对应到具体的信息需求。

（2）业务术语的类型，确定信息需求的类型，信息需求类型包括类、属性或关联关系。

（3）业务术语的名称，一般要求尽可能地采用核心词汇表中的术语。

（4）业务术语的定义，给出对业务术语的解释性定义。

（5）核心词汇标识符，指定对应的核心词汇的全局唯一标识符，便于找到相应的核心词汇的业务术语。

2. 概念数据模型的构建步骤

概念数据模型的具体构建操作步骤如下。

（1）从核心词汇库中下载核心词汇表电子表格。根据概念数据模型应用需求选取适当的核心词汇，例如，针对人员信息服务可以选用核心人员词汇，针对地理位置导航服务可以选用核心位置词汇。

（2）查找匹配的概念。将概念数据模型中元素所表示的概念与核心词汇中定义的概念进行比较，查找匹配项。例如，根据人员信息服务和地理位置导航服务，确定“Person”类、“Address”类等作为与概念数据模型中“人员”“地址”相匹配的概念。在电子订单审核流程中，匹配项具体内容如表 9-14 所示。

表 9-14　电子订单概念模型与核心词汇匹配项具体内容

需求标识	需求名称	需求声明	核心词汇标识
R2	买家	可被识别的买家	Legal Entity
R3	顾客	货物的最终接收者	Legal Entity
R4	交货地点	可被识别的交货地点	Address

（3）对齐概念和类。其主要内容如下。①概念命名：在精确匹配时，用核心词汇表中的术语命名数据模型元素概念；在非精确匹配时，在概念数据模型语境中查找同义词和精练的名称。例如，在电子订单审核流程中，概念数据模型中“买方”与核心词汇中“法人”是一种窄匹配关系，买方是法人的一种角色；“客户”与“法人”是一种窄匹配关系，客户也是法人的一种角色；“送货地址”与“地址”是一种窄匹配关系，送货地址表示订购的产品将被交付到一个特定的地址。②术语描述：可以使用核心词汇表中相应的描述；也可以在核心词汇表概念描述

的基础上，增加特定业务的说明，对核心词汇表的描述具体化。③类：概念数据模型中的类尽量与核心词汇表中的类对齐。④概念模型需要对核心词汇表中对应的类具体化。在新的上下文中，在核心词汇表的基础上增加需要的新属性，删除不使用的属性，在必要时替换属性和关联关系。电子订单审核流程中订单数据模型与核心词汇表的对齐操作如表 9-15 所示，其中，粗体字表示该需求是类，其他字体则表示其为类的属性。

表 9-15　订单数据模型与核心词汇表的对齐操作

需求属性	核心词汇表属性	操　作
Buyer（买家）	Legal Entity	
	LegalEntityLegalIdentifier	删除
Buyer Identifier（买家标识符）	LegalEntityIdentifier	保留
	LegalEntityLegalName	删除
	LegalEntityAlternativeName	删除
	LegalEntityCompanyType	删除
	LegalEntityCompanyStatus	删除
	LegalEntityCompanyActivity	删除
	LegalEntityRegisteredAddress	删除
	LegalEntityAddress	删除
	LegalEntityLocation	删除
Customer（顾客）	Legal Entity	
	LegalEntityLegalIdentifier	删除
	LegalEntityIdentifier	删除
Customer Name（顾客名称）	LegalEntityLegalName	保留
	LegalEntityAlternativeName	删除
	LegalEntityCompanyType	删除
	LegalEntityCompanyStatus	删除
	LegalEntityCompanyActivity	删除
	LegalEntityRegisteredAddress	删除
	LegalEntityAddress	删除
	LegalEntityLocation	删除
交货地点（Delivery Address）	Address	
	AddressFullAddress	删除
	AddressPOBox	删除
Line1 and Line 2（地址的第 1 行和第 2 行）	AddressThoroughfare	具体化
	AddressLocatorDesignator	删除
	AddressLocatorName	删除

（续表）

需求属性	核心词汇表属性	操　作
City（城市）	AddressAddressArea	具体化
	AddressPostName	删除
Province（省）	AddressAdminUnitL2	具体化
	AddressAdminUnitL1	删除
Postal Code（邮政编码）	AddressPostCode	保留
Address ID（邮政标识）	AddressAddressID	保留

（4）确定标识符。概念数据模型的标识符必须使用核心词汇表对应的标识符。

9.3.3 业务规则定义

核心词汇表本身并不为属性定义基数、业务规则或其他约束。在信息需求定义的基础上，部分概念数据模型还需要定义操作断言、约束和派生等内容，设置基数、约束及限制编码元素的可能值等内容，主要如下。

（1）信息模型的完整性约束。在对数据进行插入、修改、删除等操作时，数据库管理系统自动按照一定的约束条件对数据进行监测，防止不符合规范的数据进入数据库，需要在信息模型设计中指定完整性约束。

（2）定义推论和数学计算。在部分业务服务中需要设计数学推理和运算规则。

（3）定义业务规则条件和共同约束。对业务服务的规则条件或多个业务服务的共同约束进行定义。

（4）设置编码数据元素允许的值集，例如，在部分业务服务中，表示月份的数字范围为 0～12，表示日期的数字范围为 0～31，等等。

在电子订单审核流程中，需要对电子订单中的各个属性增加基数定义。通过以上步骤，可以得到概念数据模型信息需求和核心词汇对应关系及基数如表 9-16 所示。

表 9-16　信息需求和核心词汇对应关系及基数

信息需求编号	类　型	业务术语	定　义	基　数	核心词汇标识
	类	电子订单	用于存储电子订单信息的电子文档		
IR-001	属性	Order Identifier	为买家提供电子订单标识	1	
IR-002	属性	Issue Date	订单签发日期	1	
IR-003	属性	Requested Delivery Date	要求发货的最后日期	0..1	

（续表）

信息需求编号	类　型	业务术语	定　义	基　数	核心词汇标识
IR-004	属性	Special Terms	货物交付的有关特殊要求的条目信息	0..1	
IR-005	关联关系	Buyer	关于买家的信息	1	LegalEntity
IR-006	属性	Buyer Identifier	由买方编码的的买方标识符	1	LegalEntity Identifier
IR-007	关联关系	Customer	关于客户的信息	0..1	LegalEntity
IR-008	属性	Customer Name	客户名称	1	LegalEntity LegalName
IR-009	关联关系	Delivery Address	货物交付的地址	1	Address
IR-010	属性	Delivery Address Identifier	货物交付的地址标识符	0..1	AddressID
IR-011	属性	Delivery Address Line 1	货物交付地址框的第 1 行	0..1	AddressThoroughFare
IR-012	属性	Delivery Address Line 2	货物交付地址框的第 2 行	0..1	AddressThoroughFare
IR-013	属性	City	交货地址所在城市	0..1	AddressPostName
IR-014	属性	Province	交货地址所在省份	0..1	AddressAdminUnitL2
IR-015	属性	Postal Zone	交货地址所在邮政区域	0..1	AddressPostCode
IR-016	关联关系	Order Line	订单行指定的物品和订购数量	0..*n*	
IR-017	属性	Order Line Identifier	订单行标识符	1	
IR-018	属性	Item Identifier	卖方的物品标识符	1	
IR-019	属性	Item Description	物品的文本描述	0..1	
IR-020	属性	Ordered Quantity	订购数量	1	
IR-021	属性	Item Price	物品价格	0..1	

9.3.4　语法绑定或创建新语法

通过语法绑定将信息需求绑定到具有给定语法的实际元素中，实现信息需求模型到语法模型的映射。当有支持概念数据模型的标准语法时，在标准语法够用的情况下，尽可能使用标准语法，将与核心词汇概念不对应的信息需求映射到标准语法中的适当元素，使用标准语法的语义来标识映射。如果不能将信息需求绑定到标准语法，则需要创建新术语。语法绑定的过程主要如下。

（1）选择语法表示格式。信息需求的方式多样，根据应用情况不同可以选择不同的表示格式。例如，在构建信息交换数据模型或领域数据模型时可以选用 XML Schema、关联数据（Link Data）；在构建数据库模型时可以选用 SQL 数据定义语言（Data Definition Language，DDL）；等等。

（2）选择语法绑定标准及命名设计规则。根据概念数据模型的业务领域和选择的表示格式，可以使用几种标准语法。有些标准语法支持特定的业务领域，例如，HL7 支持健康领域建模，XBRL（Extensible Business Reporting Language）定义了财务报告业务的规范、分类标准等内容，适用于财务报告业务。除标准语法绑定之外，还可以选择命名设计规则来创建实际语法，例如，可以根据多个命名设计规则创建 XSD 模式，包括 UBL 方法、UN/CEFACT 方法、NIEM 方法、ISO 20022 方法。

（3）使用现有的可用映射。核心词汇表预定义了一组到现有标准语法的映射，保证了不同领域之间同样的语法元素具有概念一致性。目前，核心词汇表提供了与 Core Vocabularies RDF Schemas、OASIS 通用业务语言（Universal Business Language，UBL）2.1、UN/CEFACT CCL 13B 和 NIEM 3.0 等语法的映射关系。表 9-17 列出了核心词汇表到 UBL 标准语法的部分映射关系，其中粗体部分是本例中用到的映射关系。

表 9-17 核心词汇表到 UBL 标准语法的部分映射关系

标 识 符	匹配情况	外部标识符	语法来源
Address	精确匹配	Address. Details	OASIS UBL 通用库 2.1
AddressFullAddress	无		OASIS UBL 通用库 2.1
AddressPOBox	精确匹配	Address. Postbox. Text	OASIS UBL 通用库 2.1
AddressThoroughfare	**宽匹配**	**Address. Street Name. Name**	**OASIS UBL 通用库 2.1**
AddressThoroughfare	**宽匹配**	**Address. Additional_ Street Name. Name**	**OASIS UBL 通用库 2.1**
AddressLocatorDesignator	宽匹配	Address. Floor. Text	OASIS UBL 通用库 2.1
…	…	…	…
AddressPostName	**近似匹配**	**Address. City Name. Name**	**OASIS UBL 通用库 2.1**
AddressAdminUnitL2	**近似匹配**	**Address. Country Subentity. Text**	**OASIS UBL 通用库 2.1**
AddressAdminUnitL1	近似匹配	Address. Country	OASIS UBL 通用库 2.1
AddressPostCode	**精确匹配**	**Address. Postal_ Zone. Text**	**OASIS UBL 通用库 2.1**
AddressAddressID	**近似匹配**	**Address. Identifier**	**OASIS UBL 通用库 2.1**
Legal Entity	**近似匹配**	**Party Legal Entity. Details**	**OASIS UBL 通用库 2.1**
LegalEntityLegalIdentifier	关联匹配	Party Legal Entity. Company Identifier. Identifier	OASIS UBL 通用库 2.1
LegalEntityIdentifier	**近似匹配**	**Party Legal Entity. Company Identifier. Identifier**	**OASIS UBL 通用库 2.1**
LegalEntityIdentifier	近似匹配	Party. Party Identification	OASIS UBL 通用库 2.1
LegalEntityLegalName	**精确匹配**	**Party Legal Entity. Registration_Name. Name**	**OASIS UBL 通用库 2.1**
…	…	…	…

根据核心词汇表提供的映射关系，针对电子订购流程中每个信息需求进行具体语法绑定，如表 9-18 所示。

表 9-18 核心词汇表语法绑定

信息需求编号	业务术语	核心词汇标识	语法绑定
IR-001	Order Identifier		ubl:Order/cbc:ID
IR-002	Issue Date		ubl:Order/cbc:IssueDat
IR-003	Requested Delivery Date		ubl:Order/cac:Delivery/cac:RequestedDeliveryPeriod/cbc:EndDate
IR-004	Special Terms		ubl:Order/cac:DeliveryTerms/cbc:SpecialTerms
IR-005	Buyer	LegalEntity	ubl:Order/cac:BuyerCustomerParty
IR-006	Buyer Identifier	LegalEntityIdentifier	ubl:Order/cac:BuyerCustomerParty/cac:PartyLegalEntity/cbc:CompanyID
IR-007	Customer	LegalEntity	ubl:Order/cac:OriginatorCustomerParty
IR-008	Customer Name	LegalEntityLegalName	ubl:Order/cac:OriginatorCustomerParty/cac:PartyLegalEntity/cac:RegistrationName/bc:Name
IR-009	Delivery Address	Address	ubl:Order/cac:Delivery/cac:DeliveryAddress
IR-010	Delivery Address Identifier	AddressID	ubl:Order/cac:Delivery/cac:DeliveryAddress/cbc:ID
IR-011	Delivery Address Line 1	AddressThoroughFare	ubl:Order/cac:Delivery/cac:DeliveryAddress/cbc:StreetName
IR-012	Delivery Address Line 2	AddressThoroughFare	ubl:Order/cac:Delivery/cac:DeliveryAddress/cbc:AdditionalStreetName
IR-013	City	AddressPostName	ubl:Order/cac:Delivery/cac:DeliveryAddress/cbc:CityName
IR-014	Province	AddressAdminUnitL2	ubl:Order/cac:Delivery/cac:DeliveryAddress/cbc:CountrySubentity
IR-015	Postal Zone	AddressPostCode	ubl:Order/cac:Delivery/cac:DeliveryAddress/cbc:PostalZone
IR-016	Order Line		ubl:Order/cac:OrderLine/cac:LineItem
IR-017	Order Line Identifier		ubl:Order/cac:OrderLine/cac:LineItem/cbc:ID
IR-018	Item Identifier		ubl:Order/cac:OrderLine/cac:LineItem/cac:Item /cac:SellersItemIdentification/cbc:ID
IR-019	Item Description		ubl:Order/cac:OrderLine/cac:LineItem/cac:Item/cbc:Description
IR-020	Ordered Quantity		ubl:Order/cac:OrderLine/cac:LineItem/cbc:Quantity
IR-021	Item Price		ubl:Order/cac:OrderLine/cac:LineItem/cac:Price/cbc:PriceAmount

（4）尽可能使用标准语法。与核心词汇概念不对应的信息需求应尽可能映射到标准语法中的适当元素。

（5）在需要时创建新的数据元素。如果不能将信息需求绑定到标准语法中的数据元素，则有必要创建新的数据元素。如果表示格式是 XML，则标准语法应具有扩展点，以允许添加新术语。新术语应用于创建新模式，这个新模式应按照所选标准语法的定义包含在扩展点中。

（6）创建校验模式文件。对于 XML 格式，可以利用 XSD 模式验证特定的 XML 文档实例是否满足标准定义的结构和类型约束。若在标准限制之上添加额外的约束，应该创建额外的验证规则，以允许用户验证实例是否满足新的数据模型限制。①创建 XSD 模式文件，XSD 模式文件可以对新数据模型中的元素和属性进行约束；②创建 Schematron 验证文件，可以检查新数据模型中所需数据元素是否存在，并确保没有不属于该数据模型的元素。校验模式文件创建可以采用工具辅助完成，如基于 XML Schema 的 XGenerator、GEFEG.FX 等工具，以及基于 RDF Schema 的 Top Braid Composer、Protégé 等工具。在电子订单审核流程中，电子订单的 XML Schema 文件如图 9-12 所示。

```
<?xml version="1.0" encoding="UTF-8"?>
<!--
  Library: OASIS Universal Business Language (UBL) 2.1
  http://docs.oasis-open.org/ubl/
  Module: xsd/maindoc/UBL-Order-2.1.xsd
  Generated on: 2014-11-01 02:42z
-->
<xs:schema xmlns="urn:oasis:names:specification:ubl:schema:xsd:Order-2"
  xmlns:xs="http://www.w3.org/2001/XMLSchema"
  xmlns:cac="urn:oasis:names:specification:ubl:schema:xsd:CommonAggregateComponents-2"
  xmlns:cbc="urn:oasis:names:specification:ubl:schema:xsd:CommonBasicComponents-2"
  targetNamespace="urn:oasis:names:specification:ubl:schema:xsd:Order-2"
  elementFormDefault="qualified">
  <xs:import namespace="urn:oasis:names:specification:ubl:schema:xsd:CommonAggregateComponents-2"
  schemaLocation="Restricted=UBL-SEMIC%20Order-2.1_urn_oasis_names_specification_ubl_schema_
  xsd_CommonAggregateComponents-2.xsd"/>
  <xs:import namespace="urn:oasis:names:specification:ubl:schema:xsd:CommonBasicComponents-2"
  schemaLocation="Restricted=UBL-SEMIC%20Order-2.1_urn_oasis_names_specification_ubl_
    schema_xsd_CommonBasicComponents-2.xsd"/>
  <xs:element name="Order" type="OrderType">
    <xs:annotation>
      <xs:documentation>This element MUST be conveyed as the root element in any
      instance document based on this Schema expression</xs:documentation>
      </xs:annotation>
```

图 9-12　电子订单的 XML Schema 文件

```
    </xs:element>
    <xs:complexType name="OrderType">
      <xs:sequence>
          <xs:element ref="cbc:UBLVersionID" minOccurs="0"/>
          <xs:element ref="cbc:CustomizationID" minOccurs="0"/>
          <xs:element ref="cbc:ProfileID" minOccurs="0"/>
          <xs:element ref="cbc:ProfileExecutionID" minOccurs="0"/>
          <xs:element ref="cbc:ID"/>
          <xs:element ref="cbc:IssueDate"/>
          <xs:element ref="cac:BuyerCustomerParty"/>
          <xs:element ref="cac:SellerSupplierParty"/>
          <xs:element ref="cac:OriginatorCustomerParty" minOccurs="0"/>
          <xs:element ref="cac:Delivery" minOccurs="0" maxOccurs="unbounded"/>
          <xs:element ref="cac:DeliveryTerms" minOccurs="0"/>
          <xs:element ref="cac:OrderLine" maxOccurs="unbounded"/>
      </xs:sequence>
   </xs:complexType>
</xs:schema>
```

图 9-12 电子订单的 XML Schema 文件（续）

9.3.5 数据模型映射与生成

数据模型映射与生成阶段主要通过映射创建用户使用的数据模型，同时，在数据模型中指定在语法绑定或创建新语法阶段创建的校验模式文件，实现对用户数据模型及数据的校验。映射应采用核心词汇表提供的映射电子表格文档实施，该映射电子表格文档在核心词汇表的最新版本压缩包中，其内容形式如图 9-13 所示。

Core Vocabulary Identifier	Mapping relation	Identifier	Label	Definition	Data model	Mapping comme
Address	Has exact match	Address. Details	Address	A class to define common	OASIS UBL Common Library 2.1	
AddressFullAddress	Has no match				OASIS UBL Common Library 2.1	
AddressPOBox	Has exact match	Address. Postbox. Text	Postbox	A post office box number registered	OASIS UBL Common Library 2.1	
AddressThoroughfare	Has narrow match	Address. Street Name. Name	StreetName	The name of the street, road, avenue, way, etc. to which the	OASIS UBL Common Library 2.1	
AddressThoroughfare	Has narrow match	Address. Additional_Street Name. Nan	AdditionalStreetName	An additional street name used to	OASIS UBL Common Library 2.1	
AddressLocatorDesignator	Has narrow match	Address. Floor. Text	Floor	An identifiable floor of a building.	OASIS UBL Common Library 2.1	
AddressLocatorDesignator	Has narrow match	Address. Building Number. Text	BuildingNumber	The number of a building within the	OASIS UBL Common Library 2.1	
AddressLocatorName	Has narrow match	Address. Room. Text	Room	An identifiable room, suite, or	OASIS UBL Common Library 2.1	
AddressLocatorName	Has narrow match	Address. Block Name. Name	BlockName	The name of the block (an area surrounded by streets and usually	OASIS UBL Common Library 2.1	
AddressLocatorName	Has narrow match	Address. Building Name. Name	BuildingName	The name of a building.	OASIS UBL Common Library 2.1	
AddressAddressArea	Has exact match	Address. City Subdivision Name. Name	CitySubdivisionName	The name of the subdivision of a city, town, or village in which this	OASIS UBL Common Library 2.1	
AddressPostName	Has exact match	Address. City Name. Name	CityName	The name of a city, town, or village.	OASIS UBL Common Library 2.1	
AddressAdminUnitL2	Has exact match	Address. Country Subentity. Text	CountrySubentity	The political or administrative division of a country in which this	OASIS UBL Common Library 2.1	
AddressAdminUnitL1	Has close match	Address. Country	Country	The country in which this address is	OASIS UBL Common Library 2.1	
AddressPostCode	Has exact match	Address. Postal_Zone. Text	PostalZone	The postal identifier for this address according to the relevant national	OASIS UBL Common Library 2.1	
AddressAddressID	Has close match	Address. Identifier	ID	An identifier for this address within	OASIS UBL Common Library 2.1	
Agent	Has close match	Party. Details	Party	A class to describe an organization, sub-organization, or individual	OASIS UBL Common Library 2.1	

图 9-13 映射电子表格文档的内容形式

在数据模型中需要应用映射元数据对映射进行注释，实现数据模型的自描述。映射元数据包含在<xsd:annotation></xsd:annotation>中，主要包括：①Identifier（标识符），用统一资源定位符（URI）表示的元素唯一标识；②Label（标签），表示元素含义的有意义的标签；③Definition（定义），对元素的有意义的说明；④Core Vocabulary URI，元素对应的核心词汇表的统一资源定位符；⑤Core Vocabulary Version（核心词汇表版本号），引用的核心词汇表的版本号；⑥Mapping Relation（映射关系），注释元素与核心词汇元素的映射关系，包括精确匹配、近似匹配、关联匹配、宽匹配、窄匹配；⑦Mapping Comment（映射说明），对映射的解释性说明。如图 9-14 所示代码为 XML Schema 中的映射注释举例，如图 9-15 所示是 RDF Schema 中的映射注释举例，如图 9-16 所示是电子订单数据模型部分代码。

```
<xsd:annotation>
  <xsd:documentation>
    <cvmap:Mapping>
      <cvmap:URI>urn:x-syntax:dataelement:RequestingPerson</cvmap:URI>
      <cvmap:Label>Requesting Person</cvmap:Label>
      <cvmap:Definition>The name of the requestor</cvmap:Definition>
      <cvmap:CoreVocURI>http://data.europa.eu/core-vocabularies/Person </cvmap:CoreVocURI>
      <cvmap:CoreVocVersion>1.0</cvmap:CoreVocVersion>
      <cvmap:MappingRelation>narrow</cvmap:MappingRelation>
      <cvmap:MappingComment>All requestors are natural persons.</cvmap:MappingComment>
    </cvmap:Mapping>
  </xsd:documentation>
</xsd:annotation>
```

图 9-14　XML Schema 中的映射注释举例

```
@prefix xsd: <http://www.w3.org/2001/XMLSchema#>.
@prefix dcterms: <http://purl.org/dc/terms/>.
@prefix foaf: <http://xmlns.com/foaf/0.1/>.
@prefix rdfs: <http://www.w3.org/2000/01/rdf-schema#>.
@prefix rdf: <http://www.w3.org/1999/02/22-rdf-syntax-ns#>.
@prefix owl: <http://www.w3.org/2002/07/owl#>.
@prefix adms: <http://www.w3.org/ns/adms#>.
@prefix ex: <http://example.com/>.
@prefix cvmap: <http://data.europa.eu/cv/>.
ex:RequestingPerson
rdfs:label"Requesting Person"@en;
```

图 9-15　RDF Schema 中的映射注释举例

```
rdfs:comment "The name of the requestor"@en;
cvmap:mapping [
  a cvmap:Mapping;
  cvmap:coreVocURI <http://data.europa.eu/core-vocabularies/Person>;
  cvmap:mappingRelation cvmap:hasNarrowMatch;
  cvmap:mappingComment " All requestors are natural persons."@en ]
```

图 9-15　RDF Schema 中的映射注释举例（续）

```
<?xml version="1.0" encoding="UTF-8"?>
<xs:schema
  xmlns:cac="urn:oasis:names:specification:ubl:schema:xsd:CommonAggregateComponents-2"
  xmlns:xs="http://www.w3.org/2001/XMLSchema"
  xmlns:cbc="urn:oasis:names:specification:ubl:schema:xsd:CommonBasicComponents-2"
  targetNamespace="urn:oasis:names:specification:ubl:schema:xsd:CommonAggregateComponents-2"
  xmlns:cvmap="http://data.europa.eu/core-vocabularies/"
  elementFormDefault="qualified" version="2.1">
  <xs:import namespace="urn:oasis:names:specification:ubl:schema:xsd:CommonBasicComponents-2"
  schemaLocation="Restricted=UBL-SEMIC%20Order-2.1_urn_oasis_names_specification_ubl_schema_xsd_Common
  BasicComponents-2.xsd"/>
  <xs:element name="Address" type="cac:AddressType"/>
  <xs:element name="BuyerCustomerParty" type="cac:CustomerPartyType"/>
  <xs:element name="Delivery" type="cac:DeliveryType"/>
  <xs:element name="DeliveryAddress" type="cac:AddressType"/>
  <xs:element name="DeliveryTerms" type="cac:DeliveryTermsType"/>
  <xs:element name="Item" type="cac:ItemType"/>
  <xs:element name="LineItem" type="cac:LineItemType"/>
  <xs:element name="OrderLine" type="cac:OrderLineType"/>
  <xs:element name="OriginatorCustomerParty" type="cac:CustomerPartyType"/>
  <xs:element name="Party" type="cac:PartyType"/>
  <xs:element name="PartyLegalEntity" type="cac:PartyLegalEntityType"/>
  <xs:element name="Price" type="cac:PriceType"/>
  <xs:element name="RequestedDeliveryPeriod" type="cac:PeriodType"/>
  <xs:element name="SellersItemIdentification" type="cac:ItemIdentificationType"/>
  <xs:element name="SellerSupplierParty" type="cac:SupplierPartyType"/>
  <xs:complexType name="AddressType">
    <xs:annotation>
      <xs:documentation>
        <cvmap:Mapping>
          <cvmap:URI>urn:x-mylibrary:dataelement:Address</cvmap:URI>
          <cvmap:Label>Address</cvmap:Label>
          <cvmap:Definition>An address representing a location.</cvmap:Definition>
          <cvmap:CoreVocURI>http://data.europa.eu/core-vocabularies/Address</cvmap:CoreVocURI>
          <cvmap:CoreVocVersion>1.0</cvmap:CoreVocVersion>
```

图 9-16　电子订单数据模型部分代码

```
            <cvmap:MappingRelation>exact</cvmap:MappingRelation>
        </cvmap:Mapping>
      </xs:documentation>
    </xs:annotation>
    <xs:sequence>
      <xs:element ref="cbc:ID" minOccurs="0">
        <xs:annotation>
          <xs:documentation>
            <cvmap:Mapping>
                <cvmap:URI>urn:x-mylibrary:dataelement:AddressID</cvmap:URI>
                <cvmap:Label>Address Identifier</cvmap:Label>
                <cvmap:Definition>A globally unique identifier for this instance of the address.
                </cvmap:Definition>
                <cvmap:CoreVocURI>http://data.europa.eu/core-vocabularies/AddressID</cvmap:CoreVocURI>
                <cvmap:CoreVocVersion>1.0</cvmap:CoreVocVersion>
                <cvmap:MappingRelation>exact</cvmap:MappingRelation>
            </cvmap:Mapping>
          </xs:documentation>
        </xs:annotation>
      </xs:element>
    ...
</xs:schema>
```

图 9-16　电子订单数据模型部分代码（续）

9.4　本章小结

按照对客观世界描述的抽象程度，欧盟电子政务对客观世界描述的数据模型划分为核心数据模型、领域数据模型和信息交换数据模型。核心数据模型描述客观世界实体的基本特征，与具体的业务领域无关。领域数据模型描述特定领域的实体及关系，通过核心数据模型映射、扩展而来。信息交换数据模型用来描述满足具体交换需求的交换数据的结构和内容，通过领域数据模型或核心数据模型映射、扩展而来。欧盟电子政务核心词汇表与其他数据模型的映射关系主要包括精确匹配、近似匹配、关联匹配、宽匹配、窄匹配等映射关系。

欧盟电子政务核心数据模型由核心业务词汇、核心准则和证据词汇、核心位置词汇、核心人员词汇、核心公共机构词汇、核心公共服务词汇及应用规范组成。

欧盟电子政务核心词汇表的应用主要包括政府开放数据发布、信息交换、数据集成和新系统数据建模，基本的应用流程包括需求收集、信息建模、业务规则定义、语法绑定或创建新语法、数据模型映射与生成。

第 10 章

Chapter 10

案例剖析：海事信息共享环境

当今时代，信息共享是应对国际海上安全挑战的根本需求。2005 年 9 月美国政府颁布的《国家海上安全战略》指出："为了保护海上安全，官方或者民间组织之间的、彻底的合作，以及情报和信息共享能力是必需的。"为了实现海事信息的共享，美国建设了国家海事信息共享环境（Maritime Information Sharing Environment，MISE），海事信息提供者和使用者采用统一的数据定义对海事信息进行管理和共享，为美国联邦、州、地方、部落、领地、私营部门或外国伙伴提供基于互联网的、非机密的信息共享能力。该建设项目被 NIEM 管理办公室评为 2013 年 NIEM 应用奖。本章系统介绍 MISE 的体系结构、工作原理和实现方法。

10.1 背景

海上安全利益被美国视为核心利益。美国是面临太平洋和大西洋的海洋大国，海岸线长度超过 15 万千米，海域面积有 1400 万平方千米，其中开放海域面积达 900 万平方千米，沿海岸线分布着 300 多个港口，其中 55 个港口是军事和经济战略港口，大部分港口都靠近密集的居民聚集区和军事基地；每年进出港口的船舶登记在案的超过 1300 万艘，未登记的船舶也超过 100 万艘。美国面临着复杂的海上安全的挑战。

为了维护美国的海上利益，实现其海上安全战略的目标，2004 年 12 月美国总统布什签署了《第 41 号国家安全总统令》和《第 13 号国土安全总统令》（*National Security Presidential Directive-41 / Homeland Security Presidential Directive-13*），总统令要求美国国土安全部、国防部、司法部具备共享态势感知能力，能集成融合情报、监测、侦察、导航系统及其他信息来源，形成综合海上态势图，以便美国各级政府能尽可能早地、尽可能远地发现海上安全威胁，及时采取应对措施。为此，美国政府建立了海上安全政策协调委员会，监督美国海上安全国家战略和相关计划的实施，并启动了海上态势感知国家计划（National Plan to Achieve Maritime Domain Awareness，MDA Plan），建设了海事信息共享环境（Maritime Information Sharing Environment，MISE）。

海事态势是所有与海洋及航行相关的业务、事物，包括与海洋相关的一切活动、基础设施、人员、货物、船舶和其他运输工具。海事态势感知是指对于全球海域中任何可能影响安全、军事、经济和环境的因素，能够有效地获取和理解。

以往，海事相关数据由美国海军情报部门、海岸警卫队、海军舰队、美国国家运输部等部门各自采用船舶自动识别系统（Automatic Identification System，AIS）进行采集，自行开发系统进行维护管理，各自的信息相互独立。当其他部门或应用需要海事相关数据时，往往采用点对点的方式，需要从这 4 个部门的系统中进行抽取、转换和整合，如图 10-1 所示。

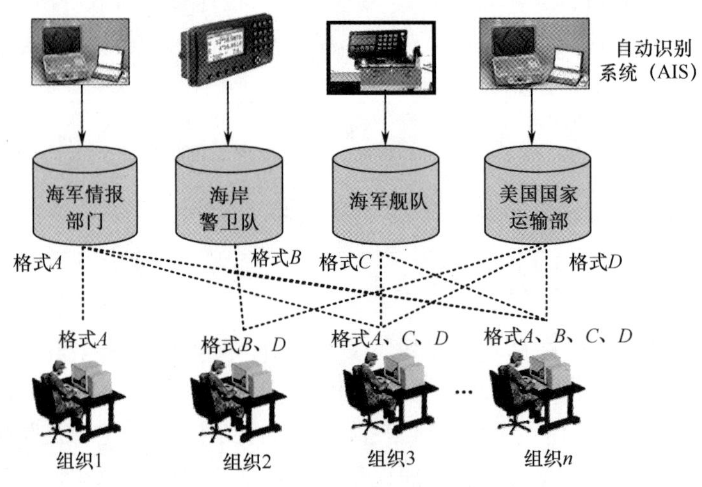

图 10-1　点对点信息共享方式

在这种信息共享方式中，每个系统都需要与其他系统建立离散的点对点连接，每个连接需要在防火墙开放端口，也没有公共的数据格式，信息提供者需要分别向每类信息使用者提供数据转换接口。另外，随着参与系统的增加，点对点连接及数据转换接口数量也显著增加，实施难度显著增大，特别是不能满足未知用户对信息共享的需求，很难满足海上安全信息按需共享的要求。于是，美国海军情报部门、海岸警卫队、海军舰队、美国国家运输部等机构和部门在 2006 年 2 月联合组建了海事态势感知数据共享利益共同体（MDA COI），采用统一的海事信息交换模型标准，构建了海事信息共享环境（MISE）。在该环境下，每个参与系统只需要与信息共享环境建立个连接点，当新的参与者加入 MISE 时，MISE 已有成员不需要对已有系统进行修改，而且数据转换接口不会像点对点信息共享方式随着系统数量的增加而显著增加，如图 10-2 所示。

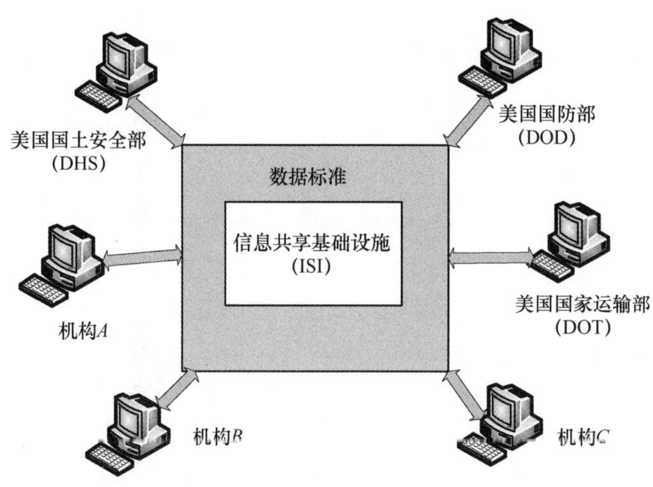

图 10-2　基于 MISE 的信息共享方式

10.2　MISE 组成结构及信息共享过程

10.2.1　MISE 组成结构

MISE 通过公共的数据定义和安全属性，为信息提供者和信息使用者提供管理和共享海事信息的能力。MISE 的总体结构如图 10-3 所示，包括接入 MISE 的各类可信系统、数据标准、信息共享基础设施和基于属性的访问控制机制。

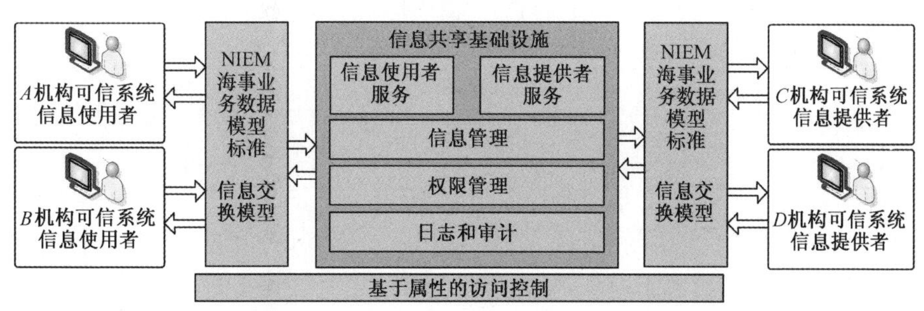

图 10-3　MISE 的总体结构

MISE 由许多独立机构拥有和运行的系统组成。大多数独立的系统已在各自的机构中发挥着关键的作用。为了参与海事信息共享环境，各系统需要遵循 MISE 的规范，从海事信息共享环境中共享和获取信息，因此 MISE 中的每个系统都称为可信系统。

信息共享基础设施是被 MISE 管理和运行的系统，在海事信息共享环境中充当中心集线器的作用，它为 MISE 中的系统提供基本服务。

可信系统通过互联网直接与信息共享基础设施连接和交互，而不通过其他的可信系统转接。

信息提供者和信息使用者是 MISE 中的两个关键角色，任何可信系统都可以是信息使用者，也可以是信息提供者，或者既是信息提供者，又是信息使用者。

1. 可信系统

可信系统是指被信息共享基础设施认证和授权的系统，其角色可以是信息的提供者，也可以是信息的使用者。信息提供者是指向信息共享基础设施提供海事信息和自身安全属性的可信系统。信息使用者是指通过内部或外部身份认证机构认证的可信系统，向信息共享基础设施发起信息访问请求、提交用户安全属性。

2. 数据标准

数据标准包括 NIEM 海事业务数据模型（NIEM-M）、企业信息交换模型和信息交换模型包文档（IEPD）。海事业务数据模型定义了船舶、货物、人员、机构、港口、基础设施等对象的属性及其关系。企业信息交换模型定义了在海事信息共享环境中可重复使用的 10 个核心业务实体，如船舶位置（Position，POS）、船舶信息（Vessel Information）、船舶特征（Vessel Characte ristics）等数据类型。信息交换模型包文档包括船舶位置和轨迹报告（Position，POS）、船舶到港预报（Advance Notice of Arrival，NOA）、预警和报警（Indicators and Notifications，IAN）、态势感知级别（Levels of Awareness，LOA）等。

3. 信息共享基础设施

信息共享基础设施（Information Sharing Infrastructure，ISI）是海事信息共享环境的核心，其功能包括信息使用者服务、信息提供者服务、信息管理、权限管理、日志与审计。ISI 的主要功能如图 10-4 所示。

（1）权限管理的主要功能包括：①用户基于信息访问策略和信息提供者设置的安全属性访问海事信息；②信息提供者使用元数据提交数据防护需求，用元数据的安全属性对发布到信息共享基础设施的信息进行标记；③信息提供者可以针对不同的信息粒度级别（消息级 / 记录级）设置安全属性，消息级安全针对整个 XML 消息，记录级安全针对 XML 消息中的一条记录；④可信系统授权用户可以用内部或外部的身份认证机构进行认证，可信系统为所有查询服务提供用户属性，权限管理系统根据用户属性和实体属性与信息提供者设置的数据安全属性进行对比，做出访问权限决定；⑤阻止那些未经授权的用户访问信息。⑥所有可信系统与信息共享基础设施的连接采用 SSL 进行防护。

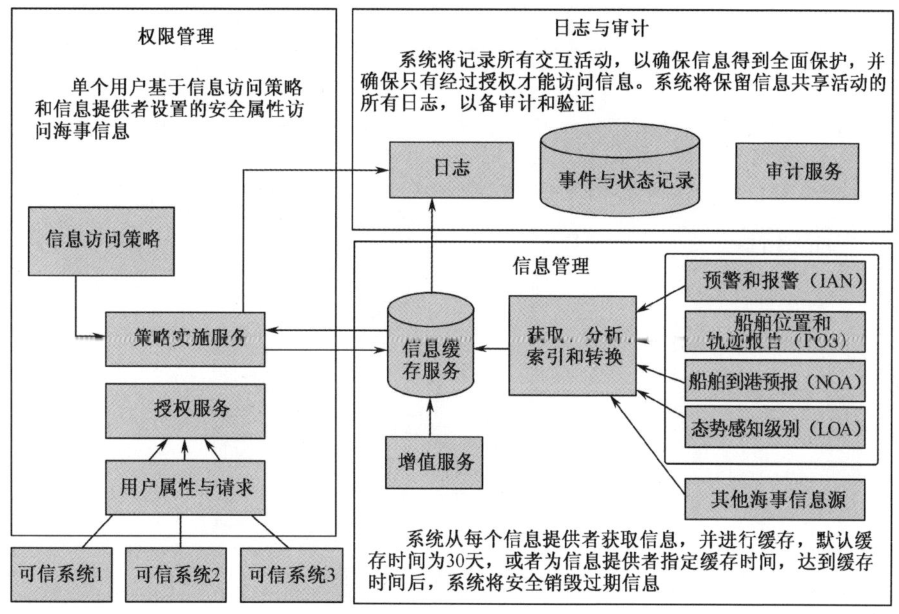

图 10-4　ISI 的主要功能

（2）信息管理的主要功能包括：①接收、索引和缓存所有信息提供者提供的信息；②信息提供者可以设置信息的有效日期，信息共享基础设施将自动删除缓存中过期的信息；③响应可信系统请求，从缓存中搜索和获取信息。④安全删除过期信息。

（3）日志和审计的主要功能包括：①记录所有与信息共享基础设施的外部交互；②记录所有的内部系统活动；③记录每个请求中可信系统描述的所有属性、请求本身、与请求相匹配获取的信息、返回可信系统的结果信息；④记录所有的尝试或已建立的连接和事务；⑤捕获审计必需的状态和活动；⑥记录所有信息处置活动。

10.2.2　信息共享过程

信息在可信系统和信息共享基础设施之间流动。信息提供者将信息发布到信息共享基础设施进行缓存，再由信息共享基础设施比较用户属性与信息访问策略，来决定信息是否返回给用户。信息共享过程如图 10-5 所示。

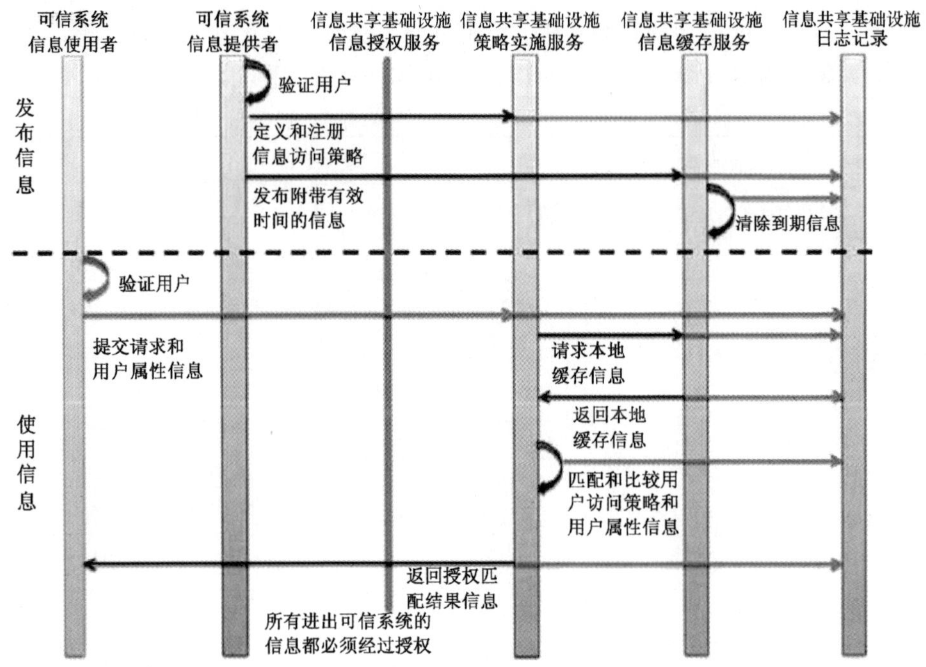

图 10-5　信息共享过程

1. 发布信息

作为信息提供者的可信系统进行身份认证验证用户，定义和注册信息访问策略，将附带有效时间的信息发布到信息共享基础设施缓存，可被信息使用者进行一次或多次查询，缓存中到期的信息将被清除。

2. 使用信息

作为信息使用者的可信系统首先进行身份认证验证用户。用户向信息共享基础设施提交请求和用户属性信息。信息基础设施查询本地的缓存信息，用信息使用者的提交请求和用户属性信息，匹配和比较信息提供者发布的每条记录的信息访问策略，通过对比用户访问策略和用户属性，信息共享基础设施做出授权决定，将与授权匹配的结果信息返回信息使用者。

10.3　MISE 体系框架

海事信息需要跨越许多利益相关机构被集成和共享，以便相关机构对海事态势有统一的有效理解。为了实现跨组织边界的信息共享和集成，信息提供者必须确保他们的信息被有效保护，只允许那些按照相关法律和制度授权的用户访问。海事信息共享环境是一个互操作方案和方法，可确保海事态势感知利益共同体成员共享和保护他们的信息。海事信息共享环境（MISE）体系框架包括 4 个视图：数据架构视图、服务架构视图、安全架构视图和技术支持架构视图，如图 10-6 所示。

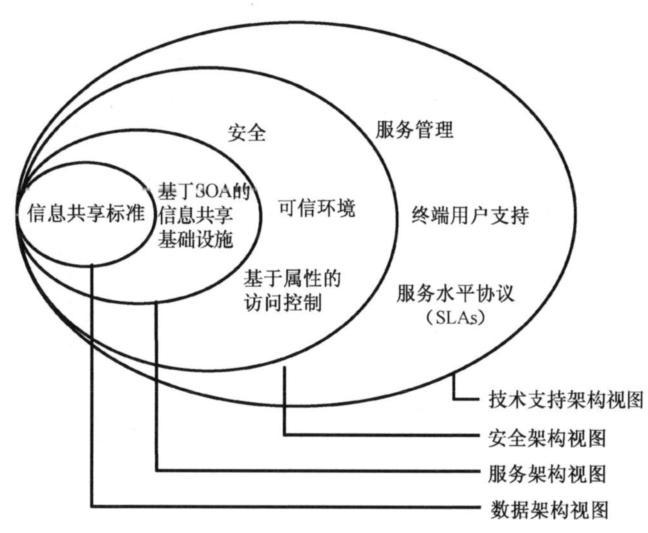

图 10-6　海事信息共享环境体系框架

10.3.1　数据架构视图

数据架构视图包括相关信息共享标准，用来描述信息共享的数据对象，如信息模型、海事业务数据模型、企业信息交换模型（Enterprise Information Exchange Model，EIEM）、信息交换包文档（IEPD）。

在海事信息共享环境中，共享的基本对象是记录，由信息交换包文档（IEPD）定义记录类型，如船舶（Vessel）、人员（Person）等。数据集是信息提供者发布到海事信息共享环境中的记录集合。一个数据集中所有的记录都有同样的记录类型，如果信息提供者有多个记录类型的共享信息，则发布多个数据集。相反，多个信息提供者可能共享同样类型的记录。一般用图形来描述信息模型，如图 10-7 所示是一个船舶位置数据模型。每个船舶位置信息记录包括船舶信息（Vessel Inforamtion）和位置（Position）信息。图 10-7 左边部分是记录元数据，描述共享信息的安全属性和访问控制信息。

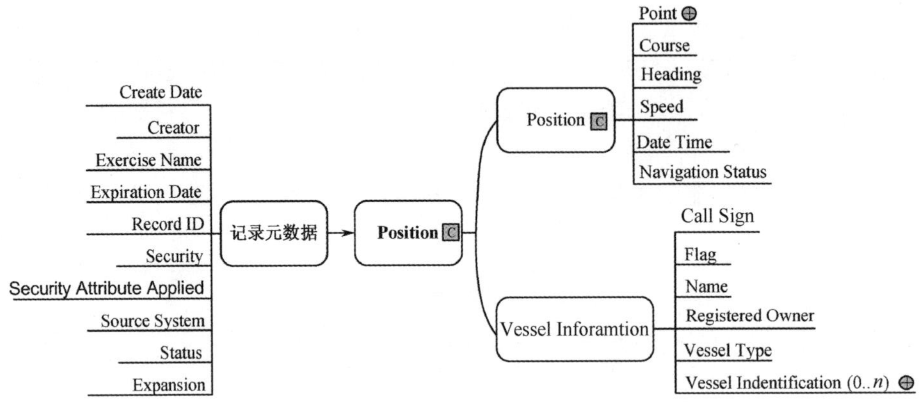

图 10-7　船舶位置数据模型

为了便于信息使用者查找所需信息，信息发布者除发布信息记录本身外，还需要发布关于每条记录信息的元数据，说明每条记录信息的标识码、分类、创建者、安全属性和访问控制等信息，描述发布信息的记录元数据如表 10-1 所示。

表 10-1　记录元数据

元数据属性	说　明	基　数	数据类型
Creation Date	文档创建的日期	0..1	Date
Creator[1]	创建资源内容的主要责任人	0..1	
>Contact Email	创建者的电子邮件地址	0..1	String
>Contact Name	创建者的姓名	0..1	String
>Contact Phone	创建者的联系电话	0..1	String
>Organization Name	创建者所属机构名称	0..1	String
Exercise Name	应用场景名称	0..1	String
Expansion	附加信息	0..1	
>Data Field	数据记录字段	0..*	
>>Data Field Name	字段名称	1..1	String
>>Data Field Content	字段取值	0..1	String
Expiration Date	文档过期日期	0..1	Date
ISM Making	信息资源标记	0..1	
>Classification	安全密级	0..1	String
>Dissemination Controls	信息分发控制限制	0..1	String
>Ower Producer	密级分类机构	0..1	String
Record ID	记录唯一标识	0..1	URL

[1] 该元素后续带“>”标记的是其子元素；带“>>”标记的是带“>”标记的子元素。

（续表）

元数据属性	说　明	基　数	数据类型
Source System	消息来源系统名称	0..1	String
Status	消息的状态，包括创建、修改、撤销 3 种状态	0..1	code
Security Indicator	安全指示符（LEI、PPI、COI 等）	0..1	String
Scope	数据范围	0..1	String
Scope Indicator	数据范围指示符	0..1	String
Releasable	数据是否可以公开	0..1	Booleann
Releasable Nations	数据能被公开的国家列表	0..1	List of Code

图 10-8 是一个船舶位置信息查询请求模型的例子。船舶位置信息查询既可以通过记录元数据进行查询，也可以用地理位置信息（GeoLocation）或船舶信息（Vessel）等条件查询，还可以通过设定边界范围条件或单值条件进行查询。

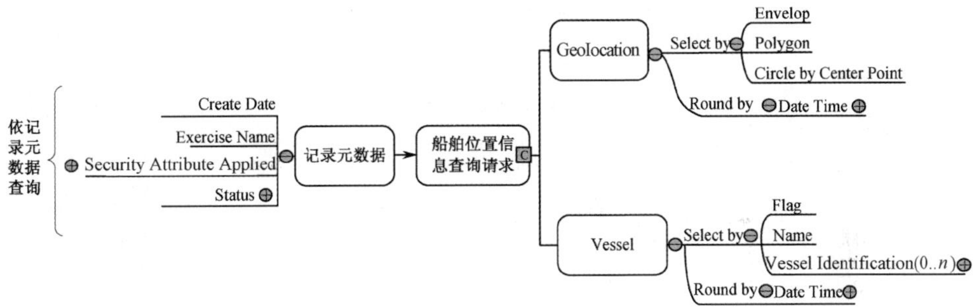

图 10-8　船舶位置信息查询请求模型

1. 海事业务数据模型

海事业务数据模型（NIEM-Maritime，NIEM-M）是 NIEM 中的业务领域数据模型，是一个公共的参考模型标准，定义了海事业务领域中公共的数据元素，如船舶、货物、人员、设施等对象的属性及其关系。海事业务数据模型描述的主要对象如下。

- 船舶（Vessels）：描述船舶特征、能力、状态及其相关对象。
- 人员（Persons）：描述人员身份、特征、地址等。
- 货物（Cargo）：描述装载货物、装载设备、载货单、商品等。
- 设施（Facilities）：描述港口、机构和政府部门。
- 事件（Events）：描述发生的事情。
- 威胁（Threats）：描述威胁等级、威胁目标等。

2. 企业信息交换模型（Enterprise Information Exchange Model，EIEM）

企业信息交换模型定义了在海事信息共享环境中可重复使用的 10 个核心业务实体。10 个核心业务实体包括地理位置（GeoLocation）、船舶位置（Position）、船舶信息（Vessel Information）、船舶特征（Vessel Characteristics）、船员国籍数（Crew Nationality Count）、非船员国籍数（Non-Crew Nationality Count）、停泊港口（Port Visits）、有一定危险的货物（Certain Dangerous Cargo，CDC Cargo）、大宗货物（Bulk Cargo as Declared in an Advance Notice of Arrival，NOA Cargo）、海上潜在的风险或威胁关注（Interest）。

3. 信息交换包文档（IEPD）

信息交换包文档包括船舶位置和轨迹报告、船舶到港预报（NOA）、预警和报警（IAN）、态势感知级别（LOA）等。对 EIEM 中定义的对象重新组合，就可以得到新的信息交换包文档，如图 10-9 所示。

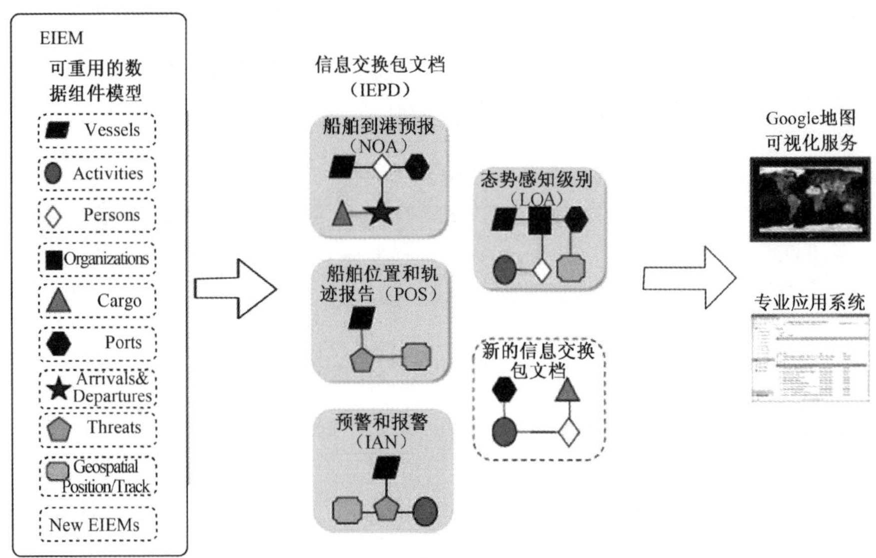

图 10-9 信息交换包文档与企业信息交换模型的关系

船舶位置和轨迹报告记录船舶在某个时刻的地理位置、航线、航向、速度和状态，系列的位置报告积累形成船舶航迹信息。其数据模型如图 10-7 所示，请求模型如图 10-8 所示。

船舶到港预报（NOA）指船舶即将到达美国某港口 96 小时以前需要提交的船舶、船员、乘客和货物等信息。其数据模型如图 10-10 所示，数据查询模型如图 10-11 所示。

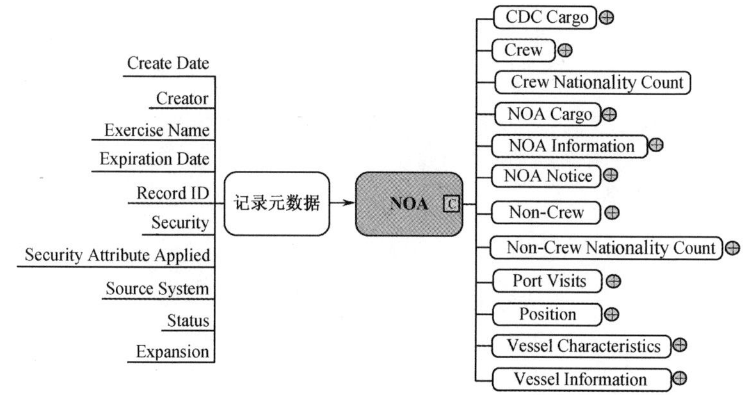

图 10-10　船舶到港预报数据模型

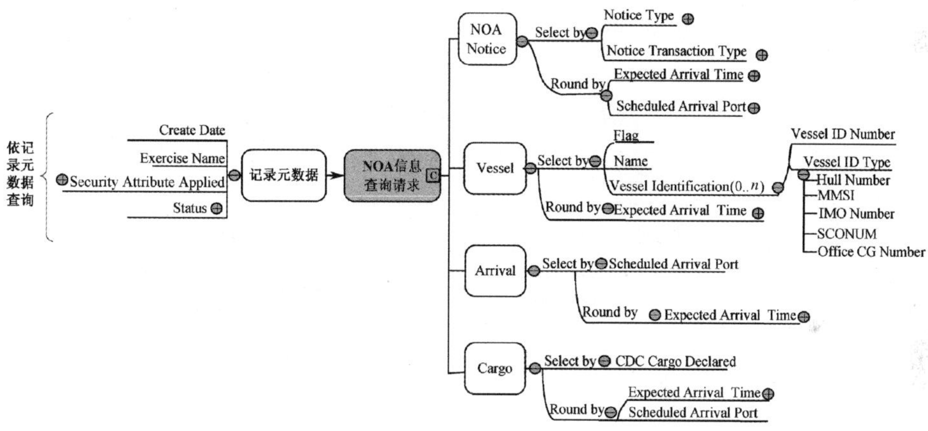

图 10-11　船舶到港预报数据查询模型

预警和报警（IAN）是指船舶发出的预警和报警信息，其数据模型如图 10-12 所示，数据查询模型如图 10-13 所示。

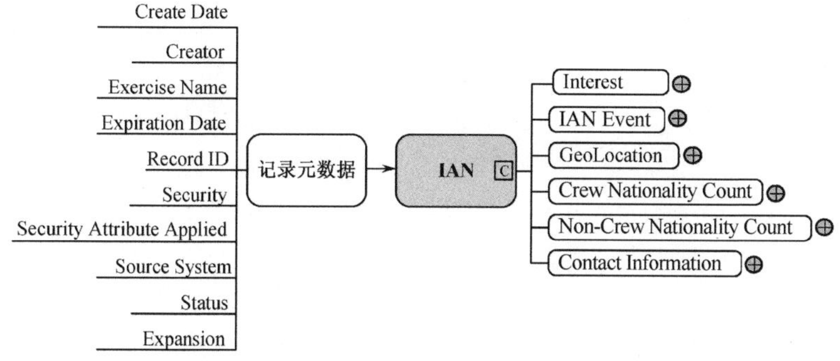

图 10-12　预警和报警数据模型

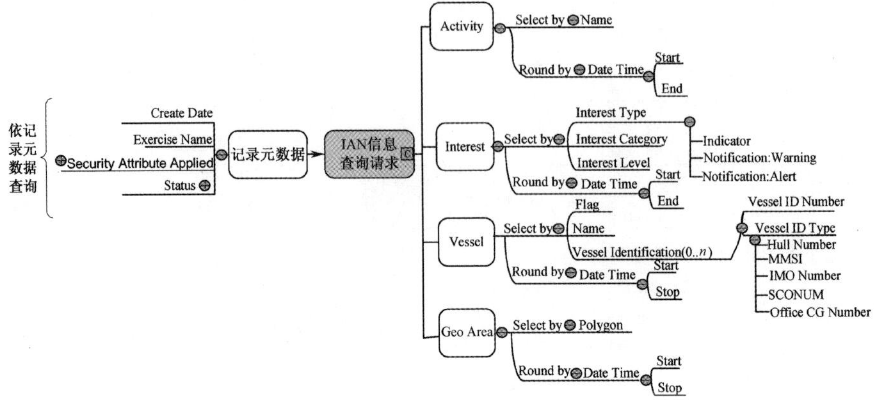

图 10-13　预警和报警数据查询模型

态势感知级别（LOA）的数据模型如图 10-14 所示，数据查询模型如图 10-15 所示。

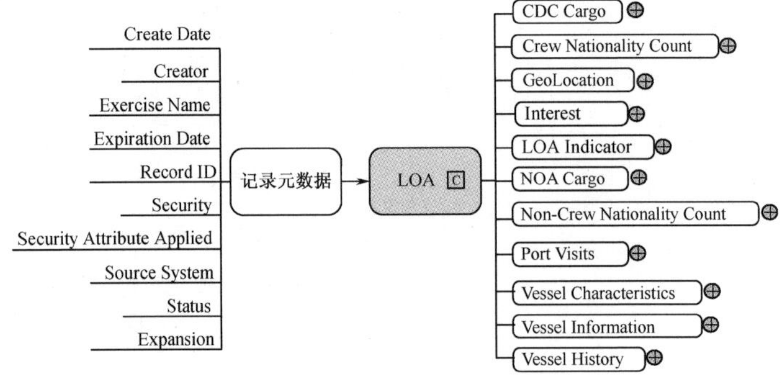

图 10-14　态势感知级别的数据模型

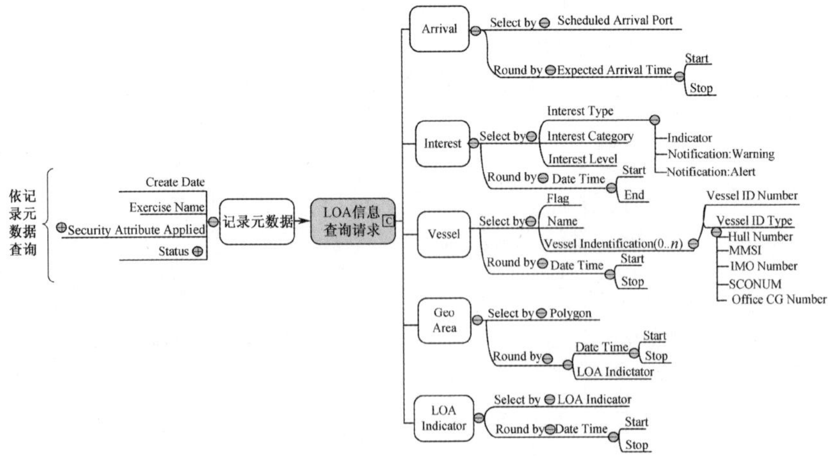

图 10-15　态势感知级别的数据查询模型

10.3.2　服务架构视图

MISE 提供了信息共享的公共服务接口，可信系统通过这些服务与信息共享基础设施实现交互。服务包括发布数据服务和获取数据服务。

发布数据服务是指信息提供者将信息放入缓存，以及从缓存中移除信息的删除操作，以保证缓存中数据是最新的。

获取数据服务包括数据检索服务和数据读取服务。数据检索服务根据检索条件查找与之匹配的记录，以 Atom 摘要的形式返回记录的概要信息和记录标识。数据读取服务根据指定的记录标识读取一条记录，返回海事业务数据模型（NIEM-M）定义的数据格式记录。

每个服务都包括服务提供者和服务使用者。服务提供者实现服务，使信息能被服务使用者得到；服务使用者使用服务获得信息，如图 10-16 所示。

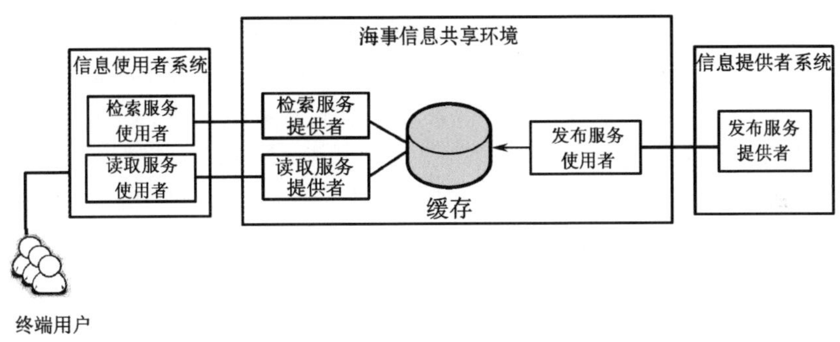

图 10-16　服务提供者与服务使用者

在 MISE 中，可信系统通过互联网连接信息共享基础设施，所有的服务接口采用基于 HTTPS 的 Restful Web 服务实现，可以像通过浏览器访问互联网上的网页一样使用各种服务接口。信息使用者用 HTTP GET 命令获取信息提供者指定的资源，服务提供者响应 HTTP GET 请求返回资源，并使用标准的 HTTP 状态码报告错误。

1. 发布服务

通过发布服务，信息提供者可以保证在 MISE 中的共享信息副本是最新的。信息提供者利用发布服务更新信息共享基础设施中的缓存，以确保信息共享基础设施中的搜索和读取服务有效运行，此时，信息共享基础设施是发布服务的使用者，信息提供者是发布服务的提供者。发布服务的提供者要使发布服务的使用者使用 HTTP GET 访问 3 类资源。

- 元数据：可得到的数据集和记录类型的元数据。
- 所有共享记录清单：在数据集里共享的所有记录的标识列表，列表格式为 Atom。
- 排序的变化清单：数据发生了变化的记录的标识列表，列表格式为 Atom。

在发布数据集以前，信息提供者与 MISE 管理员共同在信息共享基础设施中配置可信系统和数据集，包括为数据集创建信息访问策略，然后信息提供者将希望共享的所有记录通过发布服务发布到信息共享基础设施缓存中。

首先，用 HTTP GET 得到服务版本号。如果服务版本号不能读取，或者服务版本号不是信息提供者实现和支持的，后续的交互就不再发生；如果能读取到服务版本号，信息提供者用 HTTP PUT 将每条共享记录发布到信息共享基础设施。在发布服务过程中，如果信息提供者与信息共享基础设施连接失败或信息共享基础设施返回指示服务者错误的状态代码（5XX），信息提供者需要反复执行 HTTP PUT 命令，直至成功。若错误现象还存在，则应联系 MISE 咨询台。

如果信息提供者的后台数据在发布过程中发生了变化，信息提供者系统必须跟踪变化，以确保所共享的记录成功发布到信息共享基础设施。

数据集发布完成以后，一旦共享的记录发生变化，信息提供者需要更新信息共享基础设施缓存。在数据集初始发布时，信息提供者用 HTTP GET 周期地获取服务版本号，确保发布接口是兼容的；在记录更新时可以不获取服务版本号，但是要频繁地检查，至少每天一次。无论何时，任何共享的记录在信息提供者后台数据存储中增加或修改，信息提供者都要用 HTTP PUT 将所有记录发布到信息共享基础设施，若共享的记录在后台数据库中被删除了，则需要用 HTTP DELETE 将其从信息共享基础设施缓存中删除。在数据集更新过程中，若信息提供者与信息共享基础设施连接失败或信息共享基础设施返回指示服务者错误的状态代码（5XX），信息提供者需要反复执行 HTTP PUT 或 HTTP DELETE 命令，直至成功。若错误现象仍然存在，请联系 MISE 咨询台。

（1）获取服务版本号。

信息提供者在发布信息前，首先要得到服务版本号，确保信息共享基础设施版本与信息提供者实现的版本一致。获取服务版本接口操作如表 10-2 所示。

表 10-2　获取服务版本接口操作

URI	<BaseURI>/version	举例：https://isi.gov/publish/version
方法	HTTP GET	
请求报头	Authorization	
	If-Modified-Since	信息提供者如果此前读取或缓存过版本，发送这个报头
请求内容类型	空	

（续表）

状态码	200（成功）	获取成功，返回响应内容
	304（没有更改）	请求格式不正确
	401（未授权）	未授权的报头
响应报头	最近更改服务版本号	
响应内容类型	application/xml；charset=UTF-8	
响应内容	<?xml version="1.0" encoding="UTF-8"?> <MISEInterface> <Name>Publication</Name> <MajorVersion>1</MajorVersion> <MinorVersion>0</MinorVersion> </MISEInterface>	

（2）增加、修改、删除记录服务。

在信息共享基础设施中增加、修改一条记录的 URI 是<BaseURI>/<IEPDName>/<RecordID>。其中，<IEPDName>是已定义的信息产品（NOA、IAN、POS、LOA）之一；<RecordID>是由信息提供者设定的记录标识，在信息提供者数据集范围内是唯一的，如 https://isi.gov/publish/noa/12345。增加和修改记录的操作如表 10-3 所示。

表 10-3　增加和修改记录的操作

URI	<BaseURI>/<IEPDName>/<RecordID>	举例：https://isi.gov/publish/noa/12345
方法	HTTP GET	
请求报头	Authorization	
请求内容类型	application/xml；charset=UTF-8	
请求内容	符合海事业务数据模型（NIEM-M）中定义的记录类型	
状态码	201（增加成功）	增加的记录此前在信息共享基础设施中不存在，增加记录成功
	204（修改成功）	此记录在信息共享基础设施中已存在，修改成功
	400（不正确请求）	请求内容不符合指定 IEPD 的模式
	401（未授权）	无授权报头，用户标识 / 密码与任何可信系统不匹配
	403（禁止）	在信息共享基础设施中的授权信息提供者未设置该 IEPD 的发布服务
响应报头内容	Location	增加记录成功，返回状态码 201；修改成功返回修改记录的 URI
响应内容类型	空	

删除记录服务接口如表 10-4 所示。

表 10-4　删除记录服务接口

URI	<BaseURI>/<IEPDName>/<RecordID>	举例：https://isi.gov/publish/noa/12345
方法	DELETE	
请求报头	Authorization	
请求内容类型	空	
状态码	204（成功）	记录若存在，删除成功
	401（未授权）	无授权报头，用户标识 / 密码与任何可信系统不匹配
	403（禁止）	信息提供者未对这个 IEPD 设置删除服务
响应报头内容类型	空	

（3）带范围参数的数据发布。

在某些情况下，信息共享基础设施需要为数据提供者指定数据访问的不同级别。例如，在飓风期间，信息提供者允许信息使用者临时访问更大范围的船舶位置数据。为了发布指定范围的数据，数据提供者需要提供“Scope”和“DataAttribute”参数，设置数据发布范围，具体操作如表 10-5 所示。

表 10-5　带范围参数的数据发布服务接口

URI	<BaseURI>/<IEPDName>/<RecordID>?Scope=XXX&DataAttribute=YYYl&Releasable=B&Nation=NNN, MMM	举例：https://isi.gov/publish/noa/12345?Scope=HurricaneKatrina&DataAttribute=COI&Releasable=F&Nation=USA
Scope	MISE 管理机构针对某个事件修改数据访问策略	Hurricane Katrina
DataAttribute	数据访问范围属性	举例：COI
Releasable	可选，逻辑值，指示在指定范围内是否公开	True 或 False
Nation	可选，是一个用逗号隔开的 ISO 标准的 3 位字母国家代码列表，指示信息可以被发布给指定的国家	举例：USA，CAN
方法	HTTP PUT	
请求报头	Authorization	
请求内容类型	application/xml；charset=UTF-8	
请求内容	海事业务数据模型（NIEM-M）中定义的记录类型	
状态码	201（成功）	增加的记录此前在信息共享基础设施中不存在，增加记录成功
	204（修改成功）	此记录在信息共享基础设施中已存在，修改成功
	400（不正确请求）	请求内容不符合指定 IEPD 模式
	401（未授权）	无授权报头，用户标识 / 密码与任何可信系统不匹配

（续表）

状态码	403（禁止）	在信息共享基础设施中的授权信息提供者未设置该 IEPD 的发布服务
响应报头	Location	增加记录成功，返回状态码 201；修改成功返回修改记录的 URI
响应内容类型	空	

（4）记录过期。

信息共享基础设施缓存中的记录在 30 天后被认为过期，需要删除。每个 IEPD 中有一个“DocumentExpirationDate”元素，当值设置为小于 30 天时，日期到了设置的值后记录将被认定为过期，并在缓存中被删除；当值设置为多于 30 天时，日期到了 30 天后记录也将被删除。

2. 检索服务

检索服务为信息使用者提供了按照给定的检索条件定位记录的功能。检索服务提供了一套灵活的查询语言，一般不返回完整的记录，而是返回匹配记录的标识。如果信息使用者希望获得完整的记录，需要根据从检索服务中得到的记录标识，利用读取服务得到。检索服务接口请求命令语法如

```
https://providerbase/search?q=query
```

其中，providerbase 是一个提供服务的统一资源标识符，query 是采用检索服务查询语言表示的查询条件。在 MISE 中，检索服务 URI 为

```
htts://mise.mda.gov/services/MDAService/search/<iepdname>?=
```

其中，<iepdname>是信息共享基础设施提供的轨迹位置和轨迹报告（POS）、船舶到港预报（NOA）、预警和报警（IAN）、海事威胁响应（MOTR）等信息之一。例如，https://mise.mda.gov/services/MDAService/search/noa?=提供了船舶到港预报（NOA）信息查询 URI。

检索服务返回的是与搜索条件匹配的记录或记录摘要的 Atom 文档。检索服务接口如表 10-6 所示，图 10-17 为检索服务接口举例。

表 10-6　检索服务接口

URI	https://mise.mda.gov/services/MDAService/search/<iepdname>/?=	举例：https://mise.mda.gov/services/MDAService/search/noa?VesselName=Enterprise
方法	HTTP GET	
请求报头	Authorization	
请求内容类型	空	
状态码	200（成功）	检索成功，返回 Atom 摘要格式的结果
	400（不正确的请求）	请求格式不正确

（续表）

状态码	401（未授权）	未授权的报头
	403（禁止）	信息提供者未对这个 IEPD 设置检索服务
响应报头	空	
响应内容类型	Atom 摘要格式	

```
https://mise.mda.gov/services/MDAService/search/track?
start=2012-08-19T11:40:00&end=2013-12-30T11:40&
ulat=3.75&ulng=-2.0&llat=-2.75&llng=3.0
```

图 10-17　检索服务接口举例

如图 10-17 所示的检索服务 URI 可以查询给定时间和地理范围内的船舶轨迹，时间范围是 2012-08-19 11:40 至 2013-12-30 11:40，地理范围是矩形区域，左上角纬度为 3.75°，经度为-2.0°，右下角纬度为-2.75°，经度为 3.0°。该检索服务返回的结果如图 10-18 所示。

```
<?xml version="1.0" encoding="UTF-8"?>
<feed xmlns="http://www.w3.org/2005/Atom" xmlns:dc="http: //purl.org/dc/elements/1.1/">
    <title>Query Response for Entity: https://mise.agencyone. gov/</title>
    <link rel="alternate" href="https://mise.mda. gov/services/MDAService/search/track?
        start=2012-08-19T11:40:00&amp;end=2013-12-30T11:40:00&amp;ulat=3.75&amp;
        ulng=-2.0&amp;llat=-2.75&amp;llon=3.0" />
    <subtitle>Query Response from the Maritime Information Sharing Environment</subtitle>
    <id>TRACK-9991956437ffa1c06327e0d98977989f4f7c6f46b1f3c52e3ac11d04d45273c3</id>
    <entry>
        <title>TRACK</title>
        <![CDATA[<link rel="alternate"
        href=https://mise.mda.gov/services/MDAService/retrieve/ian?entityid=
        https//mise.agencyone.gov%&recordid=79869882775656568/>]]>
        <author>
            <name>DCMP</name>
        </author>
        <id>8397109112108101736578</id>
        <updated>2012-12-31T19:28:08Z</updated>
        <summary type="text/xml">
            <posex:Message xmlns:posex=http://niem.gov/niem/domains/maritime/2.1/position/exchange/3.2
                    mda:securityIndicatorText="LEI" mda: releasableNationsCode="USA"
                    mda:releasableIndicator="true" xmlns:m="http://niem. gov/niem/domains/maritime/2.1"
                    xmlns:mda="http://niem. gov/niem/domains/maritime/2.1/mda/3.2"
                    xmlns:nc="http://niem.gov/niem/niem-core/2. 0"
                    xmlns:gml="http://www.opengis.net/gml/3.2"
```

图 10-18　检索服务返回的结果

```xml
        xmlns:ism="urn:us:gov:ic:ism"
        xmlns:xsi="http://www.w3.org/2001/XMLSchema-instance">
      <mda:Vessel>
          <m:VesselAugmentation>
              <m:VesselIMONumberText>IMO0000001</m: VesselIMONumberText>
              <m:VesselName>MV Example</m: VesselName>
              <m:VesselNationalFlagISO3166Alpha3Code>
                USA
              </m:VesselNationalFlagISO3166Alpha3Code>
          </m:VesselAugmentation>
      </mda:Vessel>
      <mda:Position>
          <m:LocationPoint>
              <gml:Point gml:id="tp1">
                  <gml:pos>-1.0 -1.0</gml:pos>
              </gml:Point>
          </m:LocationPoint>
          <mda:PositionSpeedMeasure>
              <nc:MeasureText>12</nc:MeasureText>
              <nc:SpeedUnitCode>kt</nc: SpeedUnitCode>
          </mda:PositionSpeedMeasure>
          <mda:PositionCourseMeasure>
              <nc:MeasureText>180</nc:MeasureText>
              <m:AngleUnitText>deg</m:AngleUnitText>
          </mda:PositionCourseMeasure>
          <mda:PositionHeadingMeasure>
              <nc:MeasureText>180</nc:MeasureText>
              <m:AngleUnitText>deg</m:AngleUnitText>
          </mda:PositionHeadingMeasure>
          <mda:PositionNavigationStatus>
              <nc:StatusText>Under way using    engines</nc:StatusText>
          </mda:PositionNavigationStatus>
          <mda:PositionDateTime>
              <nc:DateTime>2011-11-30T00:00:00Z< /nc:DateTime>
          </mda:PositionDateTime>
      </mda:Position>
    </posex:Message>
  </summary>
  <dc:creator>DCMP</dc:creator>
</entry>
</feed>
```

图 10-18　检索服务返回的结果（续）

检索服务接口提供的功能还有获取 IEPD 文档。图 10-19 是一个检索服务获取 IEPD 文档的接口，允许信息使用者下载 IEPD 模式文件和记录类型描述文档。

```
https://mise.mda.gov/services/MDAService/search/<iepdname>/documentation
```

图 10-19　检索服务获取 IEPD 文档的接口

图 10-20 是检索服务获取 NIEM-M XML 文件内容，并显示为 HTML 格式的服务接口。

```
https://mise.mda.gov/services/MDAService/search/<iepdname>/rendering
```

图 10-20　检索服务获取 NIEM-M XML 文件内容，并显示为 HTML 格式的服务接口

图 10-21 是一个获取信息共享基础设施接口说明文档服务接口。

```
https://mise.mda.gov/services/MDAService/specification
```

图 10-21　获取信息共享基础设施接口说明文档服务接口

在检索服务接口中，还可以结合参数进行查询。查询参数如表 10-7 所示。

表 10-7　MISE 中查询参数

参数名称	参数类型	说　明
VesselName	String	船舶名称
VesselSCONUMText	String	船舶控制号码
VesselMMSIText	String	海上移动识别码
VesselIMONumberText	String	船舶国际海事组织编号
VesselNationalFlag	String	船舶悬挂的国旗
VesselClassText	String	船舶的等级或类别
VesselCallSignText	String	船舶的无线电呼号
VesselHullNumberText	String	船舶的舷号
VesselOwnerName	String	船舶拥有者的名称
VesselCategoryText	String	船舶用途分类名称
nterestCategoryCode	String	船舶用途分类代码
InterestLevel	String	风险或威胁关注等级
PortNameText	String	港口名称
InterestType	String	风险或威胁关注类型
InterestCategory	String	风险或威胁关注类别
InterestStart	ISO8601 DateTime	风险或威胁关注起始时间
InterestEnd	ISO8601 DateTime	风险或威胁关注结束时间
ArrivalPort	String	到达港口
ExpectedArrivalTime	ISO8601 DateTime	预计到达时间
start	ISO8601 DateTime	起始时间
end	ISO8601 DateTime	结束时间

（续表）

参数名称	参数类型	说　明
ulat	WGS84	区域左上角纬度
ulng	WGS84	区域左上角经度
llat	WGS84	区域右下角纬度
llng	WGS84	区域右下角经度
eid	String	eid 参数允许信息使用者指定数据提供者，必须包含可信结构文档中的信息提供者系统的实体 ID，可与其他参数一起使用，以便缩小返回结果的范围

查询参数可以任意组合。例如，使用 start、end 和其他日期参数，说明要查询指定的某一个时间段内最新或修改的记录，时间格式使用标准 ISO 8601 规定的时间格式；若 start 或 end 参数没有指定的话，那么时间段是没有边界的，仍然是一个有效的查询。在某个查询中 start 参数指定，end 参数未指定，举例如下。

```
https://mise.mda.gov/services/MDAService/search/pos?vesselName=Atlantic%20Light&start=2012-02-29T00:00:00Z
```

信息共享基础设施还提供了一个“scope”查询参数，表示用来查询某个指定范围内的消息。例如，查询在卡特里娜飓风期间迈阿密港口的到达通知消息，URI 如下。

```
https://mise.mda.gov/services/MDAService/search/noa?PortNameText=Miami&scope=Hurricanekatrina
```

3. 读取服务

读取指定记录服务的 URI 为

```
https://mise.mda.gov/services/MDAService/retrieve/<type>?entityid=<eid>&recordid=<id>
```

其中，id 为检索服务返回结果<entry>中的元素 ID；<eid>为数据提供者系统标识，可以用 URL 格式表示，如 http://agencyone.gov，其值来源于可信结构文档中的“EntityID”；<type>为指定某个业务信息，如船舶位置和轨迹报告信息。读取服务接口定义如表 10-8 所示。

表 10-8　读取服务接口定义

URI	https://mise.mda.gov/services/MDAService/retrieve/<type>?entityid=<eid>&recordid=<id>	举例：https://mise.mda.gov/services/MDAService/retrieve/track?entityid=agencyone.gov&recordid=83971091121 08101736578
方法	HTTP GET	
请求报头	Authorization	
请求内容类型	空	

（续表）

状态码	200（成功）	读取成功，返回 Atom 摘要格式的结果
	400（不正确的请求）	请求格式不正确
	403（禁止）	信息提供者未对这个 IEPD 设置读取服务
响应内容类型	海事业务数据模型（NIEM-M）中定义的记录类型	

在读取服务接口中，也可以用“scope”参数，指定获取数据的范围，如

```
https://mise.mda.gov/services/MDAService/retrieve/track?entityid=agencyone.gov&recordid=8397109112108&
scope=Hurricanekatrina
```

10.3.3 安全架构视图

MISE 安全架构的作用是确保共享信息得到有效的保护，信息提供者必须保证共享的信息仅能被发布给满足一定权限规则的用户。在 MISE 中，主要通过建立 SSL 连接、身份验证、基于属性的访问控制等措施，来确保共享信息的安全。身份证书和权限信息的存储、安全属性的传输都采用开放的、标准的安全断言标记语言（SAML）元数据来描述，有效解决了在动态环境中不确定用户之间的信息共享安全问题。MISE 安全架构视图如图 10-22 所示。

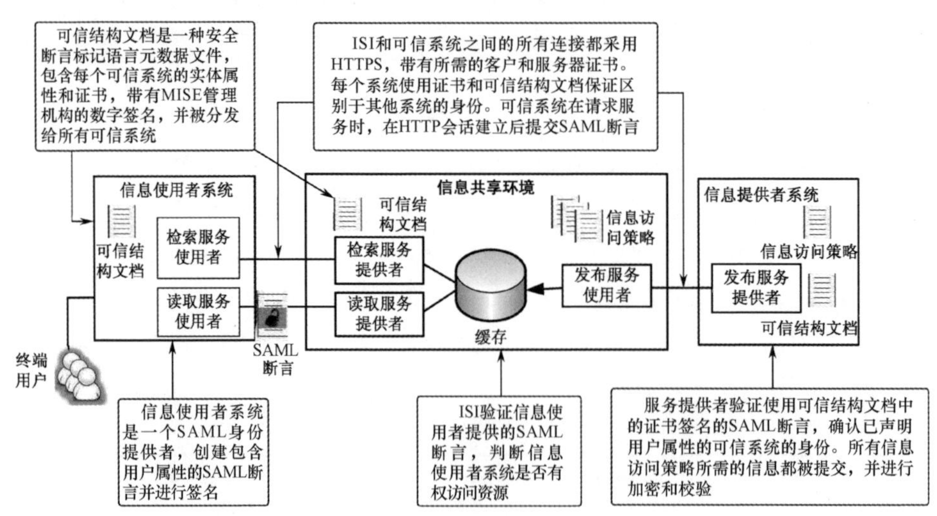

图 10-22　MISE 安全架构视图

1. 安全属性

在 MISE 中，依据用户属性、数据属性和实体属性，实现对信息的安全访问。

当信息提供者发布信息时，信息提供者为发布到信息共享基础设施中的每条记录提供合适的安全属性；当可信系统按照信息使用者的意愿请求信息时，信息共享基础设施将信息使用者的用户属性与信息提供者提供的安全属性进行比对，只有两者相匹配的信息才能共享。MISE 基于属性的访问控制方法如图 10-23 所示。

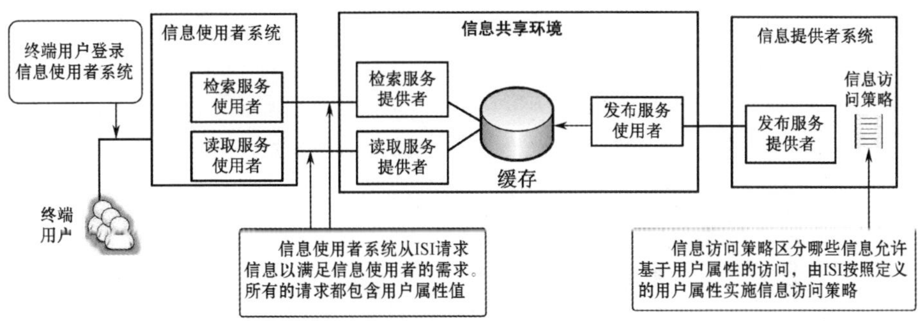

图 10-23　MISE 基于属性的访问控制方法

MISE 定义了用户属性、数据属性和实体属性，如图 10-24 所示。

实体属性

Certificate（数字证书）
Entity ID（实体标识）
Entity Name（实体名称）
Entity Abbreviation（实体名称缩写）
Administrative Point Of COntact（管理机构联系人信息）
Technical Point Of Contact（技术支持人员联系信息）
Owner Agency Name（所属机构名称）
Owner Website URI（所属机构网址）
Owner Agency Country Code（机构所属国家代码）
Law Enforcement Indicator（法律保护指示符）
Privacy Protected Indicator（隐私保护指示符）
Community of Interest Indicator（利益共同体指示符）

用户属性

Electronic Identity ID（电子身份标识）
Full Name（姓名）
Citizenship Code（所属国籍代码）
Law Enforcement Indicator（法律保护指示符）
Privacy Protected Indicator（隐私保护指示符）
Community of Interest Indicator（利益共同体指示符）

数据属性

Data Scope(数据范围)
Law Enforcement Indicator（法律保护指示符）
Privacy Protected Indicator（隐私保护指示符）
Community of Interest Indicator（利益共同体指示符）
Releasable Indicator（公开发布指示符）
Releasable Nations List（可公开发布的国家列表）

图 10-24　MISE 定义的属性

在 3 类属性中，用“Indicators”（指示符）属性来支持 MISE 中的授权管理，“Scope”属性用来指定针对某个特定事件相关数据的范围。

MISE中的授权管理在运行时决定可信系统或请求用户是否授权访问所请求的信息资源，数据提供者通过3个主要的安全指示符，即“Law Enforcement Indicator”“Privacy Protected Indicator”“Community of Interest Indicator”来声明信息的访问策略，以及设置在MISE中共享信息的访问约束条件；第4个指示符“Releasable Indicator”是一个逻辑变量，与前述的3个指示符共同标记数据是否在公共领域发布。

Law Enforcement Indicator（LEI）是一个限制性最高的安全指示符，表示数据只能在美国联邦、州和地方执法机构等实体中发布。只有赋予该指示符的、美国政府内部机构、美国公民、实体及被实体赋予该指示符的用户才能访问信息。

Privacy Protected Indicator（PPI）表示该信息是个人身份信息，只能用来唯一标识个人身份、联系信息，或者查询某个个体，或者与其他信息共同唯一确定某个个体。该指示符用来限制在MISE中个人身份信息的访问和分发。

Community of Interest（COI）Indicator被赋予参与MISE的可信系统，表示对信息具有最低的访问水平，所有可信系统都默认设置为COI指示符。

还有两个指示符“Releasable Indicator”“Releasable Nations List”，可以与上述3个指示符组合使用，更详细地说明信息访问策略。“Releasable Indicator”默认值为“False”，是一个逻辑值（True/False），表示数据在相应指示符的限制下是否可以发布到公共领域。“Releasable Nations List”默认值为“USA”，是一个用逗号分隔的国家名称列表，表示数据可以发布到列表指定的国家。如果用3个字母的国家代码，则用空格分隔，如“CAN USA FRA”。

用“Scope”标记与特定事件相关的数据。这些标记表示在特定的事件背景下，数据提供者放宽或超越正常的信息访问策略，使可信系统和用户能够访问在正常情况下受限访问的数据。“Scope”可以是一个计划的事件，如奥林匹克运动会或卡特里娜飓风等灾难发生后的救灾行动。例如，在一个提供船舶位置和轨迹报告的可信系统中，由于船舶位置信息包含美国公民信息，因此在日常工作中将该数据的安全指示符设置为“PPI”。然而，为了保障卡特里娜飓风救灾行动，信息提供者决定在日常工作中安全指示符设置为“COI”指示符的救灾与减灾机构中的可信系统可以共享船舶位置数据，以及修改安全指示器和数据范围。

（1）用户属性。

授权用户登录到信息使用者系统，信息使用者系统根据用户的行为使用服务架构中的服务，以便从信息共享基础设施获取记录。由于被多个不同信息使用者系统授权的用户访问由多个不同信息提供者系统共享的信息，信息提供者必须有办法控制用户能访问共享的信息。尽管信息提供者拥有每个用户或信息使用者系统的信息是不现实的，但可以用标准化的方法来描述用户信息。

MISE定义了一个通用的用户属性集，提供了关于可信系统某个用户的详细信息，用来确保用户只能访问所请求的、有资格访问的信息子集，由所属的可信系统指定和管理。

用户属性及说明如表 10-9 所示。其中，CitizenshipCode、LawEnforcement Indicator、PrivacyProtectedIndicator、COIIndicator 是授权用户属性，被信息访问策略使用；FullName、ElectronicIdentityId 是审计属性，由信息共享基础设施进行审计使用，不被信息访问策略使用，但被记录在审计日志中。

表 10-9　用户属性及说明

用户所属国籍代码	
属性名称	CitizenshipCode
说明	用户所属国籍代码
数据类型	ISO 3166-1 标准中规定的 3 个字符的国家代码
用法	授权，审计日志
语法	mise:1.4:user:CitizenshipCode
属性值举例	“USA”“GBR”“FRA”
利益共同体指示符	
属性名称	COIIndicator
说明	如果用户允许访问 COI 数据，为“True”；否则，为“False”
数据类型	Boolean
用法	授权，审计日志
语法	mise:1.4:user:COIIndicator
属性值举例	“True”“False”
用户电子身份标识	
属性名称	ElectronicIdentityId
说明	用户唯一电子身份标识码
数据类型	Text
用法	审计日志
语法	gfipm:2.0:user:ElectronicIdentityId
属性值举例	“DOE.JOHN.A.2370295257”
用户姓名	
属性名称	FullName
说明	用户的完整姓名
数据类型	Text
用法	审计日志
语法	gfipm:2.0:user:FullName
属性值举例	“JOHN Doe”“Jim Q.public”

（续表）

法律保护指示符	
属性名称	LawEnforcementIndicator
说明	若用户允许访问法律保护的数据，为“True”；否则，为“False”
数据类型	Boolean
用法	授权，审计日志
语法	mise:1.4:user:LawEnforcementIndicator
属性值举例	“True”“False”
隐私保护指示符	
属性名称	PrivacyProtectedIndicator
说明	若用户允许访问隐私保护的数据，为“True”；否则，为“False”
数据类型	Boolean
用法	授权，审计日志
语法	mise:1.4:user:PrivacyProtectedIndicator
属性值举例	“True”“False”

（2）数据属性。

每个共享的数据都由信息提供者设定信息访问策略（Information Access Policy，IAP）。信息访问策略是一个规则集，定义了用户访问数据集记录应具备的权限属性，信息访问策略允许拒绝对整个记录或部分记录的访问。数据属性及说明如表 10-10 所示。

表 10-10　数据属性及说明

利益共同体指示符（Community of Interest Indicator）	
属性名称	COIIndicator
说明	若用户允许访问 COI 数据，为“True”；否则，为“False”
数据类型	Boolean
用法	授权，审计日志
语法	mise:1.4:user:COIIndicator
属性值举例	“True”“False”
数据范围（Data Scope）	
属性名称	Scope
说明	指示与某个事件相关的数据
数据类型	Text
用法	授权
语法	mise:1.4:data:Scope
属性值举例	“HurricaneKatrina”“Baltimore1812Exercise”

（续表）

法律保护指示符（Law Enforcement Indicator）	
属性名称	LawEnforcementIndicator
说明	若用户允许访问法律保护的数据，为“True”；否则，为“False”
数据类型	Boolean
用法	授权，审计日志
语法	mise:1.4:user:LawEnforcementIndicator
属性值举例	“True”“False”
隐私保护指示符（Privacy Protected Indicator）	
属性名称	PrivacyProtectedIndicator
说明	若用户允许访问隐私保护的数据，为“True”；否则，为“False”
数据类型	Boolean
用法	授权，审计日志
语法	mise:1.4:user:PrivacyProtectedIndicator
属性值举例	“True”“False”
公开发布指示符（Releasable Indicator）	
属性名称	Releasable Indicator
说明	若数据可以公开发布，为“True”；否则，为“False”
用法	授权，审计日志
语法	mise:1.4:data:ReleasableIndicator
属性值举例	“True”“False”
可公开发布国家列表（Releasable Nations List）	
属性名称	Releasable Nations Code List
说明	对数据具有访问权限、责任和特权的国家列表，国家之间用空格隔开
数据类型	ISO 3166-1 标准中规定的 3 个字符国家代码
用法	授权，审计日志
语法	mise:1.4:data:ReleasableNationsCodeList
属性值举例	“USA”“GBR”“FRA”

（3）实体属性。

正如用标准的方法来描述用户属性一样，也要对 MISE 中可信系统的属性进行统一、规范的描述。MISE 管理机构有责任对可信系统进行审查，确保加入 MISE 的可信系统满足所有必需的规则，并保证可信系统相应的实体属性是准确的。实体属性及说明如表 10-11 所示。

表 10-11　实体属性及说明

管理机构联系方式——电子邮件	
属性名称	AdministrativePointofContactEmailAddressText
说明	实体所属组织或机构联系人的电子邮件地址
数据类型	Text
用法	注册
参考	GFIPM 2.0 元数据说明
语法	gfipm:2.0:entity:AdministrativePointofContactEmailAddressText
属性值举例	“john.doe@company.com”
管理机构联系方式——传真号码	
属性名称	AdministrativePointofContactFaxNumber
说明	实体所属组织或机构联系人的传真号码
数据类型	Text
用法	注册
参考	GFIPM 2.0 元数据说明
语法	gfipm:2.0:entity:AdministrativePointofContactFaxNumber
属性值举例	“(555) 555-5555”
管理机构联系方式——姓名	
属性名称	AdministrativePointofContactFullName
说明	实体所属组织或机构联系人的姓名
数据类型	Text
用法	注册
参考	GFIPM 2.0 元数据说明
语法	gfipm:2.0:entity:AdministrativePointofContactFullName
属性值举例	“John Doe”
管理机构联系方式——电话号码	
属性名称	AdministrativePointofContactTelephoneNumber
说明	实体所属组织或机构联系人的电话号码
数据类型	Text
用法	注册
参考	GFIPM 2.0 元数据说明
语法	gfipm:2.0:entity:AdministrativePointofContactTelephoneNumber
属性值举例	“(555) 555-5555”
数字证书	
属性名称	Certificate
说明	被实体用来进行数字签名和加密的数字证书，格式符合 X.509 v3 标准的 64 位编码格式
数据类型	64 位二进制

（续表）

数字证书	
用法	授权，注册，审计日志
参考	GFIPM 2.0 元数据说明
语法	gfipm:2.0:entity:Certificate
属性值举例	“MIICJzCCAZCgAwIBAgIBGDANBgkqhkiG9w0BAQUFADBAMQswCQYDVQQGEwJVUz EMMAoGA1UEChMDSVNDMSMwIQYDVQQDExpJU0MgQ0RLIFNhbXBsZSBDZXJ0aWZp Y2FZTAeFw0wMzA3MTcwMDAwMDBaFw0wNDA3MTcwMDAwMDBaMEAxCzAJBgNVBA YTAlVTMQwwCgYDVQQKEwNJU0MxIzAhBgNVBAMTGklTQyBDREsgU2FtcGxlIENlcnRp ZmlYXRlMIGfMA0GCSqGSIb3DQEBAQUAA4GNADCBiQKBgQC9GQTkukn+153rATR8dh2 Hm8ixF7f7Y7bI0VFJnJAQCKqta4/IhFwQIK5F2Gn8j9tITBiXCF7F6XSvaF8bivN10zR0pvI11Nfl Em2kwh7Yw0jZJB17Y3FHg183qYegmm/UwqX5zKUa4xw+cE8XSEqUuwjg0roBMGhAMzFEih HzLwIDAQABozEwLzAMBgNVHRMBAf8EAjAAMA4GA1UdDwEB/wQEAwIAYDAPBgNV HQ4ECHJzYS0xMDI0MA0GCSqGSIb3DQEBBQUAA4GBALWGxxo55ScpLfECnqEUixFwrzft QGD2ISda7EWp/d7k23fOXgHC7Za18OpvlBUZ3sC2Fg4finfRHd2J4mXONk5OEdjhJILd58GErc CECg4J2uJPz77/zk+giiXldQEPtG+YOaAbZC2SFbdfyYDKiSPhgzdy0/b4cElf4+VzegRM”
利益共同体指示符	
属性名称	COIIndicator
说明	若用户允许访问 COI 数据，为“True”；否则，为“False”
数据类型	Boolean
用法	授权，审计日志
语法	mise:1.4:user:COIIndicator
属性值举例	“True”“False”
实体名称缩写	
属性名称	EntityAbbreviation
说明	可信系统名称缩写
数据类型	Text
用法	注册
参考	GFIPM 2.0 元数据说明
语法	gfipm:2.0:entity:EntityAbbreviation
属性值举例	“MAGNET”“MSSIS”
实体标识	
属性名称	EntityID
说明	实体的唯一标识
数据类型	Text
用法	注册
参考	GFIPM 2.0 元数据说明
语法	gfipm:2.0:entity:EntityId
属性值举例	“MSSIS:123”“MISE:TIB:MAGNET”

（续表）

实体名称	
属性名称	EntityName
说明	可信系统名称
数据类型	Text
用法	注册
参考	GFIPM 2.0 元数据说明
语法	gfipm:2.0:entity:EntityName
属性值举例	“Maritime Analysis Global Network”“Maritime Safety and Security Information System”
法律保护指示符	
属性名称	LawEnforcementIndicator
说明	若用户允许访问法律保护的数据，为“True”；否则，为“False”
数据类型	Boolean
用法	授权，审计日志
语法	mise:1.4:user:LawEnforcementIndicator
属性值举例	“True”“False”
机构所属国家代码	
属性名称	OwnerAgencyCountryCode
说明	实体所属机构的国家代码
数据类型	符合 ISO 3166-1 标准的国家代码
用法	注册
参考	
语法	mise:1.4:entity:OwnerAgencyCountryCode
属性值举例	“USA”“GBR”“FRA”
所属机构名称	
属性名称	OwnerAgencyName
说明	可信系统所属机构名称
数据类型	Text
用法	注册
参考	GFIPM 2.0 元数据说明
语法	gfipm:2.0:entity:OwnerAgencyName
属性值举例	“NORAD-USNORTHCOM”
所属机构网址	
属性名称	OwnerAgencyWebSiteURI
说明	可信系统所属机构网址
数据类型	Text
用法	注册
参考	GFIPM 2.0 元数据说明

（续表）

所属机构网址	
语法	gfipm:2.0:entity:OwnerAgencyWebSiteURI
属性值举例	“http://website.company.com”
隐私保护指示符	
属性名称	PrivacyProtectedIndicator
说明	若用户允许访问隐私保护的数据，为“True”；否则，为“False”
数据类型	Boolean
用法	授权，审计日志
语法	mise:1.4:user:PrivacyProtectedIndicator
属性值举例	“True”“False”
技术支持人员联系方式——电子邮箱	
属性名称	TechnicalPointofContactEmailAddressText
说明	可信系统技术支持人员的电子邮箱
数据类型	Text
用法	注册
参考	GFIPM 2.0 元数据说明
语法	gfipm:2.0:entity:TechnicalPointofContactEmailAddressText
属性值举例	“john.doe@company.com”
技术支持人员联系方式——传真号码	
属性名称	TechnicalPointofContactFaxNumber
说明	可信系统技术支持人员的传真号码
数据类型	Text
用法	注册
参考	GFIPM 2.0 元数据说明
语法	gfipm:2.0:entity:TechnicalPointofContactFaxNumber
属性值举例	“（555）555-5555”
技术支持人员联系方式——姓名	
属性名称	TechnicalPointofContactFullName
说明	可信系统技术支持人员的姓名
数据类型	Text
用法	注册
参考	GFIPM 2.0 元数据说明
语法	gfipm:2.0:entity:TechnicalPointofContactFullName
属性值举例	“John Doe”
技术支持人员联系——电话号码	
属性名称	TechnicalPointofContactTelephoneNumber
说明	可信系统技术支持人员的联系电话号码

（续表）

技术支持人员联系——电话号码	
数据类型	Text
用法	注册
参考	GFIPM 2.0 元数据说明
语法	gfipm:2.0:entity:TechnicalPointofContactTelephoneNumber
属性值举例	“（555）555-5555”

2. 可信结构文档

可信结构文档（Trust Fabric Document）是一个用 SAML 元数据格式描述参与 MISE 的每个可信系统的实体属性和证书。其被 MISE 证书验证中心签名后，分发到所有的可信系统中，作为所有数据加密操作的依据。

1）格式定义

从 SAML 元数据角度来看，可信结构文档中包含一个“EntityDescriptor”元素，用来描述每个可信系统，同时这个元素也描述信息共享基础设施本身。

对于可信系统来说，每个“EntityDescriptor”包含一个“RoleDescriptor”子属性，提供的基本信息包括用来建立 SSL 连接的证书和实体审计属性。

作为身份提供者的信息使用者系统，“RoleDescriptor”子属性提供了用来签名 SAML 断言的证书和实体属性“InformationAccessRights”。

拥有可信系统的各个机构与 MISE 管理机构共同设置描述可信系统的“EntityDescriptor”元素的信息。当“EntityDescriptor”元素的信息设置完成，并且验证了其准确性，确定满足所有 MISE 规则时，MISE 管理机构就把它并入可信结构文档，并且用 MISE CA 的私钥进行签名，然后将修改过的可信结构文档分发给所有可信系统。任何可信系统的“EntityDescriptor”元素的信息被修改后，都要重复上述过程。

可信系统在任何时候都能从信息共享基础设施的一个网址，通过 HTTPS 请求得到可信结构文档。可信系统需要定期获取可信结构文档，确保使用的最新版本的可信结构文档。MISE 可以用这个简单的可信结构文档分发机制，因为 MISE 的安全不依赖于可信结构文档的内容，而依赖于通过 CA 签名担保的有效性。

可信结构文档遵循 SAML 2.0 定义的规范，并进行了适当的扩展。11.2 节给出了一个可信结构的例子。可信结构的格式说明如下。

（1）<ENTITIESDESCRIPTOR>元素。

该元素是可信结构文档的顶层元素。该元素必须具有 Name、validUtil 属性，包含一个<ds:Signature>元素、一个或多个<EntityDescriptor>元素。

（2）<ENTITYDESCRIPTOR>元素。

- 每个<ENTITYDESCRIPTOR>元素为一个指定的通信端点（信息共享基础设施或可信系统）提供实体元数据。
- 该元素必须具有 entityID 属性。entityID 属性值由 MISE 管理机构与实体共同协商确定，也就是说，实体（可信系统）若选择了一个 entityID 值，须经过 MISE 批准同意。
- 该元素必须包含<RoleDescriptor>元素。对于信息共享基础设施（ISI）而言，<RoleDescriptor>元素为 MISEInfrastructureDescriptor 类型；对于每个可信系统，<RoleDescriptor>元素为 MISEConsumerDescriptorType 类型；或者为 MISEProviderDescriptorType 类型。
- 每个<ENTITYDESCRIPTOR>元素必须包含一个或多个 contactType 类型的<ContactPerson>元素；<ContactPerson>元素中必须包含<Company>、<GivenName>、<SurName>，以及至少一个<EmailAddress>和<Telephone Number>元素。
- 每个<EntityDescriptor>元素可以包含一个<Extensions>，<Extensions>可以包含一个或多个<gfipm:EntityAttribute>。

（3）<ROLEDESCRIPTOR>元素通过指定的 XSI:type 属性实例化，如图 10-25 所示。

```
<md:RoleDescriptor XSi:type="mise:MISEConsumerDescriptorType"
    protocolSupportEnumeration="urn:oasis:names:tc:SAML:2.0:protocol">
    ...
</md:RoleDescriptor>
```

图 10-25　<ROLEDESCRIPTOR>元素的 XSI:type 属性

若实体是 MISEINFRASTRUCTUREDESCRIPTOR 角色，其<ROLEDESCRIPTOR>元素的要求如下：

- 必须有 XSI:type 属性，其值是 mise:MISEInfrastructureDescriptor Type。
- 必须有 protocolSupportEnumeration 属性，其值是 urn:oasis:names:2.0:protocol。
- 必须包含一个或多个<KeyDescriptor>元素，其属性 use 为“signing”，每个<KeyDescriptor>元素必须包含一个<ds:KeyInfo>元素，每个<ds:KeyInfo>元素必须包含一个<ds:X509Data>元素，每个<ds:X509Data>元素必须包含一个<ds:X509Certificate>元素。
- 必须包含<MISELoginService>元素，并且其 Binding 属性值为“urn:mise:bindings:REST”。
- 必须包含<MISELogoutService>元素，并且其 Binding 属性值为“urn:mise:

bindings:REST”。

- 必须包含<MISESearchService>元素，并且其 Binding 属性值为“urn:mise:bindings:REST”。

若实体是 MISECONSUMERDESCRIPTOR 角色，其<ROLEDESCR IPTOR>元素的要求如下。

- 必须有 XSI:type 属性，其值是“mise: MISEConsumerDescriptorType”。
- 必须有 protocolSupportEnumeration 属性，其值是“urn:oasis:names: tc:SAML:2.0:protocol”。
- 必须包含一个或多个<KeyDescriptor>元素，其属性 use 为“signing”，每个<KeyDescriptor>元素必须包含一个<ds:KeyInfo>元素，每个<ds:KeyInfo>元素必须包含一个<ds:X509Data>元素，每个<ds:X509Data>元素必须包含一个<ds:X509Certificate>元素。

若实体是 MISEPROVIDERDESCRIPTOR 角色，其<ROLEDESCRIPTOR>元素的要求如下。

- 必须有 XSI:type 属性，其值是“mise: MISEProviderDescriptorType”。
- 必须有 protocolSupportEnumeration 属性，其值是“urn:oasis:names:tc:SAML:2.0:protocol”。
- 必须包含一个或多个<KeyDescriptor>元素，其属性 use 为“signing”，每个<KeyDescriptor>元素必须包含一个<ds:KeyInfo>元素，每个<ds:KeyInfo>元素必须包含一个<ds:X509Data>元素，每个<ds:X509Data>元素必须包含一个<ds:X509Certificate>元素。

2）生命周期管理

（1）可信结构文档创建流程。

创建一个新的可信结构文档包括两个基本的步骤：①修改文档使之能反映策略的变化（如新的可信系统加入 MISE）；②用 MISE 证书验证中心（CA）的私钥对新的文档进行数字签名。具体如下。

- 以最新的可信结构文档为基础，编辑、修改需要发生变更的内容。
- 复制已编辑的可信结构文档到移动存储介质。
- 将存储未签名的可信结构文档的移动存储介质连接到执行签名操作的计算机上，将存储 CA 私钥的移动存储介质也连接到计算机上。
- 利用 CA 私钥对可信结构文档执行加密签名操作，在加密签名操作过程中，不能将 CA 私钥从移动存储介质复制到其他介质上，也不能将进行签名操作的计算机连接任何网络上。
- 将已签名的可信结构文档复制到存储未签名的可信结构文档的存储介质上。

（2）可信结构文档分发流程。

当一个可信结构文档创建或修改并签名后，新的可信结构文档必须分发到所有可信系统，具体步骤如下。

- 将新的可信结构文档发布到一个已知的 URL 上。
- 通过事先提供的联系方式，通知所有的可信系统下载最新的可信结构文档。
- 注意，可信结构文档没必要确保是机密的，MISE 的安全不依赖于可信结构文档的内容，其正确性是由 MISE CA 证书担保的。因此，可信结构文档的 URL 可以公开访问，没必要对可信结构文档进行加密。

（3）可信结构文档修改时机。

可信结构文档需要重新生成和重新发布的情况有：

- 一个新的可信系统加入 MISE；
- 一个已存在的可信系统离开 MISE；
- 一个可信系统的配置发生变化，修改它的条目信息（如证书过期、迁移到新的服务器、在服务器上的密钥泄露）；
- MISE 证书验证中心（CA）公钥证书过期；
- MISE 证书验证中心（CA）私钥被泄露。

（4）可信结构文档使用。

当可信系统向 MISE 发起连接，或者收到 MISE 管理机构的变更通知时，可信系统必须从已知的 URL 获取可信结构文档。建议可信系统在程序实现时，允许可信结构文档在线重新装载。另外，可信系统能自动、周期地从已知的 URL 获取最新的可信结构文档，并在正在运行的系统中激活最新的版本。

为了确保使用的可信结构文档是被 MISE 管理机构创建和签发的官方版本，可信结构文档每当被解析和装载到可信系统使用时，下面的验证步骤必须执行：

- 包含在可信结构文档内的数字签名必须是有效的；
- 用来签名可信结构文档的证书必须与 MISE 证书验证中心（MISE CA）证书进行比较；
- 从已知的 URL 获取可信结构文档需要采用 HTTPS，不需要客户证书；
- 必须验证被 MISE 证书验证中心签名的服务器证书。

3. SAML 断言

1）SAML 断言格式

SAML 断言用来从信息使用者系统传递用户属性信息到信息共享基础设施（ISI）。SAML 断言格式的例子见 11.3 节。

（1）MISE SAML 断言格式。

MISE SAML 断言格式说明如下。

- <Assertion>元素必须签名，不能加密，还必须是根元素。
- <Assertion>元素的 Version 属性的值是 2.0。
- <Assertion>元素必须包含<Issuer>元素，它的值必须与按照用户行为发起服务请求的信息使用者系统的可信结构文档中的 entityID 一致。
- <Assertion>元素必须包含<ds:Signature>元素，在<KeyInfo>元素中的<X509Certificate>元素必须是与可信结构文档中的<issuer>元素相关联的签名证书之一。
- <Assertion>元素必须包含<Conditions>元素，<Conditions>元素必须包含 NotBefore 、 NotOnOrAfter 属性及<AudienceRestriction>元素，<AudienceRestriction>元素包含值为 urn:mise:all 的<Audience>。
- <Assertion>元素必须包含一个<AttributeStatement>元素，<Attribute Statement>元素可以包含一个或多个<Attribute>元素。每个<Attribute>元素可以包含与 MISE 用户属性对应的用户属性数据。如果<Attribute>元素对应于 MISE 用户属性，那么<Attribute>元素的 Name 属性必须是 MISE 属性中定义的正式名称。每个<Attribute>元素必须包含一个或多个<AttributeValue>元素，<AttributeValue>元素包含下列属性的 name/value 对：
- Xmlns:xsi=http://www.w3.org/2001/XMLSchema-instanceXsi:type="xs:string";
- 每个<AttributeValue>元素必须包含与<Attribute>中描述的 MISE 用户属性对应的数据。

（2）<MD:ROLEDESCRIPTOR>扩展模式。

如图 10-26 所示代码是 <md:RoleDescriptor>元素的 SAML 元数据扩展模式。

```
<?xml version="1.0" encoding="US-ASCII"?>
<schema xmlns=http://www.w3.org/2001/XMLSchema
        xmlns:mise=http://mda.gov/standards/trustfabric/1.0
        xmlns:md="urn:oasis:names:tc:SAML:2.0:metadata"
        xmlns:saml="urn:oasis:names:tc:SAML:2.0:assertion"
        xmlns:ds=http://www.w3.org/2000/09/xmldsig#
        xmlns:xsi=http://www.w3.org/2001/XMLSchema-instance
        targetNamespace=http://mda.gov/standards/trustfabric/1.0 elementFormDefault=
        "unqualified"   attributeFormDefault="unqualified" version="1.0">
<import namespace="urn:oasis:names:tc:SAML:2.0:metadata"
```

图 10-26 <md:RoleDescriptor>元素的 SAML 元数据扩展模式

```
        schemaLocation="saml20/saml-schema-metadata-2.0.xsd"/>
    <import namespace="urn:oasis:names:tc:SAML:2.0:assertion"
        schemaLocation="saml20/saml-schema-assertion-2.0.xsd"/>
    <import namespace=http://www.w3.org/2000/09/xmldsig#
        schemaLocation="http://www.w3.org/TR/2002/REC-xmldsig- core-20020212/xmldsig-core-schema.xsd"/>
    <element name="MISEInfrastructureDescriptor" type="mise:MISEInfrastructureDescriptorType"/>
    <element name="MISELoginService" type="md:EndpointType"/>
    <element name="MISELogoutService" type="md:EndpointType"/>
    <element name="MISESearchService" type="md:EndpointType"/>
    <complexType name="MISEInfrastructureDescriptorType">
        <complexContent>
          <extension base="md:RoleDescriptorType">
            <sequence>
              <element ref="mise:MISELoginService"/>
              <element ref="mise:MISELogoutService"/>
              <element ref="mise:MISESearchService"/>
            </sequence>
          </extension>
        </complexContent>
      </complexType>
    <element name="MISEConsumerDescriptor" type="mise:MISEConsumerDescriptorType"/>
      <complexType name="MISEConsumerDescriptorType">
        <complexContent>
          <extension base="md:RoleDescriptorType"/>
        </complexContent>
      </complexType>
    <element name="MISEProviderDescriptor" type="mise: MISEProviderDescriptorType"/>
      <complexType name="MISEProviderDescriptorType">
        <complexContent>
          <extension base="md:RoleDescriptorType"/>
        </complexContent>
      </complexType>
    </schema>
```

图 10-26　<md:RoleDescriptor>元素的 SAML 元数据扩展模式（续）

2）SAML 断言处理过程

在 MISE 中，为了确保信息安全，检索服务和读取服务等需要提交用户属性，用户属性通过 SAML 断言提交。从 SAML 角度来看，信息使用者系统是身份提供者，它按照用户行为调用服务以前需要产生 SAML 断言。这个 SAML 断言包含在后续服务调用中被允许访问信息的用户或用户组的、已认证的用户属性。这个 SAML 断言被信息使用者系统通过可信结构文档中的 MISEConsumerDescriptor 元素指定证书对应的私钥进行数字签名。

提交断言、验证数字签名及验证断言文档的内容是很花费系统开销的，因此断言只在一系列服务调用的开始发送一次，不需要在每次服务调用时都发送，这种方式可以大大减少系统开销。另外，这种方式允许服务接口是完全的 Restful 方式。请求和响应消息体只简单地包含与服务相关的信息，而不需要每个接口都容纳 SAML 断言文档的内容。SAML 断言处理过程如图 10-27 所示，SAML 断言处理过程中的关键点说明如下。

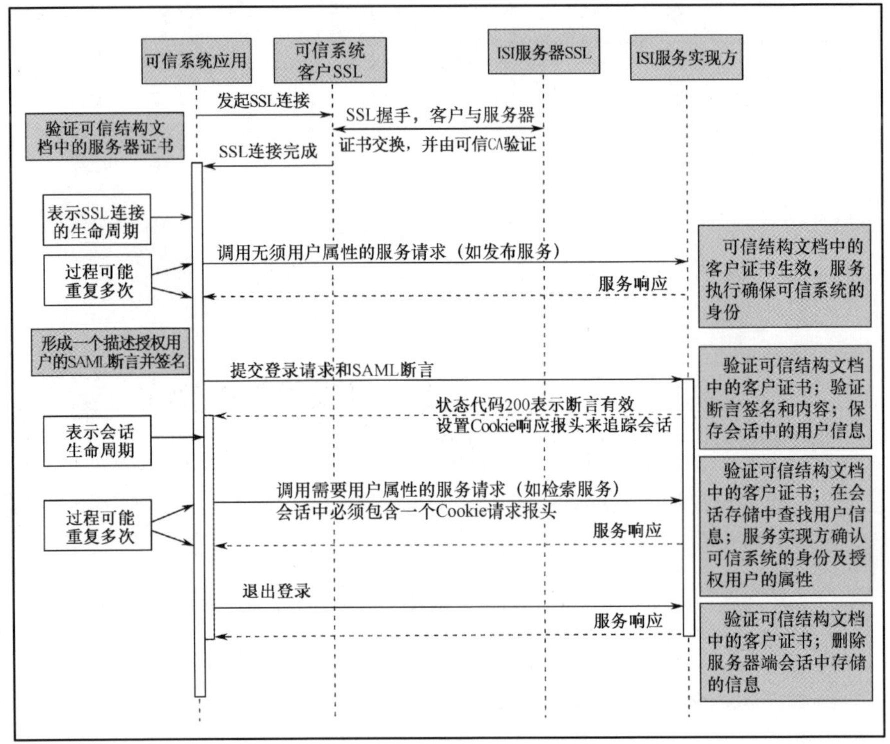

图 10-27　SAML 断言处理过程

一些 MISE 服务需要用户属性，必须提交签名的 SAML 断言。如果一个服务需要用户属性，却没有相关的 SAML 断言，那么这个服务将会返回 HTTP 状态码“403”和 MISE 错误代码“104”。

所有的服务调用，包括登录或退出服务，必须依据可信结构文档在建立 SSL 的连接上进行。

在调用一个需要用户属性的服务以前，信息使用者系统创建一个 SAML 断言，使用登录服务提交给信息共享基础设施。登录服务对断言签名和内容进行一次完整的验证，并为后续的服务调用产生一个会话上下文。会话密钥通过 HTTP 响应报头中 Cookie 返回给信息使用者系统。

信息使用者系统可以处理任意数量的、带有 SAML 断言的 MISE 服务调用。每个服务调用必须包含一个 Cookie HTTP 请求报头，其值是登录请求设置的会话密钥。信息使用者系统有责任确保从信息共享基础设施获取的信息只能被在 SAML 断言中描述的用户得到。

会话和 SAML 断言都有一个定义的寿命。如果一个客户端发送一个已过期的会话密钥，MISE 接口安全程序将不会提交用户属性给服务端程序，也就是会产生类似没有会话密钥的错误响应，错误代码是 HTTP 状态码“403”和 MISE 错误代码“104”。此时，客户端可信系统再利用有效的 SAML 断言调用登录服务，重新利用登录服务返回新会话 Cookie，发起服务请求。

会话闲置 20 分钟以后会过期。可信系统如果能判断会话不再使用，建议可信系统调用退出服务，使信息共享基础设施释放用来存储会话信息的资源。

当超出了在 SAML 断言中的<Conditions>元素的属性“NotBefore”和“NotOnOrAfter”指定的时间窗口时，SAML 断言就会过期，MISE 会话在超出这个时间窗口时也会自动过期。

一个信息使用者系统可以同时为许多并发用户服务，因此将会出现许多并发的会话。当按照用户或用户组的意愿调用服务时，信息使用者系统有责任确保使用正确的会话密钥调用服务。

登录服务接口如表 10-12 所示。

表 10-12　登录服务接口

URI	可信结构文档的节点“MISEInfrastructureDescriptor”中元素“MISELogin Service”指定的 URI	举例：https://mda.gov/services/login
方法	HTTP POST	
请求报头		
请求内容类型	application/xml	
请求内容	签名的 SAML 断言	
状态码	200（成功）	登录成功
	其他值	如果发生错误，则返回错误代码
响应报头	MISESession=xxxxxxxx;　Path=/	返回一个随机产生的、会话唯一标识代码
响应内容类型		空

退出服务接口如表 10-13 所示。

表 10-13　退出服务接口

URI	在可信结构文档的节点“MISEInfrastructureDescriptor”中属性“MISELogout Service”指定的 URI	举例：https://mda.gov/services/logout
方法	HTTP GET	
请求报头		
请求内容类型	application/xml	
请求内容	签名的 SAML 断言	
状态码	200（成功）	退出成功
	其他值	如果发生错误，返回错误代码
响应报头	MISESession=xxxxxxxx;　Path=/	返回一个随机产生的、会话唯一标识代码
响应内容类型		空

10.3.4　技术支持架构视图

技术支持架构视图定义了维持 MISE 正常运行的方法，包括服务管理、组织角色及职责、终端用户技术支持。

1. 服务管理

服务管理是确保 MISE 可靠运行，并满足海事信息分发利益相关者需求的基本前提。服务管理包括监控信息提供者和信息共享基础设施的可用性、管理可信系统的认证和发行服务的注册、评估服务水平、确保服务性能处于最佳状态。

2. 组织角色及职责

组织角色包括 MISE 管理机构、可信系统。

MISE 管理机构负责 MISE 的日常运行，提供了支撑 MISE 运行的管理服务功能，并管理 MISE 咨询台。具体职责和功能包括：

- 验证和批准新的可信系统加入 MISE；
- 管理 MISE 身份认证和可信结构文档（Trust Fabric Document）；
- 负责 MISE 的变更和配置管理；
- 管理信息共享基础设施；
- 按照 MISE 的政策和过程，定义 MISE 操作流程。

所有可信系统的职责包括采集用户权限属性、保护用户隐私信息、向 MISE 通知安全策略的任何变更、信任 MISE 的根证书、准备可信结构文档内的 SAML 元数据。不同角色的可信系统职责如下。

（1）作为信息提供者的可信系统的职责包括：

- 向 MISE 提交权限属性信息；
- 基于 MISE 权限属性信息维护信息访问策略；
- 实现发布或检索/读取服务。

（2）作为信息使用者的可信系统的职责包括：

- 审查终端用户的访问权限；
- 为终端用户提供认证证书；
- 验证终端用户；
- 生成包含权限属性的 SAML 用户断言；
- 实现检索/读取服务。

3. 终端用户技术支持

MISE 由许多机构成员组成，每个机构成员都有自己本地的帮助资源。用户的所有问题尽可能就近解决，但一些复杂的技术问题需要集中咨询台来解决。一般可以按照逐级提升的过程来解决问题。

第 1 级：本地咨询台支持。用户遇到的所有问题首先报告到用户所在的本地咨询台，由本级机构提供帮助。例如，一些用户报告的网络中断、防火墙故障和桌面用户接口问题在第 1 级解决，不必利用任何更高级的帮助资源。

第 2 级：可信系统咨询台支持。本地咨询台不能解决的问题，由可信系统咨询台提供支持。这一级主要解决信息共享基础设施配置的信息资源许可和访问控制策略问题，以及信息使用者系统中特定的应用问题。例如，涉及信息提供者或信息共享基础设施的问题，可以寻求可信系统咨询台帮助。

第 3 级：MISE 咨询台支持。任何在第 2 级可信系统咨询台不能解决的问题应当提交到 MISE 咨询台。这一级主要修复损坏的可信结构文档，解决在多个可信系统中出现的技术问题。在第 3 级解决的问题将存储在 MISE 的问题追踪数据库中。

10.4 MISE 服务调用方法

10.4.1 安全服务

在所有 MISE 中，可信系统之间的数据发布和服务都通过 SSL 协议进行安全交互，如图 10-28 所示。

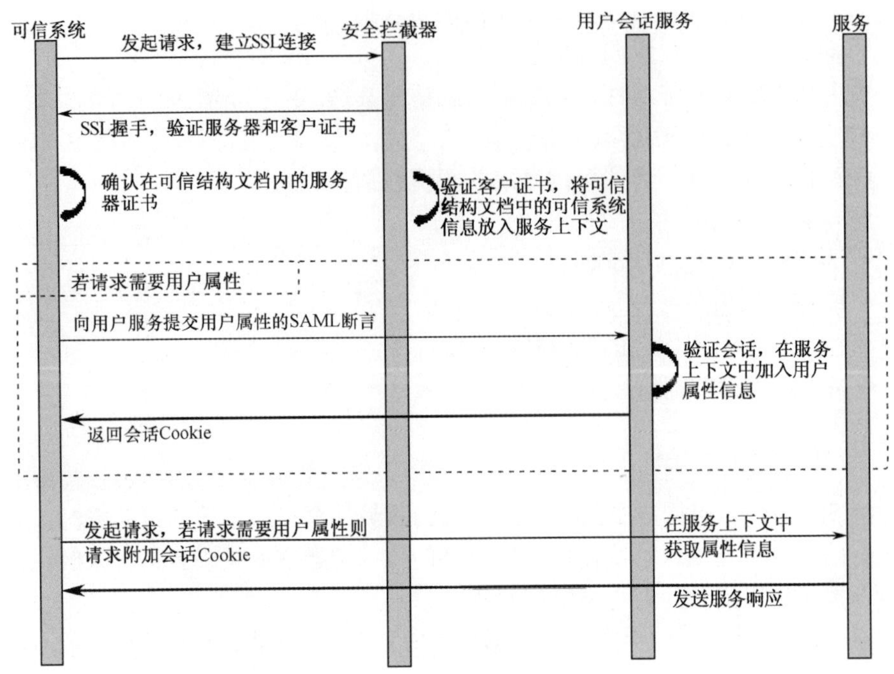

图 10-28　MISE 安全服务实现流程

1. 创建 X.509 证书

有许多工具可以用来创建密钥对和 X.509 证书。选择什么样的工具要根据可信系统采用的实现平台和所选择的认证授权机构（Certificate Authority，CA）来定。一般用 OpenSSL 或 Java 密钥工具生成密钥对和身份签名请求（CSR），然后提交给根 CA 进行签名。

（1）OpenSSL 命令。

```
openssl req -new -nodes -keyout myserver.key -out server.csr -newkey rsa:2048
```

该命令产生两个文件，文件 myserver.key 包含一个私钥，不要把这个文件透露给任何人，请仔细保管。在命令执行过程中需要按照屏幕提示输入国家、州、机构、姓名、密码等，输入完毕后，就生成了身份签名请求文件 server.csr。按照 CA 说明提交 CSR 文件给 CA 生成 SSL 证书。

（2）Java 命令。

首先，利用如下命令生成密钥对：

```
keytool -genkey -keysize 2048 -keyalg RSA -alias agencyone -keystore mykeystore
```

然后，利用如下命令生成身份签名请求。

```
keytool -certreq -alias agencyone -file agencyone.gov.csr -keystore mykeystore
```

2. 在可信结构文档中注册可信系统

在获得 X.509 证书之后，可信系统必须通过 MISE 管理机构在可信结构文档中进行注册，为可信系统中每个授权角色（信息提供者 / 信息使用者）建立条目。如图 10-29 所示是可信结构文档中信息提供者角色的条目举例。

```
<md:EntityDescriptor entityID="<a href="https://mise.agencythree.gov/">https://mise.agencythree.gov/</a>">
    <md:RoleDescriptor protocolSupportEnumeration="urn:oasis:names:tc:SAML:2.0:protocol"
        xsi:type="mise:MISEProviderDescriptorType">
        <md:KeyDescriptor use="signing">
            <ds:KeyInfo xmlns:ds="<ahref="http://www.w3.org/2000/09/xmldsig#">
                http://www.w3.org/2000/09/xmldsig#</a>">
                <ds:X509Data>
                    <ds:X509Certificate>
                    <!-- Base 64 encoded certificate embedded here , This is the client certificate which
                    the trusted system will present during SSL connection handshake. The private key
                    matching this certificate will also be used by this trusted system for signing SAML
                    assertions.
                    -->
                    </ds:X509Certificate>
                </ds:X509Data>
            </ds:KeyInfo>
        </md:KeyDescriptor>
    </md:RoleDescriptor>
    <md:ContactPerson contactType="technical">
        <md:Company>Trusted Federal Systems, Inc.</md:Company>
        <md:GivenName>Eric</md:GivenName>
        <md:SurName>Jakstadt</md:SurName>
        <md:EmailAddress>
            <ahref="mailto:eric.jakstadt@trustedfederal.com">eric.jakstadt@trustedfederal.com</a>
        </md:EmailAddress>
        <md:TelephoneNumber>404-806-8143</md:TelephoneNumber>
    </md:ContactPerson>
</md:EntityDescriptor>
```

图 10-29　可信结构文档中信息提供者角色的条目举例

图 10-30 是可信结构文档中信息使用者角色属性举例。在属性中，可信系统被指定了一个适当的安全指示符属性，是在进行查询服务时授权的判断依据。

```
<md:EntityDescriptor entityID="<ahref="https://mise.agencyone.gov/">https://mise.agencyone. gov/</a>">
    <md:Extensions>
        <gfipm:EntityAttribute FriendlyName="COIIndicator"   Name="mise:1.2:entity:COIIndicator"
            NameFormat="urn:oasis:names:tc:SAML:1.1:nameid-format: unspecified">
        <gfipm:EntityAttributeValue xsi:type="xs:string">True</gfipm:EntityAttributeValue>
        </gfipm:EntityAttribute>
        <gfipm:EntityAttribute FriendlyName="LawEnforcementIndicator"
            Name= "mise:1.2:entity:LawEnforcementIndicator"
            NameFormat="urn:oasis:names:tc:SAML:1.1:nameid-format:unspecified">
        <gfipm:EntityAttributeValue xsi:type="xs:string">True</gfipm:EntityAttributeValue>
        </gfipm:EntityAttribute>
        <gfipm: EntityAttribute FriendlyName="PrivacyProtectedIndicator"
            Name="mise:1.2:entity:PrivacyProtectedIndicator"
            NamcFormat="urn:oasis:names:tc:SAML:1.1:nameid-format:unspecified">
        <gfipm:EntityAttributeValue xsi:type="xs:string">True</gfipm:EntityAttributeValue>
        </gfipm:EntityAttribute>
        <gfipm:EntityAttribute FriendlyName="OwnerAgencyCountryCode"
            Name="mise:1.2:entity:OwnerAgencyCountryCode"
            NameFormat="urn:oasis:names:tc:SAML:1.1:nameid-format:unspecified">
        <gfipm:EntityAttributeValuexsi:type="xs:string">USA</gfipm:EntityAttributeValue>
        </gfipm:EntityAttribute>
    </md:Extensions>
    <md:RoleDescriptor protocolSupportEnumeration="urn:oasis:names:tc:SAML:2.0: protocol"
        xsi:type="mise:MISEConsumerDescriptorType">
        <md:KeyDescriptor use="signing">
            <ds:KeyInfo xmlns:ds="<ahref="http://www.w3.org/2000/09/xmldsig#">
                http://www.w3.org/2000/09/xmldsig#</a>">
                <ds:X509Data>
                    <ds:X509Certificate>
                        <!-- Base 64 encoded certificate embedded here This is the client certificate which
                        the trusted system will present during SSL connection handshake. The private key
                        matching this certificate will also be used by this trusted system for signing
                        SAML assertions. -->
                    </ds:X509Certificate>
                </ds:X509Data>
            </ds:KeyInfo>
        </md:KeyDescriptor>
    </md:RoleDescriptor>
    <md:Organization>
        <md:OrganizationName xml:lang="en">Agency One</md:OrganizationName>
        <md:OrganizationDisplayName xml:lang="en">AgencyOne</md:OrganizationDisplayName>
        <md:OrganizationURL xml:lang="en"><ahref="http://www.agencyone.gov/
        </md:OrganizationURL">http://www.agencyone.gov/</md:OrganizationURL</a>>
    </md:Organization>
```

图 10-30　可信结构文档中信息使用者角色属性举例

```
    <md:ContactPerson contactType="technical">
        <md:Company>Trusted Federal Systems, Inc.</mdCompany>
        <md:GivenName>Eric</md:GivenName>
        <md:SurName>Jakstadt</md:SurName>
        <md:EmailAddress>
            <ahref="mailto:eric.jakstadt@trustedfederal.com">eric.jakstadt@trustedfederal.com</a>
        </md:EmailAddress>
        <md:TelephoneNumber>404-806-8143</md:TelephoneNumber>
    </md:ContactPerson>
</md:EntityDescriptor>
```

图 10-30　可信结构文档中信息使用者角色属性举例（续）

3. 下载可信结构文档

可信结构文档包含了所有与 MISE 交换的可信系统的公钥，可以通过任何浏览器下载，网址为

```
https://107.23.66.168:9443/miseresources/TrustFabric.xmlop
```

4. 利用开源软件 OpenSAML 验证可信结构文档签名

如图 10-31 所示的程序片段展示了如何将可信结构文档写入 DOM 对象，用来解析签名证书并验证签名的有效性。

```
// read in the trust fabric from a local file location
FileInputStream fis = new FileInputStream( "/local/path/TrustFabric.xml");
m_domFactory = DocumentBuilderFactory.newInstance();
m_domFactory.setNamespaceAware(true);
Element domElement = m_domFactory.newDocumentBuilder().parse(fis).getDocumentElement();
// cryptographic validation of signature
X509Certificate signedByCert = verifyXMLSignature(domElement);
System.out.println(String.format("Signature validation %s", signedByCert == null ? "FAILED" : "SUCCEEDED"));
```

图 10-31　可信结构文档写入 DOM 对象程序举例

如图 10-32 所示的程序片段将可信结构转化为 DOM 对象，如果签名的证书是有效的，返回一个签名证书。

```
public static X509Certificate verifyXMLSignature(Elementtarget)    throws
  Exception {
    // Validate the signature -- i.e. SAML object is pristine:
    NodeList nl = target.getElementsByTagNameNS(XMLSignature.XMLNS, "Signature");
    if (nl.getLength() == 0)
```

图 10-32　可信结构转化为 DOM 对象程序举例

```
            return null;
        KeyValueKeySelector kvs = new KeyValueKeySelector();
        DOMValidateContext context = new DOMValidateContext(kvs,nl.item(0));
        // Create a DOM XMLSignatureFactory that will be used to unmarshal the
        // document containing the XMLSignature
        String providerName = System.getProperty("jsr105Provider",
        "org.jcp.xml.dsig.internal.dom.XMLDSigRI"); XMLSignatureFactory fac =
        XMLSignatureFactory.getInstance("DOM",Provider)Class.forName(providerName).newInstance());
        DOMXMLSignature signature =(DOMXMLSignature) fac.unmarshalXMLSignature(context);
    if (!signature.validate(context))
        return null;
        return kvs.getUsedCertificate();
    }
```

图 10-32　可信结构转化为 DOM 对象程序举例（续）

5. 为发布的信息标记数据属性元数据

作为信息提供者的可信系统，需要在数据发布到信息共享基础设施以前，用关于描述数据的访问级别、发布范围等安全限制的元数据进行标记，以保证发布信息的安全可控，如表 10-14 所示。

表 10-14　数据属性元数据

属性名称	属　性　值	说　　明
securityIndicatorText	“LEI”｜“PPI”｜“COI”	设置访问数据所需的访问级别，LEI 表示法律保护的敏感信息，PPI 表示隐私保护信息，COI 表示能被其他利益共同体访问的信息
releasableIndicator	“True”｜“False”	标记数据在其他相关安全指示符的约束下是否能在公共领域公开发布
releasableNationsCode	用空格隔开的 3 个字符表示的国家代码，如“CAN USA FRA”	表示数据能在指定的国家公开发布，默认值是“USA”

如图 10-33 所示发布一条船舶位置信息，它是执法敏感级的，不能在公共领域发布，只能在美国国内共享，该信息的相关属性为

```
<message xmlns:posex="http://niem.gov/niem/domains/maritime/2.1/position/exchange/3.2"
  mda:securityindicatortext="LEI" mda:releasablenationscode="USA"
  mda:releasableindicator="False">
</message>
```

图 10-33　发布信息相关属性设置

6. 为检索／读取服务提供用户／实体属性

为保证用户和实体能够检索到或读取所需要的信息，需要标记自身国籍、访问权限等级。国籍属性使用"mise:1.4:user:CitizenshipCode"属性，其值为 ISO 标准的 3 个字母表示的国家代码，如表 10-15 所示。

表 10-15　用户／实体属性

指示名称	指　示　值	说　　明
法律保护指示符	mise:1.4:user:LawEnforcementIndicator	用户具有依据法规条例、法律规定访问法律保护信息的权限
隐私保护指示符	mise:1.4:user:PrivacyProtectedIndicator	用户具有依据法规条例、法律规定访问隐私保护信息的权限
利益共同体指示符	mise:1.4:user:COIIndicator	最低访问权限，表示用户具有访问 MISE 中共享信息的权限

10.4.2　数据发布服务

发布服务提供了向 MISE 发布信息产品的接口，具体的发布流程如图 10-34 所示。

如图 10-35 所示程序为发布一个船舶位置信息程序举例，是一个包含船舶位置信息的 XML 文件，假设信息发布者已调用安全服务，并在可信结构文档中注册信息发布者系统为可信系统。

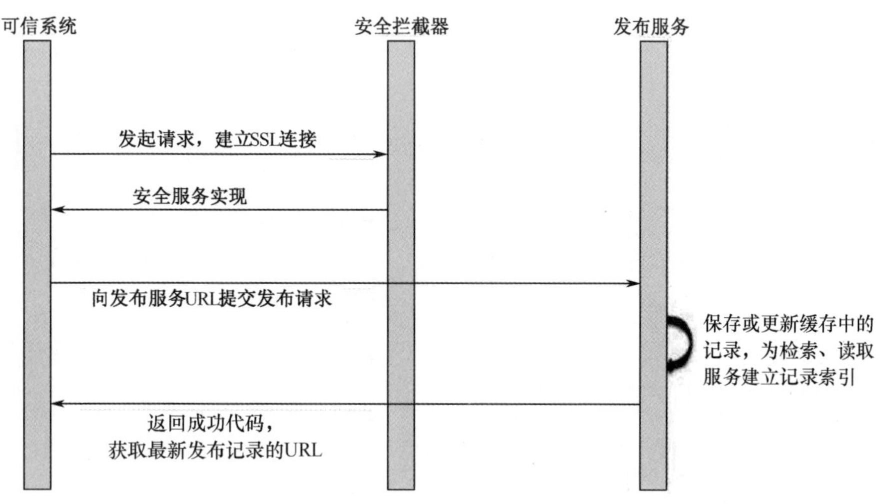

图 10-34　MISE 发布服务流程

```
using System;
using System.Collections.Generic;
using System.Xml.Linq;
using System.Web;
using System.Net;
using System.Security.Cryptography.X509Certificates;
using MdaToolkit;
 namespace ClientTest
{
    public class ClientTest
    {
        private static string certPath = "certificate.pfx";
        private static string certPassword = "password";
        public static void publish()
        {
            CertificateManagement cm = new    CertificateManagement();
            X509Certificate2 cert = cm.GetTrustedSystemPrivateCe rt(certPath, certPassword);
            HttpHandler httph = new HttpHandler(cert）;
            XDocument iepdDocument = new XDocument();
            iepdDocument.Add(new XElement("test", "test"));//Load a valid IEPD instance    here
            string iepdType = "IAN";
            int msgID = 123456789;
            string result = httph.GetHttpWebResponse("PUT",   "Publish", iepdType, msgID,
                        iepdDocument, null).ToString();
            Console.WriteLine(result);
        }
    }
}
```

图 10-35　发布一个船舶位置信息程序举例

如图 10-36 所示程序是从文件系统调用 SSL 证书，并创建一个与 MISE REST 服务交互的 HTTP 处理程序。

```
CertificateManagement cm = new CertificateManagement();
X509Certificate2 cert = cm.GetTrustedSystemPrivateCert(certPath, certPassword);
HttpHandler httph = new HttpHandler(cert);
```

图 10-36　从文件系统调用 SSL 证书，并创建一个与 MISE REST 服务交互的 HTTP 处理程序

如图 10-37 所示程序是读取 IEPD 文件，然后把它发布到 MISE，在发布命令中“msgID”必须是发布系统船舶位置信息实际存在的唯一标识。

```
XDocument iepdDocument = new XDocument();
iepdDocument.Add(new XElement("test", "test"));//Load a valid IEPD instance here
string iepdType = "IAN";
int msgID = 123456789; string result = httph.GetHttpWebResponse("PUT", "Publish",
iepdType, msgID, iepdDocument, null).ToString();
Console.WriteLine(result);
```

图 10-37　读取 IEPD 文件程序

10.4.3　数据删除服务

MISE 中的删除服务接口是发布服务接口的扩展，它用来删除已发布的信息产品，发布系统使用与发布信息时一样的参数发起删除请求，具体的删除服务流程如图 10-38 所示。

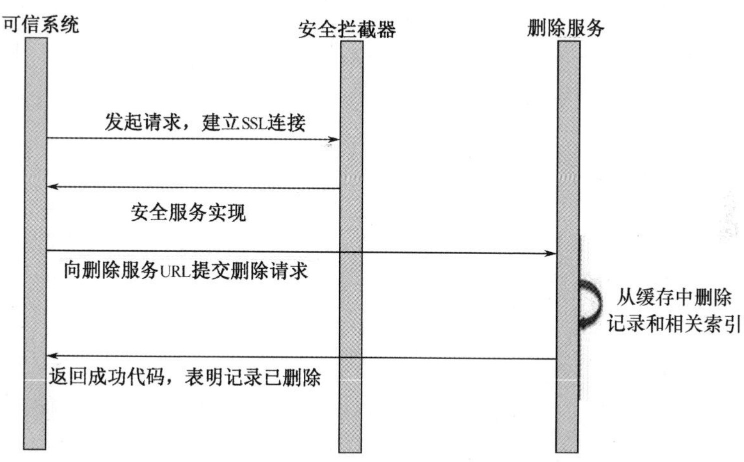

图 10-38　MISE 删除服务流程

如图 10-39 所示的删除服务程序与发布服务类似，在 HTTP 操作中用“DELETE”代替“PUT”。

```
using System;
using System.Collections.Generic;
using System.Xml.Linq;
using System.Web;
using System.Net;
using System.Security.Cryptography.X509Certificates;
using MdaToolkit;
namespace ClientTest
{
    public class ClientTest
    {
        private static string certPath = "certificate.pfx";
        private static string certPassword = "password";
        public static void delete()
        {
            CertificateManagement cm = new    CertificateManagement();
```

图 10-39　在 HTTP 操作中的删除服务程序

```
            X509Certificate2 cert = cm.GetTrustedSystemPrivateCert(certPath, certPassword);
            HttpHandler httph = new HttpHandler(cert);
            string iepdType = "IAN";
            int msgID = 123456789;
            string result = httph.GetHttpWebResponse("DELETE", "Delete", iepdType, msgID, null,
                        null).ToString();
            Console.WriteLine(result);
        }
    }
}
```

图 10-39　在 HTTP 操作中的删除服务程序（续）

注意：在删除服务操作中“msgID”必须是一个发布信息产品的实际标识 ID。

10.4.4　数据检索服务

检索服务接口提供在 MISE 中搜索信息产品的功能。不像发布服务和删除服务只需要与 MISE 建立 SSL 连接，检索服务和读取服务操作需要信息使用者系统提供用户的权限属性信息。这些信息采用 SAML 断言提供给 MISE，若断言是有效的，MISE 返回一个会话 Cookie 给客户系统，其流程如图 10-40 所示。

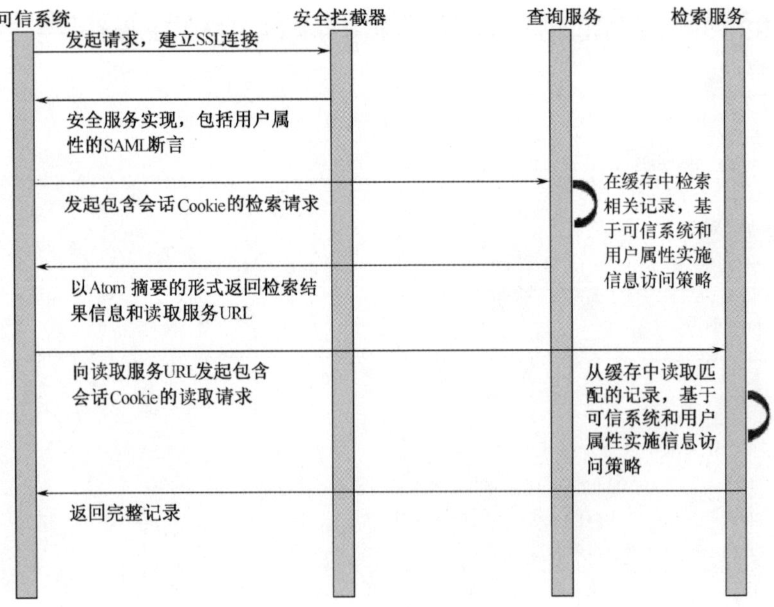

图 10-40　MISE 检索服务与读取服务实现流程

主要海事数据检索服务的 URI 如表 10-16 所示。所有 MISE 服务访问的基准路径是 mise.mda.gov。

表 10-16　主要海事数据检索服务的 URI

信息分类	查询条件	URL
船舶位置和轨迹报告（POS）	检索指定地理区域和时间窗口内船舶位置概要信息	/search/pos?ulat=$value&ulng=$value&llat=$value&llng=$value&start=$value&end=$value
	检索指定船舶的所有位置概要信息	/retrieve/pos?entityid=$eid&recordid=$posid
	检索指定地理区域范围内最近 30 秒内位置更新的每艘船舶的最新概要信息	/search/pos?ulat=$value&ulng=$value&llat=$value&llng=$value&start=$value&end=$value
船舶预警和报警信息（IAN）	检索指定地理区域内所有船舶的 IAN 概要信息	/search/ian?ulat=$value&ulng=$value&llat=$value&llng=$value&start=$value&end=$value
	检索指定地理区域和威胁水平的船舶 IAN 概要信息	/search/ian?ulat=$value&ulng=$value&llat=$value&llng=$value&threat=$value
船舶到港预报信息（NOA）	检索即将到达指定港口的所有船舶 NOA 概要信息	/search/noa?PortCodeText=$value&start=$value&end=$value
	检索指定船舶的全部 NOA 概要信息	/search/noa?VesselNameText=$value&VesselMMSIText=$value &VesselIMONumberText=$value
	检索指定地理区域范围内运载一定危险货物的所有船舶的 IAN 信息	/search/ian?ulat=$value&ulng=$value&llat=$value&llng=$value &start=$value&end=$value&VesselCDCCargoOnboardIndicator=true
	检索指定船舶和港口在 10 分钟内任何数据发生变化的 NOA 概要信息	/search/noa?start=$value&end=$value&PortCodeText=$value&VesselNameText=$value
态势感知级别信息（LOA）	检索指定地理区域内所有船舶的 LOA 概要信息	/search/loa?ulat=$value&ulng=$value&llat=$value&llng=value&start=$value&end=$value
	检索指定地理区域和威胁水平的船舶 LOA 概要信息	/search/loa?ulat=$value&ulng=$value&llat=$value&llng=$value&$threat=$value
	检索指定地理区域内指定船舶的 LOA 概要信息	/search/loa?ulat=$value&ulng=$value&llat=$value&llng=$value &VesselNameText=$value&VesselMMSIText=$value&VesselIMONumberText=$value

船舶预警和报警信息（IAN）检索服务程序举例如图 10-41 所示。

```
using System;
using System.Collections.Generic;
using System.Xml.Linq;
using System.Web;
using System.Net;
```

图 10-41　船舶预警和报警信息（IAN）检索服务程序举例

```
using System.Security.Cryptography.X509Certificates;
using MdaToolkit;
namespace ClientTest
{
    public static void search()
    {
        CertificateManagement cm = new CertificateManagement();
        X509Certificate2 cert = cm.GetTrustedSystemPrivateCert(certPath, certPassword);
        //build the attributes
         AttributeHolder attr = new AttributeHolder();
         attr.Id = "123";
         attr.IssueInstant = DateTime.Now.ToUniversalTime();
         attr.ElectronicEntityId = "https://mise.agencyone.gov/";
         attr.FullName = "John Doe";
         attr.CitizenCodes = new List<string>() {"USA"};
         attr.LEI = true;
         attr.PPI = true;
         attr.COI = true;
         ServiceHandler sh = new ServiceHandler();
         //send the saml login - the cookie representsthe session
         CookieContainer session = sh.SendSamlRequest(cert, attr);
         ServiceEndPointManager sepm = new ServiceEndPointManager();
         //set up a base search URL
         Uri url = new Uri(sepm.BuildServiceEndPoint("Search", "IAN", ""));
         //Assemble the query arguments - e.g. lat/lng, etc
          Dictionary<string string=""> qd = new Dictionary<string>();
          qd.Add("ulat", "10");
          qd.Add("ulng", "-10");
          qd.Add("llat", "-10");
          qd.Add("llng", "10");
          TimeSpan tStart = new TimeSpan(365, 0,0,0);                    //search the past years data
          TimeSpan tEnd = new TimeSpan(0, 0, 30);
         //cover search up to 30 seconds ago （data refresh rate determination）
          string start = DateTime.Now.Subtract(tStart). ToUniversalTime().ToString("o");
          string end = DateTime.Now.Subtract(tEnd).ToUniversalTime().ToString("o");
          qd.Add("start", start);
          qd.Add("end", end);
          url = HttpExtensions.AddQuery(url, qd);
          XDocument result = sh.SendQueryRequest(cert, session, url.ToString(),"application/xml");
          Console.WriteLine(result.ToString());
    }
  }
}
```

图 10-41　船舶预警和报警信息（IAN）检索服务程序举例（续）

如图 10-42 所示程序是从文件系统调用 SSL 证书，然后通过用户属性创建 SMAL 断言。其中，“AssertionHolder”是 MDA 工具提供的功能，用来创建 SAML 断言，每个断言必须提供“ElectronicIdentityID”“FullName”“CitizenCodes”和权限属性。

```
CertificateManagement cm = new CertificateManagement();
X509Certificate2 cert = cm.GetTrustedSystemPrivateCert(certPath, certPassword);
//build the attributes
AttributeHolder attr = new AttributeHolder();
attr.Id = "123";
attr.IssueInstant = DateTime.Now.ToUniversalTime();
attr.ElectronicEntityId = "https://mise.agencyone.gov/";
attr.FullName = "John Doe";
attr.CitizenCodes = new List<string>() {"USA"};
attr.LEI = true;
attr.PPI = true;
attr.COI = true;
```

图 10-42　调用 SSL 证书，通过用户属性创建 SAML 断言程序举例

如图 10-43 所示是将 SAML 断言发送到 MISE 程序举例。MISE 返回一个会话 Cookie，这个会话一直有效，直到会话失效或信息使用者退出为止。

```
ServiceHandler sh = new ServiceHandler( );
//send the saml login — the cookie represents the session
CookieContainer session = sh.SendSamlRequest(cert, attr);
```

图 10-43　将 SAML 断言发送到 MISE 程序举例

如图 10-44 所示是查询参数设置程序举例，查询条件是一个指定的地理封闭区域和时间段。

```
//Assemble the query arguments — e.g. lat/lng, etc
Dictionary<string string=""> qd = new Dictionary<string>();
qd.Add("ulat", "10");
qd.Add("ulng", "-10");
qd.Add("llat", "-10");
qd.Add("llng", "10");
TimeSpan tStart = new TimeSpan(365, 0,0,0); //search the past years data
TimeSpan tEnd = new TimeSpan(0, 0, 30); //cover search up to 30 seconds ago
(data refresh rate determination)
string start = DateTime.Now.Subtract(tStart). ToUniversalTime( ).ToString("o");
string end = DateTime.Now.Subtract(tEnd).ToUniversalTime( ).ToString("o");
qd.Add("start", start);
qd.Add("end", end);
```

图 10-44　查询参数设置程序举例

最后，客户端发送检索请求，MISE 执行检索操作，返回检索结果，如图 10-45 所示。

```
ServiceEndPointManager sepm = new ServiceEndPointManager( );
//set up a base search URL
Uri url = new Uri(sepm.BuildServiceEndPoint("Search", "IAN",   ""));
url = HttpExtensions.AddQuery(url, qd);
XDocument result = sh.SendQueryRequest(cert, session, url.ToString( ), "application/xml");
Console.WriteLine(result.ToString( ));
```

图 10-45　发送检索请求，并返回检索结果程序举例

10.4.5　数据读取服务

一旦检索操作完成，MISE 的读取服务可以让信息使用者系统读取任何海事信息的 XML 实例，也可以不进行检索操作，直接读取能被访问的任何记录。

每条发布到 MISE 的记录都会创建对应的专门的 URL。只要记录存储在 MISE 缓存中，其就可以通过 URL 被访问。如图 10-46 所示是读取操作程序举例。与检索操作一样，读取操作需要信息使用者系统提供用户的权限属性。这些权限属性通过 SAML 断言提交给 MISE。如果 SAML 断言是有效的，则 MISE 返回一个会话 Cookie 给信息使用者系统。

```
using System;
using System.Collections.Generic;
using System.Xml.Linq;
using System.Web;
using System.Net;
using System.Security.Cryptography.X509Certificates;
using MdaToolkit;
namespace ClientTest
{
    public static void retrieve( )
    {
        CertificateManagement cm = new CertificateManagement( );
        X509Certificate2 cert = cm.GetTrustedSystemPrivateCert(certPath, certPassword);
        //build the attributes
        AttributeHolder attr = new AttributeHolder( );
        attr.Id = "123";
        attr.IssueInstant = DateTime.Now.ToUniversalTime( );
        attr.ElectronicEntityId = "https://mise.agencyone.gov/";
```

图 10-46　读取操作程序举例

```
            attr.FullName = "John Doe";
            attr.CitizenCodes = new List<string>( ) { "USA" };
            attr.LEI = true;
            attr.PPI = true;
            attr.COI = true;
            ServiceHandler sh = new ServiceHandler( );
            //send the saml login - the cookie represents the session
            CookieContainer session = sh.SendSamlRequest(cert, attr);
            ServiceEndPointManager sepm = new ServiceEndPointManager( );
            //set up a base retrieve URL
            Uri url = new Uri(sepm.BuildServiceEndPoint("Retrieve", "IAN", ""));
            Dictionary<string string=""> qd = new Dictionary<string string="">( );
            qd.Add("entityid", https://mise.agencyone.gov/);
            qd.Add("recordid", "123456789");
            url = HttpExtensions.AddQuery(url, qd);
            XDocument xd = sh.SendQueryRequest(cert, session,url.ToString( ), "application/xml");
            Console.WriteLine(xd.ToString( ));
        }
    }
```

图 10-46　读取操作程序举例（续）

如图 10-47 所示程序从文件系统调用 SSL 证书，然后通过用户属性创建 SMAL 断言。其中，“AssertionHolder”是 MDA 工具提供的功能，用来创建 SAML 断言；每个断言必须提供“ElectronicIdentityID”“FullName”“CitizenCodes”和权限属性，然后将 SAML 断言发送到 MISE；MISE 返回一个会话 Cookie，这个会话一直有效，直到会话失效或信息使用者退出为止。

```
CertificateManagement cm = new CertificateManagement( );
X509Certificate2 cert = cm.GetTrustedSystemPrivateCert(certPath, certPassword);
//build the attributes
AttributeHolder attr = new AttributeHolder( );
attr.Id = "123";
attr.IssueInstant = DateTime.Now.ToUniversalTime( );
attr.ElectronicEntityId = "https://mise.agencyone.gov/";
attr.FullName = "John Doe";
attr.CitizenCodes = new List<string>( ) {"USA"};
attr.LEI = true;
attr.PPI = true;
attr.COI = true;
ServiceHandler sh = new ServiceHandler( );
//send the saml login - the cookie represents the session
CookieContainer session = sh.SendSamlRequest(cert, attr);
```

图 10-47　调用 SSL 证书，并通过用户属性创建 SMAL 断言程序举例

最后，一旦断言已经创建，并且会话也已经建立，读取操作就会执行。每条记录都有唯一的 ID，实体 ID 和记录 ID 构成了记录的唯一标识，实体 ID 与可信结构文档中的实体 ID 相同，如图 10-48 所示。

```
ServiceEndPointManager sepm = new ServiceEndPointManager( );
//set up a base retrieve URL
Uri url = new Uri(sepm.BuildServiceEndPoint("Retrieve", "IAN", ""));
Dictionary<string string=""> qd = new Dictionary<string string="">( );
qd.Add("entityid", https://mise.agencyone.gov/);
qd.Add("recordid", "123456789");
url = HttpExtensions.AddQuery(url, qd);
XDocument xd = sh.SendQueryRequest(cert, session, url.ToString( ), "application/xml");
Console.WriteLine(xd.ToString( ));
```

图 10-48　读取操作程序举例

10.5　本章小结

美国海事信息共享环境（MISE）基于美国国家信息交换模型中海事业务领域数据模型标准，实现对海事信息管理和共享，为美国联邦、州、地方、部落、领地、私营部门等提供基于互联网的、非机密的海事信息共享，其体系框架主要包括数据架构视图、服务架构视图、安全架构视图和技术支持架构视图。

数据架构视图包括相关信息共享标准，用来描述共享的数据对象，包括信息模型、海事业务数据模型、企业信息交换模型、信息交换包文档。

服务架构视图包括基于 Restful Web 的信息共享服务接口，主要包括数据发布、数据删除、数据检索、数据读取服务。

安全架构视图包括 SSL 连接、身份验证、基于属性的访问控制等措施，以确保共享信息的安全。身份证书和权限信息的储存、安全属性的传输都采用开放的、标准的安全断言标记语言（SAML）元数据来描述，有效解决了在动态环境中不确定用户之间的信息共享安全问题。

技术支持架构视图定义了维持 MISE 正常运行的方法，包括服务管理、组织角色及职责、终端用户技术支持。

第 11 章

Chapter 11

附　　录

本章列举了 NIEM 4.2 核心数据模型的主要数据类型，并举例说明了可信结构文档和 SAML 断言的内容、格式，最后列出了本书中用到的缩略语。

11.1 NIEM 4.2 核心数据模型的主要数据类型

由于篇幅的原因，本节按数据类型名称首字母排列顺序列出了 NIEM 4.2 核心数据模型中活动、组织结构、人员、设施、地理位置等相关的部分数据类型说明及关系。在数据类型关系图中[1]，“type”关系表示元素的数据类型，即箭头起始点方框内元素的数据类型是箭头所指向的数据类型；“derived”关系表示派生关系，即箭头指向的方框内的数据类型由箭头起始点方框内的数据类型派生；“extension”关系表示扩展关系，即箭头所指向的数据类型基于箭头起始点方框内的数据类型扩展；“substitution group”表示该方框内的数据元素可以替换箭头所指的抽象类型元素。

11.1.1 活动相关数据类型

活动相关的主要数据类型定义及关系如表 11-1、图 11-1 所示。

表 11-1 活动相关的注意数据类型定义

类型 / 属性	类 型	说 明
nc:ActivityType		描述单个或一系列相关行为、事件或步骤的数据类型
nc:ActivityIdentification	nc:IdentificationType	活动标识
nc:ActivityCategoryText	nc:TextType	活动的类别文本描述
nc:ActivityDescriptionText	nc:TextType	活动的文本描述
nc:ActivityName	nc:TextType	活动名称
nc:ActivityStatus	nc:StatusType	活动的状态
nc:ActivityReasonText	nc:TextType	举办活动的原因
nc:ActivityDisposition	nc:DispositionType	活动结果
+ nc:CaseDisposition	nc:CaseDispositionType	文件处理结果

[1] 数据类型关系图网址 https://niem.github.io/model/4.2/nc/index.html，也可以用微信扫描右边二维码浏览。

（续表）

类型 / 属性	类　型	说　明
nc:ActivityContactEntity	nc:EntityType	活动联系人或机构
nc:ActivityDate	nc:DateType	举办活动的日期
nc:ActivityLocation	nc:LocationType	举办活动的地点
nc:ActivityAugmentationPoint	<abstract element, no type>	活动类型的扩展点
+ em:ActivityAugmentation	em:ActivityAugmentationType	应急管理业务领域活动扩展信息
+ j:ActivityAugmentation	j:ActivityAugmentationType	司法领域活动扩展信息
nc:ActivityFacilityAssociationType	extends nc:AssociationType	描述活动与设施之间关联关系的数据类型
nc:Activity	nc:ActivityType	单个或一系列相关行为、事件或步骤
nc:Facility	nc:FacilityType	提供某项特定业务的楼宇、场所或建筑物
nc:ActivityFacilityAssociationAugmentationPoint	<abstract element, no type>	活动与设施之间关联关系类型的扩展点
nc:ActivityItemAssociationType	extends nc:AssociationType	描述活动与用品之间关联关系的数据类型
nc:Activity	nc:ActivityType	单个或一系列相关行为、事件或步骤
nc:Item	nc:ItemType	物品
nc:ActivityItemAssociationAugmentationPoint	<abstract element, no type>	活动与用品关联关系类型的扩展点
nc:ActivityOrganizationAssociationType	extends nc:AssociationType	描述活动与组织机构之间关联关系的数据类型
nc:Activity	nc:ActivityType	单个或一系列相关行为、事件或步骤
nc:Organization	nc:OrganizationType	指导某类商业或运营行为的一家单位
+hs:ChildSupportEnforcementOrganization	hs:ChildSupportEnforcement OrganizationType	人口服务领域儿童抚养监管组织
+hs:ChildWelfareOrganization	nc:OrganizationType	儿童青年家庭服务领域儿童福利组织
nc:ActivityInvolvementAbstract	<abstract element, no type>	参加某项活动的情况信息
+nc:ActivityInvolvementText	nc:TextType	参与某项活动的情况描述

（续表）

类型 / 属性	类　　型	说　　明
+ j:ActivityOrganizationRelationshipCode	ndex:ActivityOrganizationDescriptionCodeType	司法领域活动与机构的关系代码
+ j:ActivityPersonRelationshipCode	ndex:ActivityPersonDescriptionCodeType	司法领域活动与人员的关系代码
nc:ActivityOrganizationAssociationAugmentationPoint	<abstract element, no type>	活动与组织机构关联关系类型的扩展点
nc:ActivityPersonAssociationType	extends nc:AssociationType	描述活动与人员之间关联关系的数据类型
nc:Activity	nc:ActivityType	单个或一系列相关行为、事件或步骤
nc:Person	nc:PersonType	参与人员
nc:ActivityInvolvementAbstract	<abstract element, no type>	参加某项活动的情况信息
+ nc:ActivityInvolvementText	nc:TextType	对某项活动参与情况的描述
+ j:ActivityOrganizationRelationshipCode	ndex:ActivityOrganizationDescriptionCodeType	司法领域活动与组织机构的关联关系代码
+ j:ActivityPersonRelationshipCode	ndex:ActivityPersonDescriptionCodeType	司法领域活动与人员的关系代码
nc:ActivityPersonAssociationAugmentationPoint	<abstract element, no type>	活动与人员关联关系类型的扩展点
+ hs:ActivityInvolvedPersonAssociationAugmentation	hs:ActivityInvolvedPersonAssociationAugmentationType	活动与参与此活动的人员之间的关联关系的扩展信息
nc:ActivityScheduleAssociationType	extends nc:AssociationType	描述活动与其日程之间关联关系的数据类型
nc:Activity	nc:ActivityType	单个或一系列相关行为、事件或步骤
nc:ScheduleDay	nc:ScheduleDayType	活动的计划或日程安排
nc:ActivityScheduleAssociationAugmentationPoint	<abstract element, no type>	活动与日程关联关系类型的扩展点
nc:ActivitySiteAssociationType	extends nc:AssociationType	描述活动与场所之间关联关系的数据类型
nc:Activity	nc:ActivityType	单个或一系列相关行为、事件或步骤
nc:Site	nc:SiteType	一个特定的地点或方位
nc:ActivitySiteAssociationAugmentationPoint	<abstract element, no type>	活动与场所关联关系类型的扩展点

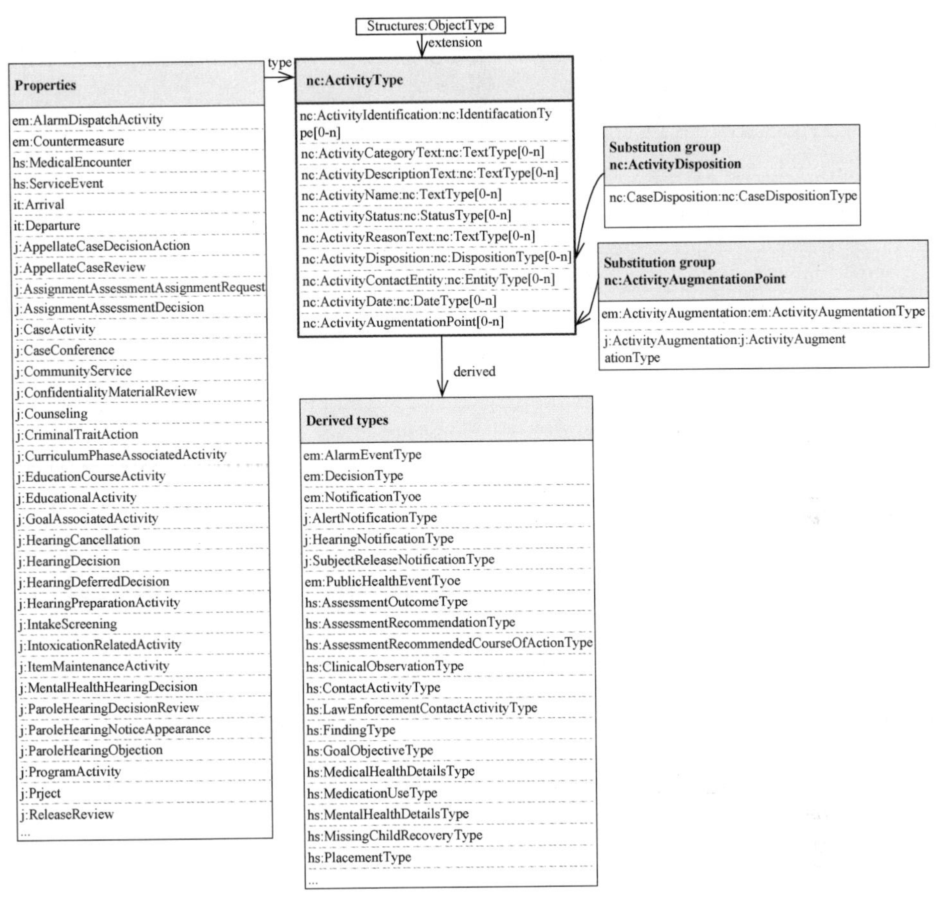

图 11-1 活动相关数据类型定义及关系

11.1.2 飞行器相关数据类型

飞行器相关的主要数据类型定义及关系如表 11-2、图 11-2 所示。

表 11-2 飞行器相关的主要数据类型定义

类型 / 属性	所属数据类型	说 明
nc: AircraftType		描述空中飞行的具有运输能力的飞行器类型，如飞机、直升机、喷气式飞机、无人驾驶飞机、滑翔机、无人机
nc:AircraftBaseAirport	nc:AirportType	飞行器基地
nc:AircraftCallSignIdentification	nc:IdentificationType	通信呼号标识
nc:AircraftCategoryAbstract	<abstract element, no type>	飞行器分类

（续表）

类型 / 属性	所属数据类型	说　明
nc:AircraftFuselageColorAbstract	<abstract element, no type>	飞行器机身颜色抽象元素
+nc:AircraftFuselageColorText	nc:TextType	飞行器机身颜色文本描述
+j:AircraftFuselageColorCode	ncic:VCOCodeType	联邦调查局国家犯罪信息中心代码表中的飞行器机身颜色代码
nc:AircraftTailIdentification	nc:IdentificationType	飞行器机尾标识
nc:AircraftMakeAbstract	<abstract element, no type>	飞行器制造商抽象元素
+ j:AircraftMakeCode	ncic:VMACodeType	联邦调查局国家犯罪信息中心代码表中的制造厂商代码
nc:AircraftModelAbstract	<abstract element, no type>	飞行器设计商抽象元素
+ j:AircraftModelCode	ncic:VMOCodeType	联邦调查局国家犯罪信息中心代码表中的设计厂商代码
nc:AircraftStyleAbstract	<abstract element, no type>	飞行器型号抽象元素
+ j:AircraftStyleCode	ncic:VSTCodeType	联邦调查局国家犯罪信息中心代码表中的飞行器型号代码
nc:AircraftWingColorAbstract	<abstract element, no type>	飞行器翼展颜色
+nc:AircraftWingColorText	nc:TextType	飞行器翼展颜色文本描述
+j:AircraftWingColorCode	ncic:VCOCodeType	联邦调查局国家犯罪信息中心代码表中的飞行器翼展颜色代码描述
nc:AircraftAugmentationPoint	<abstract element, no type>	飞行器类型扩展点

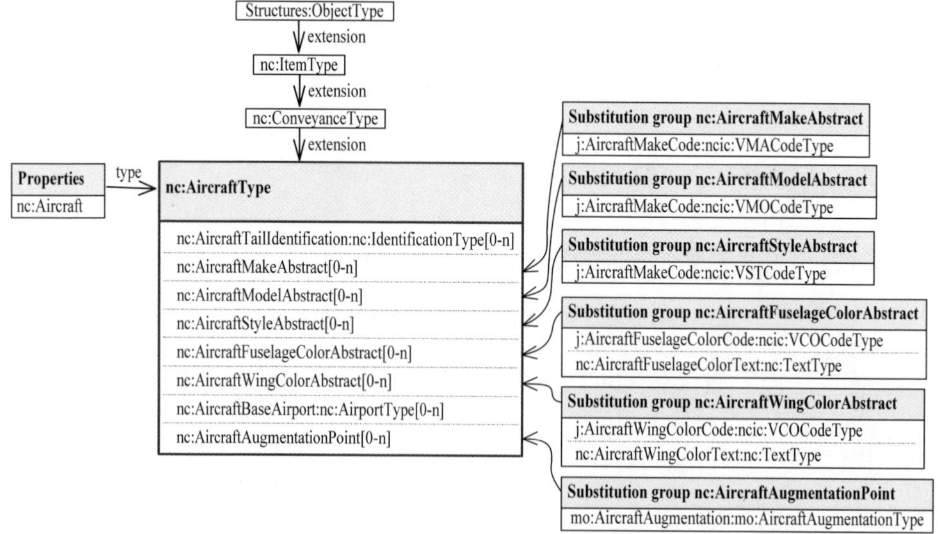

图 11-2　飞行器相关数据类型定义及关系

11.1.3　时间相关数据类型

时间相关的主要数据类型定义及关系如表 11-3、图 11-3 所示。

表 11-3　日期时间相关的主要数据类型定义

类型 / 属性	类　型	说　明
nc: DateType		日期数据类型
nc:DateRepresentation	<abstract element, no type>	日期表示方法抽象元素
+ nc:Date	niem-xs:date	完整日期格式表示方式
+ nc:DateRange	nc:DateRangeType	起止表示方式
+ nc:DateTime	niem-xs:dateTime	日期时间表示方式
+ nc:DayDate	niem-xs:gDay	天数表示方式
+ nc:FiscalYearDate	nc:FiscalYearDateType	财政年日期表示方式
+ nc:MonthDate	niem-xs:gMonth	月份表示方式
+ nc:QuarterID	nc:QuarterIDType	日历年或财政年季度表示方式
+ nc:YearDate	niem-xs:gYear	年份表示方式
+ nc:YearMonthDate	niem-xs:gYearMonth	年月表示方式
+ nc:ZuluDateTime	nc:ZuluDateTimeType	祖鲁日期时间表示方式
nc:DateAccuracyAbstract	<abstract element, no type>	日期精度抽象类型
nc:DateMarginOfErrorDuration	niem-xs:duration	日期误差范围
nc:DateAugmentationPoint	<abstract element, no type>	日期类型扩展点
nc: DateRangeType		起止数据类型
nc:StartDate	nc:DateType	起始日期
nc:EndDate	nc:DateType	结束日期
nc:DateRangeAugmentationPoint	<abstract element, no type>	日期类型扩展点

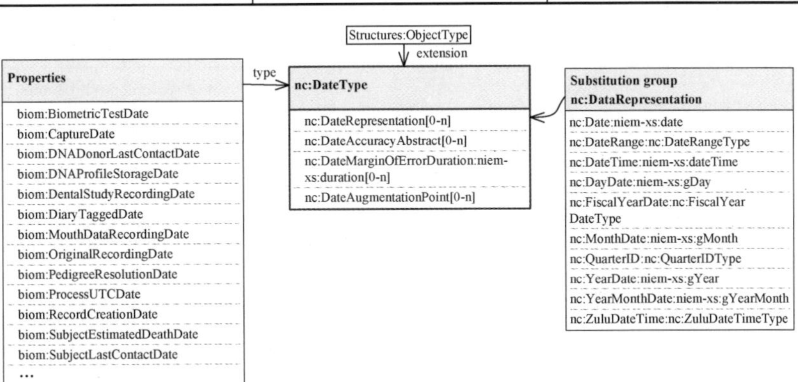

图 11-3　日期时间相关数据类型定义及关系

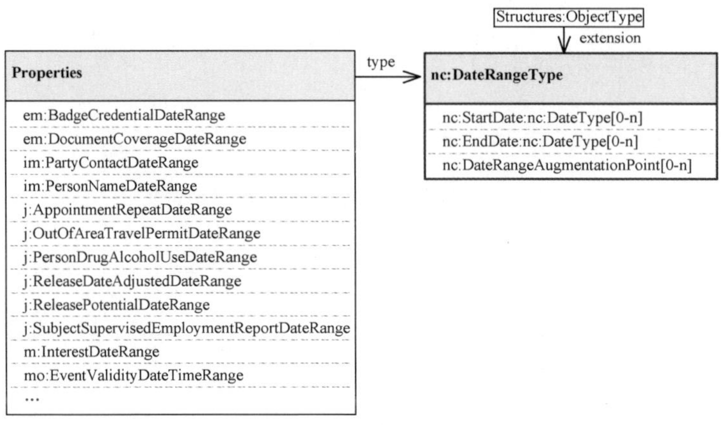

图 11-3　日期时间相关数据类型定义及关系（续）

11.1.4　设备相关数据类型

设备相关的主要数据类型定义及关系如表 11-4、图 11-4 所示。

表 11-4　设备相关的主要数据类型定义

类型 / 属性	所属数据类型	说　明
nc: DeviceType		设备数据类型
nc:DeviceCategoryAbstract	<abstract element, no type>	通信设备分类抽象元素
+nc:DeviceCategoryText	nc:TextType	通信设备分类文本信息
+ j:DeviceCategoryCode	ndex:DeviceCategoryCodeType	联邦调查局刑事司法信息系统数据交换规范规定的代码表，即司法领域通信设施分类代码
+mo:DeviceCategoryPhysicalSecurityCode	mo:DeviceCategoryPhysicalSecurityCodeType	军事领域物理安全设备分类代码
nc:DeviceESNIdentification	nc:IdentificationType	特定制造商分配给每部 GSM 和 UMTS 移动电话的电子序列号
nc:DeviceIMEIIdentification	nc:IdentificationType	制造商分配给每部移动电话的国际移动设备标识
nc:DeviceElectronicAddress	nc:ElectronicAddressType	在互联网或其他网络上的 IP 或统一资源定位符
nc:DeviceStoredContactInformation	nc:ContactInformationType	存储在设备上的联系信息
nc:DeviceAugmentationPoint	<abstract element, no type>	设备类型扩展点
+ mo:DeviceAugmentation	mo:DeviceAugmentationType	军事作战领域设备类型的扩展点

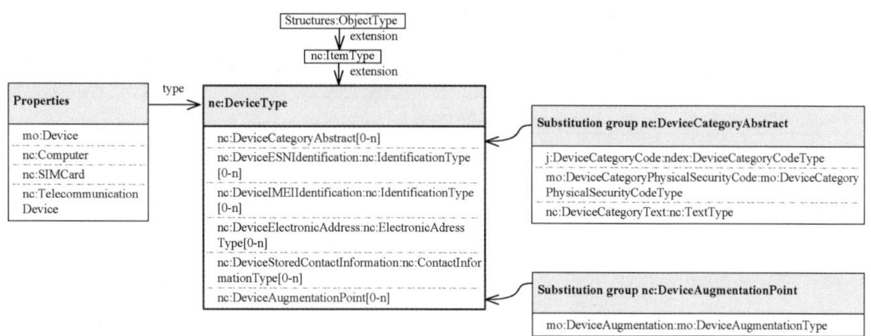

图 11-4 设备相关数据类型定义及关系

11.1.5 文档相关数据类型

文档相关的主要数据类型定义及关系如表 11-5、图 11-5 所示。

表 11-5 文档相关数据类型定义

类型 / 属性	所属数据类型	说 明
nc: DocumentType		文档数据类型
nc:DocumentCategoryAbstract	<abstract element, no type>	文档类别抽象元素
+ nc:DocumentCategoryID	niem-xs:string	文档类别标识
+nc:DocumentCategoryName	nc:TextType	文档类别文本名称
+ nc:DocumentCategoryText	nc:TextType	文档类别文本描述
+em:InteragencyCommunicationCategoryCode	em:InteragencyCommunicationCategoryCodeType	应急管理域跨部门通信文档类别代码
+em:PublicCommunicationCategoryCode	em:PublicCommunicationCategoryCodeType	应急领域公开通信文档类别代码
+ scr:DocumentCategoryCode	scr:DocumentCategoryCodeType	人员身份审查领域文档类别代码
nc:DocumentSensitivityAbstract	<abstract element, no type>	文档密级抽象元素
+ nc:DocumentSensitivityText	nc:TextType	文档敏感性、安全性或隐私级别的文本描述
nc:CaveatText	nc:TextType	文档的警告提示或注意事项信息
nc:DocumentAlternativeTitleText	nc:TextType	文档的子标题或者其他可替换的标题
nc:DocumentSoftwareName	nc:SoftwareNameType	用来处理文档的计算机软件名称
nc:DocumentApprovedIndicator	niem-xs:boolean	若文件已获批准，则为真；否则，为假
nc:DocumentBinary	nc:BinaryType	文档内容的二进制编码
nc:DocumentCategoryDescriptionText	nc:TextType	文档分类描述信息
nc:DocumentContentListText	nc:TextType	文档内容目录列表
nc:DocumentCopyrightIndicator	niem-xs:boolean	若文档有版权，则为真；否则，为假

（续表）

类型 / 属性	所属数据类型	说　明
nc:DocumentCountry	nc:CountryType	文档涉及的国家
nc:DocumentCreationDate	nc:DateType	文档创建日期
nc:DocumentDispositionAuthorityName	nc:TextType	授权处理文档信息的机构名称
nc:DocumentDispositionInstructionText	nc:TextType	关于如何处理文档中信息的说明
nc:DocumentDisputedIndicator	niem-xs:boolean	若对文档的准确性有争议，为真；否则，为假
nc:DocumentDisputedReasonText	nc:TextType	文档的准确性有争议的原因
nc:DocumentEffectiveDate	nc:DateType	文档有效日期
nc:DocumentEntrySubmitter	nc:PersonType	对文档有贡献的人员
nc:DocumentExpirationDate	nc:DateType	文档失效日期，说明该文档需要从文档库或索引中删除
nc:DocumentFileControlID	niem-xs:string	在文档管理系统中对文档进行定位的标识符
nc:DocumentFiledDate	nc:DateType	文档正式提交给某个组织或机构的日期
nc:DocumentFileExtensionText	nc:TextType	电子文档的文件扩展名称
nc:DocumentFileName	nc:TextType	电子文档的文件名称
nc:DocumentFormatText	nc:TextType	文档的物理格式
nc:DocumentGroupID	niem-xs:string	文档分组标识符
nc:DocumentIdentification	nc:IdentificationType	引用文档标识符
nc:DocumentInformationCutOffDate	nc:DateType	对文档内容的贡献将不再被接受的日期
+nc:DocumentIntelligenceCategoryCode	dod_jcs-pub2.0:DocumentIntelligenceCategoryCodeType	美国国防部参谋长联席会议情报学科代码表，即文档资源的类别代码
nc:DocumentKeywordText	nc:TextType	文档关键词
nc:DocumentLastModifiedDate	nc:DateType	文档最后修改日期
nc:DocumentLocation	nc:LocationType	物理文档存放的位置
nc:DocumentLocationURI	niem-xs:anyURI	文档电子版存放的位置
nc:DocumentManagementCyclePeriodText	nc:TextType	文档的审核或更新周期
nc:DocumentMediaCategoryText	nc:TextType	文档的媒体格式类别
nc:DocumentMediumText	nc:TextType	存储文件的物质或物理载体
nc:DocumentOtherRecipient	nc:EntityType	文档存放的其他地址
nc:DocumentPermanentRecordIndicator	niem-xs:boolean	若文件要作为永久记录保存，为真；否则，为假
nc:DocumentPostDate	nc:DateType	将文件提交到信息系统或网络的日期（投寄日期与正式归档日期不同时使用）

（续表）

类型 / 属性	所属数据类型	说　明
nc:DocumentPrivacyActIndicator	niem-xs:boolean	若文档内容包含受《隐私法》保护的个人信息，为真；否则，为假
nc:DocumentPublicationDate	nc:DateType	文档内容在任何媒体中首次公开传播的日期
nc:DocumentReceivedDate	nc:DateType	文档接收日期
nc:DocumentRecipient	nc:EntityType	文档接收者
nc:DocumentRelatedResourceText	nc:TextType	与该文档相关的另一个文档或资源的引用
nc:DocumentRightsText	nc:TextType	文档知识产权
nc:DocumentSequenceID	niem-xs:string	在系列文档中该文档的序列标识符
nc:DocumentSource	nc:EntityType	文档来源机构或个人
nc:DocumentSourceText	nc:TextType	文档内容来源
nc:DocumentStatus	nc:StatusType	文档状态
nc:DocumentSubjectAbstract	<abstract element, no type>	文档主题
+nc:DocumentSubjectText	nc:TextType	文档主题文本描述
nc:DocumentSummaryText	nc:TextType	文档摘要
nc:DocumentSupplementalMarkingText	nc:TextType	文档补充文本
nc:DocumentTitleText	nc:TextType	文档标题
nc:DocumentVitalIndicator	niem-xs:boolean	若文档为重要文件，为真；否则，为假
nc:DocumentAuthor	nc:EntityType	文档创建者
nc:DocumentContributor	nc:EntityType	文档贡献者
nc:DocumentCoverageAbstract	<abstract element, no type>	文档内容涵盖范围抽象元素
+nc:DocumentCoverageAddress	nc:AddressType	文档内容涵盖的地点
+nc:DocumentCoverageDate	nc:DateType	文档内容涵盖的日期
+nc:DocumentCoverageText	nc:TextType	文档内容涵盖的文本描述
nc:DocumentFormatCategoryText	nc:TextType	文档格式分类
nc:DocumentLanguageAbstract	<abstract element, no type>	文档内容的语言抽象元素
+ nc:DocumentLanguageCode	iso_639-3:LanguageCodeType	文档内容语言代码
+nc-4.0.2:DocumentLanguageCode	iso_639-3-4.0.2:LanguageCodeType	文档语言代码
nc:DocumentSubmissionAmount	nc:AmountType	提交文档的费用或价格
nc:DocumentSubmitter	nc:EntityType	文档提交机构或个人
nc:DocumentIssuanceDate	nc:DateType	文档签发日期
nc:DocumentStatusDetails	nc:DocumentStatusDetailsType	文件状态细节描述
nc:DocumentIssuanceLocation	nc:LocationType	签发文件的地点
nc:DocumentEUDataPrivacyIndicator	niem-xs:boolean	若数据受《欧盟数据保护条例》（2016-679）保护，应区别对待，则为真；否则，为假
nc:DocumentAugmentationPoint	<abstract element, no type>	文档类型扩展点

（续表）

类型 / 属性	所属数据类型	说　明
+ em:DocumentAugmentation	em:DocumentAugmentationType	应急管理域文档补充信息的扩展点
+ it:DocumentAugmentation	it:DocumentAugmentationType	国际贸易领域文档补充信息的扩展点
+ j:DocumentAugmentation	j:DocumentAugmentationType	司法领域文档补充信息的扩展点

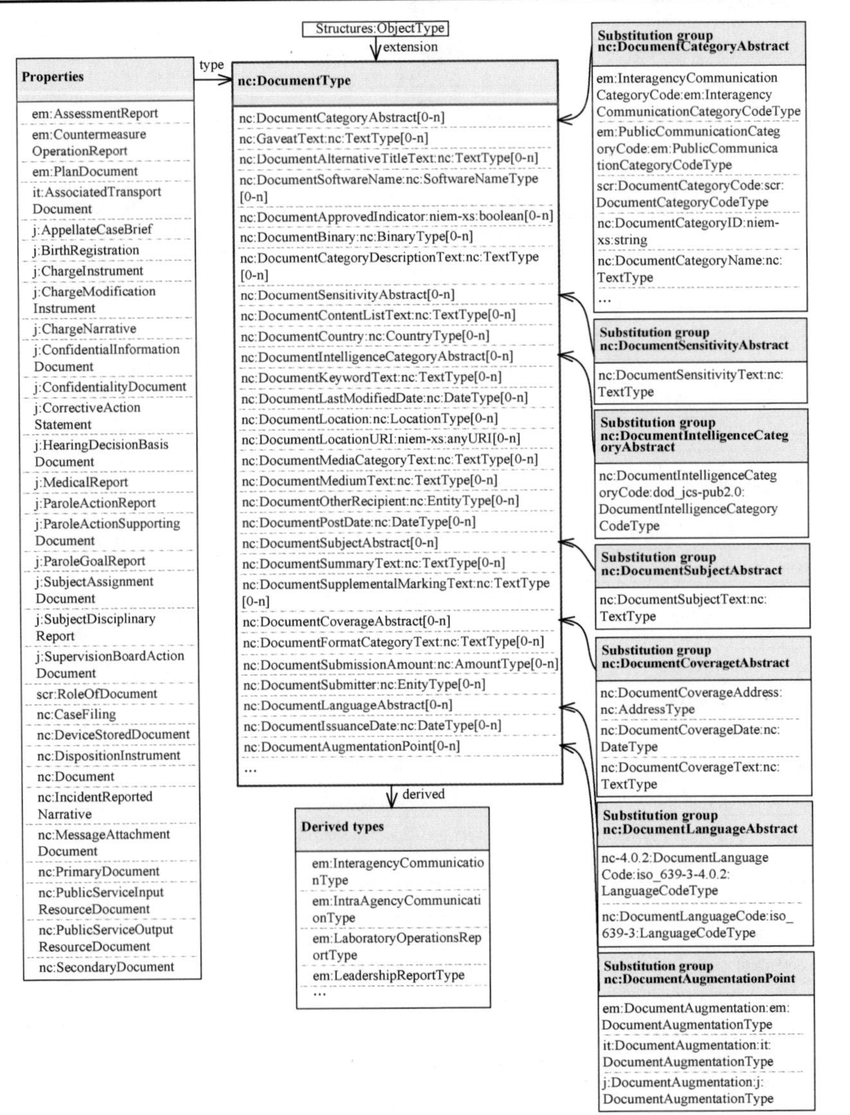

图 11-5　文档相关数据类型定义及关系

11.1.6 设施相关数据类型

设施相关的主要数据类型定义及关系如表 11-6、图 11-6 所示。

表 11-6 设施相关的主要数据类型定义

类型 / 属性	所属数据类型	说　明
nc:FacilityType		描述能提供特定功能或服务的房屋、地方或建筑物的数据类型
nc:FacilityIdentification	nc:IdentificationType	设施标识
nc:FacilityName	nc:ProperNameTextType	设施名称
nc:FacilityCategory	<abstract element, no type>	设施类别
+ nc:FacilityCategoryCode	occs:FacilityUsageCodeType	符合《建筑分类体系代码表》的设施类别编码
+ nc:FacilityCategoryText	nc:TextType	设施类别文本描述
nc:FacilityLocation	nc:LocationType	设施地点
nc:FacilityContactInformation	nc:ContactInformationType	设施联络信息
nc:FacilityContainsItem	nc:ItemType	设施内包含的物品
nc:FacilityCapacityDescriptionText	nc:TextType	设施功能描述
nc:FacilityCapacityQuantity	niem-xs:nonNegativeInteger	设施一次可管理的人数
nc:FacilityDescriptionText	nc:TextType	对设施的描述
nc:FacilityMaxOccupancyQuantity	niem-xs:nonNegativeInteger	同一时间设施允许容纳的人数的最大值
nc:FacilityMemberCategoryText	nc:TextType	设施组成分类
nc:FacilityOperatingSchedule	nc:ScheduleType	在给定时间段内或工作日开放和关闭的时间安排
nc:FacilityOperationalStatus	nc:StatusType	设施营运状态
nc:FacilitySecurityLevelText	nc:TextType	设施营运的安全等级描述
nc:FacilitySiteDiagram	nc:ImageType	设施布局示意
nc:FacilitySystemID	nc:SystemIdentifierType	支持设施活动的计算机系统标识
nc:FacilitySystemIPAddressID	niem-xs:string	支持设施活动的计算机系统 IP 地址
nc:FacilityUsage	<abstract element, no type>	设施功能性用途
+ nc:FacilityUsageCode	occs:FacilityUsageCodeType	设施功能性用途代码
+ nc:FacilityUsageLevel1Code	occs:FacilityUsageLevel1CodeType	设施的高级用法分类代码
+ nc:FacilityUsageLevel2Code	occs:FacilityUsageLevel2CodeType	设施的中级用法分类代码
+ nc:FacilityUsageText	nc:TextType	设施功能性用途的文本描述
nc:FacilityName	nc:ProperNameTextType	设施的名称
nc:FacilityAugmentationPoint	<abstract element, no type>	设施类型的扩展点

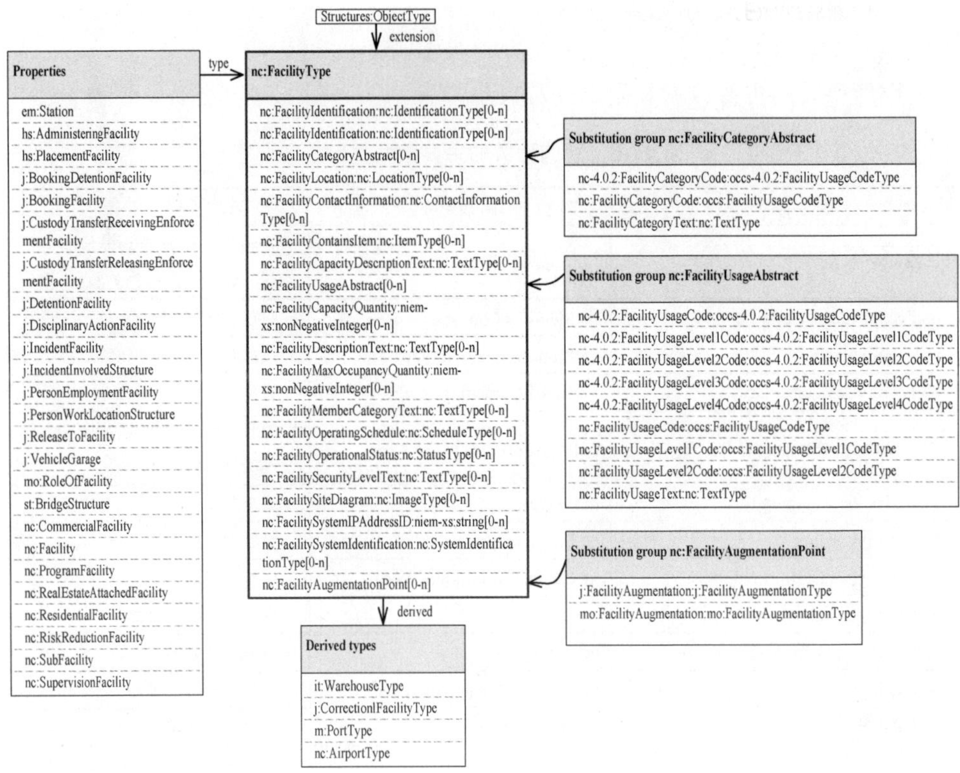

图 11-6　设施相关数据类型定义及关系

11.1.7　物品相关数据类型

物品相关的主要数据类型定义及关系如表 11-7、图 11-7 所示。

表 11-7　物品相关的主要数据类型定义

类型 / 属性	所属数据类型	说　明
nc: ItemType		物品数据类型
nc:ItemName	nc:TextType	物品名称
nc:ItemActionText	nc:TextType	对物品采取的操作
nc:ItemBarCodeIdentification	nc:IdentificationType	物品的条码
nc:ItemConditionText	nc:TextType	物品的状态或外观
nc:ItemDealerIdentification	nc:IdentificationType	由经销商指定的物品标识
nc:ItemDescriptionText	nc:TextType	物品的描述

（续表）

类型 / 属性	所属数据类型	说　明
nc:ItemDisposition	nc:ItemDispositionType	物品处理后的结果
nc:ItemOtherIdentification	nc:IdentificationType	物品的其他标识
nc:ItemOwner	nc:EntityType	物品的所有者
nc:ItemOwnerAppliedID	niem-xs:string	物品所有者给定的标识
nc:ItemOwnerPurchasedValue	nc:ItemValueType	物品所有者购买物品时支付的金额
nc:ItemReceiptIdentification	nc:IdentificationType	为公务目的而持有的物品的标识
nc:ItemRFIdentification	nc:IdentificationType	物品的射频识别标识
nc:ItemSerialIdentification	nc:IdentificationType	由制造商在部件、部件集合、完整部件或附加部件加的标识
nc:ItemStateIdentification	nc:IdentificationType	物品状态标识
nc:ItemStatus	nc:StatusType	物品的状态
nc:ItemUsageText	nc:TextType	物品的使用方法
nc:ItemValue	nc:ItemValueType	物品的货币价值评估值
nc:ItemVisibleID	niem-xs:string	物品可见的标识符
nc:WeaponIndicator	niem-xs:boolean	若物品是武器，为真；否则，为假
nc:WeaponUsageIndicator	niem-xs:boolean	若传统上不被视为武器的物品被当作武器使用，为真；否则，为假
nc:ConveyanceSalesTaxPercent	niem-xs:decimal	车辆税
nc:ItemAgeMeasure	nc:TimeMeasureType	物品的年限
nc:ItemBinary	nc:BinaryType	物品的二进制描述
nc:ItemBrandName	nc:ProperNameTextType	物品的商标名称
nc:ItemCategoryAbstract	<abstract element, no type>	物品分类
+nc:ConveyanceCategoryCode	commodity:ConveyanceCategoryCodeType	运输工具分类代码
+nc:ElectronicEquipmentCategoryCode	commodity:ElectronicEquipmentCategoryCodeType	电子设备分类代码
+nc:ElectronicInstrumentCategoryCode	commodity:ElectronicInstrumentCategoryCodeType	电子仪器分类代码
+nc:ItemCategoryText	nc:TextType	分类文本描述
+nc:MachineryCategoryCode	commodity:MachineryCategoryCodeType	机械分类代码

（续表）

类型 / 属性	所属数据类型	说　明
+nc-4.0.2:CommodityCategoryCode	commodity-4.0.2:CommodityCodeType	商品分类代码
+nc-4.0.2:ConveyanceCategoryCode	commodity-4.0.2:ConveyanceCategory CodeType	运输工具分类代码
+nc-4.0.2:ElectronicEquipmentCategoryCode	commodity-4.0.2:ElectronicEquipment CategoryCodeType	电子设备分类代码
+nc-4.0.2:ElectronicInstrumentCategoryCode	commodity-4.0.2:ElectronicInstrument CategoryCodeType	电子仪器分类代码
+nc-4.0.2:MachineryCategoryCode	commodity-4.0.2:MachineryCategory CodeType	机械分类代码
+j:ArtObjectCategoryCode	ndex:ArtObjectCategoryCodeType	艺术品分类代码
+j:AudioVisualRecordingCategoryCode	ndex:AudioVisualRecordingCategory CodeType	音像品分类代码
+j:BicycleCategoryCode	ndex:BicycleCategoryCodeType	自行车分类代码
+j:ClothingCategoryCode	ndex:ClothingCategoryCodeType	服装分类代码
+j:ComputerHardwareSoftwareCategoryCode	ndex:DataProcessingEquipmentCategory CodeType	计算机硬件和软件分类代码
+j:ConstructionMaterialCategoryCode	ndex:ConstructionMaterialCategory CodeType	建材分类代码
+j:ConsumableGoodsCategoryCode	ndex:ConsumableGoodsCategory CodeType	消耗品分类代码
+j:CreditBankIDCardCategoryCode	ndex:CreditBankIDCardCategory CodeType	信用卡/银行卡/身份卡分类代码
+j:DrillingEquipmentCategoryCode	ndex:DrillingEquipmentCategory CodeType	工具分类代码
+j:EntertainmentDeviceCategoryCode	ndex:EntertainmentDeviceCategory CodeType	收音机、电视、摄影机、娱乐设备分类代码
+j:GamblingEquipmentCategoryCode	ndex:GamblingEquipmentCategory CodeType	游戏装载分类代码
+ j:GrainCategoryCode	ndex:GrainCategoryCodeType	谷物分类代码
+j:HouseholdFurnishingsCategoryCode	ndex:HouseholdFurnishingsCategory CodeType	家具分类代码
+j:HousewaresCategoryCode	ndex:HousewaresCategoryCodeType	家庭用品分类代码
+ j:ItemCategoryCode	ncic:TYPACodeType	物品分类代码

（续表）

类型 / 属性	所属数据类型	说　明
+j:ItemCategoryNCICTYPCode	ncic:GTYPCodeType	联邦调查局国家犯罪信息中心代码表中的资产分类代码
+j:ItemCategoryNDExCode	ndex:ItemCategoryCodeType	联邦调查局刑事司法信息系统数据交换规范规定的代码表中的资产分类代码
+j:ItemCategoryNIBRSCode	ucr:ArresteeWeaponCodeType	联邦调查局刑事司法信息系统统一犯罪报告代码表中的武器分类代码
+j:ItemCategoryNIBRSPropertyCategoryCode	ucr:PropertyCategoryCodeType	联邦调查局刑事司法信息系统统一犯罪报告代码表中的资产分类代码
+j:KeepsakeCategoryCode	ndex:KeepsakeCategoryCodeType	联邦调查局刑事司法信息系统统一数据交换规范规定的代码表中的礼品分类代码
+ j:KnifeCategoryCode	ndex:KnifeCategoryCodeType	联邦调查局刑事司法信息系统数据交换规范规定的代码表中的刀具分类代码
+j:LivestockCategoryCode	ndex:LivestockCategoryCodeType	联邦调查局刑事司法信息系统数据交换规范规定的代码表中的家畜或宠物分类代码
+j:MusicalInstrumentCategoryCode	ndex:MusicalInstrumentCategoryCodeType	联邦调查局刑事司法信息系统数据交换规范规定的代码表中的乐器分类代码
+j:OfficeEquipmentCategoryCode	ndex:OfficeEquipmentCategoryCodeType	联邦调查局刑事司法信息系统数据交换规范规定的代码表中的办公设备分类代码
+j:OpticalEquipmentCategoryCode	ndex:OpticalEquipmentCategoryCodeType	联邦调查局刑事司法信息系统数据交换规范规定的代码表中的光学设备分类代码
+j:PhotoEquipmentCategoryCode	ndex:PhotoEquipmentCategoryCodeType	联邦调查局刑事司法信息系统数据交换规范规定的代码表中的摄像或照相机分类代码
+j:ServiceUtilityCategoryCode	ndex:ServiceUtilityCategoryCodeType	联邦调查局刑事司法信息系统数据交换规范规定的代码表中的公共服务分类代码

（续表）

类型 / 属性	所属数据类型	说　明
+j:SportsEquipmentCategoryCode	ndex:SportsEquipmentCategory CodeType	联邦调查局刑事司法信息系统数据交换规范规定的代码表中的体育或娱乐设备分类代码
+j:ToolDeviceCategoryCode	ndex:ToolDeviceCategoryCode Type	联邦调查局刑事司法信息系统数据交换规范规定的代码表中的工具分类代码
nc:ItemColorAbstract	<abstract element, no type>	物品颜色描述抽象元素
+nc:ConveyanceColorPrimaryText	nc:TextType	物品主体部分颜色代码描述
+nc:ConveyanceColorSecondaryText	nc:TextType	物品次要部分颜色代码描述
+nc:ItemColorDescriptionText	nc:TextType	物品整体颜色文本描述
+j:ConveyanceColorPrimaryCode	ncic:VCOCodeType	物品主体部分颜色代码描述
+j:ConveyanceColorSecondaryCode	ncic:VCOCodeType	物品次要部分颜色代码描述
+j:VesselColorPrimaryCode	ncic:BCOCodeType	容器主体部分颜色
+j:VesselColorSecondaryCode	ncic:BCOCodeType	容器次要部分颜色
nc:ItemCurrentResaleValue	nc:ItemValueType	物品当前出售价格
nc:ItemFirstSoldYearDate	niem-xs:gYear	物品首次出售年份
nc:ItemHeightMeasure	nc:LengthMeasureType	物品高度测量值
nc:ItemImage	nc:ImageType	物品图像信息
nc:ItemLeaseIndicator	niem-xs:boolean	若物品可租赁，为真；否则，为假
nc:ItemLengthMeasure	nc:LengthMeasureType	物品长度测量值
nc:ItemMakeName	nc:ProperNameTextType	物品制造商名称
nc:ItemModelName	nc:ProperNameTextType	物品名称
nc:ItemModelYearDate	niem-xs:gYear	物品制造或生产年份
nc:ItemOwnershipCategoryText	nc:TextType	物品所有者
nc:ItemQuantity	nc:QuantityType	物品组成单元数量
nc:ItemRentalIndicator	niem-xs:boolean	若物品为租赁物品，为真；否则，为假
nc:ItemSizeDescriptionText	nc:TextType	物品尺寸文本描述
nc:ItemStyleAbstract	<abstract element, no type>	物品式样描述
+nc:ItemStyleText	nc:TextType	物品式样
+ j:VehicleStyleCode	ncic:VSTCodeType	机动车式样
+j:VehicleStyleNDExCode	ndex:VSTCategoryCodeType	机动车一般式样
nc:ItemWeightMeasure	nc:WeightMeasureType	物品重量测量值
nc:ItemWidthMeasure	nc:LengthMeasureType	物品宽度测量值
nc:ItemAugmentationPoint	<abstract element, no type>	物品类型扩展点
+ j:ItemAugmentation	j:ItemAugmentationType	物品类型扩展点

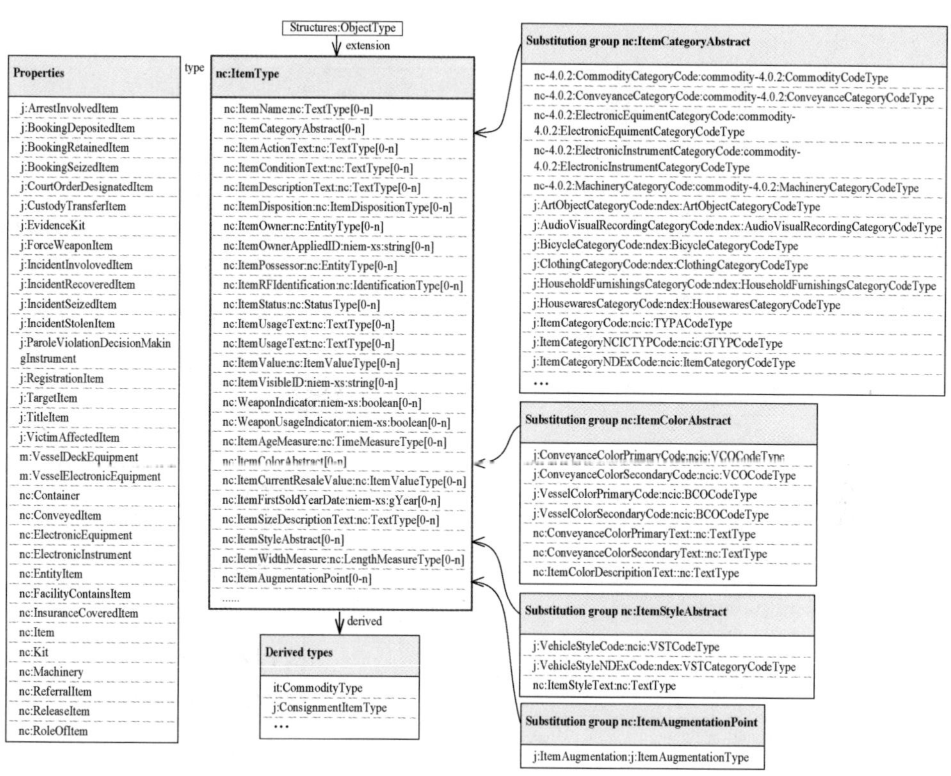

图 11-7 物品相关数据类型定义及关系

11.1.8 组织机构相关数据类型

组织机构相关的主要数据类型定义及关系如表 11-8、图 11-8 所示。

表 11-8 组织机构相关的主要数据类型定义

类型 / 属性	所属数据类型	说　明
nc:OrganizationType		描述人们为达到特定目的而建立的组织机构的数据类型
nc:OrganizationAbbreviationText	nc:TextType	组织机构名称的缩写、首字母缩写或代码
nc:OrganizationActivityText	nc:TextType	组织机构从事或参与的活动
nc:OrganizationBranchName	nc:OrganizationBranchName	一个大的组织机构内分支机构或部门的名称
nc:OrganizationCategory	<abstract element, no type>	描述组织机构的业务职能分类
+ nc:OrganizationCategoryText	nc:TextType	组织机构的分类描述

（续表）

类型 / 属性	所属数据类型	说　明
+j:OrganizationCategoryNCICTYPOCode	ncic:TYPOCodeType	联邦调查局国家犯罪信息中心代码表中组织机构职能分类代码
+j:OrganizationCategoryNDExCode	ndex:OrganizationCategoryCodeType	国家信息交换规范中组织机构分类代码
+j:OrganizationCategoryNLETSCode	nlets:OrganizationCategoryCodeType	国际司法与公共安全信息共享网络中组织机构分类代码
nc:OrganizationDayContactInformation	nc:ContactInformationType	日间联络组织机构的联系方式
nc:OrganizationDescriptionText	nc:TextType	对组织机构的描述
nc:OrganizationDoingBusinessAsName	nc:TextType	组织机构运行期间使用的名称
nc:OrganizationEmergencyContactInformation	nc:ContactInformationType	在紧急情况下联络组织机构的方式
nc:OrganizationEstablishedDate	nc:DateType	组织机构组建的日期
nc:OrganizationEveningContactInformation	nc:ContactInformationType	在傍晚或夜晚早些时候联络组织机构的方式
nc:OrganizationForeignAffiliate	nc:OrganizationType	与组织机构有某种联系或相关性的境外组织
nc:OrganizationIdentification	nc:IdentificationType	组织机构标识
nc:OrganizationIncorporatedIndicator	niem-xs:boolean	若组织机构成立公司，为真；否则，为假
nc:OrganizationIncorporationDate	nc:DateType	组织机构成立公司的时间
nc:OrganizationIncorporationLocation	nc:LocationType	组织机构成立公司的地点
nc:OrganizationLocalIdentification	nc:IdentificationType	组织机构的本地标识
nc:OrganizationLocation	nc:LocationType	组织机构所在地址
nc:OrganizationName	nc:TextType	组织机构名称
nc:OrganizationNightContactInformation	nc:ContactInformationType	在夜间联络组织机构的方式
nc:OrganizationOtherIdentification	nc:IdentificationType	可被替换的其他标识
nc:OrganizationParent	<abstract element, no type>	描述拥有、控制或操纵该组织机构的上级组织机构的数据类型
+nc:OrganizationParentAffiliate	nc:OrganizationType	拥有、控制或操纵该组织机构的相关上级组织机构
+nc:OrganizationParentOrganization	nc:OrganizationType	拥有、控制或操纵该组织机构的上级组织机构
nc:OrganizationPrimaryContactInformation	nc:OrganizationType	组织机构的首选联系方式
nc:OrganizationPrincipalOfficial	nc:PersonType	组织机构的高层执行人员或最高领导
nc:OrganizationStatus	nc:StatusType	组织机构的状况，如 active、inactive

（续表）

类型 / 属性	所属数据类型	说　明
nc:OrganizationSubUnit	nc:OrganizationType	组织机构的下级部门
nc:OrganizationSubUnitName	nc:TextType	组织机构的下级部门名称
nc:OrganizationTaxIdentification	nc:IdentificationType	组织机构的纳税标识符
nc:OrganizationTerminationDate	nc:DateType	组织机构停止运行的日期
nc:OrganizationUnitName	nc:TextType	组织机构的高层部门的名称
nc:OrganizationAugmentationPoint	<abstract element, no type>	组织机构类型的扩展点
+cyfs:OrganizationAugmentation	cyfs:OrganizationAugmentation Type	在儿童青年家庭服务领域扩展的组织机构数据类型
+j:OrganizationAugmentation	j:OrganizationAugmentation Type	在司法领域扩展的组织机构数据类型
+scr:OrganizationAugmentation	scr:OrganizationAugmentation Type	在人员身份审查领域扩展的组织机构数据类型

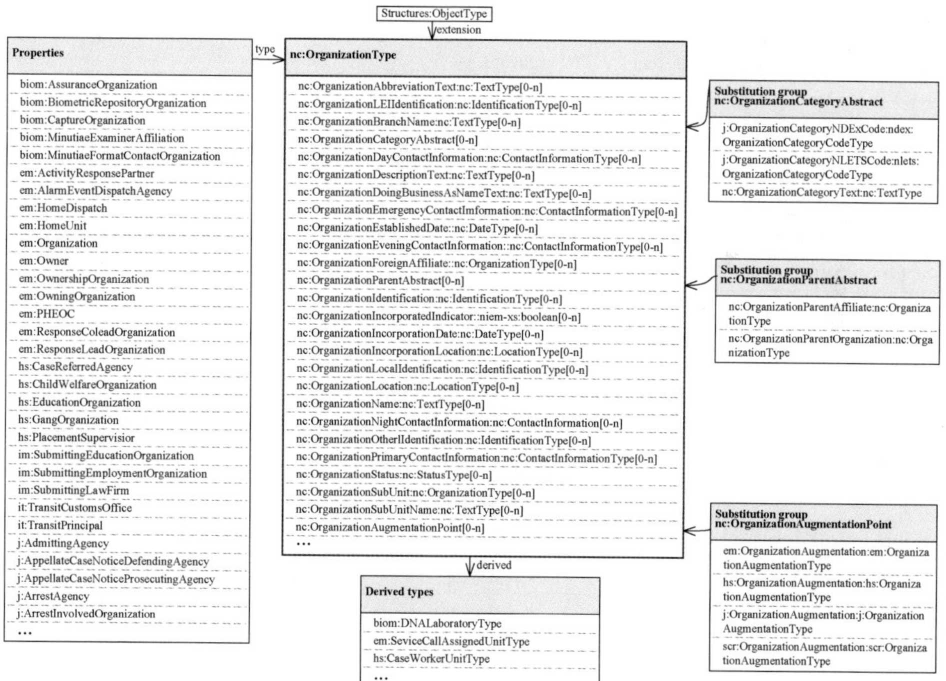

图 11-8　组织机构相关数据类型定义及关系

11.1.9　人员相关数据类型

人员相关的主要数据类型定义及关系如表 11-9、图 11-9 所示。

表 11-9　人员相关的主要数据类型定义

类型 / 属性	所属数据类型	说　明
nc:PersonType		描述人员的数据类型
nc:PersonAccentText	nc:TextType	人员所说方言
nc:PersonAgeDescriptionText	nc:TextType	人员年龄说明文本
nc:PersonAgeMeasure	nc:MeasureType	人员年龄测算
nc:PersonBirthDate	nc:DateType	人员出生日期
nc:PersonBloodTypeAbstract	<abstract element, no type>	一个人的血型和RH因子信息
+nc:PersonBloodTypeText	nc:TextType	一个人的血型和RH因子的文本信息
+j:PersonBloodTypeCode	j:PersonBloodTypeCodeType	司法领域用于识别某人血型的代码
nc:PersonBodyXRaysAvailableAbstract	<abstract element, no type>	描述有效的X光照体结果的数据
+nc:PersonBodyXRaysAvailableText	nc:TextType	有效的X光照体结果文本描述
+j:PersonBodyXRaysAvailableCode	ncic:BXRCodeType	有效的X光照体结果代码
nc:PersonBuildAbstract	<abstract element, no type>	描述人的体格或体型
+nc:PersonBuildText	nc:TextType	人的体格或体型文本描述
+ j:PersonBuildCode	ndex:PersonBuildCodeType	人的体格或体型代码
nc:PersonCapability	nc:CapabilityType	人员在某方面的能力
nc:PersonEyewearAbstract	<abstract element, no type>	描述佩戴眼镜的信息
+nc:PersonEyewearText	nc:TextType	所佩戴眼镜的文本描述
+j:PersonEyewearCode	ndex:PersonEyewearCodeType	所佩戴眼镜种类代码
nc:PersonFacialHairAbstract	<abstract element, no type>	描述面貌的信息
+nc:PersonFacialHairText	nc:TextType	面貌文本描述
+j:PersonFacialHairCode	ndex:PersonFacialHairCodeType	面貌种类代码
nc:PersonHairLengthAbstract	<abstract element, no type>	描述头发长度信息
+nc:PersonHairLengthText	nc:TextType	头发长度文本描述
+j:PersonHairLengthCode	ndex:PersonHairLengthCodeType	头发长度代码
nc:PersonHairStyleAbstract	<abstract element, no type>	描述所留发型信息
+nc:PersonHairStyleText	nc:TextType	发型文本描述
+j:PersonHairStyleCode	ndex:PersonHairStyleCodeType	发型代码
nc:PersonCitizenship	<abstract element, no type>	所属国籍
+nc:PersonCitizenshipFIPS10-4Code	fips_10-4:CountryCodeType	符合 FIPS 10-4 标准的国家、地区代码
+nc:PersonCitizenshipISO3166Alpha2Code	iso_3166:CountryAlpha2CodeType	符合ISO 3166标准的国家、地区2位字符代码

（续表）

类型 / 属性	所属数据类型	说　明
+nc:PersonCitizenshipISO3166NumericCode	iso_3166:CountryNumericCodeType	符合 ISO 3166 标准的国家、地区数字代码
+nc:PersonCitizenshipText	nc:TextType	国籍文本说明
nc:PersonComplexionText	nc:TextType	人员皮肤的外观或状况
nc:PersonDeathDate	nc:DateType	死亡或在法律上宣告死亡的日期
nc:PersonDependentQuantity	nc:QuantityType	家庭成员数量
nc:PersonDescriptionText	nc:TextType	对人的文本描述
nc:PersonDigitalImage	nc:ImageType	数码格式的照片或图像
nc:PersonDigitizedSignatureImage	nc:ImageType	手写签名的图像
nc:PersonDisguiseDescriptionText	nc:TextType	对某人以迷惑或误导他人辨认其真实外貌或身份为目的所穿戴物品的描述
nc:PersonOrganDonor	<abstract element, no type>	描述人员身故后拟捐献的器官
+nc:PersonOrganDonorText	nc:TextType	人员身故后拟捐献器官的文本描述
+j:PersonOrganDonorCode	ansi_d20:PersonOrganDonorCodeType	人员身故后拟捐献器官的代码
nc:PersonEducationLevelText	nc:TextType	人员文化程度
nc:PersonEthnicity	<abstract element, no type>	人员种族
+nc:PersonEthnicityText	nc:TextType	人员种族文本描述
+j:PersonEthnicityCode	ucr:EthnicityCodeType	人员种族代码
+j:PersonEthnicityRapSheetCode	j:PersonEthnicityCodeType	识别人员种族的编码
+scr:EthnicityCategoryCode	scr:EthnicityCategoryCodeType	种族类别
nc:PersonEyeColor	<abstract element, no type>	眼睛颜色信息
+nc:PersonEyeColorText	nc:TextType	眼睛颜色文本描述
+j:PersonEyeColorCode	ncic:EYECodeType	眼睛颜色代码
+j:PersonEyeColorRapSheetCode	j:PersonEyeColorCodeType	识别眼睛颜色的编码
nc:PersonGeneralAppearanceDescriptionText	nc:TextType	人员基本外貌描述
nc:PersonHairAppearanceText	nc:TextType	人员头发的总体外观文本描述
nc:PersonHairCategoryText	nc:TextType	人员头发类别文本描述

（续表）

类型 / 属性	所属数据类型	说　明
nc:PersonHairColor	<abstract element, no type>	描述人员头发颜色的信息
+nc:PersonHairColorText	nc:TextType	头发颜色文本描述
+j:PersonHairColorCode	ncic:HAICodeType	头发颜色代码
nc:PersonHumanResourceIdentification	nc:IdentificationType	人力资源识别信息
nc:PersonInjury	nc:InjuryType	人员所带体伤或损伤
nc:PersonJewelryDescriptionText	nc:TextType	人员佩戴首饰的文本描述
nc:PersonLanguageEnglishIndicator	niem-xs:boolean	若人员能理解和讲英语，为真；否则，为假
nc:PersonLearningDisabilityText	nc:TextType	人员学习障碍文本描述
nc:PersonLicenseIdentification	nc:IdentificationType	人员为某种目的认证或注册资质的证明
nc:PersonLivingIndicator	niem-xs:boolean	若人员有生命迹象，为真；否则，为假
nc:PersonMaritalStatusText	nc:TextType	婚姻状况
nc:PersonMedicalCondition	nc:MedicalConditionType	健康状况，一切正常或出现症状
nc:PersonMedicalDescriptionText	nc:TextType	人员健康状况的文本描述
nc:PersonMedicalFileIndicator	niem-xs:boolean	若人员已建有医疗病例文档，为真；否则，为假
nc:PersonMedicationRequiredText	nc:TextType	所需药品及剂量
nc:PersonMentalStateText	nc:TextType	精神状态文本描述
nc:PersonMilitarySummary	nc:MilitarySummaryType	服兵役情况
nc:PersonMoodDescriptionText	nc:TextType	情感或感觉的描述
nc:PersonName	nc:PersonNameType	人员姓名和 / 或头衔
nc:PersonNationalIdentification	nc:IdentificationType	表明某人在某国内，但并未基于指纹的证明
nc:PersonOrganDonatorIndicator	niem-xs:boolean	若某人愿意身故后作为器官捐献者，为真；否则，为假
nc:PersonOtherIdentification	nc:IdentificationType	在某一领域能代表某人，但并不能按标准准确地确定某人的证明
nc:PersonPassportIdentification	nc:IdentificationType	签发给某人的身份证或护照
nc:PersonPhysicalDisabilityText	nc:TextType	身体残疾文本描述
nc:PersonPrimaryLanguage	nc:PersonLanguageType	最熟练使用的语言

（续表）

类型 / 属性	所属数据类型	说　明
+nc:PersonRaceText	nc:TextType	依据地理分布或基因等因素划分的人员类别文本说明
+j:PersonRaceCode	ncic:RACCodeType	司法领域中的种族代码
+j:PersonRaceRapSheetCode	j:PersonRaceCodeType	司法领域中的识别民族的代码
nc:PersonResident	<abstract element, no type>	描述人员在城市、乡镇、社区或其他地区居住方式的信息
+nc:PersonResidentText	nc:TextType	人员在城市、乡镇、社区或其他地区居住方式的文本描述
+j:PersonResidentCode	ucr:ResidentCodeType	人员在城市、乡镇、社区或其他地区居住方式的代码
nc:PersonSecondaryLanguage	nc:PersonLanguageType	人员的第二语言
nc:PersonSecurityClearance	<abstract element, no type>	描述人员能接触保密信息或限制性信息的正式授权信息
+nc:PersonSecurityClearanceCode	nc:TextType	人员接触保密信息或限制性信息的正式授权代码
+nc:PersonSecurityClearanceText	nc:TextType	人员接触保密信息或限制性信息的正式授权文本描述
nc:PersonSex	<abstract element, no type>	性别描述信息
+nc:PersonSexText	nc:TextType	性别文本描述
+j:PersonSexCode	ncic:SEXCodeType	性别代码
+j:PersonSexRapSheetCode	j:PersonSexCodeType	警察局所存前科档案记录的性别代码
nc:PersonSexualOrientationText	nc:TextType	性取向
nc:PersonSkinTone	<abstract element, no type>	肤色信息
+nc:PersonSkinToneText	nc:TextType	肤色文本描述
+j:PersonSkinToneCode	ncic:SKNCodeType	肤色代码
+j:PersonSkinToneRapSheetCode	j:PersonSkinToneCodeType	警察局所存前科档案记录的肤色代码
nc:PersonSpeechDescriptionText	nc:TextType	描述会影响说话的所有语言障碍的信息
nc:PersonSSNIdentification	nc:IdentificationType	社会保障号码，由美国社会保障局分配
nc:PersonStateIdentification	nc:IdentificationType	美国各州发放的身份证明
nc:PersonTaxIdentification	nc:IdentificationType	在美国国家税务系统中唯一确定某人的认证标识

（续表）

类型 / 属性	所属数据类型	说　明
nc:PersonUSCitizenIndicator	niem-xs:boolean	若是美国公民，为真；否则，为假
nc:PersonVisionPrescriptionText	nc:TextType	佩戴矫正镜片或隐形眼镜来矫正视力的文本描述
nc:PersonWeightDescriptionText	nc:TextType	体重文本描述
nc:PersonWeightMeasure	nc:MeasureType	体重测算
nc:PersonXRayImage	nc:ImageType	某人或其身体某部分的 X 光图像
nc:PersonNationality	<abstract element, no type>	描述某人出生的国家信息
+nc:PersonNationalityFIPS10-4Code	fips_10-4:CountryCodeType	符合 FIPS 10-4 标准的国家、地区编码
+nc:PersonNationalityISO3166Alpha2 Code	iso_3166:CountryAlpha2CodeType	符合 ISO 3166 标准的国家、地区 2 位字符编码
+nc:PersonNationalityISO3166Alpha3Code	iso_3166:CountryAlpha3CodeType	符合 ISO 3166 标准的国家、地区 3 位字符编码
+nc:PersonNationalityISO3166Numeric Code	iso_3166:CountryNumericCodeType	符合 ISO 3166 标准的国家、地区数字编码
+nc:PersonNationalityText	nc:TextType	出生的国家文本描述
+j:PersonNationalityANSID20Code	ansi_d20:CountryCodeType	符合 ANSI-D20 标准的国家编码
nc:PersonAugmentationPoint	<abstract element, no type>	人员类型的扩展点
+cyfs:PersonAugmentation	cyfs:PersonAugmentationType	儿童青年家庭服务领域扩展的人员类型
+im:PersonAugmentation	im:PersonAugmentationType	在移民领域扩展的人员类型
+intel:PersonAugmentation	intel:PersonAugmentationType	在情报领域扩展的人员类型
+it:PersonAugmentation	it:PersonAugmentationType	在国际贸易领域扩展的人员类型
+j:PersonAugmentation	j:PersonAugmentationType	在司法领域扩展的人员类型
+m:PersonAugmentation	m:PersonAugmentationType	在海事领域扩展的人员类型
nc:PersonUnionAssociationType	extends nc:PersonAssociationType	描述婚内两人之间的关系
nc:PersonDisunion	nc:PersonDisunionType	人员婚姻的合法终结
nc:PersonUnionCertificateIndicator	niem-xs:boolean	若建有结婚证文档，为真；否则，为假
nc:PersonUnionLocation	nc:LocationType	人员结婚的地点
nc:PersonUnionSeparation	nc:PersonUnionSeparationType	婚内分居
+nc:PersonUnionCategoryText	nc:TextType	婚姻类别文本描述

（续表）

类型 / 属性	所属数据类型	说　明
nc:PersonUnionStatusAbstract	<abstract element, no type>	婚姻状况信息
+nc:PersonUnionStatusCode	nc:PersonUnionStatusCodeType	婚姻状况代码
+nc:PersonUnionStatusText	nc:TextType	婚姻的合法状态文本描述
+j:MaritalStatusCode	ndex:MaritalStatusCodeType	婚姻状况代码，如分居或离异
nc:PersonUnionAssociationAugmentationPoint	<abstract element, no type>	人员婚姻关联类型的扩展点
nc:PersonUnionSeparationType	extends nc:ActivityType	婚内两人分居的信息
nc:SeparationCategory	<abstract element, no type>	婚内两人分居的分类
+nc:SeparationCategoryCode	nc:SeparationCategoryCodeType	区分婚内两人分居的分类代码
+nc:SeparationCategoryText	nc:TextType	婚内分居的分类文本描述
nc:SeparationDateRange	nc:DateRangeType	婚内分居延续的日期范围
nc:PersonUnionSeparationAugmentationPoint	<abstract element, no type>	人员婚内分居类型的扩展点
nc:PersonWorkerAssociationType	extends nc:AssociationType	某人和工作的人或代表他工作的人之间的关联
nc:Person	nc:PersonType	人员数据类型
nc:PersonWorker	nc:PersonType	为某人工作或代表某人工作的人
nc:Activity	nc:ActivityType	单个或一系列相关行为、事件或步骤
nc:PersonWorkerAssociationAugmentationPoint	<abstract element, no type>	人员关联类型的扩展点
nc:PhysicalFeatureType		描述某人或某物明显的或极易被辨识的特征
nc:PhysicalFeatureGeneralCategoryText	nc:TextType	体征的大致类别文本描述
nc:PhysicalFeatureCategory	<abstract element, no type>	描述特定的体征信息
+nc:PhysicalFeatureCategoryText	nc:TextType	体征分类文本描述
+intel:PhysicalFeatureCategory Code	nc:TextType	可见的、非显性遗传的特征或特质
+j:PhysicalFeatureCategoryCode	ncic:SMTCodeType	体征分类代码
nc:PhysicalFeatureDescriptionText	nc:TextType	体征的文本描述
nc:PhysicalFeatureLocationText	nc:TextType	体征位于人体的位置
nc:PhysicalFeatureAugmentationPoint	<abstract element, no type>	体征类型的扩展点

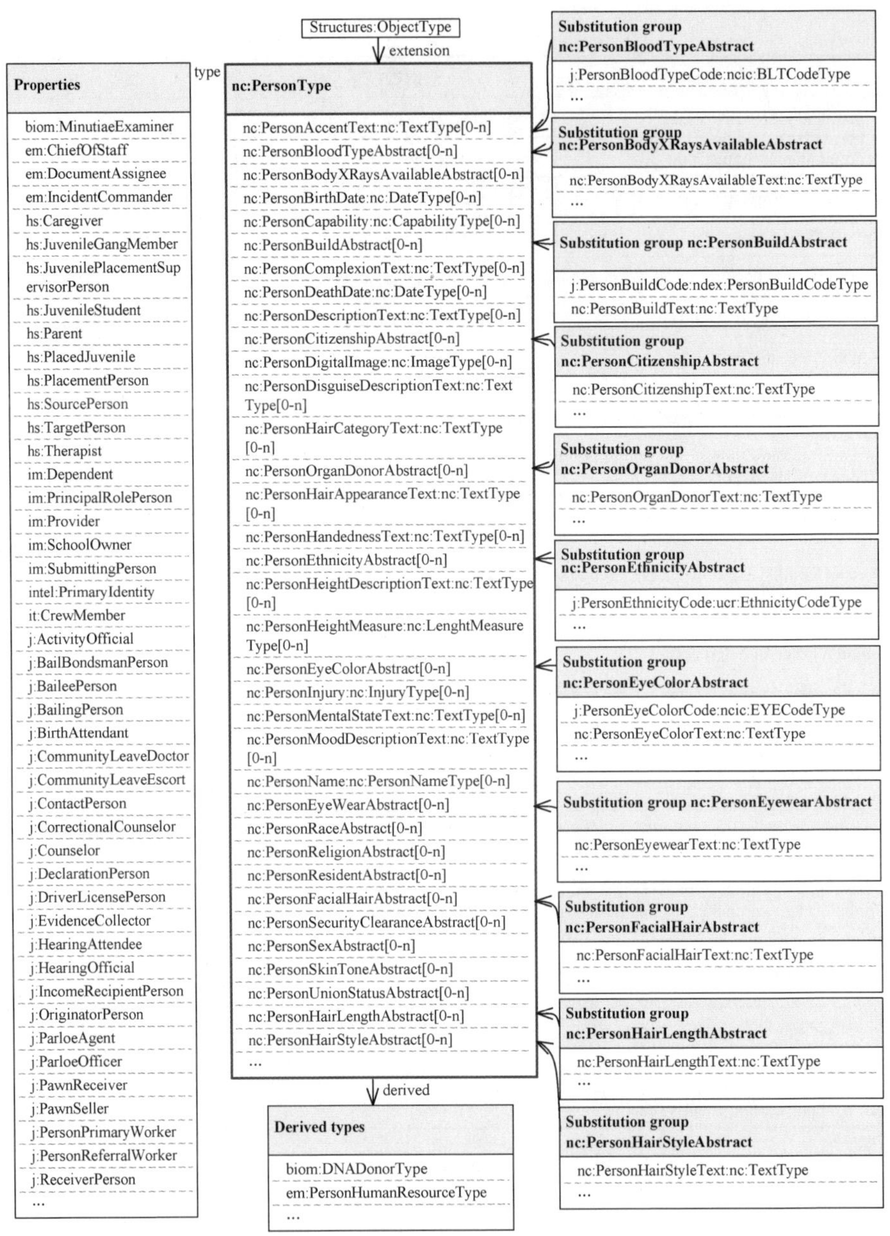

图 11-9　人员相关数据类型定义及关系

11.1.10　地理位置相关数据类型

地理位置相关的主要数据类型定义及关系如表 11-10、图 11-10 所示。

表 11-10　地理位置相关的主要数据类型定义

类型 / 属性	类　型	说　明
nc: AddressType		地址数据类型
nc:AddressFullText	nc:TextType	完整的地址文本
nc:AddressPrivateMailboxText	nc:TextType	在公司内部的私人邮箱
nc:AddressSecondaryUnitText	nc:TextType	分支机构地址
nc:AddressDeliveryPointAbstract	<abstract element, no type>	邮件投递地址信息
+nc:AddressBuildingName	nc:TextType	地址标志建筑物名称
+nc:AddressDeliveryPointID	niem-xs:string	邮件投递地点标识符
+nc:AddressDeliveryPointText	nc:TextType	邮件发出地址
+nc:LocationRouteName	nc:TextType	邮政路线名称和号码
+nc:LocationStreet	nc:StreetType	街道、大道或高速公路
nc:AddressRecipientName	nc:TextType	邮件接收人员或机构
nc:LocationCityName	nc:ProperNameTextType	城市或乡镇名称
nc:LocationCountyAbstract	<abstract element, no type>	行政区划描述信息
+nc:LocationCountyCode	census:USCountyCodeType	行政区划代码
+nc:LocationCountyName	nc:ProperNameTextType	行政区划名称
+nc-4.0.2:LocationCountyCode	fips-4.0.2:USCountyNumericCodeType	行政区划代码
nc:LocationState	nc:StateType	省级区划
nc:LocationCountry	nc:CountryType	国家区划
nc:LocationPostalCode	niem-xs:string	邮政区域编码
nc:LocationPostalExtensionCode	niem-xs:string	邮政区域附加代码
nc:AddressUrbanizationName	nc:TextType	开发区地址名称
nc:AddressCategoryAbstract	<abstract element, no type>	地址分类信息
+nc:AddressCategoryCode	nc:AddressCategoryCodeType	地址分类代码
+nc:AddressCategoryText	nc:TextType	地址分类
+j:AddressCategoryCode	ncic:ADDCodeType	地址类型代码
nc:AddressAugmentationPoint	<abstract element, no type>	地址类型扩展点信息
+it:AddressAugmentation	it:AddressAugmentationType	地址类型扩展信息
+j:AddressAugmentation	j:AddressAugmentationType	地址附加信息
+scr:AddressAugmentation	scr:AddressAugmentationType	地址的附加信息来源
nc:LocaleType		描述一个地理区域的数据类型
nc:LocaleCensusBlockID	niem-xs:string	某地区最小区域识别码
nc:LocaleCensusTractID	niem-xs:string	指定的人口普查区域的识别符
nc:LocaleCommunityName	nc:TextType	某社区的名称

（续表）

类型 / 属性	类　型	说　明
nc:LocaleDescriptionText	nc:TextType	区域的地理描述
nc:LocaleDistrictName	nc:TextType	某地区在行政或官方场合的名称
nc:LocaleEmergencyServicesName	nc:TextType	提供紧急服务的组织的名称
nc:LocaleFireJurisdictionIdentification	nc:IdentificationType	火警负责区域的标识码
nc:LocaleJudicialDistrictAbstract	<abstract element, no type>	描述司法辖区的信息
+nc:LocaleJudicialDistrictName	nc:TextType	司法辖区名称
+nc:LocaleNeighborhoodName	nc:TextType	邻近区域名称
+nc:LocalePoliceBeatText	nc:TextType	警方巡逻的区域
+nc:LocalePoliceGridText	nc:TextType	警用栅格坐标
+nc:LocalePoliceJurisdictionID	niem-xs:string	警方巡逻区域的标识符
nc:LocaleRegionName	nc:TextType	地区名称
nc:LocaleSubdivisionName	nc:TextType	所属区域名称
nc:LocaleZoneName	nc:TextType	特定区域名称
nc:LocaleEmergencyServicesJurisdictionID	niem-xs:string	紧急服务管辖区域的标识码
nc:LocaleAugmentationPoint	<abstract element, no type>	地点类型的扩展点
nc:Location2DGeospatialCoordinateType		描述地点经度、纬度的二维地理空间坐标数据类型
nc:GeographicDatumAbstract	<abstract element, no type>	描述空间参照系
+nc:GeographicDatumText	nc:TextType	空间参照系
nc:GeographicCoordinateLatitude	nc:LatitudeCoordinateType	地球上某点到赤道之间的角度距离
nc:GeographicCoordinateLongitude	nc:LongitudeCoordinateType	地球上某点到本初子午线之间的角度距离
nc:Location2DgeospatialCoordinateAugmentationPoint	<abstract element, no type>	二维地理空间坐标的扩展点
nc:Location3DgeospatialCoordinateType	extends nc:Location2DgeospatialCoordinateType	描述地点经度、纬度和高度三维地理空间坐标的数据类型
nc:LocationHeightAbstract	<abstract element, no type>	描述地点高度的数据类型
+nc:LocationAltitude	nc:LocationHeightMeasureType	地点相对某参照物的高度或方位
+nc:LocationDepth	nc:LocationHeightMeasureType	地点相对某参照物的深度
+nc:LocationElevation	nc:LocationHeightMeasureType	地点到某参照物的距离
nc:Location3DgeospatialCoordinateAugmentationPoint	<abstract element, no type>	地点三维地理空间坐标的扩展点

（续表）

类型 / 属性	类　型	说　明
nc:LocationContactInformationAssociationType	extends nc:AssociationType	描述地点和联络信息之间的关联性
nc:Location	nc:LocationType	地理空间地点
+em:AlarmLocation	nc:LocationType	报警地点
+em:AlertAffectedLocation	em:AlertAffectedLocationType	报警影响地点
+em:NotificationTargetLocation	em:NotificationTargetLocationType	通知目标的地点
nc:ContactInformation	nc:ContactInformationType	联络信息
nc:LocationContactInformationAssociation AugmentationPoint	<abstract element, no type>	地点联络信息关联的扩展点
nc:LocationHeightMeasureType		描述地点相对某参照物的高度的数据类型
nc:LocationHeightVerticalDatumAbstract	<abstract element, no type>	描述垂直参照系信息，该系统用于测量被测点到指定参照物之间的高度
+nc:LocationHeightVerticalDatumCode	nga:VerticalDatumCodeType	描述地球二维或三维坐标系关系的代码
+nc:LocationHeightVerticalDatumText	nc:TextType	用于测量被测点到指定参照物之间的高度的纵坐标系
nc:LocationHeightMeasureAugmentationPoint	<abstract element, no type>	地点高度类型的扩展点
nc:LocationType		描述地理空间地点的数据类型
nc:LocationAddressAbstract	<abstract element, no type>	一系列用于描述地点信息的数据类型，如邮政信息
+nc:Address	nc:AddressType	纸质邮件可以寄到的邮政地点
+im:NaturalizationAddress	nc:AddressType	外籍人员入美籍的地点
+nc:AddressCrossStreet	nc:CrossStreetType	两条或更多条街道交叉点的地点
+nc:AddressGrid	nc:AddressGridType	地区网格系统中某个单元的地点
+nc:AddressHighway	nc:HighwayType	主要公共道路
nc:LocationArea	nc:AreaType	有地理边界的区域
nc:LocationCategory	<abstract element, no type>	地点的种类或对其进行功能性分类的描述信息
+nc:LocationCategoryText	nc:TextType	对地点的功能性分类描述
+it:LocationCategoryCode	itcodes:LocationCategoryCodeType	信息系统标准中的地点分类代码

（续表）

类型 / 属性	类　型	说　明
+j:LocationCategoryCode	ucr:LocationCategoryCodeType	符合《统一犯罪报告》（*Uniform Crime Reporting*）标准中的地点分类代码
+ j:LocationCategoryNDExCode	ndex:LocationCategoryNDExCode Type	符合《美国联邦调查局刑事司法信息系统数据交换规范》标准的地点或地区分类代码
+j:LocationGeneralCategoryCode	ndex:LocationGeneralCategoryCode Type	符合《美国联邦调查局刑事司法信息系统数据交换规范》标准的通用地点分类代码，如商业地点
+j:LocationSublocationCategory Code	ndex:LocationSublocationCategory CodeType	包含在另一个地点之内的地点，如宾馆里的房间
+scr:LocationCategoryCode	scr:LocationCategoryCodeType	人员身份审查领域的地点分类代码
nc:LocationContactInformation	nc:ContactInformationType	地点的一系列联络信息
nc:LocationDescriptionText	nc:TextType	地点的文本描述
nc:LocationGeospatialCoordinate Abstract	<abstract element, no type>	描述地理空间的地点信息
+nc:Location2DGeospatialCoordinate	nc:Location2DGeospatialCoordinate Type	由经度和纬度确定的地点
+nc:Location3DGeospatialCoordinate	nc:Location3DGeospatialCoordinate Type	由经度、纬度和高度确定的地点
+nc:LocationMGRSCoordinate	nc:MGRSCoordinateType	军用方格坐标，以通用横向麦卡托坐标及唯一的军用网格来表示一个地点
+nc:LocationUTMCoordinate	nc:UTMCoordinateType	通用横向麦卡托坐标系中的坐标，以半球、时区、东向值和北向值表示一个地点
+geo:Point	geo:PointType	二维或三维的几何点。gml:Point 由单一坐标元组表示，点的直接地点由 gml：垂直地点类型中的 gml:pos 元素表示
nc:LocationLandmarkText	nc:TextType	某地点的地貌特征
nc:LocationLocale	nc:LocaleType	地理区域
nc:LocationMapLocation	nc:MapLocationType	地图或网格坐标确定的地点
nc:LocationName	nc:ProperNameTextType	某地点名称

（续表）

类型／属性	类　　型	说　　明
nc:LocationRangeDescriptionText	nc:TextType	区域边界的文本描述
nc:LocationRelativeLocation	nc:RelativeLocationType	接近的另一个地点
nc:LocationSurroundingAreaDescriptionText	nc:TextType	紧临某地点的地区
nc:LocationIdentification	nc:IdentificationType	地点标识码
nc:LocationHeightAbstract	<abstract element, no type>	描述地点高度的信息
+nc:LoczationAltitude	nc:LocationHeightMeasureType	地点相对某参照物的高度或方位
+nc:LocationDepth	nc:LocationHeightMeasureType	地点相对某参照物的深度
+nc:LocationElevation	nc:LocationHeightMeasureType	地球上某点到参照物的距离
nc:LocationAugmentationPoint	<abstract element, no type>	地点类型的扩展点信息
+cbrn:SiteLocation	cbrn:SiteLocationType	儿童青年家庭服务领域扩展的场所地点类型
+em:AlarmEventLocation	nc:LocationType	核心领域扩展的报警事件地点类型
+em:LocationAugmentation	em:LocationAugmentationType	紧急管理领域扩展的报警地点类型
+em:OrganizationLocationAugmentation	em:OrganizationLocationAugmentationType	紧急管理领域扩展的组织机构的地点类型
+im:LocationAugmentation	im:LocationAugmentationType	移民领域扩展的地点类型
+intel:LocationAugmentation	intel:LocationAugmentationType	情报领域扩展的地点类型
+j:LocationAugmentation	j:LocationAugmentationType	司法领域扩展的地点类型
+scr:LocationAugmentation	scr:LocationAugmentationType	人员身份审查领域扩展的地点类型
nc:LongitudeCoordinateType		描述地球上某点到本初子午线之间角度距离的数据类型
nc:LongitudeDegreeValue	nc:LongitudeDegreeType	经度值中度的值，其取值范围为[−180°，180°]的有限区间
nc:LongitudeMinuteValue	nc:AngularMinuteType	经度值中分的值，其取值范围为[0°，60°]的有限区间
nc:LongitudeSecondValue	nc:AngularSecondType	经度值中秒的值，其取值范围为[0°，60°]的有限区间
nc:LongitudeCoordinateAugmentationPoint	<abstract element, no type>	经度坐标类型的扩展点

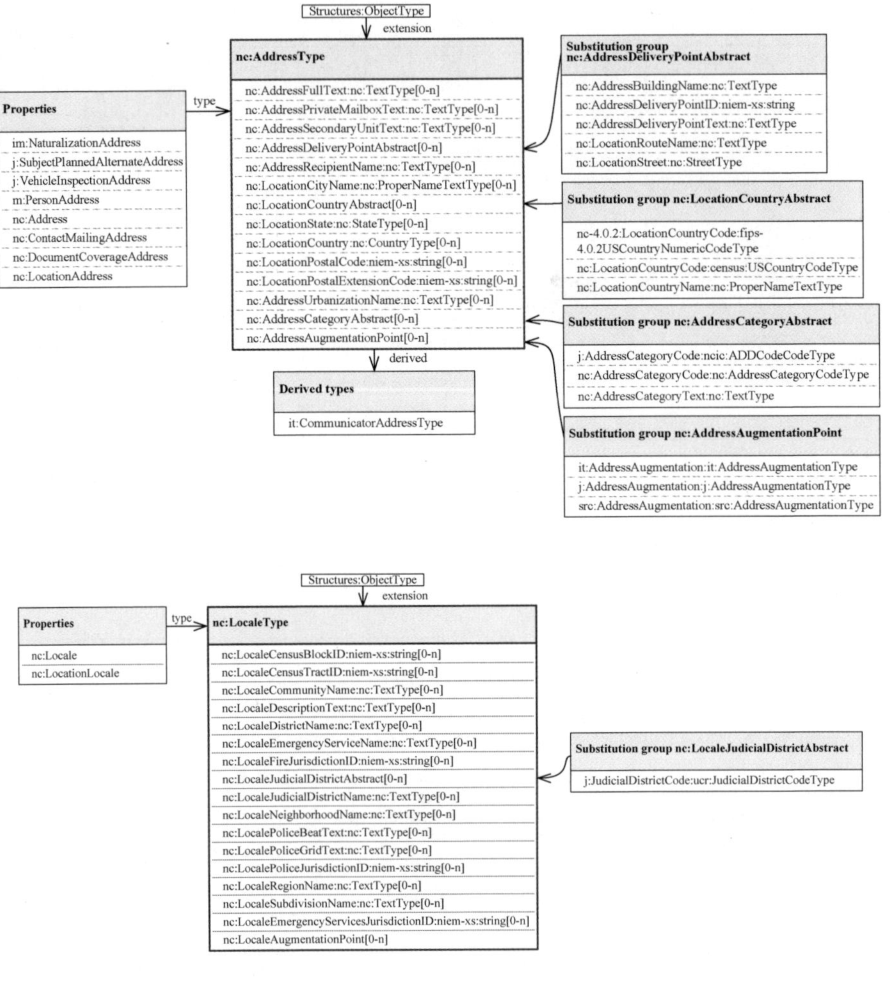

图 11-10　地理位置相关数据类型定义及关系

11.1.11　消息相关数据类型

消息相关的主要数据类型定义及关系如表 11-11、图 11-11 所示。

表 11-11　消息相关的主要数据类型定义

类型 / 属性	所属数据类型	说　明
nc: MessageType		消息数据类型
nc:MessageID	niem-xs:string	消息标识符
nc:MessageRecipientAbstract	<abstract element, no type>	消息接收者信息
+nc:MessageRecipientEntity	nc:EntityType	消息接收者

（续表）

类型 / 属性	所属数据类型	说　　明
+nc:MessageRecipientName	nc:TextType	消息接收者名称
nc:MessageRecipientAddressID	niem-xs:string	消息接收者地址标识
nc:MessageReceivedDate	nc:DateType	消息接收日期
nc:MessageSenderAbstract	<abstract element, no type>	消息发送者抽象元素
+nc:MessageSenderEntity	nc:EntityType	消息发送者实体
+nc:MessageSenderName	nc:TextType	消息发送者实体名称
nc:MessageSenderAddressID	niem-xs:string	消息发送者地址
nc:MessageSentDate	nc:DateType	消息发送日期
nc:MessageSubjectText	nc:TextType	消息主题
nc:MessageText	nc:TextType	消息主题或主要内容
nc:MessageAttachmentAbstract	<abstract element, no type>	消息附件信息
+nc:MessageAttachmentBinary	nc:BinaryType	消息附件二进制文件
+nc:MessageAttachmentDocument	nc:DocumentType	消息附件文档
+nc:MessageAttachmentImage	nc:ImageType	消息附加的图像文件
nc:MessageCategoryAbstract	<abstract element, no type>	消息分类信息
+nc:MessageCategoryFATCACode	nc:MessageCategoryFATCACodeType	消息分类代码
+nc:MessageCategoryText	nc:TextType	消息分类文本信息
nc:MessageReferenceID	niem-xs:string	其他的相关消息标识
nc:MessageFATCAUsageRestrictionText	nc:TextType	消息使用的限制条件或法律条文
nc:MessageAugmentationPoint	<abstract element, no type>	消息类型的扩展点

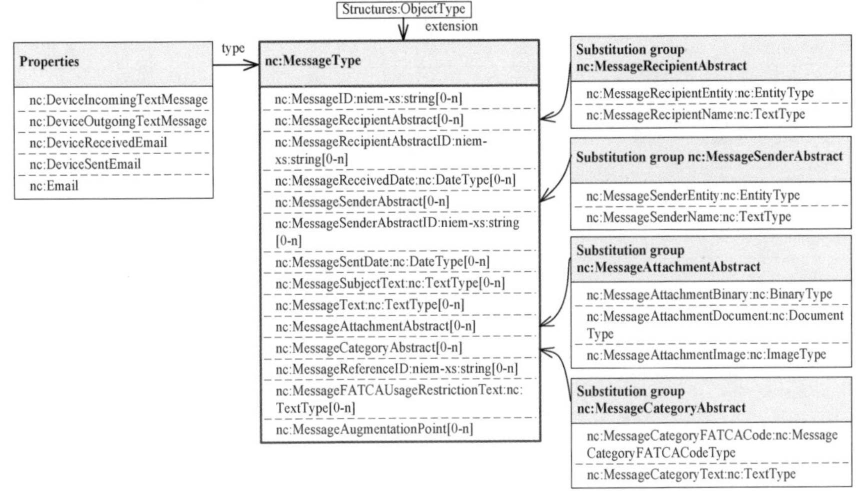

图 11-11　消息相关数据类型定义及关系

11.1.12 元数据相关数据类型

元数据相关的主要数据类型定义及关系如表 11-12、图 11-12 所示。

表 11-12 元数据相关的主要数据类型定义

类型 / 属性	所属数据类型	说　明
nc: MetadataType		元数据类型
nc:CaveatText	nc:TextType	关于信息的警示或注意点
nc:AdministrativeID	niem-xs:string	管理标识
nc:DistributionText	nc:TextType	信息允许接收者分发相关信息
nc:EffectiveDate	nc:DateType	信息有效日期
nc:ExpirationDate	nc:DateType	信息失效日期
nc:LastUpdatedDate	nc:DateType	信息最后修改日期
nc:LastVerifiedDate	nc:DateType	信息最后验证日期
nc:ProbabilityPercent	niem-xs:decimal	信息可信度
nc:QualityComment	nc:CommentType	信息相关评论
nc:ConfidencePercent	niem-xs:decimal	信息准确度
nc:ReportedDate	nc:DateType	信息知晓日期
nc:ReportingOrganizationText	nc:TextType	信息提供者
nc:ReportingPersonRoleText	nc:TextType	信息责任者
nc:ReportingPersonText	nc:TextType	信息提供者名称、标识
nc:SensitivityText	nc:TextType	信息敏感度
nc:CreatorName	nc:TextType	信息主要生产者名称
nc:DescriptionText	nc:TextType	信息描述
nc:SourceIDText	nc:TextType	信息追溯码
nc:SourceContactPersonText	nc:TextType	信息联系人
nc:PublisherName	nc:TextType	信息发布者
nc:ReleaseDate	nc:DateType	信息首次发布日期
nc:RepositoryID	niem-xs:string	信息来源标识
nc:SourceText	nc:TextType	信息来源名称、标识或参考
nc:LanguageAbstract	<abstract element, no type>	信息语言信息
+ nc:LanguageCode	iso_639-3:LanguageCodeType	信息语言代码
+nc:LanguageName	nc:TextType	信息语言文本
+nc-4.0.2:LanguageCode	iso_639-3-4.0.2:LanguageCodeType	信息语言代码
nc:Comment	nc:CommentType	相关评论信息

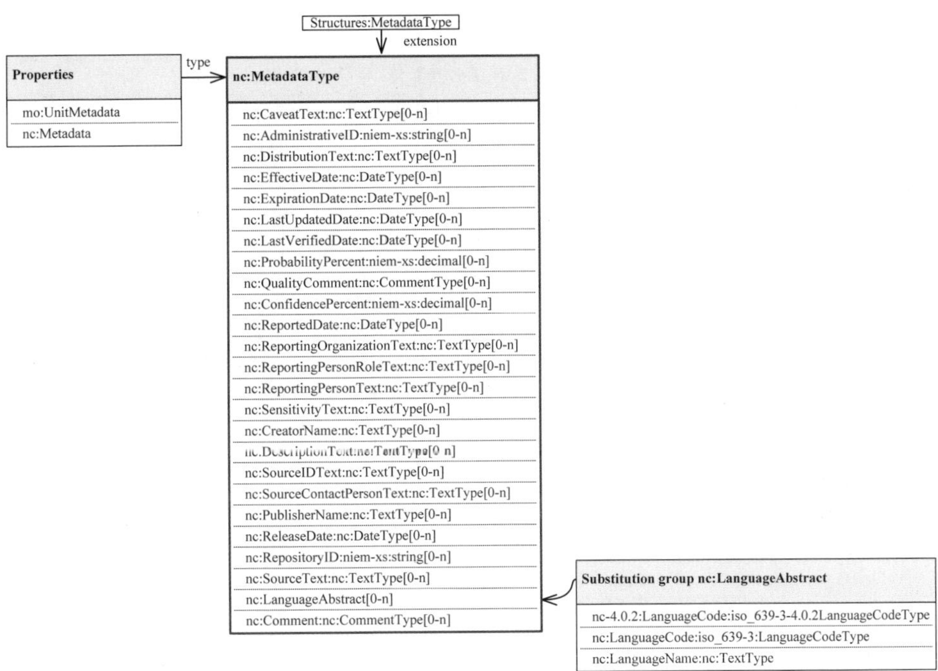

图 11-12　元数据相关数据类型定义及关系

11.1.13　机动车相关数据类型

机动车相关的主要数据类型定义及关系如表 11-13、图 11-13 所示。

表 11-13　机动车相关数据类型定

类型 / 属性	所属数据类型	说　明
nc: VehicleType		机动车数据类型
nc:VehicleCMVIndicator	niem-xs:boolean	若是商用车辆，为真；否则，为假
nc:VehicleColorInteriorText	nc:TextType	机动车内饰颜色
nc:VehicleDoorQuantity	niem-xs:nonNegativeInteger	机动车门的数量
nc:VehicleIdentification	nc:IdentificationType	特种车唯一标识
nc:VehicleMakeAbstract	<abstract element, no type>	机动车制造商信息
+j:ConstructionEquipmentMakeCode	ncic:ConstructionCodeType	机动车或零部件制造商
+j:FarmEquipmentMake Code	ncic:FarmCodeType	农场设施或部件制造商代码
+j:MotorcycleMakeCode	ncic:MotorcycleCodeType	摩托车或部件制造商代码
+j:SnowmobileMakeCode	ncic:SnowmobileCodeType	雪地车或部件制造商代码
+j:TruckMakeCode	ncic:TrucksCodeType	卡车或部件制造商代码
+j:VehicleMakeCode	ncic:VMACodeType	机动车制造商代码

（续表）

类型 / 属性	所属数据类型	说　明
+j:VesselTrailerMakeCode	ncic:TrailersCodeType	船舶运输车制造商代码
nc:VehicleModelAbstract	<abstract element, no type>	机动车型号信息
+j:VehicleModelCode	ncic:VMOCodeType	机动车型号
nc:VehicleMSRPAmount	nc:AmountType	机动车出厂价
nc:VehicleOdometerReadingMeasure	nc:LengthMeasureType	机动车行驶里程数
nc:VehiclePassengerSafeQuantity	niem-xs:nonNegativeInteger	机动车限制乘坐人员数量
nc:VehicleSeatingQuantity	niem-xs:nonNegativeInteger	机动车座位数量
nc:VehicleTransmissionCategoryAbstract	<abstract element, no type>	机动车运输单元数量信息
+nc:VehicleTransmissionCategoryText	nc:TextType	机动车运输单元分类
+j:VehicleTransmissionCategoryCode	aamva_d20:VehicleTransmission CategoryCodeType	机动车运输单元分类代码
nc:VehicleAxleQuantity	niem-xs:nonNegativeInteger	机动车轴数量或轮胎数量
nc:VehicleCurrentWeightMeasure	nc:WeightMeasureType	机动车重量
nc:VehicleGrossLadenSumWeightMeasure	nc:WeightMeasureType	机动车总重量
nc:VehicleGrossLadenUnitWeightMeasure	nc:WeightMeasureType	机动车牵引重量
nc:VehicleMaximumLoadWeightMeasure	nc:WeightMeasureType	机动车装载最大重量
nc:VehicleUnladenWeightMeasure	nc:WeightMeasureType	机动车满载重量（不含自重）
nc:VehicleAugmentationPoint	<abstract element, no type>	机动车类型的扩展点
+ j:VehicleAugmentation	j:VehicleAugmentationType	机动车附加信息
+ scr:VehicleAugmentation	scr:VehicleAugmentationType	机动车附加信息来源

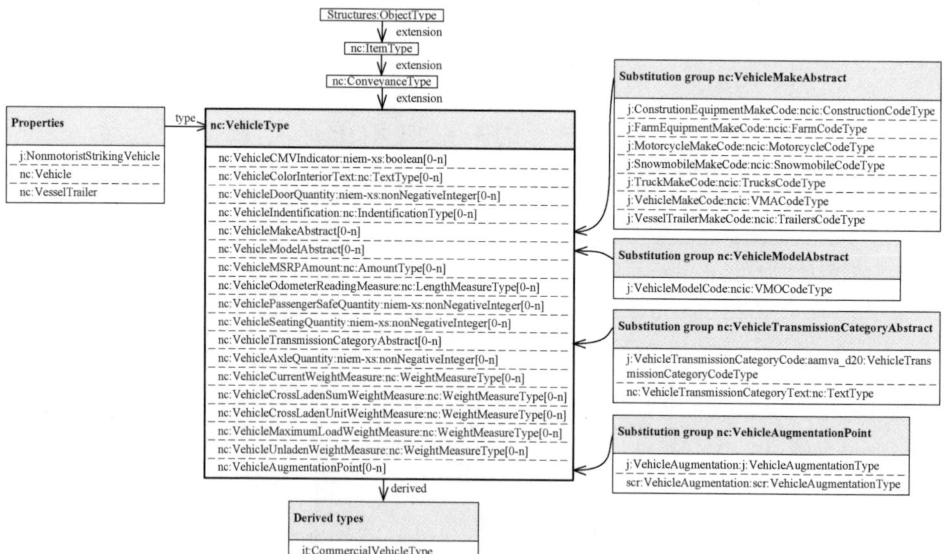

图 11-13　机动车相关数据类型定义及关系

11.1.14　船舶相关数据类型

船舶相关的主要数据类型定义及关系如表 11-14、图 11-14 所示。

表 11-14　船舶相关的主要数据类型定义

类型 / 属性	所属数据类型	说　明
nc: VesselType		船舶数据类型
nc:VesselMakeAbstract	<abstract element, no type>	船舶制造商信息抽象元素
+j:VesselMakeCode	ncic:BMACodeType	船舶制造商代码
nc:VesselCategoryAbstract	<abstract element, no type>	船舶类型信息
+j:VesselCategoryCanadianCode	ncic:CBTYCodeType	船舶类型代码
+j:VesselCategoryCode	ncic:BTYCodeType	船舶类型
nc:VesselHullIdentification	nc:IdentificationType	船舶舷号
nc:VesselHullMaterialAbstract	<abstract element, no type>	船舶主体制造材料信息
+nc:VesselHullMaterialText	nc:TextType	船舶主体制造材料文本信息
+j:VesselHullMaterialCode	ncic:HULCodeType	船舶主体制造材料代码
nc:VesselHullShapeAbstract	<abstract element, no type>	船舶主体形状信息
+nc:VesselHullShapeText	nc:TextType	船舶主体形状文本信息
+j:VesselHullShapeCode	ncic:HSPCodeType	船舶主体形状代码
nc:VesselPropulsionAbstract	<abstract element, no type>	船舶推进方式信息抽象元素
+nc:VesselPropulsionText	nc:TextType	船舶推进方式文本信息
+j:VesselPropulsionCanadianCode	ncic:CPROCodeType	船舶推进方式代码
+j:VesselPropulsionCode	ncic:PROCodeType	船舶推进方式代码
nc:VesselTrailer	nc:VehicleType	船舶陆上运输牵引设备
nc:VesselAugmentationPoint	<abstract element, no type>	船舶类型扩展点信息
+j:VesselAugmentation	j:VesselAugmentationType	司法领域船舶附加信息
+m:VesselAugmentation	m:VesselAugmentationType	海事领域船舶附加信息

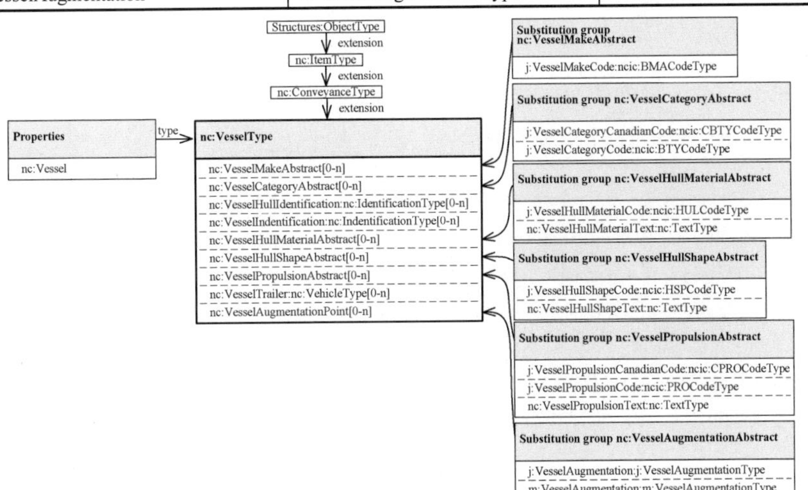

图 11-14　船舶相关数据类型定义及关系

11.1.15 武器相关数据类型

武器相关的主要数据类型定义及关系如表 11-15、图 11-15 所示。

表 11-15 武器相关的主要数据类型定义

类型 / 属性	所属数据类型	说 明
nc: WeaponType		武器数据类型
nc:RoleOfItem	nc:ItemType	武器责任实体
nc:WeaponUser	nc:PersonType	武器使用者
nc:WeaponInvolvedInActivity	nc:ActivityType	武器使用的行动
nc:WeaponUsageText	nc:TextType	武器使用方式
nc:WeaponAugmentationPoint	<abstract element, no type>	武器类型扩展点

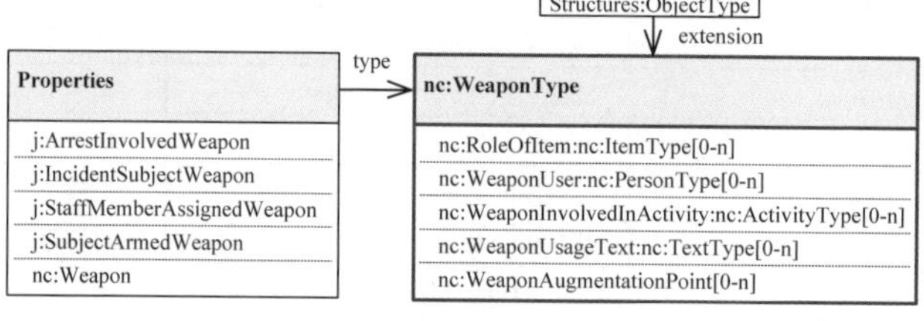

图 11-15 武器相关数据类型定义及关系

11.2 可信结构文档举例

如图 11-16 所示代码是一个可信结构文档（Trust Fabric Document）的例子，其说明在 MISE 中可信结构文档的格式及其说明方法。

```
<?xml version="1.0" encoding="UTF-8"?>
<md:EntitiesDescriptor xmlns:md="urn:oasis:names:tc:SAML:2.0:metadata"
  xmlns:gfipm="http://gfipm.net/standards/metadata/2.0/entity"
  xmlns:mise="http://mda.gov/standards/trustfabric/1.0"
  xmlns:saml="urn:oasis:names:tc:SAML:2.0:assertion"
  xmlns:xs="http://www.w3.org/2001/XMLSchema"
  xmlns:xsi="http://www.w3.org/2001/XMLSchema-instance"
```

图 11-16 可信结构文档举例

```
Name="Maritime Information Sharing Environment Trust Fabric"
validUntil="2015-11-15T00:00:00.000Z"
xsi:schemaLocation="urn:oasis:names:tc:SAML:2.0:metadata saml20/
saml-schema-metadata-2.0.xsd http://mda.gov/standards/trustfabric/1.0 mise-trust-fabric-
extension.xsd http://gfipm.net/standards/metadata/2.0/entity gfipm-entity-attribute-2.0.xsd">
<ds:Signature xmlns:ds="http://www.w3.org/2000/09/xmldsig#">
  <ds:SignedInfo>
    <ds:CanonicalizationMethod   Algorithm="http://www.w3.org/2001/10/xml-exc-c14n#" />
    <ds:SignatureMethod   Algorithm="http://www.w3.org/2000/09/xmldsig#rsa-sha1" />
    <ds:Reference URI="">
      <ds:Transforms>
        <ds:Transform Algorithm="http://www.w3.org/2000/09/xmldsig#enveloped-signature" />
        <ds:Transform Algorithm="http://www.w3.org/2001/10/xml-exc-c14n#">
          <ec:InclusiveNamespaces xmlns:ec=
           "http://www.w3.org/2001/10/xml-exc-c14n#" PrefixList="mise xs" />
          </ds:Transform>
      </ds:Transforms>
      <ds:DigestMethod Algorithm="http://www.w3.org/2000/09/xmldsig#sha1" />
      <ds:DigestValue>q64PXRBBjnoTNL3Bg4ShLDSPrBw=</ds:DigestValue>
    </ds:Reference>
  </ds:SignedInfo>
  <ds:SignatureValue><!-- Base 64 encoded signature--></ds:SignatureValue>
  <ds:KeyInfo>
    <ds:X509Data>
      <ds:X509Certificate>
                <!-- Base 64 encoded certificate embedded here.
                This is the MISE CA certificate. used to sign the trust fabric document.
                -->
      </ds:X509Certificate>
    </ds:X509Data>
  </ds:KeyInfo>
</ds:Signature>
<md:EntityDescriptor entityID="https://isi.mda.gov/">
<md:RoleDescriptor xsi:type="mise:MISEInfrastructureDescriptorType"
protocolSupportEnumeration="urn:oasis:names:tc:SAML:2.0:protocol">
  xsi:type="mise:MISEInfrastructureDescriptorType">
  <md:KeyDescriptor use="signing">
      <ds:KeyInfo xmlns:ds="http://www.w3.org/2000/09/xmldsig#">
        <ds:X509Data>
          <ds:X509Certificate>
            <!-- Base 64 encoded certificate embedded here
            This is the server certificate which the ISI will present
            during SSL connection handshake.-->
          </ds:X509Certificate>
```

图 11-16　可信结构文档举例（续）

```
                </ds:X509Data>
            </ds:KeyInfo>
        </md:KeyDescriptor>
        <md:KeyDescriptor use="signing">
            <ds:KeyInfo xmlns:ds="http://www.w3.org/2000/09/xmldsig#">
                <ds:X509Data>
                    <ds:X509Certificate>
                        <!-- Base 64 encoded certificate embedded here. This is the MISE CA
                        certificate used to sign the trust fabric document. -->
                    </ds:X509Certificate>
                </ds:X509Data>
            </ds:KeyInfo>
        </md:KeyDescriptor>
        <mise:MISELoginService Binding="urn:mise:bindings:REST"
            Location="https://isi.mda.gov/service/login" />
        <mise:MISELogoutService Binding="urn:mise:bindings:REST"
            Location="https://isi.mda.gov/service/logout" />
        <mise:MISESearchService Binding="urn:mise:bindings:REST"
            Location="https://isi.mda.gov/service/search" />
    </md:RoleDescriptor>
    <md:Organization>
        <md:OrganizationName xml:lang="en">MISE
        </md:OrganizationName>
        <md:OrganizationDisplayName xml:lang="en">Maritime
          Information Sharing Environment</md:OrganizationDisplayName>
        <md:OrganizationURL xml:lang="en">http://www.mda.gov </md:OrganizationURL>
    </md:Organization>
    <md:ContactPerson contactType="technical">
        <md:Company>SPAWAR Systems Center Pacific</md:Company>
        <md:GivenName>Olithia</md:GivenName>
        <md:SurName>Strom</md:SurName>
        <md:EmailAddress>olithia.strom@navy.mil</md:EmailAddress>
        <md:TelephoneNumber>619-553-0728</md:TelephoneNumber>
    </md:ContactPerson>
</md:EntityDescriptor>
<md:EntityDescriptor entityID="https://mise.agencyone.gov/">
    <md:Extensions>
        <gfipm:EntityAttribute FriendlyName="COIIndicator"
            Name="mise:1.4:entity:COIIndicator"
            NameFormat="urn:oasis:names:tc:SAML:1.1:nameid-format:unspecified">
            <gfipm:EntityAttributeValue xsi:type="xs:string">True </gfipm:EntityAttributeValue>
        </gfipm:EntityAttribute>
        <gfipm:EntityAttribute FriendlyName="LawEnforcementIndicator"
            Name="mise:1.4:entity:LawEnforcementIndicator"
```

图 11-16　可信结构文档举例（续）

```
        NameFormat="urn:oasis:names:tc:SAML:1.1:nameid-format:unspecified">
        <gfipm:EntityAttributeValue xsi:type="xs:string">True </gfipm:EntityAttributeValue>
    </gfipm:EntityAttribute>
    <gfipm:EntityAttribute FriendlyName="PrivacyProtectedIndicator"
        Name="mise:1.4:entity:PrivacyProtectedIndicator"
        NameFormat="urn:oasis:names:tc:SAML:1.1:nameid-format:unspecified">
        <gfipm:EntityAttributeValue xsi:type="xs:string">True </gfipm:EntityAttributeValue>
    </gfipm:EntityAttribute>
    <gfipm:EntityAttribute FriendlyName="OwnerAgencyCountryCode"
        Name="mise:1.4:entity:OwnerAgencyCountryCode"
        NameFormat="urn:oasis:names:tc:SAML:1.1:nameid-format:unspecified">
        <gfipm:EntityAttributeValue xsi:type="xs:string">USA </gfipm:EntityAttributeValue>
    </gfipm:EntityAttribute>
</md:Extensions>
<md:RoleDescriptor protocolSupportEnumeration="urn:oasis:names:tc:SAML:2.0:protocol"
    xsi:type="mise:MISEConsumerDescriptorType">
    <md:KeyDescriptor use="signing">
        <ds:KeyInfo xmlns:ds="http://www.w3.org/2000/09/xmldsig#">
            <ds:X509Data>
                <ds:X509Certificate>
                    <!-- Base 64 encoded certificate embedded here
                    This is the client certificate which the trusted
                    system will present during SSL connection handshake.
                    The private key matching this certificate will also
                    be used by this trusted system for signing SAML
                    assertions.
                    -->
                </ds:X509Certificate>
            </ds:X509Data>
        </ds:KeyInfo>
    </md:KeyDescriptor>
</md:RoleDescriptor>
<md:Organization>
    <md:OrganizationName xml:lang="en">Agency One </md:OrganizationName>
    <md:OrganizationDisplayName xml:lang="en">AgencyOne</md:OrganizationDisplayName>
    <md:OrganizationURL xml:lang="en">http://www.agencyone.gov/ </md:OrganizationURL>
</md:Organization>
<md:ContactPerson contactType="technical">
    <md:Company>SPAWAR Systems Center Pacific</md:Company>
    <md:GivenName>Olithia</md:GivenName>
    <md:SurName>Strom</md:SurName>
    <md:EmailAddress>olithia.strom@navy.mil</md:EmailAddress>
    <md:TelephoneNumber>619-553-0728</md:TelephoneNumber>
</md:ContactPerson>
```

图 11-16　可信结构文档举例（续）

```
    </md:EntityDescriptor>
    <md:EntityDescriptor entityID="https://mise.agencythree.gov/">
      <md:RoleDescriptor xsi:type="mise:MISEProviderDescriptorType"
      protocolSupportEnumeration="urn:oasis:names:tc:SAML:2.0:protocol">
        <md:KeyDescriptor use="signing">
          <ds:KeyInfo xmlns:ds="http://www.w3.org/2000/09/xmldsig#">
            <ds:X509Data>
              <ds:X509Certificate>
                <!-- Base 64 encoded certificate embedded here
                This is the client certificate which the trusted
                system will present during SSL connection handshake.
                -->
              </ds:X509Certificate>
            </ds:X509Data>
          </ds:KeyInfo>
        </md:KeyDescriptor>
      </md:RoleDescriptor>
      <md:ContactPerson contactType="technical">
        <md:Company>SPAWAR Systems Center Pacific</md:Company>
        <md:GivenName>Olithia</md:GivenName>
        <md:SurName>Strom</md:SurName>
        <md:EmailAddress>olithia.strom@navy.mil</md:EmailAddress>
        <md:TelephoneNumber>619-553-0728</md:TelephoneNumber>
      </md:ContactPerson>
    </md:EntityDescriptor>
  </md:EntitiesDescriptor>
```

图 11-16　可信结构文档举例（续）

11.3　SAML 断言举例

如图 11-17 所示代码是一个 SAML 断言的例子，其说明在 MISE 中 SAML 断言的格式及其定义方法。

```
<saml2:Assertion xmlns:saml2="urn:oasis:names:tc:SAML:2.0:assertion"
  xmlns:xs=http://www.w3.org/2001/XMLSchema
  ID="_1025e5dabb24f891e338c4d38171982e"  IssueInstant="2012-12-05T14:50:21.085Z"  Version="2.0">
<saml2:Issuer Format="urn:oasis:names:tc:SAML:2.0:nameid-format:entity">
  https://mise.agencyone.gov/</saml2:Issuer>
  <ds:Signature xmlns:ds="http://www.w3.org/2000/09/xmldsig#">
```

图 11-17　SAML 断言举例

```
    <ds:SignedInfo>
      <ds:CanonicalizationMethod Algorithm="http://www.w3.org/2001/10/xml-exc-c14n#"/>
      <ds:SignatureMethod Algorithm="http://www.w3.org/2000/09/xmldsig#rsa-sha1"/>
      <ds:Reference URI="#_1025e5dabb24f891e338c4d38171982e">
        <ds:Transforms>
            <ds:Transform Algorithm="http://www.w3.org/2000/09/xmldsig#enveloped-signature"/>
            <ds:Transform Algorithm="http://www.w3.org/2001/10/xml-exc-c14n#">
            <ec:InclusiveNamespaces xmlns:ec="http://www.w3.org/2001/10/xml-exc-c14n#" PrefixList="xs"/>
            </ds:Transform>
        < /ds:Transforms>
        <ds:DigestMethod Algorithm="http://www.w3.org/2000/09/xmldsig#sha1"/>
        <ds:DigestValue>qepBuvjTTzrg+I7YTHes8nxPFEY=</ds:DigestValue>
      </ds:Reference>
    </ds:SignedInfo>
    <ds:SignatureValue><!-- Base 64 encoded signature --></ds:SignatureValue>
    <ds:KeyInfo>
      <ds:X509Data>
        <ds:X509Certificate>
          <!-- Base 64 encoded certificate embedded here
          This is the certificate of the information consumer system
          which signed the assertion.
          -->
        </ds:X509Certificate>
      </ds:X509Data>
    </ds:KeyInfo>
  </ds:Signature>
<saml2:Conditions NotBefore="2012-12-05T14:50:16.085Z" NotOnOrAfter="2012-12-05T15:00:21.085Z">
  <saml2:AudienceRestriction>
    <saml2:Audience>urn:mise:all</saml2:Audience>
  </saml2:AudienceRestriction>
</saml2:Conditions>
<saml2:AttributeStatement>
  <saml2:Attribute FriendlyName="ElectronicIdentityId" Name="gfipm:2.0:user:ElectronicIdentityId"
        NameFormat="urn:oasis:names:tc:SAML:2.0:attrname-format:unspecified">
  <saml2:AttributeValue xmlns:xsi="http://www.w3.org/2001/XMLSchema-instance"
  xsi:type="xs:string">eric.jakstadt@trustedfederal.com</saml2:AttributeValue>
</saml2:Attribute>
<saml2:Attribute FriendlyName="FullName" Name="gfipm:2.0:user:FullName"
    NameFormat="urn:oasis:names:tc:SAML:2.0:attrname-format:unspecified">
<saml2:AttributeValue xmlns:xsi="http://www.w3.org/2001/XMLSchema-instance"
    xsi:type="xs:string">Eric G. Jakstadt</saml2:AttributeValue>
</saml2:Attribute>
<saml2:Attribute FriendlyName="CitizenshipCode" Name="mise:1.4:user:CitizenshipCode"
    NameFormat="urn:oasis:names:tc:SAML:2.0:attrname-format:unspecified">
```


图 11-17　SAML 断言举例（续）

```
        <saml2:AttributeValue xmlns:xsi="http://www.w3.org/2001/XMLSchema-instance"
        xsi:type="xs:string">USA</saml2:AttributeValue>
    </saml2:Attribute>
    <saml2:Attribute FriendlyName="LawEnforcementIndicator"
        Name="mise:1.4:user:LawEnforcementIndicator"
        NameFormat="urn:oasis:names:tc:SAML:2.0:attrname-format:unspecified">
    <saml2:AttributeValue xmlns:xsi="http://www.w3.org/2001/XMLSchema-instance"
        xsi:type="xs:string">true</saml2:AttributeValue>
    </saml2:Attribute>
    <saml2:Attribute FriendlyName="PrivacyProtectedIndicator"
            Name="mise:1.4:user:PrivacyProtectedIndicator"
            NameFormat="urn:oasis:names:tc:SAML:2.0:attrname-format:unspecified">
    <saml2:AttributeValue xmlns:xsi="http://www.w3.org/2001/XMLSchema-instance"
            xsi:type="xs:string">true</saml2:AttributeValue>
    </saml2:Attribute>
    </saml2:AttributeStatement>
</saml2:Assertion>
```

图 11-17 SAML 断言举例（续）

11.4 缩略语

ABAC，Attribute-Based Access Control，基于属性的访问控制

AIS，Automatic Identification System，自动识别系统

ASAP，Automated Secure Alarm Protocol，自动安全报警协议

CA，Certificate Authority，认证授权机构

CCC，Complex Type with Complex Content，复杂内容复合数据类型

C2 Core，Command and Control Universal Core，指挥控制核心数据模型

C5I，Cyber and Command, Control, Communications and Computers Integration，网络空间、指挥、控制、通信、计算机集成

CBRN，Chemical, Biological, Radiological, Nuclear，化学、生物、放射性、核物质

COI，Community of Interest，利益共同体

CIEM，China Information Exchange Model，中国信息交换模型

CMT，Component Mapping Template，对象映射工具

CSC，Complex Type with Simple Content，简单内容复合数据类型

DHS，U. S. Department of Homeland Security，美国国土安全部

DOD，U. S. Department of Defense，美国国防部

DOJ，U. S. Department of Justice，美国司法部

DOT，U. S. Department of Transportation，美国运输部

DOL，U.S. Department of Labor，美国劳工部

DRM，Data Reference Model，数据参考模型

EIEM，Enterprise Information Exchange Model，企业信息交换模型

ESB，Enterprise Service Bus，企业服务总线

FBI，Federal Bureau of Investigation，美国联邦调查局

FEA，Federal Enterprise Architeture，美国政府联邦企业架构

GFIPM，Global Federated Identity and Privilege Management，全球联合身份与权限管理

GJXDM，Global Justice XML Data Model，全球司法 XML 数据模型

GTRI，Georgia Tech Research Institute，佐治亚理工学院

HSEEP，Homeland Security Exercise and Evaluation Program，国家安全演练与评估项目

HTML，Hyper Text Markup Language，超文本标记语言

HTTP，Hyper Text Transfer Protocol，超文本传输协议

IAN，Indicators and Notifications，预警和报警

IAP，Information Access Policy，信息访问策略

IEP，Information Exchange Package，信息交换包

IEPD，Information Exchange Package Documentation，信息交换包文档

ISA，Interoperability Solutions for European Public Administrations, Businesses and Citizens，欧洲公共管理、企业和公民互操作方案

ISE，Information Sharing Environment，信息共享环境

ISI，Information Sharing Infrastructure，信息共享基础设施

IMI，Infrastructure for Multilayer Interoperability，多层互操作基础设施

JACCIS，Joint Analysis Center Collaborative Information System，放射性物质联合分析系统

JC3IEDM，Joint C3 Information Exchange Data Model，联合指挥控制信息交换数据模型

JSON，JavaScript Object Notation，一种轻量级的数据交换格式

JSON-LD，JavaScript Object Notation for Linked Data，基于 JSON 表示和传输的互联数据

LEISP，Law Enforcement Information Sharing Program，美国司法部司法信息共享项目

LEXS，Logical Entity eXchange Specifications，逻辑实体交换规范

LOA，Levels of Awareness，态势感知级别

MDA，Maritime Domain Awareness，海事态势感知

MIP，Multilateral Interoperability Program，多边协作项目

MIM，MIP Information Model，MIP 信息模型

MilOps，Military Operations，军事行动

MISE，Maritime Information Sharing Environment，海事信息共享环境

MOTR，Maritime Operational Threat Response，海事威胁响应

MOMS，Military Operations Mission Specific，军事行动任务规范

N-DEx，National Data Exchange，国家数据交换

NDR，Naming and Design Rules，命名与设计规则

NIEM ESC，NIEM Executive Steering Council，NIEM 执行委员会

NIEM NBAC，NIEM Business Architecture Committee，NIEM 业务架构委员会

NIEM NTAC，NIEM Technical Architecture Committee，NIEM 技术架构委员会

NIEM PMO，NIEM Program Management Office，NIEM 项目管理办公室

NIEM，National Information Exchange Model，国家信息交换模型

NIEM-M，National Information Exchange Model——Maritime，海事业务领域数据模型

NISS Help Desk，National Information Sharing Standards Help Desk，国家信息共享标准咨询台

NOA，Advance Notice of Arrival，船舶到港预报

OASIS，Organization for the Advancement of Structured Information Standards，结构化信息标准促进组织

OWL，Web Ontology Language，本体描述语言

RBAC，Role-Based Access Control，基于角色的访问控制模型

RDF，Resource Description Framework，资源描述框架

REST，Representation State Transfer，表述性状态转移

SAML，Security Assertion Markup Language，安全断言标记语言

SAR，Suspicious Activity Reporting，可疑事件报告系统

SETCP，Southeast Transportation Corridor Pilot，东南运输走廊项目

SOA，Service Oriented Architecture，面向服务体系架构

SOAP，Simple Object Access Protocol，简单对象访问协议

SSGT，Schema Subset Generation Tool，子集模式生成工具

SSL，Secure Sockets Layer，安全套接层

TLS，Transport Layer Security，传输层安全

TS，Trusted System，可信系统

UCore，Universal Core，统一核心数据模型

UDDI，Universal Description Discovery and Integration，统一描述发现与集成

ULEX，Universal Lexical Exchange，统一词汇交换

UML，Unified Modeling Language，统一建模语言

URI，Uniform Resource Identifier，通用资源标识符

URL，Uniform Resource Locator，统一资源定位符

USPS，United States Postal Service，美国邮政服务

W3C，World Wide Web Consortium，万维网联盟

WADL，Web Application Description Language，应用描述语言

WMAAFIP，Warfighter Mission Area Architecture Federation and Integration Portal，作战任务体系结构联盟和集成门户网站

WSDL，Web Service Definition Language，Web 服务描述语言

XACML，eXtensible Access Control Markup Language，可扩展的访问控制标记语言

XML，eXtensible Markup Language，可扩展标记语言

XSD，XML Schema Define，XML 模式定义

XSTF，XML Structure Task Force，XML 结构任务组

XSLT，Extensible Stylesheet Language Transformation，可扩展样式表转换语言

参考文献

[1] 曾润喜，等. 非传统安全的缘起、话语变迁及治理体系[J]. 电子政务，2014，(5)：65-71.

[2] 全国信息技术标准化技术委员会 SOA 分技术委员会. 智慧城市实践指南——SOA 支撑解决智慧城市核心问题：共享和协同[M]. 北京：电子工业出版社，2013.

[3] 贾利民，等. 信息互操作系统理论与实现方法[M]. 北京：电子工业出版社，2013.

[4] 徐飞，戴剑伟. 美军 COI 与信息共享研究[J]. 指挥控制与仿真，2011，33(5)：114-116.

[5] 晋芳华，刘鹏，钱兴华. 语义级互操作的关键技术研究[J]. 舰船电子工程，2016，36(7)：95-113.

[6] 戴剑伟，冯勤群. 美国国家信息交换模型及其启示[J]. 军事运筹与系统工程，2013，27(3)：15-19.

[7] 中华人民共和国国家质量监督检验检疫总局. GB/T 21062.1—2007 政务信息资源交换体系 第一部分：总体架构[S]. 北京：中国标准出版社，2007.

[8] Subbu Allamaraju. RESTful Web Services Cookbook（中文版）[M]. 丁雪丰，常可，译. 北京：电子工业出版社，2011.

[9] 崔健. 一种基于属性角色的访问控制模型研究与实现[D]. 武汉：华中科技大学，2011.

[10] 夏春涛. 基于 ABAC 的 Web Services 访问控制研究[J]. 计算机应用与软件，2012，29(2)：83-85.

[11] 李鹏飞. 基于 SAML 的授权和访问控制研究[J]. 电力系统通信，2006, 27(169)：56-59.

[12] 田强. Web 服务安全机制研究与实现[D]. 济南：山东科技大学，2010.

[13] 戴剑伟，冯勤群. 美国国家信息交换模型及其启示[J]. 军事运筹与系统工程, 2013, 27(3): 15-19.

[14] 姜会霞，孟晨，王成. 基于 Schematron 的 AI-ESTATE 约束的标准化描述[J].测控技术，2011(30): 78-82.

[15] Kato F，Takeda H，Tashiro S，et al. IMI: A Common Vocabulary Framework for Open Government Data[J]. Lecture Notes in Computer Science，2018，11341：336-351.

[16] 崔军. 关联政府数据原理及应用[M]. 北京：电子工业出版社，2016.

[17] 王志海．OpenSSL 与网络信息安全——基础、结构和指令[M]．北京：清华大学出版社，2007.